Monika Fludernik, Ruth Nestvold (Hg.)

Das 18. Jahrhundert

Günter Berger, Stephan Kohl, Werner Röcke (Hg.)

LIR

Literatur - Imagination - Realität

Anglistische, germanistische, romanistische Studien

Band 17

Monika Fludernik, Ruth Nestvold (Hg.)

unter Mitwirkung von Vera Alexander

Das 18. Jahrhundert

Wissenschaftlicher Verlag Trier

Die Deutsche Bibliothek - CIP-Einheitsaufnahme

Das 18. Jahrhundert.
Monika Fludernik, Ruth Nestvold (Hg.). -
Unter Mitwirkung von Vera Alexander.
Trier: WVT Wissenschaftlicher Verlag Trier, 1998
(Literatur, Imagination, Realität ; Bd. 17)
ISBN 3-88476-267-2

ISBN 3-88476-267-2

Umschlaggestaltung: Brigitta Disseldorf
(M. Nottar, Agentur für Werbung & Design, Konz)

WVT Wissenschaftlicher Verlag Trier
Postfach 4005, 54230 Trier
Bergstraße 27, 54295 Trier
Tel. 0651-41503, Fax 41504

Vorwort

Der vorliegende Band entstand anläßlich einer interdisziplinär konzipierten Ringvorlesung mit dem Titel "Das 18. Jahrhundert", die ich im Sommersemester 1997 in Freiburg organisierte. In der Folge wurden noch weitere Beiträge eingeworben. An dieser Stelle sei allen Mitwirkenden für ihre anregenden Vorträge im Rahmen der Ringvorlesung und für ihre Bereitschaft, auch noch die Publikation mit ihrem Beitrag zu zieren, sehr herzlich gedankt.

Ich möchte insbesondere dem *Studium Generale* für die Bekanntmachung der Veranstaltung, der Philosophischen Fakultät III für die Finanzierung von drei Gastvorträgen und dem Wissenschaftlichen Verlag Trier für die Betreuung dieser Publikation danken. Für die organisatorischen Arbeiten, das Fertigstellen von Manuskriptvorlagen und die Betreuung der Formalia danke ich recht herzlich Frau Nóirin Veselaj, Frau Vera Alexander und Frau Luise Lohmann. Frau Alexander hat auch gemeinsam mit Frau Dr. Ruth Nestvold die Druckvorlage erstellt und bei den editorischen Aufgaben mitgewirkt. Das Korrekturlesen lag in den Händen von Frau Sandra Hestermann und Herrn Andreas Sedlatschek. Schließlich danke ich meiner Mitherausgeberin, Frau Dr. Ruth Nestvold, sehr herzlich für ihre wertvolle und kompetente Hilfe bei der Fertigstellung dieses Bandes.

Monika Fludernik

DAS 18. JAHRHUNDERT

Zu den Aufsätzen

Monika Fludernik (Freiburg) und Ruth Nestvold (Freiburg)

Das 18. Jahrhundert ist seit einigen Jahren wieder 'in', sei dies als Folge der Debatte zwischen Foucault und Habermas, sei es auch, weil immer neue Aspekte dieser Epoche – wie z.B. der Beitrag der Frauen zur Literatur des 18. Jahrhunderts oder der kulturspezifische Hintergrund – ins Blickfeld der Forschung geraten. In der Anglistik, aus der wir Herausgeberinnen beide stammen, hat sich inzwischen das Schlagwort vom 'neuen' 18. Jahrhundert eingebürgert, das im Einleitungsaufsatz des Bandes vorgestellt und genauer erläutert wird. Jedoch ist nicht nur in der Anglistik viel Neues passiert. Wie bereits die Nennung von Foucault zeigt, hat die Philosophie hier ein gewichtiges Wort mitzureden, und auch Romanistik und Germanistik sind von dieser Entwicklung keineswegs ausgenommen.

Der vorliegende Sammelband vereint Beiträge von Vertretern der Philosophie (Rang, Gander), der Geschichtsforschung (Pelzer), Germanistik (Saße, Karpenstein-Eßbach), Romanistik (Jurt), anglistischer Kulturwissenschaft und Kunstgeschichte (Stratmann, Wagner) sowie der 'reinen' Anglistik (Erzgräber, Göbel, Nünning, Schwalm, Fludernik). Die Aufsätze können jedoch auch thematisch verknüpft werden, was sich in der Anordnung der Beiträge niederschlägt. Obwohl der literaturwissenschaftliche Aspekt dominiert, überschneiden sich die literaturwissenschaftlichen Fragestellungen häufig mit philosophischen und allgemein kulturwissenschaftlichen Belangen. Dies zeigt sich bereits an der Konzentration auf traditionell eher außerliterarische Gattungen, die neben Dichtung, Roman und Drama prominent zur Sprache kommen: Gebrauchslyrik, Flugblätter, Biographie, Utopie, politische Rhetorik, Karikatur und narrativer Holzdruck. Viele Aufsätze sind gattungsübergreifend konzipiert oder prinzipiell komparatistisch angelegt (Pelzer, Göbel, Karpenstein-Eßbach). Die hier gesammelten Beiträge spiegeln auch einander oder antworten teilweise auf ähnliche Fragenkomplexe. So ist das Thema Ästhetik bei Stratmann, Erzgräber, Fludernik und Wagner zentral, wird aber mit ganz verschiedenen Methoden und in ganz verschiedenen Kontexten dargestellt. Um Politik geht es, wieder von sehr verschiedenen Standpunkten aus, sowohl im historischen Beitrag von Pelzer wie auch bei Schwalm, Nünning, Karpenstein-Eßbach, Gander und Fludernik. Ebenso zentral sind philosophische Fragestellungen, die neben den philosophischen Beiträgen auch in den Aufsätzen von Saße, Göbel, Jurt und Karpenstein-Eßbach eine wichtige Rolle spielen. Dabei kommt insbesondere neben dem Bild von der Gesellschaft auch das Bild vom Menschen im 18. Jahrhundert zur Sprache.

Der Band beginnt nach der Einleitung mit einem Rückblick ins 17. Jahrhundert. Auf der Basis des Cartesianismus illustriert Bernhard Rang, wie Leibniz den Grundannahmen Descartes' subtil entgegenwirkt und das naturwissenschaftliche Gebäude Newtons, das so ausschlaggebend für das neue Weltverständnis war, in entscheidender Weise in Frage stellt. Damit ist die Philosophie der Dichtung um einiges voraus, denn dort gilt Newton noch bis zum Ende des 18. Jahrhunderts als der gefährliche Neuerer (man vergleiche Blakes Polemik gegen Newton) oder als der Garant der gottgewollten Ordnung aller Physik und Himmelskunde. Newtons Mechanik wird, wie später noch bei Karpenstein-Eßbach und Fludernik ausgeführt ist, auch entscheidend für mechanistische Gesellschafts- und Menschenmodelle, bzw. Entwürfe von diesen.

Auch im Alltagsleben tut sich im 18. Jahrhundert einiges, insbesondere in der Folge der Urbanisierung. Gerd Stratmanns Beitrag beschäftigt sich mit den positiven Darstellungen Londons in der Dichtung des 18. Jahrhunderts und zeigt hier eine Entwicklung auf, die noch in der Ästhetik von Wolkenkratzern im Roman des frühen 20. Jahrhunderts fortwirkt. Das 18. Jahrhundert ist auch das Zeitalter der romantischen Dichtung, welche – ganz im Gegensatz zur häufig negativen Einstellung zur Metropole – die Einsamkeit, Größe, ja Erhabenheit der Landschaft preist. Willi Erzgräber verfolgt in seinem Beitrag den subtilen Einstellungswandel zur wilden Natur, der im 18. Jahrhundert stattfand.

Neben der Natur und dem städtischen Umfeld muß jedoch auch der Mensch seinen ihm gerechten Lebensraum in der Gesellschaft finden. Da ist zuerst die Erziehung und die Entwicklung des Individuums im Bildungsroman vorzuführen, der – wie Günter Saße eindrucksvoll belegt – im Helden gar keine Entwicklung erkennen läßt und das Lebenschaos auch nicht überwinden hilft. Auch die Biographie versucht, menschliches Leben in ein Schema zu pressen. Wie Helga Schwalm in ihren Ausführungen darlegt, muß der Biograph angesichts der meist schlechten Quellenlage oft auf Erfindungsgabe und Intuition zurückgreifen. Selbst James Boswell entkommt diesem Zwang nicht, da er seine extensiven Aufzeichnungen über den Freund Johnson erst spät in einem biographischen Text verarbeitet. Im Lebensbericht über Richard Savage von Samuel Johnson ist der Rückgriff auf literarische Muster und Stereotypen gar noch deutlicher zu dokumentieren.

Das Drama, welches mit noch plakativeren Stereotypen arbeitet, als dies bereits die Biographie tut, erfährt im 18. Jahrhundert auch wesentliche Wandlungen in ästhetischer und vor allem moralischer Hinsicht. Wie Ansgar Nünning so eindrucksvoll ausführt, läßt sich über die Stereotypenforschung und die Diskursanalyse des chauvinistischen Patriotismus ein interessanter Zugang zur Dramatik und ihren ideologischen Funktionen gewinnen. Diese Einsichten werden später von Pelzer im Zusammenhang mit der französischen Revolution noch ergänzt und mit Hinweis auf Karikaturen auf der historischen Ebene illustriert.

Moral und Geschlechterrollen sind eng miteinander verknüpft. Wie Walter Göbel in seinem Beitrag ausführt, spielt der Sentimentalismus, den Nünning im empfindsamen Drama vorgestellt hatte, auch im Roman eine zentrale Rolle, und diese diente auch dazu, die Rollendefinitionen von Frau und Mann neu zu verorten. Ein neues Menschenbild bietet auch Rousseau in seinen zwei *discours* an und setzt sich so mit dem Naturzustand des Menschen sowie mit dem 'Wilden' – dem edlen Wilden, versteht sich – auseinander. Joseph Jurt verbindet in seinem Beitrag Überlegungen zur Anthropologie und, im Rahmen von Rousseaus Œuvre, zu ihrem Verhältnis zur Autobiographie. Rousseaus Konversionserfahrung legt auch ein bestimmtes Menschen*bild* zugrunde und zeichnet Lévi-Strauss' und Derridas anthropologische Auffassungen vor.

Vom Individuum in Gesellschaft und Anthropologie schreiten wir vor zur Vereinnahmung des Individuums in staatspolitischen Entwürfen. In ihrem Aufsatz zu utopischen und satirischen Gesellschaftsmodellen bei Mandeville, Fénelon, Louis-Sébastien Mercier, Johann Karl Wezel und Christoph Martin Wieland führt Christa Karpenstein-Eßbach verblüffende Parallelen, aber auch interessante Widersprüche und Differenzen zwischen den Autoren mit Weltverbesserungsambitionen vor. Allen Entwürfen ist eine direkte Einflußnahme auf den Menschen innerhalb des Staatswesens gemein.

Womit wir bei Foucault wären, dessen Bücher wesentlich dazu beigetragen haben, die Aufklärung auch von ihrer weniger freundlichen Seite bekanntzumachen. In Hans-Helmuth Ganders Beitrag geht es allerdings um die Auseinandersetzung Foucaults mit Kants Frage "Was ist Aufklärung?", und weniger um die Disziplinierung des Menschen im Rahmen von Überwachungsmechanismen. Es geht des weiteren um Geschichte und um die Teleologie der Geschichte – Fragen, die auch für die Literaturwissenschaft relevant sind. Foucaults Überwachungsmechanismen, wie auch Kants *Kritik der Urteilskraft*, werden hingegen in Monika Fluderniks Aufsatz zur Ästhetik und Rhetorik im 18. Jahrhundert behandelt. Dieser Beitrag beschäftigt sich mit der ästhetischen Kategorie des Erhabenen sowie mit Szenarien des Sehens, die sowohl mit augustischen Tragödienkonzeptionen wie auch mit dem Schauspiel von Hinrichtungen in Korrelation gebracht werden. Als Beispiel dient Edmund Burkes berühmter Text zur französischen Revolution, *Reflections on the Revolution in France*, der auch zu Fragen des Verhältnisses von Macht und Blick Anstoß gibt.

Erich Pelzers Beitrag über nationale Wahrnehmungsstereotypen setzt das Thema der französischen Revolution fort und vergleicht Klischeevorstellungen des *perfiden Albion*, des 'hinterhältigen England', seit der Revolutionsepoche bis in die napoleonische Zeit hinein. Pelzer illustriert seine Belege auch mit Karikaturen, die die gängigen Nationalitätenklischees eindrucksvoll belegen.

Der letzte Beitrag, Hans-Peter Wagners Aufsatz zu Hogarths Rahmenästhetik, dient gleichsam als Abschlußrahmen des Bandes. Das Beispiel Hogarth erlaubt es, einige der wiederkehrenden Motive zu verquicken, die in den vorangehenden Aufsätzen angesprochen worden waren, insbesondere um die Auseinandersetzung mit klassischen Vorbildern und um Fragen der Repräsentation im allgemeinen. Der Beitrag ist reich bebildert und bietet so, wie wir hoffen, für den Leser einen anregenden Ausklang.

Einleitung: Das 'neue' 18. Jahrhundert

Monika Fludernik (Freiburg)

Im Fachbereich Anglistik, dem ich zugehöre, hat sich seit ein paar Jahren das Schlagwort vom 'neuen' 18. Jahrhundert eingebürgert. Zunächst handelt es sich dabei einfach um den Titel einer epochemachenden Aufsatzsammlung von Felicity Nussbaum und Laura Brown, die 1987 bei Methuen erschien und leider vergriffen ist. Dieser Band stellt insofern einen Markstein der anglistischen literaturwissenschaftlichen Forschung zum 18. Jahrhundert dar, als Nussbaum und Brown neuere literaturtheoretische Ansätze in ihrer Anwendung auf das 18. Jahrhundert verteidigten und so dem dominant konservativen Flügel der anglistischen Literaturwissenschaft, für den das 18. Jahrhundert eine letzte Festung darstellte, den Kampf ansagten. Während in der Anglistik des englischsprachigen Auslands in den letzten zwanzig Jahren zuerst die Renaissance-Epoche und dann die Romantik von Dekonstruktion und *New Historicism* eingeholt wurden und so signifikante Umbildungen erfuhren (Auflösung der traditionellen Kanons, Einführung neuer Fragestellungen), blieb das 18. Jahrhundert zunächst von diesen Entwicklungen 'verschont', und es galt weiterhin ein ziemlich beschränkter Kanon der 'großen' Autoren (Dryden, Pope, Arbuthnot, Johnson), die um ihrer ästhetischen Qualität halber gelesen wurden. Sogar der Roman des 18. Jahrhunderts war ursprünglich in der Nachfolge der Prüderie des viktorianischen Zeitalters und als Konsequenz modernistischer und neukritischer Auffassungen dem Blick des Anglistikstudenten in den USA ganz entrückt gewesen, bevor durch die feministische Literaturwissenschaft Richardsons *Clarissa* wiederentdeckt und ein neuer Kanon von Autor*innen* aufgestellt wurden. Wie Donald Greene noch 1988 in seinem Aufsatz "An anatomy of Pope-bashing" erzählt, war das 18. Jahrhundert während seiner Studienzeit ein allseits unbeliebtes Thema, und selbst die Klassiker der augusteischen Poesie wurden nach dem Vorbild von T.S. Eliot weit hinter die *Metaphysicals, Romantics* und *Modernists* gereiht:

> As for literature, the only eighteenth-century English novel I ever heard discussed during my undergraduate years, in a course on the history of the novel, was *Pamela*, which was presented as an object of ridicule. The instructor, an elderly but not unintelligent lady, concluded her summary of the plot with 'And so at last she became a *decent married woman,*' with incomparable sarcastic irony on the last three words. *Clarissa* was mentioned in the textbook in passing, as another forgotten and unreadable example of 'the sentimental novel,' though I was never able to see what is sentimental about a story whose plot consists of what led up to a rape, the rape itself, and the aftermath of the rape. Nor were we encouraged to explore *Tom Jones* or *Joseph Andrews*, no doubt for moral reasons. Best to dispose of them by assuming that, like most of the rest of eighteenth-century art, they were dead and never to be read again, except as historical curiosities. Deadest of all was Alexander Pope. 'Survey' anthologies

> included a few snippets from the *Essay on Criticism* and *Essay on Man*, in order to demonstrate, what was continually drummed into us, that the poetry (or, more accurately, verse) of 'the age of prose and reason' had been mercifully replaced, for all time, by 'Romanticism'. (Greene 1988: 242)

Seit den Studientagen von Donald Greene hat sich die Bewertung der Literatur des 18. Jahrhunderts radikal gewandelt. Ausgehend von einer Neubewertung des Romans als *der* wichtigsten Gattung des 18. Jahrhunderts[1] und in der Folge der feministischen Wiederentdeckung einer breiten '*female tradition*'[2] hat sich die Forschung in zunehmendem Maße des bisher verpönten Sentimentalismus angenommen und zuletzt auch die neoklassizistischen Dichter wiederentdeckt, allerdings nicht unter dem traditionellen ehrfürchtigen Blickwinkel einer Geschichte der 'großen Männer' der englischen Literatur, sondern unter dem kritischen Aspekt der machtpolitischen und ideologischen Verstrickung aller Dichtung. Wie Nussbaum und Brown es in ihrer Einleitung formulieren:

> Textual contradiction or incoherence arises as a divergence from aesthetic unity, and marginal social groups or cultural forms are necessarily situated in relation to centers of power. Far from neglecting the dominant culture, *The New Eighteenth Century* places it in its necessary relation to the periphery, in a theoretical context designed to broaden and sharpen our perspectives on the period and its critical tradition as well. In this sense the "new" readings presented here supply a more inclusive view of the period than those which are limited to the dominant culture alone. The partial view is the one that can see only the pleasures and the positions of power, and that dismisses the problematic, the popular, the female, the political, or the self-consciously theoretical to an irrelevant periphery. (3)

Theoretische Fragen und die Betonung der Position von Literatur im politischen Kontext und eine Konzentration auf angeblich periphere Bereiche der Kultur, die sich jedoch als signifikant für die Bestimmung und Bewertung der zentralen, dominanten Parameter erweisen, bestimmen die Anlage der Arbeiten, die in *The New Eighteenth Century* veröffentlicht sind. Nussbaum und Brown müssen ihre Ansprüche gegen feindselige Attacken aus dem traditionellen Lager verteidigen, so z.B. gegen die Anfeindungen H.D. Weinbrots (1985), den sie zitieren, um ihn dann umso gnadenloser zu dekonstruieren. Weinbrot schreibt:

> The balkanization of literary studies continues. As scholars take the time to learn more about the history of women, popular culture, sexuality, or the latest version of a derivative critical theory, they take less time to learn about literary texts themselves and the dominant cultures that produced them. Consequently, the periphery becomes the center, and important distinctions become blurred –

1 Die zwei wesentlichsten kritischen Studien sind hier wohl Ian Watts *Rise of the Novel* (1957) und Michael McKeons *The Origins of the English Novel* (1987).

2 Das allerwichtigste Werk hier ist J. Tompkins' Studie *The Popular Novel in England.* Vgl. auch Spencer (1986) und Richetti (1996).

> whether dissenter and Anglican, baronet and peer, standard and outmoded editions, works published before or after one another, and theories that are imposed on a text rather than arise from it. The concept of literary pleasure thus is in danger of being replaced by competing nonliterary ideologies, often transmogrified to personal psychotherapeutic or political agendas. (zit. Nussbaum und Brown 1988: 2-3)

Das 'neue' 18. Jahrhundert entsteht also aus dem Widerstreit sich bekämpfender theoretischer Positionen, die sich auf dem Feld der Literatur des 18. Jahrhunderts Gefechte liefern. Wie auch schon in anderen Teilbereichen der anglistischen Forschung haben sich mittlerweile die neuen Kräfte durchgesetzt, und dies kann man auch an den anglistischen Aufsätzen im vorliegenden Band ablesen. Hier finden sich neben dem noch neukritisch orientierten Beitrag von Willi Erzgräber, der die Lyrik des 18. Jahrhunderts nach traditionellen Mustern bespricht, die kulturhistorisch angelegten Aufsätze von Ansgar Nünning und Gerd Stratmann, der *gender*-orientierte Beitrag von Walter Göbel, Helga Schwalms Aufwertung der Gattung der pseudohistorischen Biographie, Peter Wagners Ausführungen zu Ekphrasis und zur Rahmungsideologie bei Hogarth und mein eigener dekonstruktivistischer Aufsatz zu Burkes Rhetorik.

Der Sieg des 'neuen' 18. Jahrhunderts im anglo-amerikanischen Raum läßt sich auch an der zwischenzeitlichen Institutionalisierung des 'neuen' 18. Jahrhunderts ablesen. Schon 1992 konnte Leo Damrosch in einem weiteren Sammelband mit dem Titel *The Profession of Eighteenth-Century Literature: Reflections on an Institution* die neuen Ansätze überzeugend illustrieren. Die Ergebnisse, welche sich aus den neuen, politisch orientierten Analysen ergeben, erlauben radikale Umwertungen traditioneller Topoi der Literaturwissenschaft des 18. Jahrhunderts. So stellt William C. Dowling das sogenannte "mid-century poetic revival"[3] nicht mehr als Eskapismus dar (nach der These Sitters: "By the mid-century, retirement has hardened into retreat" – zit. ibid.), sondern als eine Neubewertung der Historie und der Stellung Englands als Weltmacht, das nun der öffentlichen Funktion der Dichtung nicht mehr bedarf:

> This is the context, with prosperity and national consequence now something that can be safely left to the impersonal forces of historical development, in which poetry-as-such – what Warton himself would call "pure poetry" – will be reoriented toward an interior world of private or personal experience.
>
> This is the mid-century poetic revival, in short, as it would emerge from the demise of Country ideology as a shared code of cultural conflict, not a "flight from history" so much as a sudden and abrupt alteration in the meaning of "history" for eighteenth-century English culture. For what had made the age of Pope and Swift "Augustan" had been a sense of poetry as having a power to work change upon the world, and in specific terms as having this power because of its preservation of an idea of the virtuous republic in a time of cultural crisis

[3] Definiert als: " [...] the renunciation of Augustan ethical purpose by the Wartons and others in the name of a 'pure poetry' of more intense personal experience, with which is associated a certain movement toward twilight and melancholy, gloomy groves and graveside musings and the somber contemplation of Gothic cathedrals and medieval ruins" (136).

> and moral disarray. [...] This is the idea of history that had vanished in the Augustan collapse. (Dowling 1992: 146-7)

Nussbaum und Browns Untertitel, *Theory, Politics, English Literature*, weist auch darauf hin, daß die neuen Arbeiten zum 18. Jahrhundert primär an Theorie und Politik interessiert sind; literarische Texte belegen oder illustrieren philosophisch und politisch relevante Aspekte. Die Literatur muß in ihrer ideologischen Einbettung betrachtet werden und für ihre politische Mittäterschaft zur Verantwortung gezogen werden. Das Schlagwort ist *Ideologie*,

> [...] the demystification of apparently universal, autonomous, or "natural" modes of thought by showing their entanglement with and their dependence upon particular power dispensations. To locate the rise of ideology theory in the Enlightenment is not to say, however, that the Enlightenment is distinguished from earlier periods by its conviction of the connectedness of cultural and political activity. On the contrary, ideology theory exists to insist explicitly upon a connection that in former times was tacitly assumed to be true. And in the very need for insistence it presupposes and concedes that gulf between the "political" and the "cultural" which it was mobilized to refute. (McKeon 1992: 58)

Solche Betrachtungsweisen fügen sich in die im *New Historicism* gängigen Debatten um das Verhältnis von Macht und Diskurs ein, Diskussionen die sich vor allem in der Nachfolge von Foucault als zentrale Themen der Literaturwissenschaft etabliert haben.

Bevor ich auf diese allgemeinen Neuansätze, die ganz generell unser Bild von der Epoche der Aufklärung umgestaltet haben, zu sprechen komme, möchte ich von der Institutionalisierung des 'neuen' 18. Jahrhunderts in der Anglistik noch eine Linie zu Neuansätzen in der Periodisierung der Epoche ziehen. Die Institutionalisierung nach neuem Muster läßt sich nicht nur an Sammelbänden, sondern auch an der Struktur wissenschaftlicher Gesellschaften und an der Konzeption fachspezifischer Zeitschriften ablesen. Bereits 1969 wurde die American Society for Eighteenth-Century Studies (ASECS) gegründet, die im Gegensatz zu traditionelleren Verbänden interdisziplinär konzipiert ist und unter einem Dach Romanisten, Anglisten, Historiker und Kunstgeschichtler vereint. Auf dem Gebiet der Zeitschriften ist besonders die Umbenennung der *Studies in Burke and His Time* (bis Bd. 19, 1978) in *The Eighteenth Century: Theory and Interpretation* (*ECTI*) (ab Bd. 20, 1979) zu erwähnen. Diese Umbenennung hat nicht nur theoretische Gründe – man beachte die Reihenfolge von *Theory and Interpretation* im Untertitel – sondern läßt sich auch mit einer neuen Periodisierung in Zusammenhang bringen, die seit neuestem im englischen Sprachraum immer mehr Anhänger findet.

Traditionell wurde das 18. Jahrhundert sehr extensiv aufgefaßt, nämlich unter Einschluß der Restaurationsepoche, und endete mit der Publikation der *Lyrical Ballads*. Wie Lipking es beinahe paradox formuliert, "The Eighteenth century began in 1660 and ended in 1798" (Damrosch 1992: 9). Oder, wie Jeremy Black (1988: 6) es aus der Sicht des Historikers sagt: "Eighteenth-century Britain really began in 1688" – hier steht also die *Glorious Revolution* Pate für einen Neuanfang. Mittlerweile zeichnet sich jedoch eine neue Periodisierung ab, die das 18. Jahrhundert zwischen 1650 und

1750 ansetzt und darauf eine erweiterte Epoche der Romantik von 1750 bis 1850 folgen läßt. Solch eine Periodisierung, wie sie z.B. von Anne Mellors anläßlich einer Diskussionsrunde über Anthologien zur englischen Romantik auf der Jahrestagung der Modern Language Association (MLA) in Washington, D.C. im Dezember 1996 vorgestellt wurde, ist jedoch nicht nur literaturhistorisch, sondern vor allem auch *finanziell* motiviert. Sie ermöglicht es Englischen Seminaren an Universitäten in den USA, für den Zeitraum von 1600 bis 1850 nur jeweils drei statt wie bisher vier Spezialisten einzustellen, da das 17. Jahrhundert nun zwischen 'Renaissance' (bis 1650) und 'Eighteenth Century' (bis 1750) aufgeteilt wird. Solange der Roman noch als konstitutiv für das 18. Jahrhundert angesehen wurde, war ein Bruch um 1750 undenkbar, zumal der Roman seit Ian Watts Studie *The Rise of the Novel* überhaupt erst mit Defoe begann. Eine Trennlinie um 1750 macht jedoch nach neuesten Forschungen sehr viel mehr Sinn. Schon immer waren die großen Namen der neoklassischen Dichtung im ersten Drittel des 18. Jahrhunderts angesiedelt. Dryden, der wohl herausragendste Neoklassiker, starb gar schon um 1700. Die Todesdaten anderer wichtiger Autoren bewegen sich zwischen 1719 (Addison) und 1745 (Swift).[4] Der Tod von Henry St. John, First Viscount of Bolingbroke (1678-1751) – dem berühmt-berüchtigten Quergeist – paßt genau in dieses Schema. Nur Samuel Johnson als Apologet des Neoklassizismus 'hinkt' mürrisch als Ungleichzeitiger hinterdrein und muß sich mit Empfindsamkeit und präromantischen Auswüchsen herumschlagen.

Selbst für den Roman erscheint inzwischen eine neue Periodisierung sinnvoll. Seit McKeon (1987) und Hunter (1990) haben sich die Ursprünge des Romans ins 17. Jahrhundert zurückverlagert (ich selbst lasse den Roman gar bei Aphra Behn beginnen[5]). Andererseits kann gezeigt werden, daß der Roman in seiner Vollausformung erst richtig bei Richardson und Fielding einsetzt, womit wir bereits in den späten 40er Jahren des 18. Jahrhunderts wären (*Pamela* noch 1740-1, aber *Clarissa* 1748, *Tom Jones* 1749, *Amelia* 1751, *Peregrine Pickle* 1757, *Tristram Shandy* 1759-67, *The Vicar of Wakefield* 1766). Solch eine Periodisierung erlaubt es denn auch, eine verlaufende Linie zwischen Fielding bis über den Schauerroman (*Gothic Novel*) zu Maria Edgeworth und Sir Walter Scott bzw. zu Jane Austen zu ziehen, und kann den viktorianischen Roman mit Dickens um 1840 einsetzen lassen (*Pickwick Papers* 1836-7), wobei die Periode von 1840 bis 1870 dann die allerwichtigsten viktorianischen Romane hervorbrachte und die Gattung sich ziemlich ohne Unterbrechung bis zu den Romanen der Moderne weiterentwickelte.[6]

Hinsichtlich von Institutionalisierung und Periodisierung ist also einiges im Umbruch. Dies äußert sich zudem in der Auflösung des traditionellen Kanons der englischen Literatur des 18. Jahrhunderts zugunsten gleich einer ganzen Reihe von Autorinnen (vgl. Nünning 1996: 102-3) und zugunsten einiger Werke, die vormals kaum rezipiert wurden. Nicht nur, daß der Schauerroman und daß Maria Edgeworth salonfähig geworden sind; selbst die Romane Wollstonecrafts erfreuen sich neben

4 Pope starb 1744, Arbuthnot 1735, Steele 1729.

5 Vgl. Fludernik (1996: Kapitel 4). Siehe auch Davis (1983).

6 Es gibt auch Ansätze dafür, daß die traditionell separate Behandlung der Moderne als *Modernism* in der institutionellen Periodisierung zugunsten eines viktorianisch-modernistischen Kontinuums von ca. 1840 bis 1930 aufgegeben werden könnte.

ihren politischen Schriften neuerdings großer Beliebtheit, und die intensive Beschäftigung mit dem Sentimentalismus (Todd 1986, Mullan 1988, Barker-Benfield 1992) hat Sternes *Sentimental Journey*[7] und Mackenzies *Man of Feeling* sowie Goldsmiths *Vicar of Wakefield* wieder zur Sprache gebracht. Typisch für die ideologischen Umwertungen ist auch die intensive Beschäftigung mit William Godwin und die auf sie folgende Kanonisierung seines Romans *Caleb Williams* (1794) sowie die Neuausgaben seiner übrigen Romane, die bislang in Vergessenheit geraten waren.

Der Methodenstreit, der sich in der Einleitung zu Nussbaum und Browns *The New Eighteenth Century* ablesen läßt, ist jedoch keine rein anglistische Begebenheit, sondern steht mit auch in anderen Disziplinen gängigen Umwertungen in Zusammenhang. Unter diesen möchte ich in der Folge zwei besonders hervorheben – die Relevanz der 'neuen' Geschichtswissenschaften, und die Kritik an der Aufklärung, die sich mit dem Namen Foucault verbindet. Beide Tendenzen lassen sich auch in den nicht-anglistischen Arbeiten im vorliegenden Sammelband deutlich belegen, so in den Beiträgen von Erich Pelzer, Joseph Jurt, Christa Karpenstein-Eßbach und Hans-Helmuth Gander.

Neben rein politisch-ideologischen Fragestellungen (z.B. dem Ausmaß von Rassismus im Werk angesehener Autoren des 18. Jahrhunderts, oder der Mittäterschaft von Frauen innerhalb des kolonialistisch-imperialistischen Komplexes) visiert die Literaturwissenschaft des 18. Jahrhunderts interdisziplinär vermehrt sozialkritische Fragestellungen an, wobei die hohe Politik einer Beschäftigung mit der Alltagsgeschichte Raum gegeben hat. Damit gelangen auch literarische und halbliterarische Gattungen ins Blickfeld des literaturwissenschaftlichen Ansatzes, die z.T. unter dem Begriff *Cultural Studies* subsumiert werden. Neben Tagebüchern sind es vor allem Reiseberichte, Pamphlete und Flugblätter, Zeugnisse vom Leben der unteren sozialen Schichten und 'Trivia', die das Alltagsleben beschreiben helfen, die sich ins Zentrum der Betrachtung gerückt haben. Einem Werk wie Lawrence Sternes *The Road to Divorce* auf der historiographischen Seite ist etwa eine literaturwissenschaftliche Studie wie Bruce Robbins' *The Servant's Hand* an die Seite zu stellen.[8]

Noch einschneidender hat jedoch Foucaults Aufklärungskritik auf die Konzeption des 18. Jahrhunderts gewirkt, und das auch innerhalb der Germanistik. Es ist schon lang her, daß man die Aufklärung unhinterfragt als das Zeitalter der Vernunft betrachten durfte, in dem der Mensch unproblematisch zum Maß aller Dinge avancierte. Der Selbsterkenntnis des Menschen und dem progressivistischen Geschichtsbild der Aufklärungsphilosophen, der *lumières*, hat sich das Zerrbild einer entmenschlichten Technologiegesellschaft zugesellt, deren utilitaristische Prinzipien spätestens seit der ökologischen Wende der 70er Jahre fragwürdig geworden sind. Der ehemals dominante Fortschrittsglaube hat seine Überzeugungskraft endgültig eingebüßt; es ist trotz aller ökonomischen Strategien einzelner Regierungen mittlerweile jedermann klar geworden, daß nicht alle ständig ihre Produktion steigern können. Dem unbeschränkten Fortschritt sind Grenzen gesetzt. Auch die Ameliorationsthesen der Aufklärung haben kläglich Schiffbruch erlitten: Spätestens seit der Bosnienkrise kann man von einer

[7] Sternes *Tristram Shandy* ist dank des Postmodernismus schon früher wieder zu Ehren gekommen.

[8] Vgl. auch die Aufsätze in Müllenbrock (1984).

stetigen Erziehung zur Vernunft nur mehr mit Ironie reden. Aber die Aufklärung hat nicht nur ihre Versprechungen – so falsch diese immer populärwissenschaftlich gedeutet werden mögen – nicht eingelöst; sie hat direkt und indirekt die Verantwortung für Imperialismus, Nationalsozialismus, für Völkermord und institutionalisierte Unmenschlichkeit, für die Entmenschlichung der modernen Arbeits- und Industriewelt und die Zerstörung der natürlichen Ressourcen aufgebürdet bekommen. Foucaults Werk, und insbesondere seine Studien zur Standardisierung und Überwachung des Menschen, haben für die postmoderne Malaise Gründe gefunden, die sich direkt aus den Prinzipien der Aufklärung herleiten lassen, quasi aus den Kehrseiten oder Schattenseiten jener hehren Prinzipien, die einst so positive Folgen zeitigen sollten.

Foucaults düsterer Analyse der aufklärerischen Maximen hat sich Jürgen Habermas entgegengestellt, der dem Dialog und der Vernunft immer noch bestimmende Funktion in der Gesellschaft einräumen möchte. Was immer in der Vergangenheit schief lief, hat mit dem Mangel an demokratischem Dialog zu tun, der – wenn er einmal in Gang gesetzt wäre – die gröbsten Auswüchse der Unvernunft eindämmen könnte. Habermas setzt seine Widerlegung der Foucaultschen Thesen jedoch auf einer ganz anderen Ebene an, als Foucault dies tat. Foucault geht es um Institutionen und gesellschaftliche Diskurse, die mit diesen Institutionen verwoben sind, sie stützen und perpetuieren. Der Diskurs der Aufklärung erfindet zwar die demokratische Gleichheit aller Bürger, aber diese Gleichheit ist auch eine Gleichsetzung innerhalb staatlicher und gesellschaftlicher Machtstrukturen, die die wissenschaftliche Objektivation und Dressage des Menschen mit sich zieht. Der Mensch wird in eine Gesellschaftsmaschine eingebunden, in der er – quasi genormt – fungieren muß. Die Perfektibilität des Menschen bedeutet nicht nur, daß er dank der Erziehung zur Vernunft zu einer höheren Stufe aufsteigen kann; sie bedeutet auch und insbesondere, daß der der Norm ungenügende Mensch zwangsweise gebessert werden muß, daß es für jedes Ungenügen an der Gesellschaft eine gesellschaftlich verordnete Zwangstherapie geben muß, die den Normbrecher wieder in die schützenden Arme der Norm eingliedern kann. Der aufklärerischen Verheißung der Selbstverantwortlichkeit des Menschen folgt also quasi zwangsläufig die Realisierung dieser hehren Ideale als Verantwortung des einzelnen der Gesellschaft gegenüber, gegen deren Macht diskursiv nicht anzukommen ist. Obwohl die Erziehung des Menschen zum problemlos funktionierenden Rädchen innerhalb der Gesellschaft – und vor allem seine *Um*erziehung zu einem solchen, wenn er die Norm nicht erfüllt – nur zu seinem Besten geschieht, die Zwangsmaßnahmen also den Normbrecher zur (standardisierten) Menschlichkeit zurückführen sollen, sind die Maximen dieser humanitären Gesellschaft *in der Praxis* alles andere als human und erlauben es, daß ohne die notwendige Kontrolle die edukativen Zwangsmaßnahmen in Techniken der institutionalisierten Unmenschlichkeit umschlagen. Es nimmt daher nicht wunder, daß die Romantik, welche die Reifizierung des Menschen nach naturwissenschaftlichem Muster bekämpfte, bis heute als potente Gegenströmung zur institutionalisierten Vereinnahmung des Menschen weiterwirkt und als Quelle für Revolutionsbewegungen *im Namen der Aufklärung* (Freiheitskämpfe, Anti-Apartheidsbewegung, etc.) dient. In dieser Hinsicht stellt die Romantik nämlich eine Weiterentwicklung der Aufklärung, und nicht ihr Gegenteil, dar.

Am deutlichsten wird das gefährliche Potential der institutionalisierten Aufklärungsprinzipien am Beispiel des Gefängnisses, wie Foucault es in seinem zu Recht gerühmten Werk *Surveiller et punir* (1975) in seiner Entwicklung skizzierte. Hier zeigt sich am deutlichsten, daß wenn der Mensch das Maß aller Dinge wird, dieses Maß kein *menschlicheres*, humaneres, sein muß als in unaufgeklärten Tagen. Was sich zunächst als eine positive Entwicklung zu einem humaneren Strafvollzug darstellt, erweist sich nämlich letztendlich als eine Institutionalisierung von entpersonalisierenden, reifizierenden Praktiken der totalen Kontrolle, Demütigung und Machtlosigkeit, die in ihrem Zugriff auf das Individuum den althergebrachten Bestrafungspraktiken letztlich an Grausamkeit um nichts nachstehen. Wer auch nur kurz in der Geschichte der sogenannten *penitentiaries* ('Bußanstalten') im 19. Jahrhundert blättert, muß bald erkennen, daß sich dort in den Phantasien der Gefängnisarchitekten und -verwalter Utopien der totalen Machtausübung herauskristallisieren, die eindeutige Vorstufen der nationalsozialistischen Vernichtungslager darstellen. Wohl werden die Gefängnisse hygienischer, und die Inhaftierten erhalten regelmäßig Speis und Trank, und sie werden in einen Arbeitsprozeß eingegliedert. Das stellt einen immensen Fortschritt gegenüber den katastrophalen Zuständen in herkömmlichen Gefängnissen dar, in denen der Gefangene für seine Behausung und Versorgung zahlen mußte. Während sich relativ gutsituierte Gefangene dort ein menschenwürdiges Ruhelager, ausreichend Essen und sogar die Erlaubnis, arbeiten zu dürfen, durch Bezahlung halsabschneiderischer Gebühren 'besorgen' konnten, blieb den Mittellosen oft nur ein Dahinsiechen und Verhungern, meist unter den animalischesten Zuständen auf engstem Raum zusammengepfercht, wobei das erzwungene Nichtstun noch zusätzlich belastend wirkte.

Im Vergleich dazu erscheint das moderne Bußgefängnis wie ein Paradies. Man muß jedoch bedenken, daß das alte Gefängnismodell für eine vorübergehende Inhaftierung vor dem Prozeß entworfen worden war. Wenn man die Haft überlebte und nicht Hungers starb oder von Typhus dahingerafft wurde, konnte man auf ein schnelles Ende am Strang oder auf einen Freispruch hoffen. Selbst der Transport in die Kolonien war weniger fatal als eine mehrjährige Gefängnisstrafe in einem der neuen Bußhäuser. Obwohl das Subjekt dort im Prinzip gesund erhalten und einer gesellschaftlichen 'Heilung' zugeführt werden sollte, war die Reglementierung der Körper zum Zwecke der Kontrolle und Disziplinierung des Subjekts im Gegenteil *de facto* dazu angetan, dieses viel nachhaltiger zu schädigen. Nicht nur, daß die Nahrungsversorgung in den neuen Haftanstalten von so minderer Qualität und so geringer Menge war, daß die Gefangenen ständig Hunger litten und sogar aus Verzweiflung Kerzenstummel verschlangen; die Gesundheit der Gefangenen wurde zusätzlich statt durch Seuchen durch Isolationshaft und schwerste Zwangsarbeit sowohl psychisch wie auch physisch beeinträchtigt. Wie in der historischen Literatur in erschreckender Weise dargestellt ist, war der Prozentsatz der Gefangenen, die wahnsinnig wurden, gefährlich hoch, und die medizinischen Spätfolgen der Zwangsarbeit am Tretrad oder beim Betätigen des Hebelapparates (*crank*) sind gar nicht abzuschätzen.[9] Auch die Segnungen der Hygiene wurden (und werden noch heute) zum Mittel der Schikanierung Gefangener eingesetzt, wobei jeder Mangel an Ordnung und Sauberkeit mit Bestrafung geahndet werden kann.

---

9 Vgl. die Darstellungen in Mayhew und Binny (1862/1971), Ignatieff (1978) und Priestley (1985).

Womit auch der wichtigste und bei Foucault nicht ganz so deutlich herausgestellte Aspekt der neuen Gesellschaftskonstellation als reglementierendem Perfektionierungsverband angesprochen wäre – nämlich der grundsätzlich *invasive* und daher *punitive* Charakter des Systems. Die Freiheitsstrafe ist nicht an sich die Strafe – diese wird noch weiter innerhalb der Anstalt verhängt, sobald der Gefangene die Regeln und Normen mißachtet oder sich dem Normierungsprozeß widersetzt. Dieses System von Regeln mit begleitenden Sanktionen bzw. Bonussen bei Erfüllung der Anforderungen entspricht genau dem System der Industriegesellschaft, des freien Marktes und des Konkurrenzkampfes in der Wirtschaft.

Natürlich erlaubt die freie Gesellschaft – im Gegensatz zur Vollzugsanstalt – Freiräume für kreative Selbstverwirklichung, für Privatleben und Freizeitgestaltung. Der schwarze Spiegel, den Foucault der Aufklärung vorhält, zeigt die Systemzwänge einer Reglementierungsgesellschaft auf, die nur dann in die Alpträume einer Zuchthausgesellschaft verfällt, wenn das System totalitär vereinnahmt wird. Solches will Habermas mit seinem Dialog zu verhindern wissen. Es bleibt jedoch auch nach Habermas ein schaler Geschmack an den Idealen der Aufklärung haften, und zwar nicht an den Idealen selbst, sondern an den von ihnen legitimierten Praktiken der Machbarkeit. Die Spätfolgen der Systematisierung, Reglementierung und Standardisierung des Individuums haben gezeigt, daß Gleichheit nicht unbedingt mit Freiheit und Brüderlichkeit korrelieren muß, daß Gleichheit und Menschenwürde unvereinbar sein können. Der Traum vom Menschen als dem Maß aller Dinge hatte den Menschen als gottähnliches, vernunftbegabtes Wesen vorgestellt; die Strategen der Nationalstaaten sahen ihn alsbald als Zinnsoldaten, als Bauern auf dem Schachbrett der Politik.

Wenn uns die Literatur, Geschichte und Philosophie des 18. Jahrhunderts etwas lehren können, dann ist es die beruhigende Einsicht, daß das so düstere Bild der Aufklärungsepoche ein äußerst einseitiges ist. Einerseits wirken die Ideen der Vernunft nicht überall gleich stark und müssen mit zahlreichen Gegenströmungen konkurrieren. Andererseits ist das 18. Jahrhundert auf weite Strecken hin noch völlig frei von der Reglementierung, die erst gegen Ende des Jahrhunderts einsetzt und dann zunächst nur in einigen zentralen Bereichen des Militärwesens und der industriellen Produktion. In der Erziehung konnten diese Reglementierungsmuster in einigen Staaten erst im 19. Jahrhundert wirksam werden, wie Dickens' Satire im Roman *Hard Times* (1854) bezeugt. Während des 18. Jahrhunderts selbst stellt sich die Szene jedoch vielgestaltig, optimistisch, unbeschwert von staatlichen Eingriffen dar. Besonders in England kann das 18. Jahrhundert (besonders nach den Wirren des Bürgerkrieges im 17. Jahrhundert) zu Recht als ein Goldenes Zeitalter gesehen werden, in dem die Engländer als zivilisierte Kaufleute (Langfords 'polite and commercial people') den Globus einnehmen und einem ganz individualistisch konnotierten Fortschrittsglauben frönen, der oft noch keine Kehrseiten erahnen läßt. Dementsprechend positiv ist auch der Tenor der meisten Aufsätze in diesem Sammelband. Mit seiner Betonung auch der Alltagskultur im 18. Jahrhundert rückt er Foucaults apokalyptisch anmutende Retrospektive zurecht, quasi als drohendes Gewitter am Horizont, das jedoch das Picknick bei Sonnenschein in seiner Heiterkeit noch nicht zu trüben vermag.

Literatur

Barker-Benfield, G.J. 1992. *The Culture of Sensibility. Sex and Society in Eighteenth-Century Britain*. Chicago: Chicago Univ. Press.

Black, Jeremy. 1993. *The Politics of Britain, 1688-1800*. Manchester: Manchester Univ. Press.

Damrosch, Leo. 1992, Hg. *The Profession of Eighteenth-Century Literature. Reflections on an Institution*. Madison, WI: Univ. of Wisconsin Press.

Davis, Lennard J. 1983. *Factual Fictions. The Origins of the English Novel*. New York: Columbia Univ. Press.

Dowling, William C. 1992. "Ideology and the Flight from History in Eighteenth-Century Poetry." In: Damrosch. 135-53.

Foucault, Michel. 1979 [1975]. *Discipline and Punish. The Birth of the Prison*. New York: Vintage.

---. 1988. "The Art of Telling the Truth." In: Lawrence D. Kritzman, Hg. *Politics. Philosophy. Culture: Interviews and other Writings, 1977-1984*. New York: Routledge. 86-95.

Geyer, Paul, Hg. 1995. *Das 18. Jahrhundert. Aufklärung*. Regensburg: Pustet.

Greene, Donald. 1988. "An Anatomy of Pope-Bashing." In: G.S. Rousseau und Pat Rogers, Hgg. *The Enduring Legacy: Alexander Pope Tercentenary Essays*. Cambridge: Cambridge Univ. Press.

Habermas, Jürgen. 1996 [1985]. *The Philosophical Discourse of Modernity. Twelve Lectures*. Trans. Frederick G. Lawrence. Cambridge, MA: MIT Press.

Horkheimer, Max und Theodor W. Adorno. 1996 [1944]. *Dialectic of Enlightenment*. Trans. John Cumming. New York: Continuum.

Hunter, J. Paul. 1990. *Before Novels. The Cultural Contexts of Eighteenth-Century English Fiction*. New York/London: Norton.

Ignatieff, Michael. 1978. *A Just Measure of Pain. The Penitentiary in the Industrial Revolution, 1750-1850*. London: Macmillan.

Kant, Immanuel. 1923. "Beantwortung der Frage: Was ist Aufklärung?" [1784]. *Kant's Werke. Band VIII. Abhandlungen nach 1781*. Berlin/Leipzig: Walter de Gruyter. 35-42.

---. 1964. "Der Streit der Fakultäten. Zweiter Abschnitt." *Schriften zur Anthropologie, Geschichtsphilosophie, Politik und Pädagogik*. Darmstadt: Wiss. Buchgesellschaft. 351-68.

Langford, Paul. 1992. *A Polite and Commercial People. England 1727-1783*. New Oxford History of England. Oxford: Oxford Univ. Press.

Lipking, Lawrence. 1992. "Inventing the Eighteenth Centuries: A Long View." In: Damrosch. 7-25.

Lovejoy, Arthur O. 1964. *The Great Chain of Being. A Study of the History of an Idea. The William James Lectures Delivered at Harvard University, 1933*. Cambridge, MA: Harvard Univ. Press.

McKeon, Michael. 1987. *The Origins of the English Novel, 1600-1740*. Baltimore: Johns Hopkins Univ. Press.

---. 1992. "Cultural Crisis and Dialectical Method: Destabilizing Augustan Literature." In: Damrosch. 42-61.

Markley, Robert. 1987. "Sentimentality as Performance: Shaftesbury, Sterne, and the Theatrics of Virtue." In: Nussbaum und Brown. 210-30.

Mayhew, Henry und John Binny. 1971 [1862]. *The Criminal Prisons of London and Scenes of Prison Life*. London: Frank Cass.

Müllenbrock, Heinz-Joachim, Hg. 1984. *Europäische Aufklärung* II. Wiesbaden: Aula.

Mullan, John. 1988. *Sentiment and Sociability. The Language of Feeling in the Eighteenth Century*. Oxford: Clarendon Press.

Nünning, Ansgar, Hg. 1996. *Eine andere Geschichte der englischen Literatur: Epochen, Gattungen und Teilgebiete im Überblick*. WVT Handbücher zum literaturwissenschaftlichen Studium, 2. Trier: WVT.

Nussbaum, Felicity und Laura Brown, Hgg. 1987. *The New Eighteenth Century. Theory, Politics, English Literature*. London: Methuen.

Priestley, Philip. 1985. *Victorian Prison Lives. English Prison Biography, 1830-1914*. London: Methuen.

Richetti, John J. 1992 [1969]. *Popular Fiction Before Richardson. Narrative Patterns 1700-1739*. Oxford: Clarendon Press.

---, Hg. 1996. *The Cambridge Companion to the Eighteenth-Century Novel*. Cambridge: Univ. of Cambridge Press.

Robbins, Bruce. 1993. *The Servant's Hand. English Fiction from Below*. Durham, NC: Duke Univ. Press.

Spencer, Jane. 1986. *The Rise of the Woman Novelist: From Aphra Behn to Jane Austen*. Oxford: Blackwell.

Stone, Lawrence. 1992. *Road to Divorce. England 1530-1987*. Oxford: Oxford Univ. Press.

Todd, Janet. 1986. *Sensibility. An Introduction*. London: Methuen.

Tompkins, J.M.S. 1961 [1932]. *The Popular Novel in England, 1770-1800*. Lincoln: Univ. of Nebraska Press. Reprint.

Watt, Ian. 1957. *The Rise of the Novel*. Berkeley: Univ. of California Press.

Kraftbegriff und Weltmaschine: Die Überwindung des Cartesianismus durch Leibniz

Bernhard Rang (Freiburg)

Als Leibniz in den beiden letzten Jahrzehnten des 17. Jahrhunderts damit begann, seine eigene Metaphysik auszuarbeiten, hatte Descartes' neue Grundlegung der Philosophie auf dem Boden der neuzeitlichen, durch Galilei und Newton begründeten Physik bereits Schule gemacht. Der Cartesianismus war die herrschende Philosophie der Zeit, die Leibniz vorfand, als er im Jahre 1686 in einer Schrift mit dem Titel *Metaphysische Abhandlung* seine Gedanken zur Metaphysik zum ersten Mal systematisch zusammenfaßte. Es war deshalb klar, daß er seine eigenen, von Descartes abweichenden Überlegungen zu einer Neubegründung der Metaphysik aus einer Kritik der cartesischen Philosophie zu rechtfertigen suchte. Dies war auch schon darum unumgänglich, weil Leibniz seinen eigenen Ansatz hauptsächlich in einer wissenschaftlichen Korrespondenz mit führenden Gelehrten seiner Zeit, die zum großen Teil Anhänger der cartesischen Philosophie waren, zu entwickeln suchte.

Im folgenden soll gezeigt werden, daß es der Begriff der Kraft gewesen ist, der bei Leibniz zur Überwindung der mechanistischen Naturauffassung Descartes' und des zugehörigen Vergleichs des Weltganzen mit einer unendlich großen, bloß mechanischen Gesetzen gehorchenden Maschine geführt hat. Das wird in zwei Schritten geschehen. Zunächst kommt in einem ersten Teil in allgemeinen Umrissen die geistesgeschichtliche Situation zur Darstellung, in die Leibniz sich gestellt sah, als er um die Wende vom 17. zum 18. Jahrhundert sein eigenes philosophisches Konzept über den Begriff der Kraft entwickelte. Sodann soll in einem zweiten Teil Leibniz' neuer Kraftbegriff systematisch rekonstruiert und dabei gezeigt werden, in welcher Weise er den cartesianischen Schlüsselbegriff der räumlichen Ausdehnung von seinen bei Descartes vorhandenen mechanistischen Implikationen zu befreien geeignet ist.

1. Mechanismus und Weltmaschine

1.1 Das mechanistische Weltbild des 17. Jahrhunderts

Als Leibniz gegen Ende des 17. Jahrhunderts die Grundzüge seiner Metaphysik entwarf, war die neue, durch Galilei und Newton begründete Naturwissenschaft schon so weit fortgeschritten, daß ein Prozeß der Reflexion auf die damit einhergegangene Änderung des Naturverständnisses einsetzen konnte. Die von Leibniz 1698 publizierte Schrift *De ipsa natura sive de vi insita actionibusque creaturarum* ist ein aufschlußreiches Dokument für diesen Stand der Entwicklung (vgl. Nobis 1966). Die als Mechanik auftretende neue Naturwissenschaft hatte zu einer Mechanisierung des Weltbildes geführt, und damit zu einer Einebnung des Gegensatzes von Natur und Technik, welcher die ursprüngliche Erfahrung von Natur geprägt hat. Das von Natur aus Seiende ist nach aristotelischem Verständnis das, was den Ursprung von Bewegung und Ruhe in sich selbst trägt (vgl. Aristoteles 1987: 192 b, 13f). Diese Definition von Natur steht im

Horizont einer ursprünglichen Erfahrung von Natur als das, was nicht vom Menschen gemacht ist. Da die vom Menschen zur Befriedigung seiner Lebensbedürfnisse hergestellten Dinge durch äußere Einwirkung auf das von Natur aus Vorhandene (das 'Material', aus dem die Gerätschaften hergestellt werden) entstehen und auch durch eine ebenso äußere Einwirkung bei ihrem Gebrauch bewegt werden, ist die von Aristoteles aufgestellte Definition der Natur nur die unmittelbare Konsequenz aus diesem ursprünglichen Verständnis von Natur als das dem menschlichen Machen Entzogene. Da wiederum dasjenige in der Natur, an dem die Fähigkeit, den Ursprung von Bewegung und Ruhe in sich selbst zu haben, am sinnfälligsten in Erscheinung tritt, die *Bewegungen der Tiere* waren, ist der so akzentuierte Gegensatz von Natur und Technik Ausdruck eines Naturverständnisses, nach welchem *alles* von Natur aus Seiende *nach Analogie des Lebendigen* verstanden wird. Folgerichtig bestand für Aristoteles ein Gegensatz zwischen Physik und Mechanik. Die Mechanik war für ihn kein Teil der Physik, sondern die Lehre vom Bau technischer Geräte. In dieser Lehre wurde auch nicht das Wissen davon vermittelt, wie man Naturgesetze zum Nutzen des Menschen anwenden kann, sondern ein Wissen davon, wie man beim Bau von Maschinen die Natur *überlisten* kann (μηχανή heißt ursprünglich List). Denn die Bewegungen, die diese Maschinen (Hebel, Keil, Wellrad etc.) auszuführen haben, waren nach aristotelischem Verständnis *naturwidrige* Bewegungen; ein Hebel beispielsweise, der eine Last nach oben hebt, zwingt diese zu einer naturwidrigen Bewegung, da alles Schwere natürlicherweise nach unten strebt (vgl. Aristoteles 1987: 255 a, 21 ff).

Die Mechanisierung des Naturbegriffs im 16. und 17. Jahrhundert besteht nun darin, daß dieser den aristotelischen Naturbegriff prägende Gegensatz zwischen Natur und Technik bzw. der damit äquivalente Gegensatz von Physik und Mechanik verschwindet. Die Mechanik avanciert zum Paradigma von Naturwissenschaft, mit der Folge, daß die ganze Natur mechanistisch gedeutet wird, nämlich so, daß die Gesetze der Mechanik als diejenigen Gesetze gelten, die in den Naturprozessen wirksam sind.

Die mechanistische Naturauffassung hatte im wesentlichen zwei Folgen. Da alles von Natur aus Seiende nach Analogie von Maschinen betrachtet wird, muß zum einen die Annahme fallengelassen werden, daß die Natur im ganzen lebendig sei, und zum anderen müssen die Kräfte, die die Physik zur Erklärung der Naturerscheinungen postuliert, als *externe*, von außen an den Dingen angreifende Kräfte aufgefaßt werden (so wie die vom Menschen erbauten Maschinen, z. B. ein Hebel zum Heben von Lasten, *von außen* bewegt werden müssen). Den eindrücklichsten Beleg für die erste dieser beiden Konsequenzen bildet Descartes' Auffassung, daß nur der Mensch selber ein (vernünftiges) Lebewesen sei, die Tiere aber seelenlose Automaten ohne Leben und Empfindung (vgl. Descartes 1966: V, §§ 10 f).

Überträgt man das Verständnis des von Natur aus Seienden auf die Welt im ganzen, so kommt man zu der Vorstellung, daß das Universum einer riesigen Maschine *(machina mundi)* gleicht, die den Gesetzen der Mechanik gehorcht. In der Tat ist dieser Vergleich im 17. Jahrhundert, dem Jahrhundert des Cartesianismus, gang und gäbe. Die geschichtliche Wurzel der Maschinenmetapher zur Beschreibung des Universums reicht freilich viel weiter zurück. Bereits Nikolaus von Oresme (1320–1382) vergleicht die Welt mit einer Räderuhr. Ihren Höhepunkt erreicht die mechanistische Deutung des Universums bei Kepler. Er schreibt Im Februar 1605 an Herwart von Hohenburg:

"Meine Absicht ist es, zu zeigen, daß die himmlische Maschine *(caelestem machinam)* keine Art göttliches Lebewesen *(instar divini animalis),* sondern eine Art Uhrwerk *(instar horologii)* ist [...], insofern die ganze Vielfalt der Bewegungen von einer einzigen, ganz einfachen magnetischen Kraft ebenso abhängt, wie alle Bewegungen einer Uhr von einem einfachen Gewicht" (zit. Mittelstraß 1981: 58). Deutlich ist hier, daß der neue Maschinenbegriff der Welt sich gegen die organologische Kosmosvorstellung der spätantiken Metaphysik richtet: Die Welt soll, das gibt Kepler hier zu verstehen, nicht mehr nach Analogie der lebendigen Natur begriffen werden (Mittelstraß 1981: 58).

Bemerkenswerterweise läßt sich diese Ablösung der antiken Kosmosvorstellung durch die mechanistische Auffassung des Universums am Begriff der *machina mundi* selbst ablesen. Denn dieser gehörte ursprünglich gerade in den Horizont der organologischen Weltvorstellung. Im Kommentar des Chalcidius zu Platons Timaios dient er zur Erläuterung von Platons Begriff des Weltkörpers. Wir verstehen jetzt, wogegen sich Kepler in seinem Brief an Herwart von Hohenburg wendet. Denn zum Welt*körper* gehört bei Platon natürlich auch eine Welt*seele (anima mundi)*, weil nach antikem Verständnis das Leben eines Körpers durch eine Seele bewirkt wird. Den platonistischen Gedanken einer Weltseele verwirft Kepler jedoch und ersetzt ihn durch den der Kraft. Indem der *machina mundi* auf diese Weise die *anima mundi* entzogen worden ist, wird sie zu einem unbelebten Ding, genau wie die Maschinen der Menschen.

Den eindrücklichsten Beleg für die *zweite* der oben genannten Konsequenzen des mechanistischen Naturbegriffs bildet die klassische Trägheitsphysik: Sie nimmt an, daß materielle Dinge sich im Zustand einer geradlinigen und gleichförmigen Bewegung befinden, solange keine Kräfte auf sie einwirken. Hierbei ist vorausgesetzt, daß Kräfte *per definitionem äußere* Kräfte sind, so daß die Beibehaltung des Bewegungszustandes beim Fehlen äußerer Kräfte eine Eigenschaft der Materie ist, die überhaupt nicht auf Kräfte zurückführbar ist, nämlich die Eigenschaft der Trägheit. Der von Kepler geprägte Begriff einer Trägheitskraft *(vis inertia)* wird daher im weiteren Verlauf der Entwicklung eliminiert: Die geradlinig gleichförmige Bewegung wird als *kräftefreie* Bewegung verstanden, womit die seit der Antike bestehende Auffassung, daß die Ursache jeder Bewegung eine wirkende Kraft sein muß, außer Kraft gesetzt worden ist (vgl. Kutschmann 1983: 111ff).

1.2 Der Leibnizsche Rückgang auf Aristoteles zur Überwindung des mechanistischen Naturbegriffs im Cartesianismus

Beide Konsequenzen des mechanistischen Naturbegriffs, sowohl die *Entvitalisierung* der Natur als auch die *Externalisierung* der Kräfte der Natur, sind für Leibniz unannehmbar. Im Gegenzug dazu charakterisiert Leibniz, wie schon der oben angeführte Titel der Schrift über die Natur anzeigt, das von Natur aus Seiende durch eine *vis insita actionis,* eine *ihm immanente* Kraft zur Aktion. Das geschieht durch eine bewußte Anknüpfung an die aristotelische Definition von Natur. Nach der Verwerfung von Versuchen, der Mechanisierung der Natur durch die Hypostasierung der Natur zu einem intelligenten Wesen (Leibniz nennt Scaliger und Henry More) entgegenzuwirken, die Leibniz für unverträglich mit den Forderungen der neuen Naturwissenschaft hält, versucht er in *De ipsa natura* eine antimechanistische, aber wissenschaftskompatible

Bestimmung "der Natur" der Dinge, "die", wie er hinzufügt, "Aristoteles nicht zu Unrecht das *Prinzip der Bewegung und der Ruhe* genannt hat, obwohl dieser Philosoph mir den Ausdruck in einem zu weiten Sinne zu nehmen und darunter nicht die örtliche Bewegung oder Ruhe, sondern überhaupt die *Veränderung* und die στάσις oder das Beharren zu verstehen scheint" (Leibniz 1985/89: IV 275). Leibniz bezieht sich hier auf die Bestimmung des von Natur aus Seienden, die Aristoteles im zweiten Buch der *Physik* gegeben hat: Das natürlicherweise Seiende ist das, was das Prinzip der Bewegung und Ruhe in sich selbst trägt, und dieses Prinzip *ist* seine Natur (vgl. oben unter 1.1). Diesen Naturbegriff auf dem Boden der christlichen Schöpfungstheologie zu etablieren und ihn zugleich als mit der neuzeitlichen Physik verträglich zu erweisen, ist der eigentliche Zweck, den Leibniz mit der Schrift *De ipsa natura* verfolgt. Überträgt man den aristotelischen Naturbegriff auf diesen Boden, dann gelangt man zu der Annahme, "daß den Dingen [scil. von Gott] eine gewisse Wirksamkeit, Form oder Kraft eingepflanzt wurde, die wir mit dem Namen Natur zu benennen pflegen" (Leibniz 1985/89: IV 283). Wie man sieht, ist es der neue Kraftbegriff Leibniz', der diesem Leibnizschen Naturbegriff zugrundeliegt, und zwar handelt es sich um eine den Dingen selbst innewohnende und sie konstituierende aktive Kraft, der Leibniz hier diesen Rückgang auf den organologischen Naturbegriff der Aristotelischen Physik ermöglicht hat. Allerdings ist, wie das letzte Zitat belegt, im Gegensatz zu Aristoteles diese Kraft den Dingen der Natur nach Leibniz nur darum immanent, weil sie zuvor im göttlichen Schöpfungsakt den Dingen von außen "eingepflanzt" wurde.

1.3 Die Idee der *machina mundi* bei Leibniz

Es muß nun auffallen, daß Leibniz die Idee der *machina mundi* keineswegs preisgibt, obgleich er, wie wir eben gesehen haben, den damit im 17. Jahrhundert verbundenen mechanistischen Naturbegriff unterlaufen möchte. Ja, indem er erklärt, daß Gott vom Menschen abwärts "wie ein Ingenieur über seine Maschinen verfügt" (Leibniz 1963: II 261), entpuppt er sich sogar als dezidierter Cartesianer. Wenn für Descartes die Tiere seelenlose Automaten ohne Empfindung sind, dann korrespondiert dem eine entsprechende Idee des Menschen: Die Sonderstellung des Menschen im Universum wird von ihm dadurch begründet, daß der Mensch ein rein geistiges Wesen ist, eine *res cogitans,* die nur in ganz äußerlicher Weise mit einem Körper verknüpft ist, welcher hingegen eine bloße *res extensa,* ein rein ausgedehntes Ding ist, das eigentlich gar nicht zu uns gehört.

Warum, so soll nunmehr gefragt werden, hält Leibniz so hartnäckig an der Maschinenmetapher fest, obwohl sie sich so schlecht mit seiner Kritik am mechanistischen Weltbild verträgt?

Über die ursprüngliche Bedeutung von 'mechanisch' scheint sich eine erste Antwort anzubahnen. Ursprünglich bedeutet μηχανή im Unterschied zum ὄργανον, dem einfachen Werkzeug, ein *zusammengesetztes* Werkzeug (z.B. Hebe-, Kriegs- und Theatermaschinen); der dazugehörige aristotelische Ausdruck τάξις wird im Lateinischen mit *aggregatio* wiedergegeben (vgl. Mittelstraß 1981: 53). Nun ist *aggregatio* bei Leibniz ein terminus technicus für alles räumlich Ausgedehnte. Das läßt vermuten, daß die Rede von "natürlichen", "beseelten" oder auch von unserer "körperlichen Maschine"

(Leibniz 1963: II 329) bei Leibniz damit zusammenhängt, daß die Seele für ihn *einfach*, der ihr eigene Körper dagegen *zusammengesetzt* ist, also keine wahrhafte Einheit (keine Monade), sondern nur ein "Aggregat" (Leibniz 1963: II 335) bildet. Bestätigt wird das durch Wendungen wie "im Zusammengesetzten oder in der Maschine" (Leibniz 1963: II 439, § 17 der *Monadologie*, im Zusammenhang mit dem Mühlengleichnis). Die Rede von der *machina mundi* wäre demnach nicht nur in der Schöpfungstheologie (für die alles Natürliche Resultat eines poietischen Handelns ist) motiviert, auch nicht etwa nur Ausdruck eines mechanistischen Weltbildes, sondern ontologisch begründet: Das sichtbare Universum ist eine Maschine, weil die Materie *Teile* hat (nur deshalb konnte ja auch im Platonismus der Ausdruck *'machina'* zur Bezeichnung des Weltorganismus verwendet werden: Ein Organismus ist ja aus seinen Organen zusammengesetzt). Dann bleibt in der Tat für die Auszeichnung der natürlichen Maschinen gegenüber den von Menschen geschaffenen nur noch der Gedanke an Maschinen, die keine Teile haben, die nicht wiederum Maschinen wären. Der lebendige Organismus wird daher für Leibniz eine "natürliche Maschine", in der "bis ins Unendliche neue Maschinen enthalten sein müssen" (Leibniz 1963: II 70).

Doch reicht diese Antwort sicherlich nicht aus, ja es ist fraglich, ob sie überhaupt den Kern der Sache trifft. Wieder kann uns hier die Schrift *De ipsa natura* weiterhelfen. Während der Unterschied von Natur und Kunst von Leibniz in dem bisher explizierten Gedankengang unter Anknüpfung an die aristotelische Definition von Natur im Begriff der *vis insita* festgemacht worden war, findet sich am Anfang der Schrift eine Aussage zum Verhältnis von Natur und Kunst, die in einen völlig anderen Traditionszusammenhang führt. Leibniz stellt dort fest, daß "die ganze *Natur* sozusagen ein *Kunstwerk Gottes (artificium Dei)* ist, und zwar ein derart großes, daß jede natürliche Maschine (das eben ist der wahre, aber wenig beachtete *Unterschied zwischen der Natur und der Kunst*) aus geradezu unendlich vielen Instrumenten besteht und daher eine unendliche Weisheit und Macht ihres Schöpfers und Lenkers erfordert" (Leibniz 1985/89: IV 275). War für den bisher im Anschluß an Aristoteles (1987: II 192 b 13f) entwickelten Naturbegriff charakteristisch, daß bei Artefakten der Ursprung ihrer Bewegung und Veränderung *außer ihnen* liegt, bei den natürlichen Dingen dagegen *in ihnen*, so spielt bei der an der zitierten Stelle vorgenommenen Abgrenzung von Natur und Kunst der Gegensatz zwischen externen und internen Kräften keine Rolle mehr. "Der wahre, aber wenig beachtete Unterschied" zwischen Natur und Kunst soll nun rein quantitativ verstanden werden, nämlich über den Grad der Komplexität: Die Maschinen des Menschen bestehen aus endlich vielen Teilen, die Maschinen der Natur aus unendlich vielen Teilen. Dabei ist dieser Unterschied in der Komplexität so gedacht, daß es Ebenen der Teilung gibt: jeder Teil einer natürlichen Maschine ist wieder eine Maschine, deren Teile wieder Maschinen sind usw. *ad infinitum*. Es ist somit das christliche Verständnis Gottes als des Schöpfers der Welt, das bei Leibniz auch wieder zu einer Entschärfung des Gegensatzes zwischen Natur und Kunst führt, an dem er sich durch Anknüpfung an die aristotelischen Definition von Natur zunächst orientiert hatte. Mit der Auffassung der Natur als Kunstwerk Gottes wird die Unterscheidung zwischen *Natur* und *Kunst* zur Unterscheidung zwischen *zwei Arten von Kunst*. Zwar liegt diese Unterscheidung von menschlicher und göttlicher Kunst implizit auch in der Konzeption der Natur als *vis insita actionis,* da diese über den Begriff einer den Dingen von Gott eingepflanzten Kraft *(vis impressa)* schöpfungstheologisch begründet wird. Aber zum einen ist damit der Gedanke einer *vis insita* von Leibniz selbst nicht konsequent festgehalten worden: Denn aus der *vis insita* wird, wie wir an dem eben gegebenen Zitat aus *De ipsa natura* gesehen, eine *vis impressa,* d. h. eine bei der Schöpfung der Welt den Dingen von Gott eingedrückte Kraft. Die Idee einer *vis impressa* aber gehört der mittelalterlichen Impetusphysik an, für die der geworfene Stein nur darum seine Bewegung beibehält, weil die werfende Hand ihre Kraft beim Wurf an den Stein weitergegeben hat, der eben darum auch nie von selbst eine Bewegung wird anfangen können. Zum anderen wird die Vollkommenheit der 'natürlichen Maschinen' – ein Terminus, der schon an sich die Nivellierung des antiken Gegensatzes von φύσις und τέχνη anzeigt – innerhalb der beiden von Leibniz entwickelten Konzeptionen unterschiedlich begründet: zum einen mit dem Hinweis auf eine den natürlichen Dingen immanente Kraft, zum anderen aber durch die These einer der durchgehenden Maschinenhaftigkeit.

An dieser Übernahme der im 17. Jahrhundert allgegenwärtigen Idee der *machina mundi* zeigt sich, daß die Erneuerung des aristotelischen Naturbegriffs auf dem Boden der neuzeitlichen Naturwissenschaft nicht ohne Zugeständnisse an den Mechanismus des Zeitalters möglich gewesen ist. Es ist somit ein theologisches Motiv gewesen, das der Mechanisierung des Weltbildes durch Reduktion der Physik auf die Mechanik entgegengekommen ist und diese Entwicklung wesentlich mitgetragen hat. Doch ist zu bedenken, daß der Metaphysiker Leibniz im Sinne der neuen Physik hier bereits fortschrittlicher denkt als sein berühmter Zeitgenosse, der Physiker Newton. Wenn das Universum eine riesige Maschine ist, mußte dann nicht Gott ständig regulierend, regenerierend und reparierend in den Lauf der Welt eingreifen, um die von ihm konstruierte Maschine in Bewegung zu halten? Während für Leibniz diese Annahme unsinnig ist, konnte Newton sich noch nicht dem Zwang derartiger Überlegungen entziehen. Nur so ist es zu verstehen, daß er durch seinen Anhänger Clarke Leibniz mitteilen ließ, wer wie Leibniz die Autonomie der Natur betone, setze die Vollkommenheit Gottes herab, ja er gebe damit mehr oder minder indirekt zu verstehen, daß er am liebsten Gott ganz aus der Schöpfung verbannen möchte. Das von Leibniz vorgebrachte Argument, daß die Vollkommenheit der Schöpfung dann am größten sei, wenn man annehme, Gott habe die von ihm konstruierte Weltmaschine so eingerichtet, daß sie ohne göttlichen Eingriff von selbst funktioniere, ließ er nicht gelten. Für den Menschen gelte allerdings, schreibt Clarke an Leibniz, daß *der* Handwerker der geschickteste sei, der sein Werk so herstellt, daß es keiner Nachbesserung mehr bedarf. Das sei aber nur deshalb so, weil der Mensch seine Maschinen aus einer ohne ihn schon vorhandenen Materie fertige. Für Gott dagegen gelte das nicht, weil dieser die Materie überhaupt erst hervorbringen und durch eine fortwährende Neuschaffung, eine *creatio continua*, im Sein erhalten müsse. "Gottes Weisheit", so resümiert Clarke den Newtonschen Standpunkt, "offenbart sich nicht darin, daß er die Natur – wie ein Handwerker eine Uhr – so einrichtet, daß sie imstande ist, ohne ihn zu gehen; denn das ist unmöglich, da es ja keine Naturkräfte gibt, die von ihm in gleicher Weise unabhängig sind, wie es die Gewichte und Federn von den Menschen sind" (Leibniz 1963: I 131).

Wie aber, und mit dieser Frage leiten wir zum zweiten Teil unserer Ausführungen über, sieht der neue Materiebegriff aus, den Leibniz an die Stelle von Descartes' Konzept der Materie als bloß geometrisch bestimmte räumliche Ausdehnung setzen will? Um diese Frage zu beantworten, ist es notwendig, den von Leibniz hierbei benutzten Kraftbegriff näher zu bestimmen. Um den Einsatzpunkt der neuen, im Kraftbegriff zentrierten Lehre nicht zu verfehlen, sollen im folgenden zunächst die Argumente dargestellt werden, die Leibniz ins Feld führt, um die Unzulänglichkeit des cartesianischen Materiebegriffs aufzuzeigen.

2. Ausdehnung und Kraftbegriff

2.1 Leibniz' Kritik an Descartes' Begriff der Materie als räumlicher Ausdehnung (*res extensa*)

Mit dem Begriff des räumlich ausgedehnten Seins *(res extensa)* ist für Descartes das Gegenstandsgebiet der neuen, mathematischen Wissenschaft von der Natur bezeichnet. Das Wesen der materiellen Substanz besteht nach Descartes in der räumlichen *Ausdehnung,* wohingegen die Denksubstanz, die *res cogitans,* allein als denkend und gerade nicht ausgedehnt gekennzeichnet wird. Der dadurch postulierte Dualismus von ausgedehnter Materie und dem unausgedehnten, immateriellen Sein unseres Geistes ist zweifach bestimmt: Zum einen ist damit den Dingen der uns umgebenden Natur geistig-seelisches Sein abgesprochen, und zum anderen können diese Dinge auch nicht mehr als sinnlich qualifiziert gedacht werden. Die Qualitäten, mit denen uns die Dinge der äußeren Natur in unserer Sinneswahrnehmung entgegentreten, sind nämlich für Descartes keine Eigenschaften der materiellen Dinge, die ihnen an sich selbst zukämen, d. h. unabhängig davon, daß wir sie wahrnehmen. Descartes lehnt es ab, aus der faktischen Gegebenheitsweise der Dinge auf ihr Wesen zu schließen. "Denn", so erläutert er seinen Standpunkt in den *Prinzipien der Philosophie* an einem Beispiel, "von der Härte lehrt uns unsere Wahrnehmung nur, daß die Teile der harten Körper bei dem Druck von unseren Händen der Bewegung widerstehen; denn wenn bei der Bewegung unserer Hände gegen einen Teil alle dort befindlichen Körper mit derselben Schnelligkeit zurückwichen, mit der jene sich vorwärts bewegen, so würden wir keine Härte fühlen, und trotzdem haben wir keinen Grund, anzunehmen, daß die Körper, weil sie sich so zurückziehen, deshalb dasjenige verlieren, was sie zu Körpern macht" (Descartes 1992: II § 4).

Man muß zugeben, daß diese Überlegung Descartes' etwas Bestechendes hat. Zum Wesen einer Sache gehört nur, was von ihr in allen möglichen Welten invariant bleibt. In dem zitierten Gedankenexperiment stellt Descartes sich eine kontrafaktische Welt vor, in der die Materie die Eigenschaft der Trägheit nicht besitzt, mittels deren sie einer von außen angestrebten Änderung ihres Bewegungszustandes einen Widerstand entgegensetzen kann, der sich im fraglichen Fall bei einem Druck der Hand gegen einen Körper in der Empfindung der Härte äußert. Was sich dagegen nicht wegdenken läßt, ohne den Begriff des Körpers aufzuheben, ist die räumliche Ausdehnung und die mit ihr – wegen der Undenkbarkeit eines leeren Raumes – bei Descartes untrennbar verbundene Undurchdringlichkeit der Materie. Ein analoges Argument steht Descartes für die anderen Sinnesqualitäten nicht zur Verfügung. Aber bei diesen läßt sich die gerade im Entstehen begriffene Sinnesphysiologie anwenden gemäß der Überlegung, daß die Existenz von Qualitäten wie Farbe oder Geruch an die Existenz unseres *Leibes* gebunden ist und daher den materiellen Dingen um uns gar nicht *an sich selbst* zukommen kann.

Daraus folgert Descartes, daß die Natur der Dinge allein in ihrer räumlichen Ausdehnung besteht: "Die Natur der Materie oder des Körpers (besteht) überhaupt nicht in Härte, Gewicht, Farbe oder einer anderen sinnlichen Eigenschaft [...], sondern nur in seiner Ausdehnung in die Länge, Breite und Tiefe" (Descartes 1992: II § 4). Die Sache *(res)*, deren Wesen in der Ausdehnung besteht, ist von der Art einer Substanz, so daß die Termini *'res extensa'* und *'substantia extensa'* bei Descartes bedeutungsgleich sind.

Gegen Descartes' Begriff der ausgedehnten Substanz erhebt Leibniz eine Reihe von Einwänden. Die beiden wichtigsten, die hier allein berücksichtigt werden sollen, ergeben sich aus einer kritischen Analyse der konstitutiven Momente des Begriffs der *res extensa.* In diesem sind genau zwei solcher Momente enthalten: *realitas* und *extensio.* Dementsprechend müßte eine vollständige Kritik am cartesischen Ansatz sowohl die Extensionalität als auch die Realität der *res extensa* problematisieren. In der Tat ist Leibniz so vorgegangen. Den deutlichsten Beleg dafür bildet sein Briefwechsel mit dem holländischen Physiker Burcher de Volder, in dem Leibniz beide Wege einer möglichen Kritik des Grundbegriffs der cartesischen Physik nacheinander beschreitet.

Um mit der Frage nach der *Extensionalität* der *res extensa* zu beginnen, so macht Leibniz de Volder zunächst darauf aufmerksam, daß Ausdehnung kein letzter und weiter nicht auflösbarer Grundbegriff ist, wie Descartes meint, sondern daß er noch elementarere Begriffe als Bestandteile enthält. Es sind dies *Mehrheit, Kontinuität* und *Koexistenz.* Das Moment der Mehrheit ist dem Begriff der Ausdehnung auch mit dem Zahlbegriff gemeinsam, das der Kontinuität auch mit dem Begriff der Zeit sowie dem der Bewegung. Das die Ausdehnung Auszeichnende ist daher jene Weise von Vielheit, die in der Koexistenz vorliegt und zugleich mit dem Moment der Kontinuität verbunden ist.

Wenn aber Ausdehnung so analysiert werden muß, wie Leibniz behauptet, dann folgt daraus, daß sie nicht als Wesensmerkmal der materiellen Substanz dienen kann. Denn nicht nur ist "ihr Begriff unvollständig", sie kann auch, schreibt Leibniz an de Volder, "(ebensowenig) aus sich selbst begriffen werden, vielmehr ist sie ein weiter auflösbarer und relativer Begriff" (*Hauptschriften zur Grundlegung der Philosophie,* Leibniz 1963: II 289). Mit dieser Relativität des Begriffs 'Ausdehnung' ist nicht nur die Zerlegbarkeit dieses Begriffs in die genannten elementareren Begriffe gemeint, sondern vor allem auch, daß eine Ausdehnung immer Ausdehnung *von etwas* ist: "Die Ausdehnung ist [...] ein relativer Begriff, denn sie bezieht sich auf eine bestimmte Natur, deren Ausbreitung sie darstellt" (Leibniz 1963: II 317).

Der scheinbar triviale Hinweis darauf, daß Ausdehnung immer Ausdehnung *von etwas* ist, ist notwendig, da sich das von Descartes' eigenen Voraussetzungen her paradoxerweise nicht mehr denken läßt. Um nämlich im Horizont der neuzeitlichen Substanzmetaphysik, innerhalb derer Descartes und Leibniz gleichermaßen stehen, etwas als ausgedehnt begreifen zu können, muß die Ausdehnung entweder von der Substanz selbst oder von einem Akzidens, nämlich der Substanz, prädiziert werden. Die letztere Möglichkeit wählt Leibniz, indem er Sinnesqualitäten, wie wir gleich sehen werden, gleichsam als Substanzen ansetzt, die die Eigenschaft haben, sich verschieden weit ausdehnen zu können. Dieser Weg ist aber für Descartes ungangbar, weil er aus dem Begriff des ausgedehnten materiellen Dinges alle Sinnesqualitäten *per definitionem* ausgeschlossen hat. Die Ausdehnung muß also Eigenschaft einer Substanz sein. Diese Eigenschaft ist ihr aber nach Descartes so wesentlich, daß die Ausdehnung einer körperlichen Substanz und die Substanz selbst ein und dasselbe sind: "Die Worte 'Ort' oder 'Raum' bezeichnen nämlich nicht etwas von dem darin befindlichen Körper Verschiedenes, sondern nur seine Größe, Gestalt und Lage zwischen anderen Körpern" (Descartes 1992: II § 13). Auf der Grundlage der von Descartes akzeptierten Unterscheidungsmöglichkeiten zwischen Dingen (vgl. Descartes 1992: II §§ 60-62) kann zwischen der körperlichen Substanz und ihrem wesentlichen Attribut, der Ausdehnung, nur noch ein bloßer Vernunftunterschied *(distinctio rationis)* bestehen. Dieser rein gedankliche Unterschied zwischen *res extensa* und *extensio* ist, wie auch die eben angeführte Textstelle deutlich macht, ein bloßer Unterschied der Beziehung eines Dinges zu anderen (Relationen sind für Descartes nicht weniger als für Leibniz rein gedanklicher Natur, weil sie die Existenz eines die Dinge miteinander vergleichenden Geistes voraussetzen).

Wie wenig dadurch noch das Subjekt einer Ausdehnung von dieser unterschieden werden kann, zeigt sich am Kontrast zu Eigenschaften der körperlichen Substanz wie Bewegung und Gestalt, die nach Descartes von ihrer Substanz "modal" verschieden sind. Während die Gestalt eines Dinges sich ändern kann, und während ein Ding sich mit verschieden großer Geschwindigkeit bewegen kann (einschließlich des Grenzfalls der Ruhe), bestreitet Descartes, daß eine körperliche Substanz mehr oder minder ausgedehnt sein kann. Er erläutert das an einem Beispiel: Daß ein mit Wasser vollgesogener Schwamm ein größeres Volumen hat als im trockenen Zustand, ist nur darauf zurückzuführen, daß die Poren des Schwammes sich durch das eindringende Wasser vergrößert haben; die beobachtete Volumenänderung ist also nur scheinbar, da die vom Wasser ausgefüllten Poren nicht der Ausdehnung des Schwammes zugerechnet werden dürfen, sondern zur Ausdehnung des eingedrungenen Wassers gehören (vgl. Descartes 1992: II § 6).

Gegen diese Verschmelzung des räumlich ausgedehnten Dinges mit seiner Ausdehnung richtet sich Leibniz' Insistenz darauf, daß die Ausdehnung als Ausdehnung *von etwas* gefaßt werden muß. Im Hinblick auf die drei Momente der Mehrheit, der Kontinuität und der Koexistenz bedeutet das: "Demnach muß stets ein Etwas vorausgesetzt werden, das sich kontinuierlich fortsetzt oder ausbreitet *(continuatur vel diffunditur)*" (Leibniz 1963: II 289). Wenn wir von den Unterschieden der einzelnen Materien absehen und nur das ins Auge fassen, worin alle Materien sich gleichen, dann ist das, was für uns an einer Materie als räumlich ausgebreitet erfahrbar ist, nach Leibniz der "Widerstand" (ebd.), nämlich zum einen die Undurchdringlichkeit der Materie für den Versuch, von außen in sie einzudringen, und zum anderen ihr Widerstand gegen das Bestreben, sie durch Druck und Stoß von einer Stelle im Raum zu einer anderen fortzubewegen. Dieser Widerstand der Materie wird als eine Kraft erfahren, die der Kraftanwendung von außen entgegengesetzt ist. "Ich glaube daher", wendet Leibniz gegen Descartes ein, "daß unser Denken erst im Begriffe der Kraft *(notione* τὸν δυναμικὸν), nicht in dem der Ausdehnung zur Vollendung und zur Ruhe kommt" (Leibniz 1963: II 289).

Es sind eigentlich zwei Gedanken, die hier ineinandergreifen. Erstens betont Leibniz die Notwendigkeit, die Ausdehnung *auf ein Subjekt zu beziehen*, das sich ausdehnt; Descartes' Versuch, die Ausdehnung für sich allein ohne Bezug auf ausgedehnte, und damit von der Ausdehnung verschiedene Dinge zu begreifen, sei so sinnlos, wie Zahlen ohne gezählte Dinge anzunehmen (vgl. Leibniz 1963: II 319). Zweitens ist es mit der Unterscheidung von Ausdehnung und ihrem Subjekt noch nicht getan, sondern es muß auch geklärt werden, *von welcher Natur* das Subjekt der Ausdehnung ist. Und die These, die Leibniz hier aufstellt, lautet: Das Subjekt der Ausdehnung ist von der Natur einer *Kraft*.

2.2 Die Gewinnung eines neuen Kraftbegriffs im Rückgang auf den aristotelischen Entelechiegedanken und durch eine Kritik der Akt-Potenz-Lehre des mittelalterlichen Aristotelismus

Bei der näheren Bestimmung seines Kraftbegriffs nun greift Leibniz zunächst auf aristotelische Grundgedanken zurück. Die ursprüngliche Kraft der Dinge vergleicht er mit der Seele und deren Funktionen. An de Volder schreibt er, die den Dingen immanente aktive Kraft sei "die ursprüngliche Entelechie und, mit einem Worte, etwas der Seele Ähnliches" (Leibniz 1963: II 292). Und in der Schrift *De ipsa natura* schließt Leibniz schon aus der Tendenz der trägen Masse, ihren eigenen Bewegungszustand gegen Einwirkungen von außen aufrechtzuerhalten, "daß in der körperhaften Substanz eine *erste Entelechie* oder ein erster Ort der Tätigkeit sein muß, d. h. eine ursprüngliche bewegende Kraft, die neben der Ausdehnung (oder dem rein Geometrischen) und der Masse (oder dem rein Materiellen) immer tätig ist" (Leibniz 1985/89: IV 293).

Der Begriff einer ursprünglichen oder ersten Entelechie ist ein Schlüsselbegriff der aristotelischen Seelenlehre (vgl. Rudolph 1984: 49-54). Die Seele definiert Aristoteles als erste Entelechie (ἐντελέχεια ἡ πρώτη) des natürlichen Körpers, der der Möglichkeit nach Leben besitzt (Aristoteles 1995: 412 a, 28-30). Seinem Wortsinn nach bezeichnet ἐντελέχεια das, was sein Ziel in sich selbst trägt. Gleichbedeutend damit ist hier der Begriff ἐνέργεια, der die Wirklichkeit von etwas bezeichnet. Wenn Aristoteles die Seele als Entelechie des lebensfähigen Körpers bestimmt, dann soll damit also gesagt sein, daß die Seele eines Lebewesens es ist, die diesem Wesen zu wirklichem Leben verhilft. Ohne die Seele verlöre der Organismus sein Leben und wäre nur noch ein natürlicher Körper, der Leben nicht wirklich, sondern bloß der Möglichkeit nach besitzt. Und *erste* Entelechie ist die Seele darum, weil es für Aristoteles noch eine *zweite* Entelechie gibt, die in der aktuellen Betätigung der verschiedenen, dem Leben als solchem eigentümlichen Vermögen besteht, wie z. B. den Vermögen, sich zu ernähren, zu sehen und zu bewegen. Die wörtlichen Bedeutung von ἐντελέχεια kommt hier insofern zur Geltung, als die Tätigkeiten, in denen der Vollzug des Lebens besteht, ihr Telos in sich selbst haben, wie z. B. der Zweck des Sehens das Sehen selbst ist, im Gegensatz etwa zur Tätigkeit des Bauens, die nicht im Bauen selbst ihr Ziel hat, sondern in etwas, was erst existiert, wenn sie *nicht mehr* da ist, nämlich im fertigen Haus (vgl. Aristoteles 1989/91: 1048 b, 18 ff). Lebensvollzüge sind im Gegensatz zu herstellenden, poietischen Tätigkeiten wie dem Bauen fortwährende Aktualisierungen der entsprechenden Vermögen, so daß die Existenz dieser Vermögen mit ihrer Betätigung untrennbar verknüpft ist.

Es ist diese Struktur, die das *tertium comparationis* für die von Leibniz in Anspruch genommene Analogie von Seele und Kraft bildet. So bemerkt Leibniz in einer kleinen Abhandlung zur Kritik Descartes': "Die aktive Kraft darf nicht begriffen werden als das einfache Vermögen *(potentia)* der üblichen Schulphilosophie oder eine Fähigkeit zur Tätigkeit *(actio),* sie schließt vielmehr das Streben zur Tätigkeit ein, so daß die

Handlung, wenn nicht etwas anderes hindernd dazwischen tritt, [von selbst] daraus folgt. Und darin besteht eigentlich die Entelechie, [...] denn das Vermögen schließt den Akt ein *(potentia actum involvit)* und besteht nicht in einer nackten Fähigkeit *(facultas nuda)*" (Leibniz 1965: IV 395). Unter Kraft versteht Leibniz also das Vermögen, aus sich selbst heraus zu wirken, einschließlich einer dem Vermögen innewohnenden Tendenz, dieses Vermögen auch zu realisieren. Es sind daher genau zwei Punkte, die bei der Bestimmung des Wesens der Kraft über die Schulphilosophie des Aristotelismus, auf die Leibniz sich hier bezieht, hinausführen. Erstens ist Kraft für Leibniz etwas, das sich ständig und ununterbrochen äußert, wenn kein äußeres Hindernis diese Äußerung unterbindet. Diese Eigenschaft der Kraft kleidet Leibniz an der zitierten Stelle in den Satz: *potentia actum involvit.* Zweitens bedarf eine Kraft keines äußeren Anstoßes, um zu wirken. Die Kraft erfüllt damit die Bedingung der Selbsttätigkeit: Eine Kraft wirkt 'von selbst', und damit ermöglicht sie jene Spontaneität, die nach Leibniz das Wesen der Monaden ausmacht.

Beide Bedingungen lassen sich aber im Rahmen der Akt-Potenz-Lehre des mittelalterlichen Aristotelismus nicht erfüllen. Der Aristotelismus unterschied zwei Arten von *potentia*, *potentia prima sive passiva* und *potentia secunda sive activa.* Die *potentia passiva* ist die Möglichkeit von etwas. So hat, um an ein von Aristoteles angeführtes Beispiel anzuknüpfen, ein Stück Metall die Möglichkeit, bei entsprechender Bearbeitung eine Säge zu werden, ein Stück Holz dagegen nicht. Ob diese Möglichkeit jedoch wirklich wird, liegt nicht in der Macht des Metalls. Vielmehr bedarf es zur Verwirklichung dieser Möglichkeit einer Einwirkung von außen. Das Stück Metall kann nicht von sich aus zum Akt seiner Verwandlung in eine Säge schreiten. Bei der *potentia passiva* ist also der von Leibniz aufgestellte Satz: *potentia actum involvit* nicht erfüllt. Im Gegensatz zu dieser *potentia passiva* ist die *potentia activa* nicht die Möglichkeit von etwas, sondern das Vermögen zu etwas. So besitzt, um im Beispiel zu bleiben, der Schmied das Vermögen, aus dem Stück Metall eine Säge zu machen. Die Betätigung dieses seines Vermögens liegt ganz bei ihm. Dennoch wird er nicht ohne Grund (ohne z. B. einen Auftrag zur Anfertigung einer Säge zu haben) daraus eine Säge machen. Das besagt, daß die Verwirklichung der im Metall liegenden Möglichkeit, eine Säge zu werden, durch die Betätigung des Vermögens, etwas zu schmieden, auf etwas schon wirklich Gewordenes verweist, das den Anstoß dazu gibt, vom bloßen Vermögen, etwas zu schmieden, zum Akt des Schmiedens überzugehen. Das Leibnizsche Theorem: *potentia actum involvit* ist also auch bei der *potentia activa* nicht erfüllt. Was der Erfüllung dieses Theorems hier entgegensteht, ist die Tatsache, daß der Übergang von der *facultas agendi* zum *agere* selbst "der äußeren Anregung bedarf" (*De primae philosophiae emendatione,* Leibniz 1965: IV 469).

Es ist jetzt zu sehen, was der Leibnizschen Forderung, daß die Potenz den Akt involvieren soll, im Rahmen der aristotelischen Tradition letztendlich entgegensteht. Es ist dies die Orientierung der Akt-Potenz-Lehre an der Struktur des seiner selbst bewußten, von Zwecken und Gründen bestimmten Handelns des Menschen. Aber eben diese Orientierung macht die Akt-Potenz-Lehre untauglich zur Gewinnung eines physikalischen Kraftbegriffs. Leibniz muß jene Orientierung aufheben, um diesen Begriff zu gewinnen. Was hierbei problemgeschichtlich geschieht, wird signifikant, wenn wir nun noch berücksichtigen, daß auch innerhalb der Akt-Potenz-Lehre in gewisser Weise gesagt werden kann, daß die Potenz den Akt involviert. Aristoteles macht in *De anima* darauf aufmerksam, daß die Betätigung der Wahrnehmungsfähigkeit äußerer Ursachen bedarf, nämlich der Affektion der Sinnesorgane durch die Wahrnehmungsgegenstände, nicht dagegen die Betätigung der Denkfähigkeit. Zu denken oder nicht zu denken liegt ganz bei mir. Mit Rücksicht auf diesen Unterschied macht die Tradition des Aristotelismus die Unterscheidung zwischen *possibilitas* und *virtus*: Die *virtutes* sind, so definiert Thomas von Aquin in der *Summa theologica*, "*potentiae, quae secundum seipsas sunt determinata ad suos actus,* Vermögen, die durch sich selbst zu ihren Akten bestimmt werden" (Thomas von Aquin 1933: II 1, 55, 1), wie z. B. der Intellekt "*ex seipso habet virtutem ut intelligat,* aus sich selbst die Kraft hat, sich zu betätigen" (ebd., I 87, 1, c).

2.3 Konsequenzen für den Seelenbegriff

Damit läßt sich nun genauer abschätzen, in welcher Weise Leibniz gerade in seinem Bemühen, über den Cartesianismus hinweg wieder auf Aristoteles zurückzugreifen, die ontologischen Fundamente des Aristotelismus verändert hat. Es sind vor allem zwei Punkte, die hier zu beachten sind. Zum einen hat Leibniz die Struktur der Selbstverwirklichung eines Vermögens, die im Aristotelismus auf bestimmte epistemische Sachverhalte beschränkt blieb, ontologisiert, und das heißt: als eine Struktur herausgestellt, die dem Seienden als solchem eignet. Zum anderen wird auch diese Struktur noch entscheidend modifiziert, bevor sie zum ontologischen Fundament gemacht wird. Wenn nämlich Aristoteles und Thomas betonen, daß die Seele sich auch ohne äußeren Anstoß denkend betätigen kann, so kann es für Leibniz nicht genügen, das einzuräumen. Er müßte vielmehr aufgrund seines neuen Kraftbegriffs darüber hinaus auch behaupten, daß sie es ständig und ohne Unterbrechung tun *muß*.

Vergegenwärtigen wir uns noch einmal das eigentlich entscheidende Moment des neuen Begriffs einer *vis activa* bei Leibniz. Die Kraft, so schreibt er im *Specimen dynamicum*, "besteht nicht in jener einfachen 'Fähigkeit', mit der die Schulphilosophie sich begnügte, sondern wird außerdem durch ein Streben *(conatus)* oder eine Tendenz *(nisus)* bezeichnet, die, wenn sie nicht durch ein gegensätzliches Streben gehemmt wird *(nisi contrario conatu impediatur),* auch zur vollen Wirksamkeit gelangt *(effectum pleno habituro)"* (Leibniz 1963: I 256; 1971: 234). Das ist ohne weiteres einzusehen, wenn es sich um physikalische Kräfte handelt. Es ist nun ein Zeichen äußerster Konsequenz, daß Leibniz tatsächlich nicht zögert, diesen Kraftbegriff auch auf die Ebene der Denkvorgänge zu übertragen und daraus radikale Schlußfolgerungen zu ziehen. Daß die Seele immer denkt, *müßte* er nicht nur im Hinblick auf seinen Begriff von *vis agendi* behaupten, sondern er *behauptet* es auch! Einen eindrucksvollen Beleg haben wir dafür in der Leibnizschen Stellungnahme zu einer Kontroverse, die im zeitgenössischen Cartesianismus um die Frage geführt wurde, ob aus Descartes' "*ego cogito, ego existo*" folge, daß die Seele immer denken müsse, um zu existieren. Leibniz bejaht die Frage durch Rückgriff auf seinen Begriff der Kraft als einem ständigen Streben nach dem aktuellen Vollzug eines Vermögens und beendet damit die Kontroverse. Da das Denken eines anderen mein eigenes Denken unmöglich hemmen kann und somit ein Gegenstreben auf dem Feld des Denkens keine Rolle spielt, so muß die Seele unablässig denken, da sie sich in ihrem ständigen Streben nach Tätigkeit auf keine Weise selbst zu hemmen vermag.

Es ist bemerkenswert, daß Aristoteles selbst an einer – für das Verhältnis seines δύναμις-Begriffs zum Leibnizschen Begriff der *vis activa primitiva* bisher noch nicht ausgewerteten – Stelle im achten Buch der *Physik* zu einem ganz ähnlichen Resultat kommt. Im Zusammenhang mit der Frage, inwiefern sich auch bei den Prozessen der Elemente die These bestätigen läßt, daß das von Natur aus Seiende den Ursprung seiner Prozessualität in sich selbst hat, kommt Aristoteles auf die Unterscheidung zweier Sinne von Möglichkeit zu sprechen, und erläutert diese an dem aus *De anima* bekannten Beispiel vom Gelehrten. Jeder Mensch ist der Möglichkeit nach ein Gelehrter (δύναμις im Sinne von *potentia passiva).* Nach dem Erlernen der Wissenschaft ist er auch in Wirklichkeit ein Gelehrter, das heißt: er hat die Möglichkeit, zu forschen (δύναμις im Sinne von *potentia activa,* d. h. im Sinne von Vermögen oder Fähigkeit). Die Andersartigkeit der aktiven von der passiven δύναμις erläutert Aristoteles folgendermaßen: "Hat der Gelehrte nun in dieser Weise seine Gelehrsamkeit (als bleibende Fähigkeit), so gibt es nur noch das eine: sofern nicht gerade einmal etwas hindernd im Weg steht, ist Gelehrsamkeit seine wirkliche Bestimmtheit und ist er mit der Forschung beschäftigt [...]. Genauso liegen die Dinge aber auch bei den Naturgegenständen: Das Kalte hat die Wärme als Möglichkeitsmoment an sich; nach dem Erhitzungsprozeß ist es Feuer und, falls nicht ein äußeres Hindernis dazwischentritt, wirkt es zündend" (Aristoteles 1987: 255 b, 12 ff). Die Analogie zwischen seelisch-geistigen Tätigkeiten und den Äußerungen von Naturkräften, auf die Leibniz so großen Wert legt, ist von Aristoteles hier ganz radikal durchgeführt: Wie es nicht in der Macht des Feuers steht, einen brennbaren Gegenstand, wenn er mit ihm in Berührung kommt, auch *nicht* zu entflammen, so steht es auch nicht in der Macht des wissenschaftlichen Forschers, mit dem Forschen aufzuhören, solange sich ihm die Gelegenheit dazu bietet! So gesehen, hat der Wissenschaftler nicht die Wahl, seine wissenschaftlichen Forschungen zu betreiben, sich dem Müßiggang hinzugeben oder einer anderen Tätigkeit nachzugehen.

Die vorherrschende Sichtweise ist dies bei Aristoteles jedoch nicht. Dominant ist bei ihm vielmehr jene Deutung der geistigen Vermögen, die Thomas an der oben zitierten Stelle zum Ausdruck bringt. In *De anima*, in der *Nikomachischen Ethik* sowie nach den einschlägigen Stellen der *Metaphysik* ist es immer von einem freiwillig gefaßten Entschluß abhängig, ob das Vermögen des Denkens betätigt wird oder nicht. Im Hinblick hierauf muß man sagen, daß Leibniz mit seinem Kraftbegriff nicht nur den *potentia*-Begriff der scholastischen Philosophie, sondern auch den aristotelischen Begriff der δύναμις sprengt. Der Grundsatz: *potentia actum involvit* bezeichnet damit eine Neuerung, die Leibniz vornimmt, um Monadologie und neuzeitliche Physik auf einen gemeinsamen Nenner zu bringen.

Wenn wir uns nun zum Schluß fragen, worin die eigentliche Bedeutung des Leibnizschen Kraftbegriffs für die weitere Entwicklung von Naturphilosophie und Naturwissenschaft im 18. Jahrhundert liegt, dann kann die Antwort nur lauten: Sie liegt in der Einsicht, daß die Kraft nicht nur als Eigenschaft materieller Körper aufgefaßt wird, sondern als etwas, dem die Materie eines Körpers überhaupt erst ihr Dasein verdankt. Kraft ist somit als etwas verstanden, das nicht nur die bewegte, sondern auch schon die ruhende Materie vollständig durchdringt. Das aber besagt: Bewegung der Materie ist nicht nur als Ortsbewegung zu denken, sondern auch als immanente Bewegtheit eines an einem bestimmten Orte befindlichen Körpers. Wiederholt betont Leibniz, daß jeder Körper eine bewegende Kraft *(vis agendi, vis motrix)* ursprünglich *in sich* enthalte, und daß diese Kraft es mache, daß durch das Subjekt der räumlichen Ausdehnung – entgegen der Meinung des Cartesianismus – "der Ort nicht nur bestimmt, sondern auch erfüllt wird" (Leibniz 1963: I 301). Im Ansatz finden wir hier schon den Gedanken Kants, daß die Materie den Raum erfüllt vermittels einer ihr immanenten bewegenden Kraft – einen Gedanken, den Kant zunächst noch im Anschluß an Leibniz 1756 in der Schrift *Monadologia physica* und dann 1786 auf transzendentalphilosophischer Grundlage in seinem Alterswerk *Metaphysische Anfangsgründe der Naturwissenschaft* systematisch ausgearbeitet hat.

Literatur[1]

Aristoteles. 1987. *Physik.* griech.-dt. Hg. H.G. Zekl, 2 Halbbände, Hamburg: Meiner.

---. 1989/91. *Metaphysik,* griech.-dt. Hg. H. Seidl, 2 Halbbände, Hamburg: Meiner.

---. 1995. *Über die Seele,* griech.-dt. Hg. H. Seidl, Hamburg: Meiner.

Descartes, René. 1960. *Discours de la méthode.* Übers. u. hg. von Lüder Gäbe. Hamburg: Meiner.

---. 1992. *Die Prinzipien der Philosophie.* Übers. von A. Buchenau, Hamburg: Meiner.

Kutschmann, Werner. 1983. *Die Newtonsche Kraft. Metamorphose eines wissenschaftlichen Begriffs.* (studia leibnitiana, Sonderheft 12). Wiesbaden: Steiner.

Leibniz, Gottfried Wilhelm. 1965. *Die philosophischen Schriften von G. W. Leibniz,* Hg. C. J. Gerhardt (unveränderter Nachdruck der Ausgabe von 1875–1890). Hildesheim: Olms.

---. 1971 [1849-63]. *Mathematische Schriften.* Hg. C. J. Gerhardt (reprografischer Nachdruck derAusgabe Berlin u. Halle 1849–1863). Hildesheim: Olms.

---. 1985-89. *Philosophische Schriften,* Bde. I–V/2, Hg. u. übers. v. H. H. Holz, W. Wiater u. a., Darmstadt: Wiss. Buchgesellschaft.

---. 1963. *Hauptschriften zur Grundlegung der Philosophie.* Übers. von A. Buchenau, Hg. Ernst Cassirer, Bde. 1 und 2, Hamburg: Meiner.

Mittelstraß, Jürgen. 1981. "Das Wirken der Natur. Materialien zur Geschichte des Naturbegriffs." In: *Naturverständnis und Naturbeherrschung. Philosophiegeschichtliche Entwicklung und gegenwärtiger Kontext*, Hg. F. Rapp. München: Fink, 36-69.

Nobis, H. 1966. "Die Bedeutung der Leibnizschrift 'De ipsa natura' im Lichte ihrer begriffsgeschichtlichen Voraussetzungen." In: *Zeitschrift für Philosophische Forschung* 20: 525-38.

Rudolph, E. 1984. "Die Bedeutung des aristotelischen Entelechiebegriffs für die Kraftlehre von Leibniz." In: A. Heinekamp, Hg. *Leibniz' Dynamica* (studia leibnitiana, Sonderheft 13). Stuttgart: Steiner, 49-54.

Thomas von Aquin. 1933ff. *Summa theologica,* Hg. vom katholischen Akademikerverband, Graz: Styria.

---

1 Nachbemerkung zur Zitation: Zitiert wird nach den vorhandenen Übersetzungen. Bei zitierten Stellen aus noch nicht übersetzten Schriften gebe ich eine eigene Übersetzung

Die Erfindung der Großstadt: London in populären Texten des frühen 18. Jahrhunderts[1]

Gerd Stratmann (Bochum)

Der folgende Ausflug in die populäre englische Kultur des 18. Jahrhunderts (eine subversive und häufig vulgäre, aber auch höchst vitale und kreative Kultur) hat ein konkretes Ziel. Es geht um die Entstehung eines neuen 'Mythos', des Mythos der modernen Großstadt, der sich gleichsam im Untergrund, also gegen die offiziellen Doktrinen und Diskurse herausbildete und vieles von dem vorwegnahm, was man erst im späten 19. Jahrhundert ansiedeln würde. So läßt sich der Titel dieses Aufsatzes vorwegnehmend in eine These übersetzen: die 'Erfindung der Großstadt'. Das läuft auf die Behauptung hinaus, daß die populäre Kultur des frühen 18. Jahrhunderts in der Auseinandersetzung mit einem unheimlichen Phänomen, nämlich der plötzlich explodierenden Metropole London, einen suggestiven Komplex von Metaphern, Perspektiven und Gefühlswerten entwickelte, der dieser unerhörten Mischung von Anarchie und Freiheit, von Vitalität und Entfremdung, von Elend und Luxus, von Kommerz und Spontaneität, von Laster und Kommunikation einen Sinn zu verleihen suchte (und eben deshalb den Namen Mythos verdient). Zunächst jedoch bedarf es dreier Vorbemerkungen. Die erste betrifft London bzw. seine objektive Entwicklung im 18. Jahrhundert, gleichsam seine sozial- und architekturgeschichtliche Existenz. Im folgenden wird davon kaum noch die Rede sein, denn der Unterschied zwischen einer großen Stadt und der Großstadt liegt ja gerade darin, daß die zweite vor allem im Kopf existiert. Aber man sollte zumindest andeutend daran erinnern, daß Londons Modernität und atemberaubendes Wachstum durchaus objektive Grundlagen hatten.

Die Modernität verdankte die Stadt unter anderem dem großen Feuer von 1666, dem der größte Teil der City zum Opfer gefallen war. Der teilweise großzügige Neuaufbau bescherte den Londonern ein Zentrum, das mit der ebenfalls wuchernden, aber in mancherlei Sinn noch mittelalterlichen Metropole Paris kaum zu vergleichen war. Ende des 17., Anfang des 18. Jahrhunderts schwoll dann der Zustrom in die Stadt unverhältnismäßig an. Die Bevölkerungszahl wuchs zunächst auf 500 000 an, dann im Laufe des Jahrhunderts wahrscheinlich auf über eine Million – Zahlen einer Megalopolis, die sich die Zeitgenossen gar nicht vorstellen konnten. Zugleich wurde London, einer der wichtigsten Umschlagplätze für die internationale Hochfinanz und den Welthandel, immer reicher. Es leistete sich den unerhörten Luxus einer frühen Vergnügungsindustrie, die allen Zahlenden gleichermaßen (also ohne Rücksicht auf ihren Stand) zur Verfügung stand und Bürgern sowie Besuchern 24 Stunden am Tag von den Vergnügungsgärten und Jahrmärkten über die verschiedenen Shows und Maskenbälle, über Tausende von Tavernen und Kaffeehäusern bis zu den arabischen und türkischen Bädern ("Hummums" und "Bagnios") des Covent-Garden-Viertels, mit

[1] Der Vortrag greift z.T. auf zwei ältere Arbeiten zurück: Stratmann, "City Vice. New Urban Myths in Eighteenth-Century England" (1996) und ders., "Life, Death and the City" (1997).

ihren angeblich mehr als 50 000 Prostituierten eine völlig einmalige Vielfalt der Unterhaltung bot. Übrigens war es damit gegen Ende des 18. Jahrhunderts weitgehend zu Ende. Die sozialen Grenzen zwischen den Ständen und den Klassen wurden plötzlich wieder verstärkt; viele Frivolitäten (wie z.B. die Maskenbälle) verschwanden sang- und klanglos. Sozialhistoriker machen dafür unter anderem die sich ankündigende moralische Aufrüstung des Bürgertums und das warnend beschworene Beispiel der Französischen Revolution verantwortlich (Porter 1982: 268).

Die zweite Vorbemerkung betrifft eher das 20. Jahrhundert, nämlich die Anglistik, die gerade im Bereich der *Eighteenth Century Studies* lange in die Versteinerung zu gleiten schien. Das besorgniserregendste Symptom dieser Sklerose war vielleicht die besessen anmutende Fixierung auf einen Kanon, der noch beschränkter schien als z.B. im Falle der *Victorian Studies*. Trotz der neuen On-line und CD-Rom-Versionen der einschlägigen Bibliographien (die inzwischen praktisch lückenlos genannt werden dürfen), trotz des relativ leichten Zugangs zu den immer noch riesigen weißen Flecken auf der Landkarte des 18. Jahrhunderts konzentriert sich die überwältigende Mehrzahl der einschlägigen Monographien und Aufsätze auf eine vergleichsweise kleine Zahl kanonischer Autoren. Die Herausgeberinnen des kontroversen Bandes *The New Eighteenth Century* (1987) hatten also gute Gründe, das akademische Establishment zu attackieren:

> Thus, the eighteenth century has fostered a criticism whose ultimate concern is the preservation and elucidation of canonical masterpieces of cultural stability. (Nussbaum und Brown 1987: 5)

Dieser Angriff war deshalb so radikal, weil die Autorinnen (Felicity Nussbaum und Laura Brown) so etwas wie eine eigentümliche Komplizenschaft über zwei Jahrhunderte hinweg zu entdecken glaubten: das Zusammenspiel zwischen der 'herrschenden', gleichsam offiziellen Literatur des 18. Jahrhunderts und der etablierten Literaturwissenschaft des 20. Jahrhunderts – mit der Absicht, die subversiven Stimmen und Häresien jenes Zeitalters zu unterdrücken und wirkungslos zu machen. Der Vorwurf war weniger absurd, als er zu sein schien. Bezeichnenderweise waren unter den anglistischen Rebellen besonders viele junge Frauen. Sie konnten in der Tat nachweisen, daß die Päpste der Anglistik, natürlich alles Männer, die weiblichen Stimmen dieses Zeitalters sträflich vernachlässigt oder sogar 'zensiert' hatten.

Ein anderes, ebenso eklatantes Beispiel sind die Bilder und Mythen der neuen Großstadt im England des 18. Jahrhunderts. Das Thema scheint (auf den ersten Blick) besonders gut erforscht worden zu sein. 1978 veröffentlichte Max Byrd, ein bekannter Literarhistoriker, ein ganzes Buch über *London Transformed. Images of the City in the Eighteenth Century*. Byrd begründete in seiner Einleitung, warum er sich im folgenden weitgehend auf die großen, meist konservativen Autoren des Jahrhunderts beschränkte und populärere Autoren wie beispielsweise Ned Ward (von dem noch die Rede sein wird) entschieden ausschloß:

> But if we want to discover the enduring moral pattern behind this [city] life, we must turn to an entirely different kind of author. (Byrd 1978: 5)

Welchen Autoren er sich dann zuwandte, ist leicht zu erraten: Alexander Pope und Jonathan Swift, Henry Fielding und Samuel Johnson ('Doctor' Johnson), die fast ohne Ausnahme die Großstadt London vor allem negativ definierten und beurteilten, nämlich aus einer pastoralen Perspektive. Die Vermassung, die Wucherung und die Promiskuität der gigantischen Stadt wurden von diesen Pastoralisten als unnatürlich, ja als tödliche Krankheit metaphorisiert. Walter Shandy, in diesem Punkte seinem Schöpfer Sterne aus der Seele sprechend, trieb die Metapher bis zur Allegorie:

> [...] a distemper was here his favourite metaphor, and he would run it down into a perfect allegory, by maintaining it was identically the same in the body national as in the body natural, where blood and spirits were driven up into the head faster than they could find their ways down – a stoppage of circulation must ensue, which was death in both cases. (Sterne 1965: 35)

Sterne setzte damit eine Tradition fort, deren Beginn Max Byrd in Defoes *Journal of the Plague Year* zu entdecken glaubte:

> Defoe presents London as a body torn by fever, a body diseased, plague-ridden, and misshapen, and in the intensity of his response, his special vision of London carries it to the edge of the grave. (Byrd 1978: 5)

Die Großstadt konnotierte, so Byrd, vor allem düsteren Frevel, Krankheit und letztlich den Tod. In der Tat ließe sich die Liste solcher Beispiele noch lange fortsetzen. Doctor Johnson drängt sich geradezu auf – als der vielleicht instruktivste Fall. Wir wissen ja, daß er 'privat' der Überzeugung war: "the man who was tired of London was tired of life"; er setzte London also mit dem Leben selber gleich. Als er in seiner Rolle als 'öffentlicher' Poet seine Juvenalsche Satire über London verfaßte, fühlte er sich jedoch an die quasi-vorgeschriebene Todesmetaphorik gebunden:

> Here malice, rapine, accident conspire,
> And now a rabble rages, now a fire;
> Their ambush here relentless ruffians lay,
> And here the fell attorney prowls for prey;
> Here falling houses thunder on your head;
> And here a female atheist talks you dead. (Johnson 1964: VI 48)

London, "tainting our poison'd youth", (Johnson 1964: 50) wird hier dämonisiert als ein tödlicher Dschungel, in dem Habgier und Gewalt, Blasphemie und Ausschweifung nach Beute suchen – ein Bild, das von Fielding mehrfach aufgenommen wurde. Fielding verglich die Großstadt mit einem Dickicht, "a vast Wood or Forest, in which a Thief may harbour with as great Security, as wild Beasts in the Desarts of Africa or Arabia".[2] Wie Byrd im einzelnen zeigt, trugen alle diese Autoren (zu denen, unter anderem, auch Pope, Swift und Smollett gezählt werden müßten) zu ein und derselben düsteren Mythologie der Großstadt bei. London, aus ihrer pastoralistischen Perspektive

---

2 Aus *An Enquiry into the Causes of the Late Increase of Robbers* (1750), zitiert in Byrd (1978: 22-23).

gesehen, repräsentierte die Mächte des "sinnlosen" Chaos; es zerstörte alle traditionellen Werte und Hierarchien, ein tödliches Vakuum.

Byrd schlägt sich bedenkenlos auf die Seite dieser strengen Kritiker. Offensichtlich sieht er es als seine heilige Aufgabe an, die pastorale Verdammung der Großstadt an seine Studenten weiterzureichen. Er sieht die konservative Großstadt-Metaphorik als Teil eines "permanenten Schatzes von Bildern, die helfen können, uns zu zivilisieren" (Schwarzenbach 1982: 102), als eine "Humanisierung" (Byrd 1978: 7) Londons usw. Byrd ist keineswegs ein extremer Fall. Man vergleiche die Bilanz eines Aufsatzes über "Eighteenth Century London: Urban Paradise or Fallen City?":

> After a century of growth and civil improvement, London no longer had any appeal to the imagination. The city was a dead ideal – a Babylon to Blake, a carnival to Wordsworth, a sink of impiety to Cowper, a town without soul and heart to Pope and Swift, a disorderly medley without meaning. It is this void that we in the twentieth century have inherited. (Weitzmann 1975: 480)

Beispiele für diese nachträgliche Zensur, genauer: für die Konzentration auf die konservativen Stimmen des 18. Jahrhunderts, könnten beliebig vermehrt werden. Ist es dann erstaunlich, daß die amerikanischen 'Revisionisten' (wie sich die jungen Rebellen nennen) das Establishment der Anglistik von alten Männern dominiert sehen, die ihre eigenen Probleme mit der Subversion, der Anarchie und dem Tempo der modernen Großstadtkultur haben?

Mit anderen Worten: Trotz der vielen Artikel und Bücher über das Thema wissen wir sehr wenig über das, was man die 'andere' Mythologie der Großstadt im 18. Jahrhundert nennen könnte. Wir wissen nur, daß sie existiert haben muß. Denn – und das ist die dritte Vorbemerkung – implizit verwiesen ja alle jene traditionalistischen Verurteilungen der Großstadtkultur auf die Faszination, die magische Anziehungskraft und (besonders häufig) auf die Frivolität, die diese Kultur so gefährlich für die Gesellschaft und ihre Moral zu machen schienen. Unausgesprochen bezogen sie sich also immer auf eine populärere und gänzlich verschiedene Mythologie der Großstadt. Man kann diese Form der Interaktion zwischen hoher Kultur und populärer Kultur als eine Art fortwährenden Dialoges verstehen, in dem beide Konkurrenten (denn es handelt sich um ein Konkurrenzverhältnis) immer wieder die Metaphern oder Argumente für sich beanspruchten, die die andere Seite angeblich für ihre ideologischen Zwecke mißbraucht habe. Nicht selten führt dieser Dialog aber auch zu faszinierenden Mischformen – 'bifokalen' Texten, wie Ronald Paulson, einer der großen alten Männer in diesem Feld, es einmal genannt hat. Paulson (1979) hatte in einer berühmt gewordenen Analyse einer Serie von Hogarth-Stichen (*Industry and Idleness*) nachgewiesen, daß diese Bilder einerseits eine relativ autoritäre Botschaft zu propagieren schienen (nämlich, daß für einen Lehrling die Faulheit der sicherste Weg zum Galgen sei und daß Fleiß andererseits geradezu exzessiv belohnt werde). Zugleich aber enthielte die Serie von Illustrationen, so Paulson, eine deutlich subversive Interpretation der Geschichte, welche von den Lehrlingen der Zeit durchaus verstanden wurde (nämlich, daß Faulheit eine Art Rebellion sei – angesichts der unmenschlichen Behandlung und Ausbeutung dieser Abhängigen nur zu berechtigt). Dies bedeutet natürlich für die Analyse: Nur, wenn man sich mit den ganz spezifischen subkulturellen Bezugstexten vertraut macht, kann man die Zweideutigkeiten und Kompromisse auch der sogenannten hohen Kultur verstehen.

Ganz ähnlich steht es mit den Bildern Londons: Swift, Gay und Fielding konstruierten ihre düsteren Mythologien der Stadt als Reaktion auf ein anderes Repertoire von Metaphern, welches ihrer Meinung nach irreführend war. Um die Dynamik ihrer Texte zu verstehen, die Ziele ihrer Satire und vor allem ihre strategischen Kompromisse oder bifokalen Angebote, muß man diese 'andere' Mythologie in seine Analysen einbeziehen. Dabei wird übrigens deutlich, daß den beiden konträren Mythisierungen, in denen die neue Großstadtkultur entweder mit dem Tod oder dem 'Leben selbst' identifiziert wird, ein Bestand fester Bilder und topographischer Bezüge gemeinsam ist.

Nach diesen Bemerkungen ist es möglich geworden, das Ziel dieses Beitrags genauer zu bestimmen. Er soll eine erste und provisorische Einführung in jene andere Mythologie der Großstadt geben, soll wenigstens einige anschauliche Beispiele vorführen und am Ende von drei Thesen überzeugen: erstens, daß diese 'anderen' Bilder Londons einen hohen Grad der Wiedererkennbarkeit aufweisen, daß sie leitmotivisch eingesetzt werden und sich nach bestimmten syntaktischen Regeln in der Tat zu einer Art Mythos zusammenschließen; zweitens, daß viele dieser Bilder von beiden, sowohl der hohen wie der populären Kultur, benutzt, ja umkämpft waren (freilich mit ganz entscheidenden Bedeutungsunterschieden); und drittens, daß die fraglichen Texte, obwohl sie sicherlich nicht einen Platz in der ersten ästhetischen Liga des 18. Jahrhunderts beanspruchen können, von einem 'überzeitlichen' Interesse sind. Denn sie sind Teil eines Prozesses (der Evolution der modernen Mythen der Großstadt), mit dem wir überraschend vertraut sind, weil dieser Prozeß noch keineswegs abgeschlossen ist. Immer noch leben viele Leute in jener Großstadt, die das 18. Jahrhundert 'erfand'.

Zu Beginn des 18. Jahrhunderts (1698-1700) erschien Ned Wards *The London Spy*, mehr als zehn Jahre vor den ungleich berühmteren moralischen Wochenschriften *The Tatler* und *The Spectator*. *The London Spy* war zu seiner Zeit ebenfalls höchst erfolgreich und durchlief in schneller Folge eine ganze Reihe von neuen Auflagen; außerdem bestand er wie Addisons *Spectator* aus einer Serie periodischer Essays[3] aus der Feder eines fiktiven Erzählers (eben des 'London Spy', d. h. einem, der die Geheimnisse Londons 'ausspionierte'). *The London Spy* hatte sogar eine Art Plot, eine episodische Geschichte: Der Erzähler nämlich, der sein zurückgezogenes Leben und seine Privatstudien auf dem Lande satt hat, beschließt (in der ersten Nummer des *London Spy*), das ihm weitgehend unbekannte London zu erobern. Dort angekommen, fühlt er sich verunsichert und schockiert, aber auch fasziniert von den tausend Großstadtphänomenen, die ihm von einem Londoner Freund 'erklärt' werden. In den folgenden Nummern des *Londons Spy* unternehmen die beiden dann einen Streifzug nach dem anderen, wobei sie die spektakulären, frivolen und gefährlichen Ziele Londons bevorzugen. Ganz ähnlich angelegt waren dann eine ganze Reihe von Nachfolge-Publikationen, von denen hier nur eine eine Rolle spielen wird: Tom Browns *Walk Round London und Westminster* (1707), in dem wiederum ein naiver

[3] Troyer weist die Zugehörigkeit des *London Spy* zur "Gattungstradition" des *periodical essay* überzeugend nach (1946: 30).

Besucher, hier ein Westinder aus Trinidad, von einem wissenden Londoner herumgeführt wird (der in diesem Falle auch als 'Erzähler' auftritt).

Der Beginn des *London Spy* ist höchst aufschlußreich. Der Erzähler zeigt sich frustriert von seiner lebensfernen Lektüre und sehnt sich nach den Dingen an sich:

> [I shifted these Authors] one by one, with a Fig for St Austin and his Doctrines, a Fart for Virgil and his Elegancy, and a T--d for Descartes and his Philosophy; till, by this means I had eas'd my Brains of these troublesome Crotchets, which had rais'd me to the Excellence of being half Fool and half Madman, in studying the weighty difference betwixt Up-side-down and Top-side-turvey, or to be more knowing in some-such Nicety, than the rest of my Neighbours [...]. I found an itching Inclination in my self to visit London. (Ward 1993: 10)

Augustinus, Descartes und Vergil werden hier *ad acta* gelegt – mit anderen Worten: die Lehren des Christentums, die rationalen Kategorien der Aufklärung und die hehre Vollkommenheit der klassischen Antike, alles also, was im 18. Jahrhundert kulturell gut und teuer war. Die Bücher erscheinen dem Erzähler irrelevant angesichts einer zeitgenössischen Realität, die den Regeln der Logik, der Vernunft und des Christentums hohnspricht. Inbegriff dieser chaotischen, verrückten, auf dem Kopf stehenden Realität – Inbegriff also des Lebens selbst – ist für ihn London. So beginnt Ward, mit seinen allerersten Worten, jenen Dialog zwischen der populären und der 'hohen' Kultur, von dem schon die Rede war. Er bricht aus aus den pastoralen, philosophischen oder christlichen Diskursen, die zu seiner Zeit als verbindliche galten; er bestreitet, daß sie noch in der Lage seien, die wilde Anarchie des Londoner Lebens zu zähmen oder zu erklären. Damit wendet er sich nicht nur gegen die konservativen (also pastoralen) Verdammungen der Großstadt, sondern auch gegen die neuen, 'bürgerlichen' Versuche, London zu einem wohlgeordneten Zentrum des Bürgersinns und -fleißes zu glorifizieren. Der Festumzug zu Ehren des Bürgermeisters von London ("Mayor's Parade") mit seinen mitgeführten allegorischen Figuren ("Industry", "Trade" usw.) wird beispielsweise als pure Heuchelei verspottet. Der *London Spy* interpretiert:

> [...] the four Figures, Representing, according to my most Rational Conjecture, the four principal Vices of the City, viz. Fraud, Usury, Seeming Sanctity and Hipocrisie: As soon as this was past, the Industrious Rabble, who hate Idleness, had procur'd a Dead Cat [...]. (Ward 1993: 223)

Und wo Mr Spectator zehn Jahre später in der Architektur und im Straßenleben der Metropole die Tugenden einer neuen Mittelklasse symbolisiert sieht, zeigt sich Wards Erzähler von der sinnlichen Gegenwart dieser Metropole überwältigt und fasziniert:

> The Streets were all adorn'd with dazling Lights, whose bright Reflections so glitter'd in my eyes, that I could see nothing but themselves. Thus I walked amaz'd, like a wandering Soul in its Pilgrimage to Heaven, when it passes thro' the Spangled Regions. (Ward 1993: 29)

Diese Idee – oder besser: diese Suggestion, daß nämlich die Unmittelbarkeit und Sinnlichkeit, die Geschwindigkeit und die Intensität, die endlose Vielfalt und das

Chaos Londons durch die herrschenden Theorien der Zeit nicht mehr zu erfassen seien, sondern 'das Leben selber' konstituierten und sogar eine quasi religiöse Ekstase erwecken konnten – diese Suggestion wurde zum Topos im Laufe des 18. Jahrhunderts. Auch Tom Browns *Walk Round London* nimmt das Leitmotiv auf. Der Westinder, der von seinem Gastgeber herumgeführt wird, macht kein Hehl daraus, daß ihn London überwältigt:

> [...] for I think your Streets and Public-Houses abound with such an amazing Medley of all manner of Contrarieties, that if a Man had the Eyes of Argus, he might employ them all in this your Christian Babel to his continual Satisfaction.
> (Ward 1993: 322)

Das Zitat ist zugleich ein schönes Beispiel dafür, wie in diesen populären Texten die Bewertungen, die in konservativen Texten zum zeitgenössischen London obligatorisch erschienen, fast unmerklich unterminiert werden. Die babylonische Verwirrung war eine der fast emblematischen Metaphern für die Essayisten und Poeten der Zeit. Hier wird sie jedoch umfunktioniert: Die Konfusion, die als wundervolle Vielfalt von Farben und Geräuschen, von Bewegungen und Impressionen gesehen wird, erweckt im Beobachter Staunen und ein 'unaufhörliches Vergnügen' ("continual Satisfaction"). Diese bemerkenswerte (und in der Tat subversive) Kapitulation des moralischen Urteils vor der Großstadt als 'dem Leben selber' wird, einige Jahrzehnte später, auch die berühmten Tagebucheintragungen des James Boswell inspirieren ("After unpacking my trunk I sallied forth like a roaring lion after girls, blending philosophy and raking" – 1930: VII 163) und findet, was noch überraschender ist, ihr Echo in einem Brief, den der Romantiker Charles Lamb an die Wordsworths schreibt:

> I have passed all my days in London, until I have formed as many and intense attachments, as any of you mountaineers can have done with dead nature. The lighted shops of the Strand and Fleet Street, the innumerable trades, tradesmen and customers, coaches, waggons, play-houses, all the bustle and wickedness round about Covent Garden, the very women of the Town, the Watchmen, drunken scenes, rattles, – life awake, if you awake, at all hours of the night, the impossibility of being dull in Fleet Street, the crowds, the very dirt & mud, the Sun shining upon houses and pavements, the print shops, the old book stalls, parsons cheap'ning books, coffee-houses, steams of soups from kitchens, the pantomimes, London itself a pantomime and masquerade – all these things work themselves into my mind and feed me [...] and I often shed tears in the motley Strand from fulness of joy at so much life. (Lucas 1935: I 241)

Die Passage ist vor allem deshalb so erstaunlich, weil die leidenschaftliche Bindung an diese Form des Lebens, also an das Großstadtleben, allen Ernstes verglichen wird mit der romantischen Bindung an die – als 'tot' bezeichnete – Natur. Hier aber geht es um das frühe 18. Jahrhundert und somit eher um die ebenso erstaunliche Tatsache, daß Lambs Brief so viel von den rhetorischen und metaphorischen Traditionen enthält, die von Ward und anderen fast hundert Jahre vorher initiiert worden waren. Da ist das Eingeständnis, daß sogar die "Lasterhaftigkeit" und die Prostitution – und man sollte hinzufügen: ganz besonders das Laster und die Prostitution – konstitutive Elemente dieser Fülle des Großstadtlebens sind, so wie es auch der Dreck und der Lärm und der Gestank sind. Und da findet man auch wiederum die fast endlose Aufzählung extrem heterogener, ja widersprüchlicher Elemente, die so typisch für die frühen subversiven Bilder Londons sind. Ned Ward und, weniger ausgeprägt, Tom Brown kultivierten einen rollenden parataktischen Rhythmus der Aufzählung, dessen Funktion klar war: er sollte die unaufhörliche Bewegung, die grenzenlose Vielfalt, das verrückte Potpourri von Personen und Impressionen suggerieren. Man vergleiche Wards Beschreibung der Menschenschlangen, die Lose der staatlichen Lotterie kaufen wollten:

> One Stream of Coachmen, Footmen, Prentice-Boys and Servant Wenches flowing one way, with wonderful hopes of getting an Estate for threepence. Knights, Esquires, Gentlemen and Traders, Marry'd Ladies, Virgin Madams, Jilts, Concubines and Strumpets, moving on Foot, in Sedans, Chariots and Coaches, another way; with a pleasing Expectancy of getting Six Hundred a Year for a Crown.
>
> (Ward 1993: 258)

Aber auch Brown liebt die Aufzählung von farbigen Gegensätzen, wie die folgende Liste von Lastern bezeugt, die sich alle in dem 'kleinen Sodom' ein und derselben Taverne zusammenfinden:

> [...] in Answer to his Importunities, I made the Smoak-dry'd Infidel shew his Ivory-Teeth, and grin like a Sun-burnt Ploughman at a Mountebank-Oration [...]. This, Place, said I, is a Tavern, and a Tavern is a little Sodom, where as many Vices are daily practis'd, as ever were known in the great one. Thither Libertines repair to drink away their Brains, and piss away their Estates; Aldermen to talk Treason, and bewail the Loss of Trade; Saints to elevate the Spirit, hatch Calumnies, coin false News, and reproach the Church; Gamesters to shake their elbows, and pick the pockets of such Cullies who have no more Wit than to play with them; Rakes with their whores [...], Lovers with their Mistresses [...]. Thither Young Quality retire to spend their Trademen's Money, and to delight themselves with the Impudence of lewd Harlots, free from the Reflections or Remarks of their own Servants, whilst their Ladies at home are doing themselves Justice after the like Manner, and perhaps, for a want of better Opportunity, are glad to break a Commandment with their own Footman. (Brown 1720: 277)

Kein Zweifel – in diesem kleinen Sodom sind so gut wie alle Todsünden vertreten. Doch wiederum erscheint die Liste der Laster nicht ganz ernst; sie wird angeboten als eine Parodie eines Predigers und Marktschreiers, und sie wird so auch von dem Westinder verstanden, der seine Elfenbeinzähne zeigt. Schließlich noch ein letztes Beispiel für den Enthusiasmus, mit dem Ward die Gerüche und Geräusche und die krassen oder grotesken Bilder aufeinanderhäuft und zusammenbündelt:

> Being now quite out of our knowledge, we wandered about like a couple of runaway apprentices, having confined ourselves to no particular port, uncertainty being our course and mere accident our pilot. Every street we passed through smelled as strong of roast beef and rosemary as Pie Corner does of pig and pork in the wicked season of St Bartholomew. Journeymen and apprentices we met everywhere, as thick as fools in Cheapside [...]. Every alehouse we came to was serenaded with a drum to thunder their rattle headed customers into a good humour of spending their pence like asses, which they got like horses. [...] Sometimes we met in the street with a boat's crew, just come on shore in search of those land debaucheries which the sea denies 'em; looking like such wild, staring, gamesome, uncouth animals, that a litter of squab rhinoceroses, dressed up in human apparel, could not have made, to me, a more ungainly appearance [...]. (Ward 1993: 245)

Alle diese Auflistungen haben drei Dinge gemeinsam: Erstens zeigen sie das Zusammenkommen von extrem verschiedenen Klassen, Gruppen und Typen. Ward und auch Brown konzentrieren sich fast ausschließlich auf solche Örtlichkeiten oder Institutionen der Metropole, an denen Lords und Lakaien, Händler und Müßiggänger, Herzoginnen und "Punks" (was im 18. Jahrhundert noch Prostituierte bedeutete) zusammentrafen: die Lotterie, der Bartholomäus-Jahrmarkt, die Zentren des Lasters rund um Covent Garden, einschließlich der türkischen Bäder, die Vergnügungsgärten, die Kaffeehäuser und die Tavernen. Denn natürlich gab es auch Londoner Bereiche, in denen die Reichen oder die Armen, die Bürger oder die Kriminellen, die Aristokraten oder die Angehörigen eines Berufs unter sich waren. Aber man hat es hier eben nicht mit einer 'realistischen' Schilderung, sondern einem Mythos zu tun: dem Mythos von der Großstadt London als der großen Gleichmacherin.

Zweitens versuchten diese Autoren, die den nicht enden wollenden Strom der Großstadtimpressionen feierten, das Erlebnis der Geschwindigkeit und Hektik – um Ward zu zitieren: der Überflutung an Beweglichkeit, "Inundation of Mobility" (1993: 189), den Eindruck der Lebensintensität, die die Großstadt ausstrahlte, durch ein atemloses sprachliches Tempo und andere rhythmische oder metaphorische Tricks zu evozieren; und drittens zeigten beide Autoren, bzw. ihre jeweiligen Erzähler, die Haltung amüsierter Distanz und Toleranz, die sogar Promiskuität und Prostitution, die Betrunkenheit und die Unordnung, den Dreck und den Gestank als farbige Elemente dieser Großstadtmischung akzeptiert. Man vergleiche dies mit den konservativen Verurteilungen der Großstadt, und man wird sofort feststellen, daß beiden Diskursen das Repertoire von Bildern und Aspekten teilweise gemeinsam war. Das folgende Zitat aus Smolletts *Humphry Clinker* beispielsweise ist die Klage Matthew Brambles:

> The hodcarrier, the low mechanic, the tapster, the publican, the shopkeeper, the pettifogger, the citizen, and courtier; all tread upon the kibes of one another: actuated by the demons of profligacy and licentiousness, they are seen every where rambling, riding, rolling, rusking, justling, mixing, bouncing, cracking, and crashing in one vile ferment of stupidity and corruption. – All is tumult and hurry; one would imagine they were impelled by some disorder of the brain, that will not suffer them to be at rest. (Smollett 1966: 84)

Während Ned Ward und Tom Brown die Mischung aus Hoch und Niedrig, d.h. das Fallen der sozialen Schranken, geradezu feierten, wird dasselbe Phänomen auch hier beschrieben, aber zugleich als eine gefährliche Desintegration der sozialen Ordnung beklagt; und das Tempo des städtischen Lebens, von den einen als vitalisierend genossen, erscheint dem anderen als ein Symptom kollektiven Wahnsinns. Byrd konstatiert mit einigem Recht: "a gigantic Bedlam increasingly becomes an image for the city" (1978: 91). Aber eins sagt er nicht: Der Vergleich Londons mit einem gigantischen Irrenhaus war schon von den subversiven Großstadtchronisten wie Ward und Brown eingeführt worden, wiederum natürlich mit einer völlig anderen Intention. Als der überwältigte Westinder zum ersten Mal Bekanntschaft mit einem Londoner Freudenhaus macht, ruft er aus:

> What Place, says my Indian, is this you have brought me to? Yet another Bedlam? All the People I have lately seen are mad, some one Way, some another, every House has its peculiar Frenzy. (Ward 1993: 297)

Aber wiederum darf man nicht vergessen, daß der Neuankömmling die unaufhörlich wechselnden Szenen des Wahnsinns mit einem 'fortwährenden Vergnügen' und einem faszinierten Grinsen betrachtet. Bedlam ist, sowohl für Brown als auch für Ward, in der Tat der Inbegriff der Großstadt, ein Symbol, das unter anderem auch auf die besessene Intensität des Stadtlebens, die Befreiung von 'normalen' sozialen und moralischen Beschränkungen verweist und eher der Faszination als der moralischen Schockiertheit Ausdruck verleiht. Die folgende bemerkenswerte Szene zeigt den London Spy und seinen Freund in Bedlam (dessen Besuch ein beliebter Zeitvertreib für die Londoner Bürger war):

> Having pretty well tir'd our selves with the Frantick Humours and Ranting Ejaculations of the Mad-Folks, we took a turn to make some few Remarks upon the Looseness of the Spectators, amongst whom we Observ'd abundance of Intriguing; Mistresses, we found, were to be had of all Ranks, Qualities, Colours, Prices and Sizes; from the Velvet Scarf, to the Scotch-Plaid Petticoat [...] Every fresh comer was soon engaged in an Amour; tho' they came in Single They went out by Pairs. [...] all that I can say of it, is this, 'Tis an Alms-House for Madmen, a Showing Room for Whores, a sure Market for Leachers, a dry Walk for Loiterers. (Ward 1993: 66-67)

Es bedarf keiner subtiler Interpretationsmethoden, um zu erkennen, daß hier das 'Laster', d.h. eine frivole und promiskuitive Sexualität, die so viele Autoren des 18. Jahrhunderts beschäftigte, eine bemerkenswerte Verbindung mit der Idee des Wahnsinns eingeht – diese Idee sogar in einem bestimmten Sinne überlagert: Man geht in ein Heim für Geisteskranke, und man findet sich in einem "Markt für Freier". Die beiden Elemente scheinen, im Kontext dieser neuen Mythologie der Großstadt, einander zu verstärken und zu ergänzen; und es ist keine Frage, daß in den Expeditionsberichten von Ward und Brown das 'Laster' (neben dem Wahnsinn) den beherrschenden semantischen Bereich der Erzählung konstituiert. Prostitution und 'Intriguing' spielen sich nicht nur in den einschlägigen Institutionen am Covent Garden ab, sondern auch auf dem Jahrmarkt, auf den Straßen, in Bedlam und sogar in der Kirche. Als Wards Erzähler und sein Freund einer Gruppe von "religious lady-birds" in die Covent-Garden-Church folgen, sind sie höchst erstaunt, als sie entdecken, daß die Gemeinde innerhalb der Kirche nur scheinbar in Frömmigkeit versunken ist:

> Ogling one another with as much Zeal and Sincerity, as if they Worship'd the Creator in the Creature; and Whispering to their next Neighbour, as if, according to the Liturgy, they were Confessing their Sins to one another; which I afterwards understood by my Friend, was only to make Assignations; and the chief of Prayers, says he, are that Providence will favour their Intrigues [...].
> (Ward 1993: 215)

Man findet hier Spuren einer fast blasphemischen Verbindung zwischen einer freien Sexualität mit der Religion – einer Verbindung, die in Browns Text sogar eine historische Rechtfertigung findet. Der Erzähler (Brown 1720: 294) erklärt hier seinem westindischen Gast, daß die enge Nachbarschaft zwischen Kirche und Bordell eine klassische Vorgeschichte habe, daß beispielsweise die alten Ägypter "keinen zum Priester machten, ehe er nicht in die Riten des Priapus eingeweiht war" und daß sogar die katholische Kirche "einen Papst erst dann bestätigt, wenn der Heilige Stuhl seine Mannbarkeit bestätigt hat", so daß nur im Protestantismus "sich die Freudenhäuser tarnen müssen" (d.h. gezwungen sind, sich nach außen als Kaffeehäuser oder harmlose Tavernen zu präsentieren). Sein westindischer Freund aber, seiner traditionellen Rolle treubleibend, bestätigt, daß gemäß den Maßstäben des edlen Wilden ein wenig freie Sexualität nur *natürlich* sei, was freilich nicht für die perverse Kommerzialisierung der Prostitution gelte:

> In the Indies, says my Indian, it is no Shame for the young Women, before their Marriage, to make use of their own, but then it is not in this manner traffick'd for by Brokers and Goers-between, who put an Extortion on the Pleasure, and cheat both the Purchaser and the Seller. (1993: 298)

Selbst diese begrenzte Sammlung von Beispielen hat, so hoffe ich, einen Eindruck geben können von den erstaunlichen Textstrategien, die von Ward und Brown eingesetzt werden. Beide machten 'das Laster', das hieß meist: eine freie und frivole Sexualität, zum zentralen und immer gegenwärtigen Element ihrer mythischen Versionen der Großstadt. Indem sie dieses Element mit emotional aufgeladenen Bereichen des Wahnsinns, des Chaos ("topsy-turvydom"), der paradiesischen Unschuld und sogar der Religion in Verbindung setzen, machen sie es immer wieder zum Symbol und Ausdruck jener positiven Energie und Freiheit, die die neue Stadtkultur definierte. Außerdem neigten sowohl Ward als auch Brown dazu, die sexuelle Promiskuität und die soziale Promiskuität in eins zu sehen, so daß in einem bestimmten Sinne das eine das andere zu implizieren schien. Prostitution und freie Liebe sind höchst wirksame soziale Gleichmacher – und das gilt auch für das Irrenhaus, die Lotterie, das Straßenleben oder den Bartholomäus-Jahrmarkt. Bemerkenswert dabei ist besonders die Tatsache, daß in diesen Texten eben diejenigen Qualitäten und Bezüge die Lebendigkeit der Großstadt repräsentierten, die bei den Pastoralisten als Symptome tödlicher Krankheit galten.

Ein weiteres Element ist diesem subversivem Bild Londons noch hinzuzufügen; aber zuvor ist es Zeit für eine Art Zwischenbilanz, die die Leistung dieser Texte zusammenfaßt: Eine gewisse Art von populärer Literatur zu Beginn des Jahrhunderts entwickelte den Mythos jenes neuen Phänomens der modernen Großstadt, zu der London geworden war. Dieser Mythos, so könnte man sagen, übersetzte die leicht zweideutige Faszination der City in eine komplexe narrative und symbolische Struktur. Darin wurde London zum 'Leben selbst', welches sich allen traditionellen Theoretisierungen der Zeit widersetzte, seien sie nun philosophisch, religiös oder literarisch; denn das einzige Mittel, dieses 'Leben' zu studieren, bestand darin, in es einzutauchen (indem man "Philosophie mit Wollust mischte"). So wird London charakterisiert, um es zunächst positiv zu formulieren, durch die unbegrenzte Vielfalt seiner Ausdrucksformen und den unvermittelten Zusammenstoß von Gegensätzlichkeiten, durch sein Tempo, seine Sinnlichkeit, seine überwältigende (und sogar ekstatische) Wirkung. Negativ gesprochen, erscheint es als ein gigantischer Dekonstruktions-Mechanismus: Es setzt Hierarchien und die Grenzen zwischen den sozialen Ständen sowie zwischen den Geschlechtern außer Kraft, mischt promiskuitiv das Hohe mit dem Niedrigen und reißt dadurch viele der zeitgenössischen Barrieren und Tabus ein.

Dies implizierte, daß der neue Großstadtmensch sich seine sozialen Rollen nach Gefallen wählen und so die Freiheit der City nutzen konnte. Für die subversiven Autoren wurde London zu einer grandiosen Bühne, auf der man den Beschränkungen der eigenen sozialen Codes entkommen konnte. Automatisch denkt man wieder an Boswell, der in endlos wechselnden Verkleidungen (als armer Matrose, als wilder Highländer MacDonald, als Barbier, als einer der Höflinge des 17. Jahrhunderts oder eben als Captain McHeath mit zwei frivolen jungen Damen in *The Shakespeare's Head*) seinen frivolen Vergnügungen nachjagte:

> I toyed with them and sang Youth's the Season and thought myself Captain Macheath; and then I solaced my existence with them, one after the other, according to their seniority. (Boswell 1950b: 264)

Boswell gab seiner eigenen Leidenschaft für die Verkleidung und das Rollenspiel sogar eine theoretische Rechtfertigung. In einem seiner wenigen journalistischen Texte beschrieb er sie als eines der großen Privilegien des Großstadtlebens:

> In town we see each other only during fragments of our existence; and may more easily assume what character we please. But in the country we have whole days together; and each day is a life, as Shakespeare said in Macbeth; so it is exceedingly difficult to disguise our real tempers and characters. (1950a: 206)

Die Beispiele ließen sich endlos vermehren. Wir erinnern uns an Defoes Heldin, Moll Flanders, die immer zu neuen Verkleidungen greift, zum Teil sogar zu Hosenrollen, und zwar keineswegs immer aus beruflichen Gründen (nämlich als Diebin), sondern auch aus einem unwiderstehlichen, ihr selber kaum erklärlichen Drang heraus. Und auch der London Spy (schon dieser Titel konnotiert die Idee der Verkleidung) liebt das

Spiel mit verschiedenen sozialen Identitäten und spielt schon einmal den großen Kutscher, um eine Gruppe von lästigen Fops aus einem Kaffeehaus zu vertreiben (Troyer 1946: 44). Natürlich gehören die beiden Aspekte zusammen: einerseits die neue Großstadtkultur, die die sozialen Definitionen des Standes oder Titels dekonstruierte, auf der anderen Seite ein neuer Typ eines urbanen Abenteurers, der diese Freiheit nutzte und genoß, indem er täglich neue Rollen wählte. So ist es vielleicht nicht erstaunlich, daß so viele Beschreibungen des Großstadtlebens, die konservativen Schreckensgemälde nicht weniger als die subversiven Glorifizierungen, *ein* soziales Ereignis als die Quintessenz der Londoner Kultur herausstellten; und dies war die Maskerade bzw. der Maskenball. Terry Castle (1986) hat den Beginn dieser Londoner Mode in den 20er Jahren des Jahrhunderts nachgezeichnet, hat im einzelnen untersucht, wie der Count of Heidegger (wahrscheinlich ein belgischer Hochstapler) seine ersten riesigen Maskenbälle im Haymarket-Theatre inszenierte. Offenbar fanden diese Ereignisse über Jahrzehnte hinweg mehrmals im Monat statt und zogen unglaubliche Menschenmengen an. In Hunderten von zeitgenössischen Essays, Predigten, Traktaten und Komödien figurierte der Maskenball als das typischste und bedrohlichste Symptom des Großstadtlasters. Die beiden Gründe für diese fast hysterische Ablehnung in den meisten Zeitschriften und anderen Veröffentlichungen lagen auf der Hand. Der eine war wiederum die Sorge um die Einebnung aller sozialen Unterschiede, die Tatsache, daß (ich zitiere hier das *Weekly Journal* von 1725) hier "alle Formen des Status und der Zeremonie beiseite gelegt werden, da der Aristokrat und der Lehrling, die Hure und die Herzogin sich für die so bemessene Zeit von gleich zu gleich begegnen".[4] Der andere Grund lag darin, daß die Maskenbälle – wirklich oder angeblich – zur beliebtesten Gelegenheit für erotische Abenteuer und informelle Prostitution wurden. In den Worten des *Weekly Journal*: "Am Covent Garden gab es unter all den Hunderten keine einzige Fille de Joi, die in dieser Nacht für Geld oder Liebe zu haben war, da alle beim Maskenball beschäftigt waren".[5] Viele der Kritiker beklagten leidenschaftlich, daß die Maskeraden die sexuelle Freiheit vor allem von Ehefrauen und Frauen von Stand begünstigten, und beschworen die politische Gefahr, die entstand, wenn man den Machtlosen erlaubte, in die Rolle der Mächtigen zu schlüpfen.

Doch gerade die immense Popularität der Londoner Maskenbälle (durch das ganze Jahrhundert hindurch) demonstrierte, wie zahlreich die Fans und Genießer der neuen Großstadtkultur waren – oder anders gesagt: wie viele der Londoner die von Ward und Brown entwickelte Mythologie teilten. Denn natürlich war der Maskenball ("Bringing together men and women from all social ranks") selber ein Ausdruck jener Mythologie, eine Art von Text, eine Bedeutung schaffende Praxis ("a signifying practice"), die Wards und Browns Leitmotive umsetzte: den Wahnsinn und den 'das Unterste-zu-Oberst-kehrenden' Austausch der Identitäten, die "promiskuitive" Vermischung der sozialen Stände, die latente und offene Erotik, und die Leidenschaft für das Ausprobieren 'fremder' Rollen (einschließlich der vielen Varianten des "cross-dressing"):

---

4 *The Weekly Journal* (25. Januar 1724): "All State and ceremony are laid aside; since the *Pear* and the *Apprentice*, the *Punk* and the *Duchess* are, for so long a time, upon an equal foot."

5 *The Weekly Journal* (25. Januar 1724).

> I found nature turned topsy-turvy [...] women changed into men and men into women, children in leading strings, seven foot high, courtiers transformed into clowns, ladies of the night into saints, people of the first quality into beasts or birds, gods or goddesses. (Ward 1725: 21)

Es war also kein Wunder, daß Ned Ward, fast zwei Jahrzehnte nach dem *London Spy*, eine Art Supplement veröffentlichte (mit dem Titel *The Amorous Bugbears, Or The Humours of a Masquerade*), aus dem das obige und das folgende Zitat stammen:

> Others as frisky and as airy as a young Widow at a sailor's Wedding, or a Playhouse Curtezan in a loose Comedy, all among at much the same thing as in the Greek, that is, the Maids to gain Husbands, the Jilts to tempt Bubbles, and the Wives Gallants; both Sexes and all Degrees, that can but purchase Tickets, having equal Opportunities in this promiscuous Convention, of meeting with their Matches, if they have but Courage enough to push home at a fair Mark, and Skill enough to manage an Intrigue to the best advantage. (Ward 1925: 21)

Es bedarf kaum der Erwähnung, daß auch Ned Ward den Maskenball als einen ritualisierten Ausdruck der Großstadtkultur verstand. Alle Schlüsselwörter finden sich wieder, die auf eine Weise syntaktisch miteinander verbunden sind, die uns nun schon fast vertraut geworden ist. Der Maskenball wurde gefeiert als eine Befreiung von den Beschränkungen des Standes und des Geschlechts, als ein Triumph der Kunst wie auch der Sinnlichkeit, als eine karnevaleske Dekonstruktion der Normen:

> As nothing is more essential to the Growth of all Arts than Freedom, so a Masquerade being a perfect Commonwealth (as every Body is there upon the level) is the very Country of Liberty, in which they must flourish. (Ralph 1728: 191)

Wie schon angedeutet, befanden sich solche subversiven Stimmen in der Minderheit. Weitaus typischer waren das *Weekly Journal* und die meisten der anderen Periodika – und natürlich Fielding, der in seiner *Amelia* einen Maskenball wählte, um sein harsches moralisches Urteil über das Großstadtleben zu illustrieren.

Diese Beispiele bestätigen noch einmal, daß die 'konservativeren' Beschwörungen der Großstadt zumindest indirekt auf die früheren populären Versionen Londons reagierten, daß sie nur verständlich werden als Stimmen im komplexen Wettstreit der Diskurse. Dieser Wettstreit brachte, wie sich andeutete, eine ganze Skala merkwürdiger Kompromisse und 'bifokaler' Perspektivierungen hervor. Aber es gab ein Charakteristikum, durch das sich die 'subversiven' Texte meist verrieten: es ist die Vorstellung, daß die anarchischen und karnevalesken Qualitäten der Großstadt-Kultur, die die kanonischen Autoren meist als potentiell tödliche Symptome beklagten, als Befreiung von den Fesseln aller traditionellen Diskurse gefeiert wurden, nämlich als 'das Leben selbst'.

Literatur

Primärliteratur

Boswell, James. 1930. *Private Papers of James Boswell*. Geoffrey Scott und Frederick Pottle, Hgg. New York: Rudge.

---. 1950b [1762-63]. *The London Journal*. Frederick Pottle, Hg. New York und London: Heinemann.

---. 1950a. *Boswell's Column*. Hg von Margery Bailey. London: Kimber.

Brown, Thomas. 1720 [1707]. *Walk Round London and Westminster*. In: *The Works of Mr Thomas Brown. Serious and Comical, in Prose and in Verse*. London: Briscoe, III 276-329.

Johnson, Samuel. 1964. *Poems. The Yale Edition of the Works of Samuel Johnson* VI. E.L. McAdam, Hg. New Haven und London: Yale Univ. Press

Ralph, James. 1728. *The Touchstone. Or: Historical, Critical, Political, Philosophical and Theological Essays Upon the Reigning Diversious of the Town*, London: Crokatt.

Smollett, Tobias. 1966 [1771]. *Humphry Clinker*. Lewis M. Knapp, Hg. London: Oxford Univ. Press.

Sterne, Laurence. 1965 [1759-67]. *Tristram Shandy*. Ian Watt, Hg. Cambridge, MA: The Riverside Press.

Ward, Edward. 1725. *The Amorous Bugbears. Or: The Humours of a Masquerade*, London: Bellesworth & Bately.

---. 1993 [1698-1709]. *The London Spy. Compleat in 18 Parts*. Paul Hyland, Hg. East Lansing: Colleagues Press.

The Weekly Journal, 25. Januar 1724.

Sekundärliteratur

Byrd, Max. 1978. *London Transformed. Images of the City in the Eighteenth Century* New Haven und London: Yale Univ. Press.

Castle, Terry. 1986. *Masquerade and Civilization. The Carnevalesque in Eighteenth-Century Culture and Fiction*. London: Methuen.

Lucas, E.V., Hg. 1935. *The Letters of Charles and Mary Lamb*, 3 Bde., London: Dent.

Nussbaum, Felicity und Brown, Laura, Hgg. 1987. *The New Eighteenth Century*. New York und London: Methuen

Paulson, Ronald. 1979. *Popular and Polite Art in the Age of Hogarth and Fielding*, Notre Dame und London: Univ. of Notre Dame Press.

Porter, Roy. 1982. *English Society in the Eighteenth Century*. Pelican History of England. Harmondsworth: Penguin.

Schwarzenbach, F. S. 1982. "London and Literature in the Eighteenth Century", *Eighteenth-Century Life* 7: 100-12.

Stratmann, Gerd. 1996. "City Vice. New Urban Myths in Eighteenth-Century England." In: Jürgen Klein und Dirk Vanderbeke, Hgg. *Proceedings of the Greifswald Anglistentag*. Tübingen: Niemeyer, 105-15.

---. 1997. "Life, Death and the City." *Journal for the Study of British Cultures* 4: 63-72.

Troyer, Howard W. 1946. *Ned Ward of Grub Street. A Study of Sub-Literary London in the Eighteenth Century*. Cambridge, MA: Harvard Univ. Press.

Weitzman, Arthur J. 1975. "Eighteenth-Century London: Urban Paradise or Fallen City?" *Journal of the History of Ideas* 36: 469-80.

Natur in der englischen Dichtung des 18. Jahrhunderts

Willi Erzgräber (Freiburg)

Wir gehen bei unserer Betrachtung der Natur in der englischen Lyrik des 18. Jahrhunderts von einer Stelle aus, die sich im VIII. Buch von Miltons *Paradise Lost* findet, wo Adam von dem Erzengel Raphael über die Schöpfung und das vom Menschen erwartete Verhalten gegenüber der Schöpfung unterrichtet wird. Raphael führt folgendes aus:

> To ask or search I blame thee not, for Heav'n
> Is as the Book of God before thee set,
> Wherein to read his wondrous Works, and learne
> His Seasons, Hours, or Days, or Months, or Yeares:
> This to attain, whether Heav'n move or Earth,
> Imports not, if thou reck'n right; the rest
> From Man or Angel the great Architect
> Did wisely to conceal, and not divulge
> His secrets to be scannd by them who ought
> Rather admire; [...] (VIII, 66-75; Milton 1952: 166-167)[1]

Natur wird als ein Buch verstanden, das der Schöpfer dem Menschen gegeben hat, um sich über die Schöpfungsordnung zu informieren: "to read [...] and learn". Aber zugleich ist dem Menschen eine Grenze gesetzt: Es steht ihm nicht zu, forschend in die Geheimnisse der Schöpfung einzudringen: Gott als Architekt hat seinen Weltenplan verborgen und hält ihn weiterhin verborgen. Im VII. Buch wird noch deutlicher formuliert, was dem Menschen zusteht:

> [...] not to explore the secrets [...]
> Of his Eternal Empire, but the more
> To magnifie his works, the more we know. (VII, 95-97; Milton 1952: 150)

Dichtung sollte demgemäß stets ein Preislied auf die Schöpfung sein: ihr Ton ist auf das Erhabene in der Natur abzustimmen, und wenn sie diesen Ton noch steigern möchte, sollte sie enthusiastisch sein.

Die Entwicklung der Naturdichtung im 18. Jahrhundert läßt sich dahingehend charakterisieren, daß die Barriere, die nach Raphaels Worten vor das Geheimnis der Schöpfung gelegt ist, Schritt für Schritt beiseite geschoben wird. Dichtung orientiert sich bis hin zu Shelley, d.h. zum Höhepunkt der romantischen Dichtung, in zunehmendem Maße an der naturwissenschaftlichen Forschung und der eigenständigen philosophischen Durchdringung der Geheimnisse der Schöpfung. Dieser Prozeß vollzog sich in Schüben, nicht in einer plötzlichen revolutionären Umkehr, aber wenn man den

---

[1] Vgl. hierzu McKillop (1961: 9).

Ausgangspunkt unserer Betrachtungen, Thomsons *The Seasons* (1730), und den Endpunkt, William Blakes *Songs of Experience* (1789), miteinander vergleicht, wird deutlich, wie sich gerade in der subtilsten aller Sprachen, der lyrischen Diktion, ein grundsätzlicher Wandel vollzogen hat.

1. Die englische Dichtung zu Beginn des 18. Jahrhunderts: James Thomson (1700-48), *The Seasons* (1726-30)

Zunächst sei der Blick auf James Thomsons *The Seasons* gerichtet. Bei ihm ist, wie bei Milton, noch die Verbindung von physischer und metaphysischer Perspektive vorhanden, aber er läßt auch deutlich werden, daß er den religiösen Rahmen verändert. Bei aller Beziehung zur alttestamentlichen Tradition, dem Buch Hiob, läßt Thomsons Dichtung erkennen, wie groß seine Sympathie für die neuplatonische Tradition, und das heißt unter seinen Zeitgenossen für Shaftesbury, war. Anthony Ashley Cooper, Earl of Shaftesbury ging aus der neuplatonischen Denktradition der Cambridge Schule hervor, entwickelte eine Ethik, die die Liebe zur Weltharmonie und Schönheit in den Mittelpunkt rückte und das Gefühl als das zentrale Organ betrachtete, diese Harmonie zu erfassen. Mit diesem Gedanken war der Weg zu einer Naturlyrik eröffnet, die sich im Anschluß an die Philosophie die Interpretation des Universums unter dem Leitgedanken der Liebe und der Harmonie zum Ziel setzte. Shaftesbury förderte Thomson bei seinem Versuch, eine ausgewogene Sicht der Realität zu bieten, in der die widerstrebenden Kräfte sich zu einer universalen Ordnung zusammenfügten.

Dazu kam als zweite Antriebskraft die naturwissenschaftliche Erforschung der Natur, die mit dem Namen Isaac Newton verbunden ist. In den 20er Jahren des 18. Jahrhunderts lassen sich zahlreiche Versuche nachweisen, das naturwissenschaftliche Weltbild Newtons, wie es vor allem in den "Mathematischen Grundlagen der Naturphilosophie" (*Philosophiae Naturalis Principia Mathematica*, 1687) seinen Ausdruck gefunden hat, d.h. vor allem seine Lehre von Raum und Zeit, seine Thesen zur Mechanik und Bewegungslehre, d.h. insbesondere das Gravitationsgesetz zu popularisieren. Als Beispiel sei hier eine Dichtung aus dem Jahr 1728 genannt; ihr Verfasser ist J.T. Desaguliers, ihr Titel lautet: *The Newtonian System of the World, the Best Model of Government. An Allegorical Poem. With a Plain and Intelligible Account of the System of the World, by Way of Annotations* (McKillop 1961: 12-13). Für die Einwirkung Newtons auf das naturphilosophische Denken und die dichterische Praxis von James Thomson liefert sein Gedicht *Poem Sacred to the Memory of Sir Isaac Newton* (Mai 1727) einen eindeutigen Beweis. Dort finden sich folgende Zeilen:

> Let Newton, *pure Intelligence*, whom God
> To Mortals lent, to trace his boundless Works
> From Laws sublimely simple, speak thy Fame,
> In all Philosophy. (McKillop 1961: 30)

Hier wird zwar an den theologischen Rahmen angeknüpft, wie er bei Milton vorgegeben war, aber Newton wird als Mensch so hoch eingestuft, daß er als "Pure Intelligence" erscheint, dem Gott es gestattete, die Gesetze der Natur, der Schöpfungsordnung, darzulegen. Nach wie vor erscheint die Schöpfung als ein erhabenes Werk, aber die Naturgesetze werden "sublimely simple" genannt. Thomson sieht die besondere wissenschaftliche Leistung Newtons darin begründet, daß er die komplexen Erscheinungen alles Geschaffenen auf einfache Gesetze (wie das Gravitationsgesetz) zurückzuführen vermochte.

Naturwissenschaft *und* Philosophie trieben Thomson zur Reflexion über die Natur an – aber auch zur Erfassung der konkreten Realität; d.h. zur verschärften sinnlichen Wahrnehmung aller Einzelheiten in der Natur, zur Beobachtung ihrer Besonderheiten und ihrer Veränderungen und zur sorgsamen Ausformulierung des Gesehenen und Beobachteten. Dieser Sachverhalt ließe sich auch so formulieren: Thomson ist durchdrungen vom Geist des Empirismus, wie er seit dem Ende des 17. Jahrhunderts das englische Denken beeinflußte. Es sei hier nur auf Lockes erkenntnistheoretisches Hauptwerk, *An Essay Concerning Human Understanding* (1690) verwiesen. Was Locke über "sensation" (Sinneswahrnehmung) und "reflection" (Selbstwahrnehmung) als die einzigen Quellen unserer Erkenntnis zu sagen hatte, läßt sich geradezu als Wegweiser hin zu etlichen Passagen von Thomsons *The Seasons* verstehen. Als Modell für eine Naturdichtung in diesem empirischen Sinn seien zwei Abschnitte aus dem Winter-Gedicht, das übrigens als erstes der vier Jahreszeiten-Gedichte entstand, zitiert. Der erste Abschnitt lautet wie folgt:

> Wide o'er the Brim, with many a Torrent swell'd,
> And the mix'd Ruin of its Banks o'erspread,
> At last the rous'd-up River pours along:
> Resistless, roaring, dreadful, down it comes,
> From the rude Mountain, and the mossy Wild,
> Tumbling thro' Rocks abrupt, and sounding far;
> Then o'er the sanded Valley floating spreads,
> Calm, sluggish, silent; till again constrain'd,
> Between two meeting Hills it bursts a Way,
> Where Rocks and Woods o'erhang the turbid Stream;
> There gathering triple Force, rapid, and deep,
> It boils, and wheels, and foams, and thunders' thro'.
>
> (*Winter*, 94-105; Thomson 1981: 206)

In diesen Versen konzentriert sich Thomson ausschließlich auf beobachtete Details, wobei es nicht unwichtig sein dürfte, zu vermerken, daß er in Schottland groß wurde, d.h. die Landschaft, insbesondere auch gebirgige Gegenden, aus unmittelbarer Anschauung und Beobachtung kannte. Bemerkenswert ist, wie er sich um eine durchdachte harmonisierende Darstellung von wilder und gemäßigter Bewegung im Lauf des Wassers bemüht: Zunächst gebraucht er die Adjektive "Resistless, roaring, dreadful", um die Bewegung des Flusses zu charakterisieren, danach benutzt er die Trias "Calm, sluggish, silent", um die entgegengesetzte Bewegungsart hervorzuheben. Daraus ergibt sich eine antithetische Spannung, die schließlich in einem Vorgang gesteigerter Dynamik ihren effektvollen Schluß findet: "It boils, and wheels, and foams, and thunders through". Durchgehend aber bietet Thomson "sensations", Sinneseindrücke, die ein optisch differenziertes Bild der beobachteten Wirklichkeit wiedergeben.

Dann folgt im Sinne Lockes die Phase der "reflection", die folgenden Wortlaut hat:

NATURE! great Parent! whose unceasing Hand
Rolls round the Seasons of the changeful Year,
How mighty, how majestic, are thy Works!
With what a pleasing Dread they swell the Soul!
That sees astonish'd! and astonish'd sings!
(*Winter*, 106-110; Thomson 1981: 206-07)

In dieser Reflexion richtet sich Thomson unmittelbar an die Natur, die "great Parent!" genannt wird: aus ihr geht alles Geschaffene, Menschen, Tiere, Pflanzen, Flüsse und Gebirge hervor. Die Natur wird zugleich als das dynamische Prinzip gefeiert, das den permanenten, aber geordneten Wandel in der Natur bewirkt. Die Werke selber werden "mighty" und "majestic" genannt; es sind erhabene Werke, die durchaus im Sinne der ästhetischen Lehre vom Erhabenen im Menschen ein gemischtes Gefühl auslösen: "a pleasing Dread", d.h. Furcht bewirken, aber zugleich auch ein Gefühl des Gefallens. Die Schöpfung, die Werke der Natur, bewirken schließlich ein Erstaunen – Staunen ist nach Aristoteles der Anfang aller Philosophie – und zugleich ergibt sich aus diesem Erlebnis der dichterische Auftrag: "astonished sings". Thomson fühlt sich als Lyriker verpflichtet, diesem Staunen Ausdruck zu verleihen.

Thomson bietet in *The Seasons* jedoch nicht nur eine Serie von Impressionen und Deskriptionen; er fragt auch nach dem Verhältnis des Menschen zur Natur, nach dem Unterschied zwischen der Geborgenheit im Rhythmus der Natur, wie ihn das Landleben bietet, und der Distanz zur Natur und einer fortschreitenden Zersetzung des gesellschaftlichen Lebens in den Städten. Er gelangt auf diese Weise von der einfachen Naturbeschreibung zu kulturgeschichtlichen und geschichtsphilosophischen Reflexionen.

Als Vorbild für die kulturphilosophischen Reflexionen dienten ihm die antiken Lehrgedichte; er ordnet sich damit in die klassizistische Literatur des 18. Jahrhunderts ein, die von Alexander Pope am konsequentesten vertreten wurde. Er hatte seinen Zeitgenossen eingeschärft: "Learn hence for ancient rules a just esteem / to copy Nature is to copy them". Hier wird der Naturbegriff als ästhetische Norm gesetzt; sie ist in der Antike bereits verwirklicht, und die Modernen haben sich danach zu richten. Aber es zeigt sich bei Thomson sehr deutlich, daß er einzelne Wendungen übernehmen oder in engstem Anschluß an das Vorbild nachahmen kann. Es ist jedoch auch zu bedenken, daß er gerade in den eingeschobenen Reflexionen zu erkennen gibt, daß er sich dem antiken Vorbild nicht kritiklos unterwirft. Die Reproduktion des antiken Vorbildes, der ästhetischen Autorität, wird bereichert und umgeformt durch eigene Erfahrung – dies ist ein Prozeß, den man in der englischen Literatur bereits bei Chaucer beobachten kann, wenn man sich in seinen Werken auf das Wechselspiel der Begriffe "auctoritee" und "experience" konzentriert. Die vergleichende Interpretation von James Thomsons *The Seasons* und dem römischen Lehrgedicht, die Burkhard Spiecker vorgenommen hat, ist zu dem Ergebnis gekommen, daß Thomson bei der Darstellung seiner Ideen über das Verhältnis der menschlichen Gesellschaft zur Natur in verschiedenen geschichtlichen Epochen, die antiken Vorbilder wie folgt verarbeitet hat: (1) *Spring*,

234-379 verarbeitet den Weltaltermythos, wie er bei Hesiod, Arator, Vergil und Ovid anzutreffen ist; (2) *Summer*, 1438-1619 basiert auf Vergils *Georgica* 2, 136-176; Vergils Lob Italiens wird von Thomson in einen Panegyrikus über Great Britain umgesetzt; (3) *Autumn*, 43-150 handelt im Anschluß an Hesiod, *Theogonie*, 521-616, und *Erga*, 42-105, sowie Lukrez, *De rerum natura* 5, 925-1457, von der Entstehung und Entwicklung der Kultur; und (4), das Lob des Landlebens, das in Vergils *Georgica* 2, 458-540 zu finden ist, war die Vorlage für die Behandlung des gleichen Themas in *Autumn*, 1235-1373 (Spiecker 1975: 17ff). Im Rahmen dieser Erörterungen ist hervorzuheben, daß (5) die Vorstellung vom Goldenen Zeitalter, dem das Eiserne Zeitalter der Gegenwart entgegengesetzt wird, mehrfach bei Thomson anzutreffen ist. Als Beleg für das Goldene Zeitalter sei zitiert:

The first fresh Dawn then wak'd the gladden'd Race
Of uncorrupted Man, nor blush'd to see
The Sluggard sleep beneath its sacred Beam.
For their light Slumbers gently fum'd away;
And up they rose as vigorous as the Sun,
Or to the Culture of the willing Glebe,
Or to the chearful Tendance of the Flock.
Meantime the Song went round; and Dance and Sport,
Wisdom and friendly Talk, successive stole
Their Hours away. While in the rosy Vale
Love breath'd his infant Sighs, from Anguish free,
And full replete with Bliss; save the sweet Pain,
That, inly thrilling, but exalts it more.
Nor yet injurious Act, nor surly Deed,
Was known among these happy Sons of HEAVEN;
For Reason and Benevolence were Law.
Harmonious Nature too look'd smiling on.

(*Spring*, 242-258; Thomson 1981: 14)

Hervorzuheben ist, daß auch hier der Gedanke der Harmonie der Natur eine zentrale Idee für Thomson ist. Weiterhin erinnern die Begriffe "reason" und "benevolence" an die Ethik des 18. Jahrhunderts; schließlich sind die Vorstellungen von Musik und Liebesspiel eher als Vorklänge der romantischen Dichtung denn als Nachahmungen der Antike zu bezeichnen (hingewiesen sei auf die Darstellung des befreiten Zustands der menschlichen Gesellschaft in Shelleys *Prometheus Unbound*). D.h.: die Grundidee des Goldenen Zeitalters wird übernommen, die konkrete Ausführung des Schemas aber erfolgt nach Vorstellungen, die Thomson in eigenständiger Weise entwickelte.

Als Kontrast zur Darstellung des Goldenen Zeitalters seien einige Verse zitiert, die den Zustand nach dem Verlust des Goldenen Zeitalters charakterisieren:

But now those white unblemish'd Minutes, whence
The fabling Poets took their golden Age,
Are found no more amid these iron Times,
These Dregs of Life! Now the distemper'd Mind

> Has lost that Concord of harmonious Powers,
> Which forms the Soul of Happiness; and all
> Is off the Poise within: the Passions all
> Have burst their Bounds; and Reason half extinct,
> Or impotent, or else approving, sees
> The foul Disorder. (*Spring*, 272-281; Thomson 1981: 16)

In diesen Zeilen schimmert ein Konflikt durch, der von der Stoa bis zur Shakespeareschen Tragödie Philosophen und Dichter befaßt hat: das Verhältnis von Vernunft und Leidenschaft, "reason" und "passion". So wie Shakespeares Tragödienhelden "slaves of passion" genannt wurden, so charakterisiert Thomson hier die Menschen im Eisernen Zeitalter als Lebewesen, bei denen die Harmonie der Seelenkräfte, und das hieße: das harmonische Zusammenwirken von Vernunft und Leidenschaft, verloren gingen. Der Verlust des Goldenen Zeitalters wird unterschiedlich dargestellt. In der Antike wird er mythologisch gefaßt: Jupiter löst die Herrschaft des Saturn ab (so Vergil). Thomson dagegen entmythologisiert diese Vorstellung: er spricht von der Schuld des Menschen. Indirekt spielt er auf den Sündenfall an und fügt die Sintflut in sein Denkschema ein, wonach er sie als Strafe für die ursprüngliche Schuld des Menschen versteht.

Von Bedeutung ist weiterhin, daß sich in der Antike, aber auch bei Thomson zwei Geschichtsmodelle nachweisen lassen. Einerseits handelt es sich hierbei um das Modell der Deszendenz: Das Goldene Zeitalter ist die Phase der Vollendung und steht am Anfang der Geschichte, dann folgt in graduellem Abstieg ein Zustand zunehmenden Zerfalls der ursprünglichen Verhältnisse. Andererseits gibt es aber in der Geschichtsauffassung der Antike, und noch deutlicher ausgeprägt bei Thomson und bei Denkern und Dichtern des 18. Jahrhunderts, das Modell der Aszendenz. Danach war der Urstand noch recht primitiv, roh und barbarisch, und es entwickelte sich erst allmählich eine höhere Form menschlicher Zivilisation. Während bei einem Autor wie Lukrez beide Modelle geschickt gedanklich verflochten werden, stehen sie bei Thomson unverbunden – an verschiedenen Stellen vom Kontext her durchaus verständlich – nebeneinander. Der Gedanke der Aszendenz ist bei ihm deutlich geprägt vom Fortschrittsdenken der Aufklärung. Besonders deutlich kommt dieser Aspekt in seinem "Praise of Industry" ('industry' ist hier die fleißige, zivilisatorische Anstrebung) in *Autumn*, 43-150, zum Ausdruck.

Wenn man auch bedauern mag, daß Thomson in diesem Falle nicht um eine Harmonisierung der beiden Modelle bemüht war, ist ihr unverbundenes Nebeneinander für den Interpreten dichtungs- und kulturtheoretischer Entwicklungen um so aufschlußreicher: Die Vorstellung, die das Goldene Zeitalter in die Antike versetzt, ist stärker literarisch geprägt; das Modell, das sich auf eine Fortschrittsvorstellung bezieht, verweist auf die Kulturphilosophie der europäischen Aufklärung. (Vgl. McKillop 1961: 89ff.) Hervorzuheben ist, daß Thomson die Idee des Goldenen Zeitalters aus der Verankerung in der geschichtlichen Frühzeit herauslöste und die beiden Kulturzustände nebeneinander stellte, wobei er den Versuch macht, das Goldene Zeitalter in Südamerika oder in Abessinien zu lokalisieren. Man könnte in Anlehnung an die Utopie-Forschung sagen: die Zeitutopie wird in eine Raumutopie übersetzt. Schließlich konkretisiert Thomson seine utopischen Vorstellungen noch dergestalt, daß er glaubt, im zeitgenössischen Landleben Spuren des ursprünglichen Zustandes der Menschheit, des Goldenen Zeitalters, auffinden zu können. Es meldet sich hier ein Modell zu Wort, das Rousseau in seiner Staatsphilosophie weiterentwickelt hat. Thomson geht sogar noch einen Schritt weiter und verherrlicht in einem Preislied (in *Summer*, 1438-1619) Großbritannien wegen seines natürlichen Reichtums, seiner Fruchtbarkeit, aber auch wegen seiner zivilisatorischen Leistungen, die großen Männern und Frauen des Landes zu verdanken sind, als vorbildliches Modell eines Staates überhaupt. Thomsons Poetik, so kann man zusammenfassend feststellen, ist also noch deutlich klassizistischen Mustern verpflichtet (vgl. *Summer*, 1438-1445; Thomson 1981: 125).

2. Die Jahrhundert-Mitte: William Collins (1721-59)

Um die Situation der englischen Dichtung in der Mitte des 18. Jahrhunderts zu verdeutlichen, wählen wir William Collins' "Ode to Evening" (1748) – ein Gedicht, das David Daiches in seiner *Critical History of English Literature* (1960) als "perhaps the most technically successful of all Collins' poems" (673) bewertet. Während Thomson in *The Seasons* eine vernünftig ausgewogene Darstellung der Atmosphäre in unterschiedlichen Landschaften zu den vier Jahreszeiten bietet, zeichnet sich das Gedicht von William Collins durch eine wirkungsvolle und zugleich subtile Wiedergabe von Stimmungen aus. So stellt beispielsweise Kurt Schlüter fest: "Eine hochgradige Sättigung des dichterisch erfaßten Naturvorganges mit Stimmungsgehalten ist in der englischen Lyrik um die Mitte des 18. Jahrhunderts so selten, daß dies allein genügen würde, dem Gedicht einen bedeutenden Platz in der Geschichte der Literatur zu sichern" (Schlüter 1968: 271). Stimmung resultiert in diesem Gedicht aus der emotionalen Einstellung des lyrischen Ich, das sich allerdings nur einmal (Z. 19) direkt zu Wort meldet, zu der angesprochenen Personifikation des Abends, "*Eve*" genannt. Das Gedicht wird durch den Titel der Gattung der Ode zugeordnet, was einen feierlich-pathetischen Ton erwarten läßt, den Collins auch trifft, den er aber ständig geschickt moduliert. Von dem Respekt des lyrischen Ich vor der angesprochenen Person zeugen Anreden wie "chaste *Eve*" (Z. 2), "O *Nymph* reserv'd" (Z. 5), "*Maid* compos'd" (Z. 15) oder "calm *Vot'ress*" (Z. 29). Die Atmosphäre, die diese Person um sich verbreitet, wird mit der Wendung "pensive Pleasures sweet" (Z. 27) charakterisiert, wobei in den beiden Attributen "pensive" und "sweet" eine Antithetik zum Ausdruck kommt, die aber zu einem harmonischen Ganzen zusammengefügt wird. Ihre Tätigkeit gleicht der Tätigkeit eines Malers, der es versteht, auf leichte und zarte Weise die Abendstimmung darzustellen: "Thy Dewy Fingers draw / The gradual dusky Veil" (Z. 39-40). Die Jahreszeiten gleichen Dienerinnen – zu erinnern wäre an Titania und die Elfen in Shakespeares *Midsummernight's Dream* –, die jede auf ihre Weise den Abend mit anderen Geschenken ausstatten:

> While *Spring* shall pour his showers, as oft he wont,
> And bathe thy breathing Tresses, meekest *Eve*!
>   While *Summer* loves to sport
>   Beneath thy ling'ring Light:
> While sallow *Autumn* fills thy Lap with Leaves,
> Or *Winter* yelling thro' the troublous Air,

Affrights thy shrinking Train,
And rudely rends thy Robes. (Z. 41-48; Collins 1979: 45)

Auch hier ist eine Harmonie der Gegensätze zu konstatieren, die in den Verben vor allem ihren Ausdruck findet, aber auch in den vokalischen Klängen und den kleineren rhythmischen Mustern. Die zitierte Schlußpassage markiert deutlich auch den Unterschied zu Thomson. Während Thomson die Jahreszeiten wie vier Gemälde nebeneinander stellt, erscheint bei Collins der Gestaltwandel des Abends innerhalb von drei, jeweils mit der Konjunktion "while" eingeleiteten Nebensätzen. Es entsteht auf diese Weise eine syntaktische Einheit, die dem Hauptsatz untergeordnet ist, der sich direkt auf Eve bezieht und ihr dadurch eine übergeordnete Stellung im Ablauf des natürlichen Geschehens zuweist.

Die Frage wäre zu stellen, wie *Eve*, die zentrale Gestalt, zu deuten ist. Im Titel richtet der Dichter sein Gedicht an "Evening"; im Gedicht selbst ist dieses Substantiv aus der Sicht des lyrischen Ich zu "*Eve*" verkürzt. *Eve* könnte mit dem Personennamen Eve, Eva, gleichgesetzt werden, obwohl der Text eine solche Gleichsetzung nicht nahelegt. Es lohnt sich daher, den Attributen und den Anreden nachzugehen, um die Bedeutung von *Eve* erfassen zu können. Zum einen wird die Personifikation des Abends wie eine Frauengestalt charakterisiert; das lyrische Ich spricht von "thy breathing *Tresses*", "thy *Lap*", "thy *Robes*". Diese Frauengestalt gewinnt dadurch eine besondere Bedeutung, daß ihr Naturerscheinungen mit Hilfe des Possessivpronomens "thy" zugeordnet werden: "thy folding Star", "thy ling'ring Light". Schließlich wird diese Gestalt durch die Anrede "O *Nymph* reserv'd" auf eine weitere, neue Bedeutungsebene gerückt: Sie erscheint als ein mythologisches Wesen. Interpreten haben von einer "Abendgottheit" (Schlüter 1968: 275) gesprochen, was meines Erachtens einen Schritt zu weit geht. Nymphen werden im *Oxford Classical Dictionary* definiert als "female spirits of nature representing the divine powers of mountains, waters, woods, and trees, and also places, regions, cities, and States [...] they like dancing and music and can inspire mortals with poetry and prophetic power. In contrast to gods nymphs are mortal (OV. Met. 8. 771) although Hesiod endows them with extreme longevity" (Hammon / Scullard, 1970: 743). Hervorzuheben ist, daß die Nymphen, wiewohl sie göttliche Kräfte verkörpern, im Gegensatz zu den Göttern sterblich sind. Entsprechend ihrer Fähigkeit, Dichtung inspirieren zu können – die Nymphen sind in dieser Beziehung mit den Musen verwandt –, bittet das lyrische Ich bei Collins:

Now teach me, *Maid* compos'd,
To breathe some soften'd Strain. (Z. 15-16; Collins 1979: 44)

Schließlich erhofft das lyrische Ich einen belebenden Einfluß der Nymphe auf die Kräfte, die das geistig-kulturelle Leben der Menschen bestimmen: "*Fancy, Friendship, Science, Health*", wobei "*Fancy*" an dieser Stelle nicht in der eingegrenzten Weise verstanden werden darf, die sich bei Coleridge findet. "*Fancy*" bezeichnet zugleich auch die Imagination und spielt damit auf die kreativen Kräfte im Menschen an. In gleicher Weise ist "*Science*" mehr als nur eine Bezeichnung für die "Naturwissenschaften". "*Science*" bedeutet hier das Wissen im umfassendsten Sinn.

Wenn Thomson in *The Seasons* auf die griechische Mythologie weitgehend verzichtet und den Übergang vom Goldenen zum Eisernen Zeitalter auf die Menschen und nicht auf den Wechsel der Götterherrschaft von Saturn zu Jupiter zurückführt, so macht sich demgegenüber bei Collins eine "Re-Mythisierung" bemerkbar. Nicht nur, daß Eve als Nymphe erscheint; sie ist auch von anderen Nymphen und Elfen umgeben, gilt als eine "Geweihte" ("*Vot'ress*"), wobei es Collins charakteristischerweise offen läßt, wem sie geweiht wurde. Seine besondere Darstellungstechnik weist darauf hin, daß er "*Eve*" zwar in die mythologische Tradition einordnet, aber nicht so weit geht wie etwa die klassischen Dichter der deutschen Literatur, wenn sie Namen wie Aphrodite oder Artemis gebrauchten. Bedenkt man, daß die Namensform "Eve" auch von der hebräischen Wurzel dieses Eigennamens her verstanden werden kann (vgl. Schlüter 1968: 275), dann läßt sich "*Eve*" als eine Personifikation des Lebens bzw. alles Lebendigen auffassen. Faßt man "*Eve*" in diesem Sinn, dann gewinnt auch die Grußformel "I hail / Thy genial lov'd Return!" (Z. 19-20) ihre Bedeutung: Der Abend, Eve, ist nicht wie oft in der späteren romantischen Dichtung ein Vorbote der Dunkelheit und des Todes, sondern ist die Wiederkunft alles Lebendigen! Dazu paßt auch die Wendung, die am Schluß des Gedichtes verwendet wird: "Thy gentlest Influence"; "*Eve*" ist nicht nur im physischen, sondern auch im intellektuellen und spirituellen Bereich die lebensspendende Kraft.

Re-Mythisierung erscheint hier nicht als ein poetisches Spiel; vor dem Hintergrund der Entwicklungen im gesamten geistigen und gesellschaftlichen Leben im 18. Jahrhundert, insbesondere des Vordringens von Rationalismus, Empirismus und Pragmatismus wurden von den Künstlern Verengungen des menschlichen Lebens wahrgenommen, gegen die sie sich auflehnten. Es zeichnet sich mit vielfältigen Variationen eine Sehnsucht nach einer Regeneration ab, die wie bei Collins oft auch einen sehr behutsamen, leichten graziösen Ausdruck findet.

Die äußere Form des Gedichtes ist für diese innere Entstellung ein deutlicher Beweis. Collins folgt der Tradition insofern, als er ein klar gegliedertes metrisches Schema beibehält: Mit zwei fünfhebigen Versen sind zwei dreihebige kombiniert; aber er verzichtet auf Reim und vertraut um so mehr auf Klang und Rhythmus (in dieser Technik konnte er sich an Milton anschließen). Der Rhythmus suggeriert eine meditative Ruhe; Wörter wie "soothe", "solemn", "pensive" und "calm" deuten auf die bevorzugte Tonlage und Rhythmisierung hin. Dazu kommt, daß Collins es vermeidet, durch die Syntax eine strenge Ordnung festzulegen. Er läßt sich vom Fluß der Sprache weitertreiben, so daß der erste Satz erst nach 20 Zeilen zu einem Ruhepunkt gelangt. Die Verssprache atmet und wird nicht einem strengen Metrum unterworfen. Daiches (1966: 327) spricht bei seiner Collins-Interpretation von "a curious winding motion". Der Abschluß des Gedichtes: "And hymn thy fav'rite Name" fängt mit einer knappen Feststellung die gesamte rhythmische und gedankliche Bewegung des Gedichtes ein. Der Lebensstrom, der "*Fancy*", "*Friendship*", "*Science*" und "*Health*" durchpulst, bewirkt, daß in einem schöpferisch-dichterischen Akt ("hymn") eben dieses Leben gepriesen wird. Wenn nach alter Tradition Dichtung als Spiegel der Wirklichkeit verstanden wurde, so kann man im Hinblick auf dieses Gedicht sagen: die Natur bewirkt im Lyriker die Spiegelung ihrer Eigenart (hier des Abends). Vom Dichter aus gesehen, ließe sich der gleiche Vorgang hingegen wie folgt beschreiben: Der Dichter hält sich offen für die Impulse des Lebens; seine besondere Leistung besteht darin, daß er ihnen die sprachliche Form gibt, die der Leser als "schön" empfindet, die zugleich aber die Wahrheit, die Einsicht in den Ursprung und das Wirken alles Lebendigen, transparent werden läßt.

3. Die englische Dichtung gegen Ende des 18. Jahrhunderts: William Cowper (1731-1800)

Englische Lyrik am Ende des 18. Jahrhunderts wird aufschlußreich charakterisiert durch William Cowpers Gedicht "On the Ice-Islands Seen Floating in the Germanic Ocean", das der Verfasser zunächst in lateinischer Sprache schrieb und kurz danach (im Jahre 1799) ins Englische übersetzte. Diese Übersetzung beendete er einen Tag bevor das Gedicht "The Castaway" entstand, in dem Cowper das Schicksal eines Matrosen schildert, der während eines Sturms vor Cape Horn über Bord geschleudert wurde (*Poems* 1995: III 212f). Halten wir uns zunächst an den "sensus literalis": Das Gedicht beschreibt Eisberge, die auf das Land zutreiben. In den Eingangsversen wird nach ihrer möglichen Herkunft gefragt; aber der Sprecher findet keine Antwort. So bleibt zunächst nur das Bestaunen der faszinierenden Schönheit dieser Gebilde. In diese Beschreibung ist der Satz: "The rest is ice" (Z. 31) eingelagert, der inhaltlich wie rhythmisch die unerbittliche Kälte verdeutlicht, die der Mensch auf sich zukommen sieht. Der Ursprungsbereich wird nun beschrieben als eine Gegend, "where, most severe, / Bleak Winter well nigh saddens all the year" (Z. 31-32). Adjektive wie "uncouth" und "portentous" verdeutlichen das Unheimliche der Wirklichkeit, der sich der Mensch ausgesetzt sieht. Ein Wandel tritt in dem Augenblick ein, in dem die Bewegung des Eisberges anhält:

> Thus stood, and, unremoveable by skill
> Or force of man, had stood the structure still. (Z. 43-44)

Dann aber setzt, verdeutlicht durch die adversative Konjunktion "But" (Z. 45), ein dramatischer Umschlag ein: Der Eisberg, der offenbar am schrägen Ufer festhing, wird durch die eigene Schwerkraft in die Tiefe gezogen: "Down went the pond'rous mass" (Z. 51). Auf diese deskriptive Partie folgt eine reflektierende: Der Blick wird zurückgelenkt auf die Insel Delos, auf der Apollo und Artemis geboren und durch das Meer getragen wurden. Diese Insel ist jedoch ein Bereich der Fruchtbarkeit; die kimmerische Dunkelheit, von der die Antike auch spricht, wäre eher als Vergleich heranzuziehen, die an den Eingang des Hades plaziert ist. Das Gedicht endet mit der Mahnung, sich rechtzeitig diesem Bereich zu entziehen: "seek your home [...]. Lest ye regret too late your native coast, / In no congenial gulph for ever lost" (Z. 61-64).

Es fragt sich, ob die Bedeutung dieses Gedichtes erschöpft ist, wenn man es nur als eine Beschreibung einer unheimlich-bedrohlichen Wirklichkeit versteht. Martin Price bemerkt beispielsweise in seiner Anmerkung zu diesem Text in der *Oxford Anthology* : "surely the icebergs are taken as some aspect of the self" (Price 1973: III 701). Gehen wir von der Literatur des 20. Jahrhunderts aus, so ließe sich sagen: William Cowper ist durch eine Sensibilität charakterisiert, wie man sie auch von

Virginia Woolf kennt. Es dürfte kein Zufall sein, daß diese Autorin den Schluß des Gedichtes "The Castaway" in ihren Roman *To the Lighthouse* eingearbeitet hat:[2]

> We perished, each alone,
> But I beneath a rougher sea,
> And whelmed in deeper gulfs than he. (Z. 64-66; Cowper 1995: III 216)

Der Lebensrhythmus, der für Virginia Woolf charakteristisch war, war bestimmt durch Schübe von Geistesgestörtheit: Als sie einen letzten Schub kommen spürte, von dem sie glaubte, daß er übermächtig sei, ging sie freiwillig in den Tod. Für Cowper läßt sich folgendes konstatieren. Er war ein empfindsames Kind, das zeit seines Lebens darunter litt, daß es mit sechs Jahren bereits die Mutter verlor und dann vom Vater in Schulen geschickt wurde, deren brutale Erziehungsmethoden er nicht ertragen konnte. Dennoch konnte er später als Jurist ausgebildet werden. Als man ihm eine Stelle im Oberhaus anbot, glaubte er, diesen Anforderungen nicht gewachsen zu sein, so daß er einen Nervenzusammenbruch erlitt. Die späteren Jahre verbrachte er in ländlicher Umgebung, von Mr. und Mrs. Unwin umsorgt. Er geriet jedoch in neue Konflikte, als er John Newton, einen Pfarrer, kennenlernte, der Cowper mit religiösem Fanatismus begegnete. Wie immer man die Bedeutung Newtons für Cowpers Entwicklung beurteilt, feststeht, daß er für einen kalvinistischen Evangelikalismus eintritt, der eine Gegenbewegung gegen den optimistischen Vernunftglauben darstellt, welcher das philosophische und theologische Denken in der ersten Hälfte des 18. Jahrhunderts bestimmte. James Hervey, ein brillanter Prediger, dem Cowper ebenfalls begegnete, sprach zwar auch im Sinne des Calvinismus von der Verdammnis der Menschheit; er besaß jedoch zugleich einen ausgeprägten Sinn für die Schönheit der Natur, wie seine *Reflections on a Flower Garden* (1746/7) beweisen. Diese doppelte Sicht von Mensch und Natur kam Cowpers persönlicher Einstellung entgegen: Auch er war davon überzeugt, daß es des religiösen Glaubens bedürfe, um die rechte Einstellung zur Natur zu gewinnen. Aber trotz alledem: die starke Betonung von Gnade, Verdammnis und Erlösung, die sich auch bei Hervey findet, löste bei Cowper eine erneute Nervenkrise aus. "Ein zweiter psychotischer(?) Schub mit religiösen Wahnvorstellungen lähmt den Dichter sechs Jahre lang von 1773 bis 1779" (Schlüter 1996: 53).

Der Eisberg kann von dem biographischen Hintergrund her als das Symbol der destruktiven Kräfte und Mächte verstanden werden, denen Cowper sich zeit seines Lebens ausgesetzt sah. Die Religion, die in ihm zeitweilig die Wahnvorstellung erzeugte, daß er der einzige Mensch sei, den Gott zur ewigen Verdammnis verurteilt habe, konnte ihm kein Heil bringen. Dazu ist zu bedenken, daß es auch einen Zusammenhang zwischen William Cowpers krankhafter Veranlagung und seinen gescheiterten Liebesbeziehungen gibt (darauf hat bereits Cowpers erster Biograph William Hayley aufmerksam gemacht). Dennoch bleibt die Frage, ob es genügt, nur von den privaten persönlichen Beziehungen, den "smothered flames of desire" (wie Hayley es formulierte) auszugehen und dazu die religiöse Melancholie hinzuzunehmen, wenn von Cowpers dichterischem Weltbild die Rede ist. Auffällig ist, daß seit dem Beginn des 18. Jahrhunderts bis zur Romantik Dichter an der gleichen Krankheit, der Melan-

---

2 Vgl. Virginia Woolf 1977. [1927] *To the Lighthouse*. London: Hogarth. 256ff.

cholie, litten wie Cowper. Es seien hier nur genannt: Jonathan Swift, der in der letzten Lebensphase geisteskrank war; William Collins, der in geistiger Umnachtung starb; und William Blake, der das gleiche Schicksal erlitt. All dies legt die Annahme nahe, daß Melancholie eine Jahrhundert-Krankheit war, die in den Wandlungen begründet war, welche sich in dieser Zeit abspielten.

Es ist daran zu erinnern, daß zur gleichen Zeit, in der in Frankreich eine politische Revolution stattfand, sich in England die "Industrial Revolution" ereignete, die das Ende des vorindustriellen Zeitalters mit sich brachte und nicht nur das wirtschaftliche, sondern auch das gesellschaftliche und das private Leben grundlegend veränderte. Daß ein Zusammenhang zwischen dem privaten Schicksal Cowpers und den großen gesellschaftlichen Veränderungen bestand, beweist seine Versdichtung *The Task*, ein "panoramischer Versessay" von 1784, der nach den Worten Wolfgang Schlüters "zu einem immer wieder bitteren und dennoch berauschenden Abgesang auf das vorindustrielle England" wurde (1996: 53).

Cowper war von Lady Austen dazu aufgefordert worden, ein Gedicht über das Sofa zu schreiben, ein Lieblingsmöbelstück des 18. Jahrhunderts, und er erfüllte diese Aufgabe mit *The Task*. Wer jedoch eine sentimentale Idylle erwartet, sieht sich getäuscht. Auffallend ist, daß Cowper der sentimentalen Dichtweise, die in seiner Zeit durchaus populär war, aus dem Wege ging und mit großer Präzision das alltägliche Leben in seiner Umgebung beschreibt; berühmt wurden die Heuernte mit einer Darstellung aller Geräusche, die Cowper bei dieser ländlichen Arbeit wahrnehmen konnte, der Schneefall oder auch die Beschreibung von Personen wie dem Briefboten oder dem Förster mit seinem Hund. Aber Cowper hat sich in dieser Dichtung, die sechs Bücher umfaßt und damit einen epischen Horizont eröffnet, auch mit den Themen seines Zeitalters befaßt. Er kritisiert den Klerus und sein verweltlichtes Leben, das Streben nach Gewinn, Reichtum und Luxus der oberen Klassen; er kämpft gegen jegliche Form der Gewaltherrschaft und des Despotismus (wobei er seinen Blick bis nach Rußland, auf die russische Zarin lenkt). Er geht gegen die vielfältigen Formen der Grausamkeit an, die er bei seinen Zeitgenossen beobachten konnte. Cowper setzte sich beispielsweise in einem separaten Gedicht "The Negro's Complaint" mit den verhängnisvollen Auswirkungen der europäischen Kolonialpolitik auseinander. Zugleich wandte er sich gegen die Kriegsführung, gegen die Verwendung militärischer Gewalt zur Lösung politischer Fragen, gegen die Korruption insbesondere auch des Gerichtswesens in England. Er wies auf die erbärmlichen Lebensbedingungen der Armen hin und brandmarkte schließlich auch die Grausamkeiten, die er beim Umgang der Menschen mit Tieren beobachtete.

Nimmt man seine kritischen Bemerkungen über Politik, Religion und das gesamte öffentlich-gesellschaftliche Leben zusammen und stellt man diese Passagen den Beschreibungen des ländlich-bäuerlichen Lebens gegenüber, die sich in *The Task* finden, so zeichnet sich in seiner Dichtung die Rousseausche Dialektik von Natur und Gesellschaft ab, mit der sich nach Cowper die gesamte englische Romantik von Wordsworth bis Shelley beschäftigen sollte. Und man kann noch einen Schritt weitergehen: Bedenkt man, daß Cowper seinen Zeitgenossen das Gebot: "Nicht weh tun!" einzuschärfen versuchte, daß er ihnen dabei drei Gebote als Maxime ihres Handelns empfahl, nämlich: "Schone das menschliche Herz, Schone die Blume,

Schone das Tier, denn auch es fühlt Freud und Leid" (Fehr 1923: 20), so klingen die Botschaften, die der geistesgestörte Septimus Warren Smith in Virginia Woolfs *Mrs. Dalloway* an die Regierenden seiner Zeit zu übermitteln suchte, wie Echos aus dem Werk William Cowpers.

Es zeigt sich also, daß die Symbolik des Gedichtes "On the Ice Islands Seen Floating in the Germanic Ocean" vielschichtig ist. Wenn ein Kritiker (in der *Cambridge History of English Literature*) über Cowper sagt, sein Ziel sei gewesen: "[to break] up the spiritual ice of the age" (Child 1932: XI 79), so muß man im Hinblick auf das genannte Gedicht sagen, daß er sich vom Eis des Zeitalters in zunehmendem Maße bedroht fühlte, daß für ihn galt, was er am Ende des Gedichtes anspricht: "In no congenial gulph for ever lost!" (Z. 64, Cowper 1995: 214). Es gab für ihn letztlich keine bergende Heimat, kein rettendes Ufer (in der vorletzten Zeile spricht er von "native coast"), bei dem er Zuflucht und Heilung hätte finden können.

4. Übergang zur Romantik: William Blake (1757-1827) und Robert Burns (1759-96)

Als Resultat unsererer Betrachtungen bleibt festzuhalten, daß Naturlyriker des 18. Jahrhunderts, ob es sich um Thomson oder Cowper handelt, Natur niemals als isolierte Provinz betrachteten, sondern stets die kosmischen *und* geschichtlichen Zusammenhänge mitbeachteten, in denen der Mensch steht.

Das beste Beispiel für diese Tatsache ist gegen Ende des 18. Jahrhunderts das gesamte Schaffen von William Blake, dessen *Songs of Innocence* (1789) und dessen *Songs of Experience* (1794) zur Zeit der Französischen Revolution geschrieben wurden. Blakes Gesellschaftskritik ist *in nuce* in seinem *London*-Gedicht (Blake 1972: 216) enthalten. Er wendet sich zunächst gegen die totale Verplanung der Stadt; Leitmotiv ist das Wort "chartered", das nicht nur auf die Stadt mit ihrer durchorganisierten Verwaltung bezogen wird, sondern auch auf den Fluß: "the charter'd Thames". In der zweiten Strophe hört der Wanderer die Klagen der Menschen, die in dieser Stadt leben, und jede Klage ist zugleich eine Anklage. Wenn er von "the mindforg'd manacles" spricht, meint er damit die Ketten und Fesseln, die der Mensch für seine Mitmenschen erdacht hat. Die schöpferische Energie ist zu einer administrativen, institutionalisierten Vernunft umgeschlagen. Die dritte Strophe richtet sich gegen Kirche und Staat. Das Adjektiv "black'ning" deutet darauf hin, daß die Industrielandschaft auf die Kirche 'abgefärbt' hat; sie ist äußerlich zu einem Symbol des Todes geworden. Und an den Wänden der Paläste fließt Blut herab. Es ist das Blut des Soldaten, der als der Schwächere gezwungen ist, sein Blut für die Aufrechterhaltung der Macht der Stärkeren zu vergießen. Und schließlich: die Liebe ist käuflich geworden. Die Prostituierte ist ein Symbol der Krankheit und eines pervertierten Liebesverlangens der Gesellschaft; die Hochzeitskutsche wird zum Leichenwagen. Auch Blakes Gedicht hat einen melancholischen Grundton; aber seine Melancholie entspringt nicht der Flucht aus der Gesellschaft, sondern einer konzentrierten Betrachtung des gesellschaftlichen Zustands, wie er sich in der Großstadt London spiegelt.

Als Beispiel für die 'Naturlyrik', die Blake auf dem Hintergrund eines solchen Erfahrungshorizontes schrieb, sei das Gedicht "The Tyger" ausgewählt. Es gehört der

Gattung der Tiergedichte an, die von dem altenglischen *Phoenix* bis zu Ted Hughes *The Crow* reicht und die bis heute lebendig geblieben ist, wobei innerhalb der Gattung unzählige eigenwillige Abwandlungen des Tier-Motivs zu beobachten sind. Blicken wir zunächst auf den Text:

> Tyger! Tyger! burning bright
> In the forests of the night,
> What immortal hand or eye
> Could frame thy fearful symmetry?
>
> In what distant deeps or skies
> Burnt the fire of thine eyes?
> On what wings dare he aspire?
> What the hand dare sieze the fire?
>
> And what shoulder, and what art,
> Could twist the sinews of thy heart?
> And when thy heart began to beat,
> What dread hand? & what dread feet?
>
> What the hammer? what the chain
> In what furnace was thy brain?
> What the anvil? what dread grasp
> Dare its deadly terrors clasp?
>
> When the stars threw down their spears,
> And water'd heaven with their tears,
> Did he smile his work to see?
> Did he who made the Lamb make thee?
>
> Tyger! Tyger! burning bright
> In the forests of the night,
> What immortal hand or eye
> Dare frame thy fearful symmetry? (Blake 1972: 214)

Zwei Merkmale des Gedichtes fallen auf. Erstens ist dies die bedrückende Atmosphäre, die bedrohliche Stimmung. Der Sprecher äußert sich nur in Fragen. Einzelne Sätze, die wie Aussagesätze gebaut sind, bilden lediglich die Exposition für neue Fragen. Zweitens: Das Gedicht ist formal streng durchkomponiert. Strophe 1 und Strophe 6 sind identisch bis auf ein Wort; an die Stelle von "could" in Strophe 1 ist "dare" in Strophe 6 getreten; dadurch kommt ein offen vorwurfsvoller Ton zustande. Auch die Strophen 2 und 5 entsprechen einander, insofern jeweils in Zeile 1 eine Ausweitung ins Kosmische zustande kommt, während mit Vers 3 eine Entspannung eingeleitet wird. Schließlich sind auch die Strophen 3 und 4 aufeinander bezogen; sie weisen einen staccatohaften Rhythmus und harte Klänge und Bilder auf.

Im folgenden seien die sechs Strophen kurz kommentiert. Das Bild des Feuers in der ersten Strophe, das im nächtlichen Wald brennt, ist ein Symbol der Leidenschaft.

Feuer und Nacht vergrößern den visuellen Eindruck des Tigers mit seinen gelben und schwarzen Streifen. Zugleich wird nach dem Schöpfer dieses Geschöpfs gefragt: "hand" weist auf die physische Schöpferkraft hin, "eye" auf die geistige, auf die visuelle Konzeption. Das Verbum "frame" verdient ebenfalls Beachtung: es weist auf den Schaffensprozeß hin, aber auch auf das Eingrenzen und Einrahmen des Geschaffenen. Damit ist bei Blake ein zentraler Konflikt erfaßt: die Gefangennahme aller vitalen, geistigen, schöpferischen Kräfte. Strophe 2 sucht den Ursprung dieses Tieres zu verdeutlichen. Die Fügung "deeps or skies" eröffnet eine doppelte Perspektive: Hölle oder Himmel. Eine Antwort wird nicht gegeben. Das Bild des Schwingens ("wings") und das Verbum "aspire" verweisen auf den Dädalus-Mythos, mit dem die Antike die Ambivalenz von schöpferischer Größe und schöpferischer Tragik zu fassen versuchte. Mit der letzten Zeile wird der Prometheus-Mythos noch einbezogen: Er hatte die Kühnheit, das Feuer zu holen. Bemerkenswert ist, daß Blake die Namen Dädalus und Prometheus meidet; wichtig ist der Vorgang des Schöpfens, nicht aber eine Festlegung auf bestimmte mythische Figuren. In die Reihe dieser antiken Gestalten wäre der Schmied Hephaistos zu stellen, auf den der Anfang der Strophe 3 anspielt. Wiederum wird von der physischen und der geistigen Schöpferkraft gesprochen: "shoulder" und "art" weisen auf diese Bereiche hin. Der Schluß der Strophe 3 ist syntaktisch nicht einfach aufzulösen. Insbesondere wurden die beiden abschließenden Fragen: "What dread hand? and what dread feet?" vielfach erörtert. Ich möchte folgende Interpretation vorschlagen: Die erste Frage bezieht sich auf den Schöpfer, die zweite auf das Geschöpf. Beide aber sind durch das gleiche Adjektiv "dread" gekennzeichnet; die fürchterliche Größe des Schöpfers spiegelt sich in der fürchterlichen Gestalt des Geschöpfes. Strophe 4 bindet den Text mit den Wörtern "hammer", "furnace" und "anvil" noch stärker an die Gestalt des Hephaistos an. Der Tiger gewinnt aber durch diesen Schöpfungsvorgang etwas Roboterhaftes; er erinnert an Frankenstein und das Wesen, das dieser Frankenstein erschuf, wie Mary Shelley in *Frankenstein, or the Modern Prometheus* ausführt. Für einen solchen Zusammenhang zwischen dem Blakeschen Gedicht und dem romantischen Schauerroman spricht das Adjektiv "terrors" in der letzten Zeile der vierten Strophe. "The Tyger" gleicht einer romantischen 'tale of terror'. Das Bild der Kette, "chain", in Zeile 1 der Strophe 4, erinnert an das Wort "manacles" im "London"-Gedicht: Jede Schöpfung wird von einem Prozeß der Fesselung der kreativen Energien begleitet; der Schöpfer gewinnt damit selbst tyrannische Züge.

Strophe 5 stellt die grundsätzliche Frage nach dem Wesen, der Natur des Schöpfers; das Problem lautet: Wenn der Schöpfer zugleich der Schöpfer von Tiger *und* Lamm ist, dann wäre sein Lächeln als das zufriedene Anschauen einer Schöpfung zu deuten, die aus der polaren Spannung zwischen Tiger und Lamm, dem kreativ-aktiven und dem vernünftig-passiven Prinzip, die steten Antriebe für die Weiterentwicklung allen Lebens bezieht. In *The Marriage of Heaven and Hell* hat Blake diese Spannung ausführlicher kommentiert und für das kreativ-aktive Prinzip den traditionellen Begriff des Bösen eingesetzt, während alles Vernünftig-Passive danach das Gute wäre. Solche Auslegungen signalisieren eine Umwertung aller traditionellen Wertvorstellungen, und es wird von diesem Gesichtspunkt her verständlich, weshalb in der Blake-Forschung Verbindungslinien zu Nietzsches *Jenseits von Gut und Böse* gezogen wurden. Vergleicht man die Darstellung des Tigers in der Illustration, die Blake seinem Gedicht zugeordnet hat, mit dem Gedicht selbst, so zeichnen sich zwei Darstellungsweisen ab. Im Bild ist der Tiger in einer geradezu naiv-anschaulichen Weise dargestellt; es fehlt jegliche Form des Schreckens und der Abgründigkeit, worauf im Gedicht bereits das Adjektiv "fearful" aufmerksam macht. Die Bildersprache des Gedichts hat moderne Züge; man könnte von Chiffren sprechen. Damit soll angedeutet werden, daß im Gegensatz zur Allegorie kein einfach-eindeutiger Sinn greifbar ist.

Die Bildersprache in der Naturlyrik, die in diesem Aufsatz vorgestellt wurde, spannt sich von einer deskriptiven Bildtechnik, die nach dem Prinzip des *ut pictura poesis* verfährt, bis zu einer Bildersprache, in der Elemente der beobachtbaren Wirklichkeit zu einem ganz eigengesetzlichen imaginativen Ganzen zusammengefügt werden. Aber es bleibt auch festzuhalten, daß sich in der Naturlyrik insgesamt, wie immer auch die Technik im einzelnen aussieht, in subtiler Weise geschichtliche Wandlungen von größter Tragweite spiegeln. Für diese Lyrik gilt auch, was Goethe über Lyrik grundsätzlich bemerkte: "Die höchste Lyrik ist entschieden historisch" (Goethe 1904: 173).

Zum Schluß dieser Betrachtungen sei der Blick auf zwei Rosengedichte gelenkt, an denen sich paradigmatisch zwei Tendenzen in der Lyrik des ausgehenden 18. Jahrhunderts ablesen lassen: William Blakes *The Sick Rose* und Robert Burns' *A Red, Red Rose.*

O Rose, thou art sick!
The invisible worm
That flies in the night,
In the howling storm

Has found out thy bed
Of crimson joy;
And his dark secret love
Does thy life destroy. (Blake 1972: 213)

Blakes Gedicht wurde möglicherweise durch zwei Stellen in Shakespeares Sonetten inspiriert (vgl. Raine 1969: I 203). Erinnert sei an den Anfang von Sonett 1:

From fairest creatures we desire increase
That thereby beauty's Rose might never die [...] (Shakespeare 1966: 3)

und an eine Stelle in Sonett 70,

For cancer vice the sweetest buds doth love [...] (Shakespeare 1966: 37)

die Otto Gildemeister im Deutschen wie folgt wiedergegeben hat: "Des Lasters Wurm sucht ja die schönste Blume" (Gildemeister 1960: 75). Wie Shakespeare so verwendet auch Blake die Rose als Symbol der Schönheit, und bei beiden ist das Motiv der Zerstörung mit dem Liebesmotiv verknüpft. "Cancer" kann sich bei Shakespeare auf Krankheit (Krebs), aber auch auf Laster und Tod beziehen, bei Blake ist der Wurm ein

Symbol der Vergänglichkeit und der Vernichtung. Weiterhin wurde von Kathleen Raine in *Blake and Tradition* (1969) auf die antike Erzählung von Cupido und Psyche hingewiesen, wo davon berichtet wird, daß deren Ehe gefeiert wurde wie ein Begräbnis: die Seele geht in den körperlich-materiellen Bereich und damit in die Vergänglichkeit ein. Ferner ist das Motiv des eindringenden Wurmes als sexuell-phallisches Symbol mit der versucherischen Schlange in Verbindung gebracht worden, wo wiederum auch auf die antike Erzählung von Psyche verwiesen werden kann, deren Liebhaber als "defiler and destroyer", 'Beschmutzer und Zerstörer', beschrieben wird (Raine 1969: I 197). Die Schwestern von Psyche warnen: "Remember the Oracle of Apollo, who pronounced that you shouldest be married to a dyre and fierce serpent" (199). Bei dem Bild der Schlange ist immer auch die christliche Bedeutung der Schlange mit hinzuzunehmen und die damit verknüpfte Auffassung von der Sexualität als einer satanischen Versuchung.

Man würde dem Wortlaut des Gedichtes und der Intention Blakes nicht gerecht, wollte man einen Konflikt zwischen naiver Unschuld (Innocence) und schlauer List (Experience) konstruieren. Die Überschrift und die erste Zeile beziehen das Adjektiv "sick" auf die Rose, und man kann dementsprechend auch akzentuieren: "O Rose, thou árt sick!" Die Rose zeigt von Anfang an eine Disposition zur Selbstzerstörung: "her bed is already 'Of Crimson joy' before it is found out" (Bloom 1963: 135). Blakes Gedicht soll durch diese Anmerkungen nicht auf eine bestimmte philosophische oder religiöse Tradition festgelegt werden, sondern es soll gezeigt werden, wie auch in seinen einfachsten Gedichten – sei es *The Sick Rose* oder *The Tyger* – weite Bedeutungshorizonte eröffnet werden. Nicht zu vergessen ist, daß dieses Gedicht zu den *Songs of Experience* gehört und *eine* Sicht der Erfahrungen, die Menschen zuteil werden können, zum Ausdruck bringt, nicht aber eine einzig gültige Darstellung des Liebeserlebnisses sein will.

In der Einfachheit sind hintergründige Bedeutungen angelegt; d.h. Blakes Gedicht ist der "poetry oblique" im Tillyardschen Sinn (Tillyard 1945) zuzuordnen; im Gegensatz dazu steht die "poetry direct", für die das genannte Gedicht von Robert Burns eines der besten Beispiele darstellt:

Oh my Luve's like a red, red rose,
That's newly sprung in June;
Oh my Luve is like the melodie
That's sweetly play'd in tune.

As fair art thou, my bonie lass,
So deep in luve am I;
And I will love thee still, my Dear,
Till a' the seas gang dry.

Till a' the seas gang dry, my Dear
And the rocks melt wi' the sun:
I will love thee still, my Dear,
While the sands o' life shall run.

And fare thee weel, my only Luve,
And fare thee weel, a while!
And I will come again, my Luve,
Though it were ten thousand mile. (Burns 1968: II 735)

Burns vermag es, einen Sprecher vorzustellen, der in ungebrochen naiver Weise über seine Liebe spricht und von seiner Liebe singt. Natur, Liebe und Kunst (Gesang) bilden eine Einheit. Es bedurfte keines Rückgriffs auf eine hochdifferenzierte künstlerische Tradition; Burns bediente sich vielmehr für seine Lyrik der Vorlagen, die er, bereits vorgeformt, der Volkslied-Tradition entnehmen konnte, die er aber in genialer Weise umzuformen verstand. Die Vorlage für die erste Strophe lautete:

Her cheeks are like the roses
That blossom fresh in June;
O she's like a new-strung instrument
That's newly put in tune. (Fehr 1923: 47)

Burns setzte die prosaisch klingende Stilart der Vorlage in die lyrisch-dramatische Diktion um; die beschreibende Passage gewinnt durch die Personalisierung an Kraft: "My luve is like a red, red rose", und die Wiederholung des Adjektivs "red" bringt die Emphase seiner Feststellung zum Ausdruck. In der Vorlage klingt die zweite Zeile wie eine reine Information: "That blossom fresh in June", währenddessen Blakes Formulierung: "That's newly sprung in June" den Vorgang in höherem Maße aktiviert und dynamisiert. Die dritte Zeile wirkt in der Vorlage dadurch schwächer, daß die angesprochene Person mit einem Gegenstand verglichen wird, während Burns' Feststellung: "Oh my luve is like a melodie" den lyrischen Klang verstärkt. Einen Höhepunkt erreicht die Lyrisierung in der letzten Zeile: "That's sweetly play'd in tune". Burns Gedicht ist zum einen ein Hymnus auf die Geliebte, zum anderen eine Beteuerung der eigenen Liebe, wobei der Sprecher sich in einer hyperbolischen Weise steigert, die dem Hörer (oder Leser) ein leichtes Schmunzeln abnötigt. Die Melancholie des Abschieds geht am Schluß mit der hymnischen Tonart eine Verbindung ein, so daß das Gedicht eine in sich ruhende künstlerische Ganzheit darstellt.

Burns' Lyrik hat eine liedhafte Qualität, was darin begründet ist, daß er die gesamte schottische Tradition an Liedgut umformte und diese Tradition dem Volk in künstlerisch verfeinerter Form zurückgab. Es sei hier das Urteil von David Daiches zitiert, der selber aus Edinburgh stammend, den künstlerischen Rang von Robert Burns vor dem Hintergrund der schottischen Literaturtradition wie folgt charakterisiert:

> He took the whole body of Scottish folk song and, in a passion of enthusiasm for his native culture, brought it together, preserved it, reshaped it, gave it new life and spirit, speaking with the great anonymous voice of the Scottish people and uttering that voice with an assurance, a technical skill, and a poetic splendour that cannot be matched in the literature of any other country.
> (1960: II 827-28)

Es wäre falsch, wollte man in Burns einen Dichter sehen, der sich nur auf angeborene Gaben, auf seine natürliche Inspiration verließ. Er hatte Kenntnisse im Französischen und Lateinischen, war mit Shakespeare, Milton und Dryden vertraut und hatte auch Pope und Thomson gelesen. Bernhard Fehr spricht von einer "klassizistischen Stildisziplin" (1923: 37) bei Burns. Nur diese Schulung befähigte ihn dazu, die überlieferten Vorlagen mit sicherem Griff so umzuformen, daß sie künstlerischen Schliff gewannen und damit ein Maximum an Wirkung erzielt wurde. Diese Art der Naturlyrik wurde in der englischen Romantik beispielsweise in den *Lyrical Ballads* von Wordsworth und Coleridge fortgesetzt, wenngleich diesen Gedichten, auch wenn sie im Titel der Sammlung "lyrical" genannt werden, der lyrische Schwung, der melodiöse Klang und mitreißende Rhythmus fehlt. Die oblique Art des Dichtens, wie sie bei Blake festgestellt wurde, wurde erst gegen Ende des 19. Jahrhunderts in der Lyrik von W. B. Yeats wieder aufgenommen, der sich einen der letzten Romantiker nannte (1961: 276). Er hat mehrere Jahre des Blake-Studiums durchlaufen und eine eigene Ausgabe von Blake veranstaltet. Es läßt sich also feststellen, daß in der Lyrik des 18. Jahrhunderts eine dialektische Spannung angelegt war, aus der die Romantik wie die Moderne kreative Impulse empfingen.

Es ist üblich, am Ende einer solchen Vorlesung Anregungen für weitere Forschungen zu geben. Ich möchte mich mit folgenden Hinweisen begnügen. Obwohl es bereits eine umfangreiche Blake-Forschung gibt, kann die Auslegung der Gedichte nicht als abgeschlossen gelten. Insbesondere die Zusammenhänge zwischen den *Songs of Innocence* und den *Songs of Experience* einerseits und den großen mythologischen Dichtungen wie *The Four Zoas* wären über Einzelstudien weiter zu klären. Einzelne Autoren wie beispielsweise William Cowper verdienen besondere Aufmerksamkeit, wobei eine psychoanalytisch orientierte Literaturwissenschaft in diesem Autor einen ergiebigen Gegenstand finden würde. Des weiteren sollten die Zusammenhänge zwischen Naturlyrik und den mentalitätsgeschichtlichen Wandlungen im 18. Jahrhundert, d.h. im Zeitalter der Aufklärung im Anschluß an Thomson gesondert untersucht werden. Schließlich: wenn ich einen Sonderforschungsbereich oder ein Graduiertenkolleg einrichten könnte, würde ich als Thema empfehlen: "Mythos, Entmythisierung und Remythisierung in der Dichtung des Aufklärungszeitalters und der Romantik".

Literatur

Primärliteratur

Blake, William. 1972. [[1]1925] *Blake, Complete Writings with Variant Readings.* Geoffrey Keynes, Hg. London: Nonesuch Press.

Burns, Robert. 1968. *The Poems and Songs of Robert Burns.* James Kinsley, Hg., vol. II. Oxford: Clarendon.

Collins, William. 1979. *The Works of William Collins.* Richard Wendorf, Charles Ryskamp, Hgg. Oxford: Clarendon.

Cowper, William. 1979-1986. *Letters and Prose Writings.* J. King, Charles Ryskamp, Hgg. 5 vols. Oxford: Clarendon.

Cowper, William. 1995. *The Poems of William Cowper*. John D. Baird, Charles Ryskamp, Hgg., vol. III. Oxford: Clarendon.

Goethe, Johann Wolfgang. 1904. *Werke*, hg. im Auftrag der Großherzogin Sophie von Sachsen. Weimar: Böhlau, 1887-1919. Bd. 42.

Milton, John. 1952. *The Poetical Works of John Milton*. Helen Darbishire (Hg.), vol. I. Oxford: Clarendon.

Shakespeare, William. 1960. *The Sonnets / Die Sonette*, übers. Otto Gildemeister. Frankfurt/Main: Fischer.

---. 1966. *The Sonnets*, Hg. John Dover Wilson. Cambridge Univ. Pr.

Thomson, James. 1981. *The Seasons*. James Sambrook, Hg. Oxford: Clarendon.

Yeats, William Butler. 1961. *The Collected Poems of William Butler Yeats*. London: Macmillan.

Sekundärliteratur

Ainsworth, E. G. 1937. *Poor Collins. His Life, his Art and his Influence*. Ithaca, N.Y., London: H. Milford /Oxford: Oxford Univ. Pr..

Arthos, John. 1966. *The Language of Natural Description in Eighteenth-Century Poetry*. New York: Octagon.

Beer, J. 1969. *Blake's Visionary Universe*. Manchester Univ. Pr.

Bloom, H. 1963. *Blake's Apocalypse. A Study in Poetic Argument*. London: Gollancz.

Brown, Mary E., 1961. "On William Collins' 'Ode to Evening'". *Essays in Criticism* 11: 136-53.

---. 1984. *Burns and Tradition*. London: Macmillan.

Child, Harold. 1932. "William Cowper". In: A.W. Ward & A.R. Waller, Hgg. *The Cambridge History of English Literature*, vol. XI, Cambridge: Cambridge Univ. Press, 77-92.

Cohen, Ralph. 1964. *The Art of Discrimination: Thomson's* The Seasons *and the Language of Criticism*. London: Routledge & Kegan Paul.

---. 1970. *The Unfolding of* The Seasons. Baltimore: Johns Hopkins Press.

Crawford, Thomas. 1960. *Burns: A Study of the Poems and Songs*. Edinburgh: Oliver & Boyd.

Daiches, David. 1970. [1966] *Robert Burns*. London: Deutsch.

---. 1960. *A Critical History of English Literature*. 2 vols. London: Secker & Warburg.

---. 1966. "Collins: Ode to Evening". In: Oscar Williams, Hg. *Master Poems of the English Language*. New York: Trident Press. 326-29.

Damon, S. F. 1979. [[1]1965]. *A Blake Dictionary. The Ideas and Symbols of William Blake*. London: Thames & Hudson.

Daniels, Earl R. 1941. *The Art of Reading Poetry*. New York: Farrar & Rinehart.

Deane, C. V. 1967. [1935] *Aspects of Eighteenth Century Nature Poetry*. London: Frank Cass & Co.

Erdman, David V. 1969. [1954] *Blake, Prophet against Empire. A Poet's Interpretation of the History of his Own Times*. Princeton Univ. Press.

Fehr, Bernhard. 1923. *Die englische Literatur des 19. und 20. Jahrhunderts mit einer Einführung in die englische Frühromantik, Handbuch der Literaturwissenschaft*. Berlin-Neubabelsberg: Akademische Verlagsgesellschaft Athenaion.

Feingold, Richard. 1978. *Nature and Society: Later Eighteenth-Century Uses of the Pastoral and Georgic*. Hassocks, Sussex, New Brunswick, N.J.: Harvester Press.

Free, William N. 1970. *William Cowper*. New York: Twayne Publishers.

Frye, Northrop. 1982 [[1]1947]. *Fearful Symmetry. A Study of William Blake*. Princeton Univ. Press.

Fuller, David. 1988. *Blake's Heroic Argument*. London: Croom Helm.

Garrod, Heatcote. W. 1973. [1928] *Collins*. New York: Octagon.

Golden, M. 1960. *In Search of Stability. The Poetry of William Cowper*. New York: Bookman.

Grant, Douglas. 1951. *James Thomson. The Poet of* The Seasons. London: Cresset.

Hammon, N.G.L., & H.H. Scullard, Hgg. 1970. *The Oxford Classical Dictionary*. Oxford: Clarendon Press.

Harris, R.W. 1968. *Reason and Nature in 18th Century Thought*. London: Blandford Press.

Hirsch, Eric D. jr. 1964. *Innocence and Experience. An Introduction to Blake*. New Haven: Yale Univ. Press.

Huang, R. 1957. *William Cowper. Nature Poet*. London: Oxford Univ. Press.

Hutchings, B. 1983. *The Poetry of William Cowper*. London: Croom Helm.

McKillop, A. D. 1961 [1942]. *The Background of Thomson's* The Seasons. Hamden, Conn.: Archon.

---. 1923. "The Romanticism of William Collins". *Studies in Philology* 20: 1-16.

Müllenbrock, Heinz-Joachim, et al., Hgg. 1984. *Europäische Aufklärung*, II. Teil. *Neues Handbuch der Literaturwissenschaft*, Bd. 12. Frankfurt/Main: Akademische Verlagsgesellschaft.

--- & Eberhard Späth. 1977. *Literatur des 18. Jahrhunderts*. Bern, Düsseldorf: Bagel.

Murry, John M. 1968 [1924]. "The Poetry of William Collins". In: *Countries of the Mind. Essays in Literary Criticism*. Freeport, NY: Books for Library Press, 81-99.

Newey, V. 1982. *Cowper's Poetry: A Critical Study and Reassessment*. Liverpool Univ. Press.

Nicholson, N. 1951. *William Cowper*. London: Longmans, Green & Co.

Price, Martin, Hg. 1973. *The Restoration and the Eighteenth Century. The Oxford Anthology of English Literature*, vol. III. New York, London, Toronto: Oxford Univ. Press.

Priestman, Martin. 1983. *Cowper's* "Task". *Structure and Influence*. Cambridge Univ. Press.

Raine, Kathleen. 1969. *Blake and Tradition*. 2 vols. London: Routledge & Kegan Paul.

Sambrook, James. 1993 [[1]1986]. *The Eighteenth Century: The Intellectual and Cultural Context of English Literature, 1700 - 1789*. London, New York: Longman.

Schlüter, Kurt. 1968. "William Collins, 'Ode to Evening'". In: Karl-Heinz Göller, Hg. *Die englische Lyrik: Von der Renaissance bis zur Gegenwart,* Düsseldorf: Bagel.

Schlüter, Wolfgang. 1996. "Erstickte Flammen des Begehrens: Der Dichter William Cowper". *Neue Zürcher Zeitung* 109 (11./12. Mai 1996): 53-54.

Sherwin, P. S. 1977. *Precious Bane: Collins and the Miltonic Legacy.* Austin: University of Texas Press.

Spacks, Patricia Meyer. 1959. *The Varied God: A Critical Study of Thomson's* The Seasons. Berkeley, Los Angeles: Univ. of California Press.

---. 1967. *The Poetry of Vision: Five Eighteenth Century Poets.* Cambridge, Mass.: Harvard Univ. Press.

Spencer, Jeffrey B. 1973. *Heroic Nature: Ideal Landscape in English Poetry from Marvell to Thomson.* Chapter 6: "James Thomson". Evanston: North-Western University Press. 253-95.

Spiecker, Burkhard. 1975. *James Thomsons* Seasons *und das römische Lehrgedicht. Vergleichende Interpretationen.* Nürnberg: Carl.

Stone, P.W.K. 1967. *The Art of Poetry, 1750 - 1820.* London: Routledge & Kegan Paul.

Tillyard, Eustace M.W. 1945. *Poetry Direct and Oblique.* London: Chatto & Windus.

Wendorf, R. 1981. *William Collins and Eighteenth-Century English Poetry.* Minneapolis: Univ. of Minnesota Press.

Willey, Basil. 1961. [1950] *The Eighteenth Century Background. Studies on the Idea of Nature in the Thoughts of the Period.* London: Chatto & Windus.

Vom "heimlichen Geist des Widerspruchs": Der Bildungsroman im 18. Jahrhundert. Goethes *Wilhelm Meisters Lehrjahre* im Spannungsfeld von Subjektivität und Intersubjektivität

Günter Saße (Freiburg)

Zunächst muß ich Sie enttäuschen: Die Autoren des 18. Jahrhunderts haben gar nicht gewußt, daß sie Bildungsromane schreiben – der Begriff *Bildungsroman* ist eine Erfindung von Literaturwissenschaftlern, kreiert, damit vor lauter Bäumen auch der Wald erkennbar wird. Zum ersten Mal tauchte der Begriff Anfang des 19. Jahrhunderts auf, erfunden – wie sollte es anders sein – von einem Professor, nämlich von Karl Morgenstern.[1] Wirkungsmächtig in Szene gesetzt wird er dann am Ende des 19. Jahrhunderts von Wilhelm Dilthey, der als Thema des Bildungsromans die Geschichte eines jungen Mannes bestimmt,

> [...] wie er in glücklicher Dämmerung in das Leben eintritt, nach verwandten Seelen sucht, der Freundschaft begegnet und der Liebe, wie er nun aber mit den harten Realitäten der Welt in Kampf gerät und so unter mannigfachen Lebenserfahrungen heranreift, sich selber findet und seiner Aufgabe in der Welt gewiß wird. (Dilthey 1965: 272)[2]

Diltheys begriffsgeschichtliche Wirkung war so groß, daß von da ab häufig nur noch der Wald und kaum noch die Bäume inspiziert wurden; die detaillierte Analyse von Einzelwerken trat zurück zugunsten ihrer gattungsgeschichtlichen Einordnung, und der harmonistisch angelegte Gattungsbegriff hatte zur Folge, daß die Romane durchgängig in der Perspektive der Versöhnung gesehen wurden, der gelungenen sozialen Integration des Helden.[3] Wenn diese Einschätzung aber durch das Romanende geradezu dementiert wurde, weil z.B. der Held am Schluß des Romans stirbt – wie in Kellers *Grünem Heinrich* -, wurde ohne großen Aufwand das Vorzeichen vertauscht und vom 'Desillusionsroman' gesprochen.[4]

Erst mit Karl Schlechtas (1953) und Kurt Mays (1957) Untersuchungen zu Goethe und mit den Forschungen von Klaus-Dieter Sorg (1985) und Wilhelm Voßkamp (1989) wurde die harmonistische Interpretationsnorm aufgebrochen. Nicht vom schönen Schluß, sondern vom Motiv der Sinnsuche her seien die Bildungsromane zu lesen. Das hat sich durchgesetzt. Zwar ist diesen Romanen eine Versöhnung zwischen der Innenwelt des Protagonisten und der Außenwelt der Verhältnisse als ideelle

---

1 Vgl. Selbmann (1988: 45-99). Zur Begriffsgeschichte siehe auch Martini (1961).

2 Dilthey (1965: 272).

3 Zur "Interpretationstradition der germanistischen Literaturwissenschaft" schreibt Voßkamp: "Die *Lehrjahre* werden in ihrer durchgehend harmonistischen und nationalidentifikatorischen Deutung zum Bestandteil der bürgerlichen Nationalkultur" (1988: 269); siehe im einzelnen die Dokumentation von Gille (1979); Berghahn/ Pinkerneil (1980).

4 Siehe z.B. Jacobs (1972: 181).

Prämisse eingeschrieben, doch die erzählte Wirklichkeit realisiert das gute Ende keineswegs in bruchloser Harmonie. Die Bildungsromane operieren häufig auf zwei Ebenen: einerseits auf der des vom Helden angestrebten Ziels und andererseits auf der einer widerständigen pragmatischen Erzählwirklichkeit. Das Wechselspiel zwischen ihnen aber ist vielfältig und vieldeutig.

Das soll nicht heißen, daß gattungsgeschichtliche Einordnungen, die Zusammenhänge registrieren und Abweichungen ignorieren, nicht legitim sind; Literaturwissenschaftler haben auch die Aufgabe, einen Wald sichtbar zu machen und nicht nur die Bäume. Die präzise, detailgenaue Analyse des Einzelwerks muß jedoch jeder idealtypischen Generalisierung vorangehen. Induktiv, nicht deduktiv ist vorzugehen, eine Selbstverständlichkeit für den Hermeneutiker, dem die Individualität des Werkes wichtig ist. Das gilt erst recht, wenn – wie beim Bildungsroman – Individualität selbst zum Thema und Problem wird.

Aus diesem Grunde gebe ich hier keinen Überblick über den Bildungsroman, sondern stelle nur ein Werk näher vor: Goethes *Wilhelm Meisters Lehrjahre*. Hinzu kommt: Schon dieser Roman ist so komplex, daß sich der rasche Drauf- und Überblick von selbst verbietet. Es ist ein vertrackter Text, an dem sich nicht nur die Programmatik von Bildungsideen nachweisen läßt, sondern zugleich deren Problematik. Der Roman verlangt schon eine etwas intensivere Auseinandersetzung, sollen gerade auch die Ungereimtheiten, die Goethe mit Lust entfaltet, einen Reim ergeben. Außerdem – das Thema lautet: Der *Bildungsroman im 18. Jahrhundert*, und da ist Goethes Roman nahezu der einzige, der in Frage kommt. Zwar gibt es Vorläufer, wie Wielands *Agathon* – für manche Literaturwissenschaftler beginnt bereits mit diesem Werk die Geschichte des Bildungsromans –, oder es gibt psychologisch orientierte Individualgeschichten wie den autobiographischen Roman *Anton Reiser* von Karl Philipp Moritz, und um die Jahrhundertwende schreiben Tieck, Hölderlin und Jean Paul ihre großen Romane. Doch vieles spricht dafür, die Gattungsgeschichte des Bildungsromans erst mit den 1796 erschienenen *Lehrjahren* beginnen zu lassen: nicht weil germanistischer Goethe-Wahn gerne alles zur Vorgeschichte des großen Meisters depotenziert, sondern weil Goethes Roman in entscheidender Weise gattungsbildend war.[5] Viele Autoren haben sich mit ihren Werken in seiner mehr oder minder kritischen Nachfolge gesehen. Novalis will Goethe mit seinem *Heinrich von Ofterdingen* übertrumpfen, indem er die Erlösung der Welt durch die Poesie zum Thema erhebt; Tieck geht es in *Franz Sternbalds Wanderungen* um die harmonische Vereinigung aller Bestandteile der Welt; E.T.A. Hoffmann parodiert Goethes Roman mit seinem *Kater Murr*, indem er die Bildungsgeschichte als Erfolgsgeschichte eines Katers darstellt, der – so dessen ignorante Selbsteinschätzung – "mit Riesenschritten [...] der Vollkommenheit entgegen[geht]" (1962: 350), Jean Pauls *Titan* übersteigert die *Lehrjahre* durch die forcierte Versöhnung des 'Hohen Menschen' mit der widerständigen Realität; Hölderlins *Hyperion* intellektualisiert sie in der Dopplung von exzentrischem Lebensweg und philosophischer Reflexion; Stifter idolisiert sie in seinem *Nachsommer* durch die artifizielle Idyllisierung des krisenfreien Entwicklungsganges von Heinrich Drendorf; Kellers *Grüner Heinrich* schließlich reflektiert den *Meister*-Roman resignativ im tödlich endenden, abschüssigen Schicksal von Heinrich Lee.

---

[5] Siehe hierzu Steinecke (1984).

Goethes Roman steht – schon die unterschiedlichsten expliziten und impliziten Referenzen zeigen dies – am Beginn einer langen und variantenreichen Gattung, die bis in das 20. Jahrhundert hinein, z.B. in Thomas Manns *Zauberberg* und *Felix Krull*, ihre – wenn auch nicht bruchlose – Fortsetzung findet. All diese Romane entfalten die Sozialisationsgeschichte eines zentralen Helden, der in die Welt hinausgeht auf der Suche nach seinem Lebenssinn und seinem Platz in der Gesellschaft. Ob er dies dann erreichen wird, ist mehr als fraglich; der harmonische Ausgleich, von dem viele in der Nachfolge Diltheys reden, erweist sich bei näherem Hinsehen in aller Regel als höchst trügerisch. Durchgängig hingegen ist in den Bildungsromanen das Wandermotiv. In der Begegnung mit anderem und anderen liegen Impulse für eine Welt- und Selbsterfahrung, die den Wanderer in seinem Selbst- und Fremdverhältnis verändern. Das herkömmliche Wanderermotiv bekommt dabei einen neuen Stellenwert.[6] Es geht nicht mehr – wie beim Wandergesellen – um die Ausbildung einzelner Fähigkeiten, auch nicht mehr – im Fall der Kavalierstouren – um die Sammlung von Bildungseindrücken, sondern um die Bildung des ganzen Menschen. Als Unfertiger beginnt er, unfertig nicht im landläufigen Sinn, daß er noch nicht alles kann und alles weiß, sondern im emphatischen Sinn, daß er noch nicht alles ist, was er sein kann. "Werde, der du bist": das ist das unausgesprochene Motto, unter dem die Jünglinge auf Wanderschaft geschickt werden, oder genauer: unter dem sie ihre Wanderschaft antreten. Denn die bildungsorientierten Jünglinge gehen nicht von zu Hause fort, weil es von ihnen verlangt wird, weil der Ausbildungsgang oder der gesellschaftliche Brauch will, daß sie in die Ferne schweifen, um dann, bereichert um Fertigkeiten oder Erlebnisse, wieder heim zu kommen. In aller Regel kehren sie nicht an ihren familialen Ausgangsort zurück; ihr Wandern ist nicht zirkulär, sondern überwindet die Kreisstruktur und stellt emanzipative Distanzen her. Sie spiegeln sich in Ortsveränderungen. "Nur weg von hier, nur weg von hier. Immerfort weg von hier, nur so kann ich mein Ziel erreichen." Diese Antwort auf die Frage: "Wohin reitest du, Herr?", die der Held in Kafkas kleiner Erzählung "Der Aufbruch" gibt (Kafka 1992: 374), könnten auch viele Bildungshelden geben. Ihr Weg bestimmt sich *ex negativo*; er weist ins Offene, in eine ungewisse Zukunft. Hierin liegt das Spezifikum ihres Wanderns – daß es ein Aufbruch ist aus der Welt des Herkommens, der etablierten Ordnungen und überkommener Sinngewißheiten.

Dieser Aufbruch hat eine epochenspezifische Signatur. Er verweist auf eine der zentralen Epochenschwellen der europäischen Geschichte; sie trennt die traditionelle von der modernen Gesellschaft. Das Individuum tritt aus den überkommenen ständischen Ordnungen heraus, die ihm Lebensentwürfe, Sinnorientierungen und auch Gefühlsdispositionen vorgegeben hatten. Jetzt hat der einzelne seinen Platz im komplexer werdenden Gefüge der Gesellschaft selbst zu suchen; dieser Platz bestimmt Identität immer nur partiell, weil Berufswelt und private Welt auseinandertreten und das Individuum in vielfältiger Weise eingelassen ist in die sich zunehmend funktional differenzierende Gesellschaft mit ihren unterschiedlichen Aufgabenfeldern.

Wenn aber an die Stelle der geburtsständischen Ordnung, die den einzelnen in überkommene Verhaltensweisen, Glaubensgrundsätze und Werthaltungen einfügt, die moderne Gesellschaft mit ihrer funktionalen Differenzierung tritt, hat das Folgen für

---

6 Siehe hierzu die Studie von Bosse und Neumeyer (1995).

das Identitätsbewußtsein und das Selbstverständnis der Personen (Luhmann 1989: 149-208; Hahn 1984; Orth-Peine 1990). Jetzt bestimmt sich – vornehmlich männliche – Identität über die Zugehörigkeit zu verschiedenen Wirklichkeitsbereichen und wird stärker pluralisiert: Unterschiedliche Rollenverständnisse und Anforderungsprofile werden dem einzelnen zugewiesen, der in verschiedenen Wirklichkeitsfeldern verschieden agieren muß.

Mit der Differenzierung der Gesellschaft in funktionale Teilsysteme und mit der Pluralisierung der Identität in unterschiedliche Rollen wächst das Bedürfnis zu wissen, wer man eigentlich ist, was das durchgehaltene Identische der unterschiedlichen Rollen-Identitäten ist. Von der äußeren Lebenswirklichkeit pluraler Rollenangebote fällt von daher der Blick auf das Innere, das nun zum identitätsstiftenden Wesenskern stilisiert wird. Friedrich von Blanckenburg hat in seinem *Versuch über den Roman* (1774), der ersten bedeutenden deutschen Romantheorie,[7] diese Wende zum inneren Menschen als Thema des modernen Romans postuliert – in Abgrenzung vom Epos, das den Menschen in äußeren Handlungsvollzügen zeige. Literatur erkundet die Innenwelten, und indem sie diesen zur Sprache verhilft, modelliert sie genaugenommen erst, was sie in ihrem Sprechen als vorhanden voraussetzt – nämlich differenzierte Innerlichkeit.

Die Individualität des Helden, die sich als Unvergleichlichkeit seines Inneren manifestiert, wird zum Thema insbesondere auch der Bildungsromane, zum ersten Mal entschieden bei Goethe, während in Wielands *Agathon* der Held noch im Hinblick auf abstrakte Denkordnungen mehr paradigmatisch-typisierend angelegt ist. Wilhelm Meister hingegen ist exemplarisch nur, insofern er den modernen Bürger repräsentiert, der sich aus überkommenen Bindungen befreit und, auf sich selbst gestellt, seinen Platz in der Gesellschaft finden muß. Für ihn haben sich die Sinngarantien der tradierten Gesellschaftsform aufgelöst; und so muß er sich auf den Weg machen, um zu werden, der er ist. Auf diese Weise stellt er sich der gesellschaftlichen Ordnung gegenüber, mit der er nicht mehr prinzipiell eins ist, sondern mit der er sich aktiv auseinandersetzt.

Im ersten Teil des Romans, der Kindheit, Jugend und frühe Mannesjahre schildert, bleibt Wilhelm zwar zunächst im Elternhaus, doch geistig und emotional begibt er sich in die fremde und aufregende Welt der Literatur. Oder genauer: er tritt die Wanderschaft in seine durch Literatur stimulierten Phantasien an, bis er dann tatsächlich auf Reisen geht, auf die Reste einer zersprengten Theatertruppe trifft, auf einem Grafenschloß Theater spielt, dann in die Theatertruppe von Serlo eintritt, mit dieser zusammen Werke von Shakespeare und Lessing aufführt, um nach allerlei 'Irrungen und Wirrungen' in der Turmgesellschaft sein vorläufiges Glück bei Natalie zu finden, die ihm als Sehnsuchtsfigur seit langem vor dem inneren Auge gestanden hatte.

Auf den ersten Blick sieht alles so aus, als würde Wilhelms Lebensweg tatsächlich an sein Ziel gelangen, als sei seine Suche nach einem Sinn seines Lebens und nach einem festen gesellschaftlichen Standort, welche ihn durch Krisen und Enttäuschungen, Irrtümer und Zufälle führte, dann doch eine Erfolgsgeschichte, die einen

[7] Von Blanckenburg (1965); zur historischen Einordnung siehe Voßkamp (1973). Allgemein zu Blanckenburgs Romantheorie siehe Wölfel (1974).

harmonischen Ausgleich zwischen Ich und Welt stiftet – so wie es Dilthey konstatiert. Der Roman spielt auf solch einen harmonischen Schluß nachdrücklich an; allerdings nicht erst an seinem Ende, sondern schon an seinem Anfang. Gleich zu Beginn (I, iii) bekommt der Leser den Eindruck, als habe Wilhelm alle Widrigkeiten der Jugend überwunden, als habe er sich im Widerspiel von Phantasie und Realität gebildet und könne jetzt frohgemut in eine glorreiche Zukunft schauen. So wenigstens stellt er selbst es dar, als er seiner Geliebten seine Lebensgeschichte erzählt:

> Es ist eine schöne Empfindung, liebe Mariane, versetzte Wilhelm: wenn wir uns alter Zeiten und alter unschädlicher Irrtümer erinnern, besonders wenn es in einem Augenblick geschieht, da wir eine Höhe glücklich erreicht haben, von welcher wir uns umsehen und den zurückgelegten Weg überschauen können. Es ist so angenehm, selbstzufrieden, sich mancher Hindernisse zu erinnern, die wir oft mit einem peinlichen Gefühle für unüberwindlich hielten, und dasjenige, was wir jetzt entwickelt *sind*, mit dem zu vergleichen, was wir damals unentwickelt *waren*. Aber unaussprechlich glücklich fühl' ich mich jetzt, da ich in diesem Augenblicke mit dir von dem Vergangnen rede, weil ich zugleich vorwärts in das reizende Land schaue, das wir zusammen Hand in Hand durchwandern können. (FA 1992 I, iii, 367)

Aus Wilhelms Sicht ist sein Bildungsgang zum Abschluß gekommen. Alle "Hindernisse" sind überwunden, das Glück einer frohen Zukunft lacht ihm entgegen. Selbstzufrieden blickt er zurück. Wilhelm stiftet dabei – gemäß dem zeitgenössischen Bildungsdiskurs, den Goethe hier in figurenperspektivischer Brechung präsentiert – mit seinen Kindheitserinnerungen, die er Mariane erzählt, eine bruchlose Kontinuität vom Geschenk eines Puppentheaters bis hin zu seiner Liebesbeziehung. Für ihn ist sein Lebensweg ein Prozeß in aufsteigender Linie, in dem alle Störungen und Irrtümer Stufen einer Entwicklung bilden, die ihn auf die Höhe seines jetzigen Zustands geführt hat. Im Erinnern vollzieht er auf diese Weise einen Akt der Sinnstiftung seines Werdens, das durch die Leidenschaft zum Puppenspiel und Theater gekennzeichnet ist.

Beide, Puppenspiel und Theater, entspringen derselben Wurzel: Sie dienen der Flucht aus einer Welt pragmatischer Zwänge und normativer Gebote und der Hinwendung zur Welt der Phantasie, die ihm Bedeutsamkeit vermittelt, weil er sich hier als omnipotenter Herrscher von Figuren und Dingen erfahren kann. Es geht ihm um die Literarisierung und Theatralisierung seines Lebens mit Hilfe fremder und eigener künstlerischer Produktionen. Seinen Lebensweg begleiten und bestimmen dabei erste "unauslöschliche Eindrücke" (I, xvii, 422) bildender Kunst und Literatur: einerseits Tassos *Befreites Jerusalem* und andererseits das ihm von frühester Jugend an gegenwärtige Bild vom kranken Königssohn. Neben anderen liefern diese Kunstwerke dem heranwachsenden Wilhelm eine Reihe von Identifikations- und Leitfiguren. Er sucht immer wieder Entsprechungen zu ihnen in der Wirklichkeit, oder er versucht, die Wirklichkeit nach Maßgabe dieser Bilder zu formen (Saße 1995).

Die Schauspielerin Mariane wird Opfer von Wilhelms literarischen Überformungen der Wirklichkeit und damit indirekt von seinen Versuchen, sich eine teleologische Lebenslinie zu konstruieren, die in der Synthese von Kunst und Liebe kulminiert. Denn nicht als individuelle Person, sondern als Theaterfigur erscheint sie ihm auf der inneren Bühne seiner Imagination. Der Erzähler verweist unmißverständlich darauf. Wilhelms Liebe erhebt sich aus dem Geist der Literatur und den durch sie stimulierten Phantasien.

> Auf den Flügeln der Einbildungskraft hatte sich Wilhelms Begierde zu dem reizenden Mädchen erhoben, nach einem kurzen Umgange hatte er ihre Neigung gewonnen, er fand sich im Besitz einer Person, die er so sehr liebte, ja verehrte: denn sie war ihm zuerst in dem günstigen Lichte theatralischer Vorstellung erschienen, und seine Leidenschaft zur Bühne verband sich mit der ersten Liebe zu einem weiblichen Geschöpfe. (FA 1992 I, iii, 365)

Nicht nur der Erzähler, auch der Erzählkontext ironisieren die Emphase, mit der Wilhelm die Wirklichkeit theatralisiert und Mariane als Figur seiner Phantasie stilisiert. Sein Plan, "sich aus dem stockenden, schleppenden bürgerlichen Leben heraus zu reißen, aus dem er schon so lange sich zu retten gewünscht hatte", um mit Mariane zusammen zum "Schöpfer eines künftigen National-Theaters" zu werden (I, ix, 386), wird vom Erzähler mit der ernüchternden Bemerkung konterkariert:

> Durch den Druck seines Armes, durch die Lebhaftigkeit seiner erhöhten Stimme, war Mariane erwacht, und verbarg durch Liebkosungen ihre Verlegenheit: denn sie hatte auch nicht ein Wort von dem letzten Teile seiner Erzählung vernommen, und es ist zu wünschen, daß unser Held für seine Lieblingsgeschichten aufmerksamere Zuhörer künftig finden möge. (FA 1992 I, viii, 384)

Deutlich wird: Wilhelm hat seine Pläne ohne Rücksicht auf Marianes Bedürfnisse gemacht, er hat, kühn jegliche Realität überspringend, sich in das Reich der Phantasie begeben, das ihm seinen bisherigen Lebensweg als Erfolgsgeschichte suggerierte. Der Rückblick, der ihm sein Leben als notwendige Stufenfolge erscheinen ließ, war ein Rückblick nach Maßgabe zeitgenössischer Bildungsdiskurse, ein Rückblick, der die Zufälligkeiten und Widrigkeiten des Lebens dem Muster eines teleologisch ausgerichteten Entwicklungsgangs unterwarf – eher eine Konstruktion als eine Rekonstruktion. Wie realitätsfremd er sich verhält, muß er schmerzlich erfahren, als er irrtümlich glaubt, Mariane sei ihm untreu, er daraufhin sofort den Kontakt zu ihr abbricht und in eine tiefe, mehrere Jahre andauernde psycho-physische Krise gerät.

Doch die Geschichte von Wilhelms Realitätsverkennung geht weiter; sie demontiert auch seine Theaterkarriere als Schauspieler und Interpret Shakespeares. So verlängert er im identifikatorischen Nachvollzug Hamlets Lebensgeschichte nach Mustern teleologischer Sinndeutung über den Rahmen des Dramas hinaus in eine Vorgeschichte, die er zur Ursache von Hamlets Verhalten im Drama erhebt. Auf diese Weise erhebt sich Wilhelm zu einem Interpreten, dem es der Schlüssel einer kausalanalytischen Psychologie erlaubt, in die geheimsten Motive und Regungen des literarischen Helden einzudringen (FA 1992 IV, iii, 579f; IV, xiii, 607f). Daß er hierbei in Hamlet nur hineinlegt, was ihm sein eigenes Deutungsmuster nahelegt, macht der Roman wiederum unmißverständlich deutlich. Aurelie verweist mit Nachdruck darauf, daß Wilhelms Interpretation einer fiktiven Figur, die sich ja nicht wehren kann, in schärfstem Kontrast steht zu seiner Unfähigkeit, die Motive realer Menschen zu erfassen, die sich seinen Zuschreibungen nicht widerstandslos fügen:

> [...] wenn man Sie Ihren Shakespear erklären hört, glaubt man, Sie kämen eben aus dem Rate der Götter, und hätten zugehört, wie man sich daselbst beredet, Menschen zu bilden; wenn Sie dagegen mit Leuten umgehen, seh ich in Ihnen gleichsam das erste, groß geborne Kind der Schöpfung, das mit sonderlicher Verwunderung und erbaulicher Gutmütigkeit Löwen und Affen, Schafe und Elephanten anstaunt, und sie treuherzig als seines gleichen anspricht, weil sie eben auch da sind und sich bewegen. (FA 1992 IV, xvi, 621)

Was Wilhelm im Umgang mit Literatur gelingt, nämlich die subtile Deutung von Personen und Handlungszusammenhängen, mißlingt ihm im Leben. Das will ihn auch die Turmgesellschaft lehren, um ihn vom Theater zu entfernen. Im komplexen Arrangement verdeutlicht sie ihm, daß er zwischen Literatur und Leben nicht zu unterscheiden weiß. Es ist schon merkwürdig, wie dies geschieht. Die Turmgesellschaft plant von langer Hand, den Geist, für den bislang kein Schauspieler gefunden wurde, in der Hamlet-Inszenierung plötzlich auftreten zu lassen. Zunächst wird auf einem anonymen Zettel mitgeteilt, man solle unbesorgt sein, der Geist würde schon rechtzeitig auftreten; dann ruft kurz vor der Premiere einer "der Geist, der Geist" (FA 1992 V, xi, 689), bis Wilhelm während des Spiels gänzlich vergißt, ob dieser angekündigte Geist wirklich erscheinen werde. Doch dann taucht er tatsächlich auf, und Wilhelm reagiert voller Entsetzen:

> Er fuhr mit Heftigkeit herum, und die edle große Gestalt, der leise, unhörbare Tritt, die leichte Bewegung in der schwer scheinenden Rüstung, machten einen so starken Eindruck auf ihn, daß er wie versteinert da stand, und nur mit halber Stimme: ihr Engel und himmlischen Geister beschützt uns! ausrufen konnte. Er starrte ihn an, holte einigemal Atem, und brachte die Anrede an den Geist so verwirrt, zerstückt und gezwungen vor, daß die größte Kunst sie nicht so trefflich hätte ausdrücken können. (FA 1992 V, xi, 690)

Diese Szene ist Wilhelm Meisters größter schauspielerischer Erfolg, das Publikum ist begeistert über die Authentizität, mit der er den Erschrockenen mimt, als plötzlich der Geist auftritt. Doch das, was Ausweis größter theatralischer Kompetenz zu sein scheint, ist zugleich – paradoxerweise – Hinweis darauf, daß Wilhelm gar kein richtiger Schauspieler ist. Er spielt ja nicht den Erschrockenen, sondern ist tatsächlich erschrocken, nicht als Hamlet, sondern als Wilhelm Meister ist er so vollständig überrascht, daß er nicht in der Rolle, sondern als Person agiert. Von daher sein Stammeln, seine fahrigen Bewegungen, seine körpersprachlichen Reaktionen. Zum Schluß nimmt Jarno dies zum Anlaß, Wilhelm vorzuwerfen, er habe kein Talent zum Schauspieler; es sei "doch so rein entschieden: daß wer sich nur selbst spielen kann, kein Schauspieler ist" (FA 1992 VIII, v, 931).

Der erste Teil des Romans, der sich als Künstler- und als Desillusionierungsroman erweist, neigt sich mit der Hamlet-Aufführung dem Ende zu. Man spielt noch ein paar Mal, etabliert dann die gewinnträchtigere Oper, und Wilhelm Meister wird nicht mehr gebraucht.

Die 'theatralische Sendung' ist beendet. Mit Wilhelms Übertritt in die Turmgesellschaft kommt eine neue Perspektive in den Roman: Aus dem Künstlerroman wird der Gesellschaftsroman. Dazwischen liegen biographische, weltgeschichtliche und literarische Zäsuren. Zwischen der Abfassung des ersten Teils, der *Theatralischen Sendung*, die modifiziert in die *Lehrjahre* eingeht, und der des zweiten Teils, der die Turmgesellschaft einführt, liegen nicht nur ein Jahrzehnt, sondern auch bedeutende Ereignisse: Die Französische Revolution, Goethes Italienreise, seine dort nachdrücklich gefestigte Erkenntnis, daß nur "Beschränkung den Meister mache", seine Begegnung mit der verwandten Seele Karl Philipp Moritz – und vieles mehr. Erzähltechnisch hat Goethe diese Differenz durch den Einschub der *Bekenntnisse der schönen Seele* markiert – mit klarem Kalkül. In diesem weiblichen Bildungsroman *in nuce*, in dem eine Stiftsdame ihren Lebensweg nach streng teleologischem Muster erzählt, geht es um die Verabsolutierung des Ich gegenüber der Welt. Was hier alleine zählt, ist die religiöse Innenwelt, alle Außenwelt, sogar der eigene Körper, wird zur Beiläufigkeit depotenziert. Gegen diesen religiösen Solipsismus, gegen eine Selbstbestimmung um den Preis der äußeren Existenz, opponiert der Roman in seinem ersten und seinem zweiten Teil. Sowohl im Theaterroman als auch im Gesellschaftsroman entfaltet er gegen die Verabsolutierung des Ich den komplexen Wechselbezug von Ich und Welt – allerdings in unterschiedlicher Akzentuierung und jeweils anderer kritischer Perspektive. Im ersten Teil, der Wilhelms Weg zum Theater und die Überwindung seiner Theaterleidenschaft zeigt, steht der Held als eine Figur im Vordergrund, die sich die Welt nach ihren literarischen Phantasien gestaltet – doch die Welt reagiert mit Widerstand auf ihre Verkennung. Im zweiten Teil hingegen stehen die Gesetzmäßigkeiten der Turmgesellschaft im Vordergrund, die Wilhelm mit ihren normativen Geboten bestimmen will – doch nun reagiert er mit Widerstand. Zwar ist er auch hier immer noch das narrative Zentrum des Romans, von dem her die Wirklichkeit sich entfaltet und auf das hin sie orientiert ist, doch zunehmend bekommt die Turmgesellschaft mit ihrer ökonomischen Zweckrationalität und ihrer pädagogischen Souveränität ein Übergewicht gegenüber Wilhelms Wünschen nach Selbstentfaltung. Die Leitfragen, unter denen diese Begegnung steht: Sind Wilhelms Wünsche mit den Geboten intersubjektiver Verbindlichkeit zu vermitteln? Wie können Individualität und Soziabilität eine Einheit bilden? Muß die Vorgängigkeit des Allgemeinen gewährleistet sein, um den Zusammenhalt der Gesellschaft zu sichern?

So wird Wilhelm im zweiten Teil der *Lehrjahre*, dem Gesellschaftsroman, mit intersubjektiven Identitätszumutungen konfrontiert, die ihm allgemeine Verbindlichkeit offerieren: Sie reichen vom Ideologischen über das Biologische bis hin zum Juristischen. Das Lehrbriefzeremoniell etwa ist solch eine ideologische Identitätszumutung. Am Ende des siebten Buches wird Wilhelm in einer sehr aufwendigen Inszenierung, welche Elemente des Freimaurertums, der Illuminaten und der Kirche zu einem pompösen Initiationsritus amalgamiert,[8] in die Turmgesellschaft aufgenommen.

[8] Zur historischen Referenz und zur kulturgeschichtlichen Situierung siehe Haas (1975: 21-38); Barner (1983: 85-109, hier 96-103, 106ff).

Deren Mitglieder versammeln sich, um den Erfolg von Wilhelms Lebensweg zu zelebrieren.

> Du bist gerettet, und auf dem Wege zum Ziel; Du wirst keine deiner Torheiten bereuen und keine zurück wünschen, kein glücklicheres Schicksal kann einem Menschen werden! (FA 1992 VII, ix, 873f)

Dann wird ihm der Lehrbrief ausgehändigt, der eine Fülle von Sentenzen enthält. Eine kleine Kostprobe:

> Die Kunst ist lang, das Leben kurz, das Urteil schwierig, die Gelegenheit flüchtig. Handeln ist leicht, Denken schwer; nach dem Gedachten handeln unbequem. Aller Anfang ist heiter, die Schwelle ist der Platz der Erwartung usw. usf. (FA 1992 VII, ix, 874)

Wilhelm vermag jedoch die Komplexität seines Lebens, die Fülle seiner Erfahrungen und die Disparatheiten seiner Empfindungen in den Verlautbarungen des Lehrbriefes, die das einzelne unter ein Allgemeines subsumieren, nicht wieder zu erkennen. Das Sammelsurium von Spruchweisheiten stiftet für ihn weder Ordnung noch Sinn; es läßt ihn orientierungslos zurück. Deshalb ruft er, als Jarno ihm den zweiten Teil des Lehrbriefes vorlesen will, entsetzt:

> Ich bitte Sie [...] lesen Sie mir von diesen wunderlichen Worten nichts mehr! Diese Phrasen haben mich schon verwirrt genug gemacht. (FA 1992 VIII, v, 930f)

Wilhelm wehrt sich gegen die Entmündigung, die die Turmgesellschaft in ihrem Lehrbriefzeremoniell praktiziert. Doch Jarno läßt nicht locker und liest weiter aus dem Lehrbrief vor, worauf Wilhelm erneut einfällt: "Halten Sie inne" (FA 1992 VIII, v, 933), um dann, nachdem Jarno trotzdem fortfährt, entschieden aufzubegehren: "Um Gottes willen! keine Sentenzen weiter! ich fühle sie sind ein schlechtes Heilmittel für ein verwundetes Herz" (FA 1992 VIII, v, 933). Die Turmgesellschaft, die mit ihren 'Maximen und Reflexionen' das Allgemeine über das Individuelle stellt, bietet Wilhelm keine sinnfällige Interpretation seines Daseins. Er fühlt sich durch die heterogenen Sinnsprüche, die ihn unterwerfen wollen, von seiner Lebensgeschichte abgesperrt. Folglich wehrt er sich vehement gegen diese ideologischen Identitätszumutungen der Turmgesellschaft. Hingegen fällt bei ihm eine sich biologisch gebende Identitätszumutung auf fruchtbaren Boden. Es geht um Wilhelms Vaterschaft, die er nach langem Zögern und Zweifeln anerkennt. Daraufhin ruft der Abbé am Ende des 7. Buches geradezu enthusiastisch aus:

> Heil dir junger Mann! Deine Lehrjahre sind vorüber, die Natur hat dich losgesprochen. (FA 1992 VII, ix, 876)

Doch so einfach, wie es die proklamatorischen Sätze des Abbés nahelegen, macht es sich der Roman nicht. Schon zu Beginn des unmittelbar folgenden 8. Buches wird nämlich das genaue Gegenteil behauptet: Die Lehrjahre seien nicht vorüber, sondern fingen erst an:

> An diesem Tage, dem vergnügtesten seines Lebens schien auch seine eigne Bildung erst anzufangen, er fühlte die Notwendigkeit sich zu belehren, indem er zu lehren aufgefordert ward. (FA 1992 VIII, i, 877)

Zwar führt die Rollenzuweisung als Vater bei Wilhelm zu pädagogischen Anstrengungen, diese aber werden ironisch gebrochen. Er glaubt sich verpflichtet, seinem Sohn Felix eine vernünftige Erziehung angedeihen zu lassen. Tischsitten soll er lernen, vor allen Dingen gilt es, ihm eine schon von Aurelie monierte Unart (vgl. FA 1992 V, i, 649) abzugewöhnen: daß er immer aus der Flasche und nicht aus dem Glas trinkt. Doch Felix läßt sich nicht disziplinieren – zu seinem Glück. So trinkt er nicht – wie man vermutet – aus dem Glas mit dem vergifteten Inhalt, das sich der Harfner für seinen Selbstmord zubereitet hatte, sondern aus der danebenstehenden Flasche mit der unvergifteten Mandelmilch. Alle glauben, Felix müsse sterben, doch dann bringt Natalie die erlösende Botschaft:

> Glücklicher Vater! rief sie laut, indem sie das Kind aufhob und es ihm in die Arme warf, da hast du deinen Sohn! er hat aus der Flasche getrunken, seine Unart hat ihn gerettet. (FA 1992 VIII, x, 986)

Wilhelm hat die Rolle des Vaters, der seinen Sohn erzieht, schlecht gespielt, zum Glück für den Sohn, der dadurch am Leben bleibt. Auf diese Weise ironisiert der Roman den Bildungsdiskurs mit seinen Erziehungsdoktrinen. Der zu Erziehende überlebt, weil er ungezogen bleibt.

Ähnliches läßt sich im Falle von Wilhelms Versuchen feststellen, sich als Ehemann in die Rechtsordnung der Gesellschaft zu integrieren. Er will heiraten, eine Familie gründen und damit das tun, was z.B. Hegel als Schlußpunkt eines Bildungsganges ansieht, wenn er feststellt:

> Mag einer auch noch soviel sich mit der Welt herumgezankt haben, umhergeschoben worden sein, zuletzt bekommt er meistens doch sein Mädchen und irgendeine Stellung, heiratet und wird Philister so gut wie die anderen auch. (1970: 220)

Nach langen Überlegungen, genauen Prüfungen und präzisen Beobachtungen glaubt Wilhelm, in der biederen, ordentlichen und arbeitsamen Therese die geeignete Frau für sich und seinen Sohn gefunden zu haben. Seine Philisterexistenz scheint nicht mehr fern. Doch der Versuch, sich durch Heirat und Familiengründung in die gesellschaftliche Ordnung zu integrieren, mißlingt. Nach einigem Hin und Her stellt sich heraus, daß Lothario, der von einer Heirat mit Therese zurückgetreten ist, weil er glaubte, mit ihrer Mutter ein Verhältnis gehabt zu haben, sie doch wieder heiraten will, da er sich geirrt hatte. Wilhelm ist daraufhin völlig verunsichert, und als er dann noch Natalie trifft, die "schöne Amazone", die ihm als Sehnsuchtsfigur seit einem Überfall vor dem inneren Auge steht, verliert er gänzlich die Orientierung.

> Auf einer Seite malt man mir das mögliche Glück Lothario's, vielleicht nur zum Scheine, vor, auf der andern sehe ich meine Geliebte, meine verehrte Braut, die mich an ihr Herz ruft. Was soll ich tun? Was soll ich unterlassen? (FA 1992 VIII, iv, 916)

Wilhelm Meister weiß nicht mehr ein noch aus. Gerade die Heirat mit Therese hat er sich sorgfältig überlegt, diesmal glaubte er, alles bedacht zu haben und autonom, völlig auf sich gestellt zu handeln. Doch wiederum fügt es sich nicht so, wie es der planende Verstand wollte.

Am Ende hat Wilhelm völlig resigniert. Daß seine ökonomische Integration nicht über ein paar vage Absichtserklärungen hinausgekommen ist, stört ihn als wohlhabenden Erben wenig; daß sein Erziehungsversuch zum Glück für Felix mißglückt ist, kann ihn nur froh machen; daß aber auch seine Heiratspläne, also das, was, damals wenigstens, als Ausweis sozialer Integration galt, so sehr mißlungen sind, das stürzt ihn in tiefe Depressionen. Der fröhliche Optimismus des jungen Mannes, der sich in den Armen von Mariane als Gründer eines künftigen Nationaltheaters träumte und dabei von vermeintlicher Höhe voll Behagen auf seinen als sinnvoll empfundenen Lebensweg zurückblickte, ist gänzlich verschwunden.

> Er konnte nichts, was ihn umgab, weder ergreifen noch lassen, alles erinnerte ihn an alles, er übersah den ganzen Ring seines Lebens, nur lag er leider zerbrochen vor ihm, und schien sich auf ewig nicht schließen zu wollen. (FA 1992 VIII, vii, 951f)

Dem Kandidaten für Depressionen kommen nihilistische Gedanken, als er jede teleologische Sinndeutung des Lebens verwirft:

> Ist denn das Leben bloß wie eine Rennbahn, wo man sogleich schnell wieder umkehren muß, wenn man das äußerste Ende erreicht hat? (FA 1992 VIII, vi, 950)

Von einer Versöhnung zwischen Ich und Welt, wie sie die harmoniesüchtigen Interpreten in der Nachfolge Diltheys wahrnehmen wollen, findet sich noch immer keine Spur, obwohl sich der Roman stark dem Ende zuneigt.

Was den ganzen Roman mit seinen Widersprüchen zwischen planender Vernunft, expliziten Absichten, verborgenen Motiven, situativen Umständen und affektbestimmten Verhaltensweisen und den Zufälligkeiten der Ereignisse auszeichnet, trifft sogar – und das in besonderem Maße – auf das Geschehen in der Turmgesellschaft zu. Nichts geht in diesem angeblich so rational agierenden Männerbund glatt auf. Die Zufälle, so zeigt sich, sind nicht durch Planung zu beherrschen, das Irrationale ist keineswegs durch kontrollierte Lebensführung zu bannen. Dies demonstriert der Roman nicht nur an den vergeblichen Versuchen der Turmgesellschaft, den Harfner und Mignon zu therapieren – bezeichnenderweise sterben beide im Umfeld der Turmgesellschaft –, auch nicht nur am glücklichen Scheitern von Wilhelms Erziehungsbemühungen, sondern vor allen Dingen an seinen fehlgeschlagenen Heiratsplänen. Auf das Heiratsdesaster hin verfällt die ganze Gesellschaft in lethargische Ratlosigkeit, und mehr noch: sie verfallen dem Alkohol.

> Außer Theresen war niemand in seinem Geleise geblieben, die Männer suchten durch geistige Getränke ihre gute Laune wieder herzustellen, und, indem sie sich eine künstliche Stimmung gaben, entfernten sie die natürliche, die uns allein wahre Heiterkeit und Tätigkeit gewährt. (FA 1992 VIII, x, 987)

Wir befinden uns sechs Seiten vor Ende des über 600 Seiten starken Romans. Viel Lesezeit bleibt nicht mehr für die Wendung zum Glück, um das allenthalben konstatierte Telos des Romans, die Versöhnung von Ich und Welt, zu erreichen. Doch der Roman treibt Wilhelms Resignation nur noch weiter – bis hin zur völligen Sinnkrise. Wir befinden uns drei Seiten vor Schluß des Romans, Wilhelm ist völlig am Ende:

> Vergebens klagen wir Menschen uns selbst, vergebens das Schicksal an! Wir sind elend und zum Elend bestimmt, und ist es nicht völlig einerlei, ob eigene Schuld, höherer Einfluß oder Zufall, Tugend oder Laster, Weisheit oder Wahnsinn uns ins Verderben stürzen. (FA 1992 VIII, x, 989f)

Tiefer kann keiner ins schwarze Loch des Nihilismus fallen. Es muß schon viel passieren, um Wilhelm noch auf den letzten zwei Seiten aus dem Abgrund der Verzweiflung herauszuholen. Und es passiert auch viel – und das abrupt. Friedrich, der unbotmäßige Bruder von Lothario und Natalie, hat an der Tür gelauscht, von Nataliens Liebe zu Wilhelm erfahren und daraufhin deren Verbindung komödienhaft zelebriert. Seine letzten, an Wilhelm adressierten Worte, die mit biblischem Pathos darherkommen, scheinen ein unumstößliches Glücksversprechen zu sein:

> [...] du kommst mir vor wie Saul, der Sohn Kis', der ausging, seines Vaters Eselinnen zu suchen und ein Königreich fand. (FA 1992 VIII, x, 992)

In dieser Schlußsequenz finden die harmoniesuchenden Interpreten ihr entscheidendes Belegstück,[9] das sie mit noch mehr Gewicht glauben versehen zu können, weil Goethe selbst einen Fingerzeig gab. Auf insistierende Fragen nach dem Sinn des Romangeschehens hatte er zunächst recht abweisend reagiert:

> Es gehört dieses Werk übrigens zu den inkalkulabelsten Produktionen, wozu mir fast selbst der Schlüssel fehlt. Man sucht einen Mittelpunkt, und das ist schwer und nicht einmal gut. Ich sollte meinen, ein reiches mannigfaltiges Leben, das unsern Augen vorübergeht, wäre auch an sich etwas ohne ausgesprochene Tendenz, die doch bloß für den Begriff ist. (MA 1986: 128)

Allerdings gab Goethe für alle Tendenzsucher dann doch noch einen Hinweis:

> Will man aber dergleichen durchaus, so halte man sich an die Worte Friedrichs, die er am Ende an unsern Helden richtet, indem er sagt: Du kommst mir vor wie

9 So heißt es neuerdings bei Schings: "Das Ende des Romans stellt deshalb den Augenblick höchsten Glücks dar, eine Akme." (1983: 642).

> Saul, der Sohn Kis, der ausging, seines Vaters Eselinnen zu suchen und ein Königreich fand. (MA 1986: 128f)

Friedrich, der diese Sätze spricht, kann man nicht unterstellen, daß er mit ihnen mehr meint, als er sagt. Denn seine Bibelkenntnisse sind fragmentarisch, Produkte seines lustigen Zeitvertreibs mit Philine. Gemeinsam lesen sich beide zufällig aufgeschlagene Bibelstellen vor, ohne auf den Zusammenhang zu achten.

Doch schon Wilhelm müßte eigentlich stutzig werden. Er kennt ja die Geschichte von Saul, die ihn in seiner Kindheit als Puppenspiel tief beeindruckt hatte, in- und auswendig (FA 1992 I, ii, 362ff); und erst recht hat Goethe, der exzellente Bibelkenner, mit diesen Sätzen sicherlich mehr gemeint, als Friedrich aussagt.[10] Wer die Geschichte von Saul, dem Sohn Kis', der auszog seines Vaters Eselinnen zu suchen und ein Königreich fand, zu Ende gelesen hat, weiß, daß er zwar ein Königreich fand, daß sein Glück aber nicht von Dauer war. Er wurde zwar von Gott auserwählt und von Samuel zum ersten König aller Stämme Israels gesalbt, bald aber von Gott verworfen. Er litt unter depressiven Stimmungen, die David, der Musiktherapeut, zu heilen suchte, und unterlag im Kampf gegen die Philister, in dem seine drei Söhne getötet wurden. Voll Verzweiflung stürzte er sich daraufhin in sein Schwert, nachdem sich seine Waffenträger geweigert hatten, ihn zu töten. Überfordert durch seine Aufgaben, eingespannt in Gefühlsverstrickungen, an Wahnvorstellungen leidend und verworfen von Gott, endete sein Leben tragisch. Das vermeintliche Glück, König aller Stämme Israels zu sein, erweist sich als Quelle von Unglück und Trauer. Man sieht also: Das vordergründig so harmonische Romanende ist ironisch gebrochen. Saul ist keineswegs der zu beneidende Glückspilz, und so hat ihn die Tradition auch nicht gezeichnet. Von Rembrandts Gemälde bis Byrons Gedicht gilt er als Melancholiker, der voller Verzweiflung Selbstmord begeht.[11]

---

[10] Anders Röder (1968), die die Äußerung Friedrichs zwar mit Wilhelms Kindheitserlebnissen verbindet, dabei aber deren biblischen Kontext abblendet. Nur so kann sie Friedrichs Glücksapotheose zum Nennwert nehmen: "So bedeutet Friedrichs Anspielung auf Sauls Erwählung nicht nur ein Gleichnis für den Glücksweg Wilhelms, für seine 'Erwählung' und Auszeichnung; sie bedeutet auch, daß alles mit allem, Kindheit, Entfaltung und Glück unlöslich zusammenhängt" (1968: 161). Siehe hingegen Eigler (1986), die darauf verweist, daß das Ende des Romans ironisch gebrochen ist, da "die Geschichte von Saul noch weitergeht; wie dieses biblische Gleichnis endet, steht nicht im Roman: Saul gelangt unverdient – und unvorbereitet – an ein Königreich, ist aber seiner Lebensaufgabe nicht gewachsen und begeht schließlich Selbstmord" (1986: 113).

[11] Als schwermütiger König ist er in die Tradition eingegangen. Pieter Bruegel d. Ä. stellte seinen Selbstmord vor dem Hintergrund der fliehenden Armee dar (*Der Selbstmord Sauls*, 1562, Wien, Kunsthistorisches Museum, Abb. in: Stechow (1974: 75)). Georg Friedrich Händel schrieb einen Trauermarsch und ein Oratorium in ungebrochener Parteinahme für Saul (*Saul* [1738], in Baselt (1984: 133-51)). Vittorio Alfieri gestaltete sein Schicksal als Tragödie (*Saul* 1991 [1789]). In Byrons Gedicht "Sauls Gesang vor seiner letzten Schlacht" ("Song of Saul before His Last Battle", 1815) zeigt Saul Haltung angesichts des nahen Todes (Page 1970: 80). Rembrandt hat festgehalten, wie sich Sauls Melancholie durch Davids Harfenspiel löst (*David spielt Harfe vor Saul* [1629/30] in Pächt (1991), Farbt. 26; dasselbe Motiv, ca. 1655, Zuschreibung umstritten, Abb. in Schwartz (1987: 321)). Im 18. Jahrhundert gehörte Saul längst zur "überlieferten Topik der Melancholie und ihrer Therapie" Schings (1977: 231). Im Bildungshorizont Goethes und seines Umfeldes war das Melancholieparadigma Saul noch in den 20er Jahren des 19. Jahrhunderts so präsent, daß es zur redensartlichen Stilisierung eigener Erfahrungen dienen konnte: "1822 nach [Felix] Mendelssohns Besuch im

So weit kommt es zum Glück mit Wilhelm nicht – der Roman endet unmittelbar nach der Aussage Friedrichs mit Wilhelms Bekräftigung:

> Ich kenne den Wert eines Königreichs nicht, [...] aber ich weiß, daß ich ein Glück erlangt habe, das ich nicht verdiene, und das ich mit nichts in der Welt vertauschen möchte. (FA 1992 VIII, x, 992)

Als Goethe dann ein Vierteljahrhundert später *Wilhelm Meisters Wanderjahre* schreibt, finden wir unseren Helden allerdings nicht als glücklichen Familienvater wieder, der mit Natalie und Felix in trauter Harmonie lebt. Im Gegenteil: gemäß dem Wandergebot, nicht länger als drei Tage an einem Ort zu bleiben, zieht er ruhelos umher. Zwar ist Felix an seiner Seite, bis er ihn in der Pädagogischen Provinz abgeben wird, doch mit Natalie wechselt er nur noch Briefe, und das selten; ob er sich mit ihr wieder verbinden wird, läßt der Roman offen. Die *Wanderjahre* widersetzen sich damit dem am Ende der *Lehrjahre* angedeuteten literarischen Schematismus, der verlangt, daß nach langen Irrfahrten der Hafen der Ehe erreicht werde, die als harmonische Ordnung des Privaten alle Widrigkeiten der Welt überwindet.

Deutlich geworden ist – so hoffe ich –, daß das widersprüchliche Ende der *Lehrjahre*, verbunden mit einem Ausblick auf die *Wanderjahre*, jede vorschnelle Interpretation in Frage stellt, die einen Ausgleich von Ich und Welt behauptet und Wilhelms Bildungsweg als Entfaltung zur Totalität der Person bestimmt. Der von Humboldt wirkungsvoll propagierte neuhumanistische Bildungsbegriff, der den "wahren Zweck des Menschen" als "die höchste und proportionierlichste Bildung seiner Kräfte zum einem Ganzen" definiert (Humboldt 1969: 64), läßt sich als Interpretament für die Gesamtaussage des Romans schwerlich heranziehen.[12] Dieses Bildungsethos wird freilich romanimmanent diskutiert und kritisch reflektiert; viele Teilaussagen im Roman scheinen neuhumanistischen Bildungsvorstellungen verpflichtet zu sein. Nicht nur der Abbé, auch Wilhelm ist auf deren Höhe, wenn er an entscheidender Stelle seines Lebensweges seinem Jugendfreund Werner emphatisch verkündet:

> Daß ich dir's mit Einem Worte sage, mich selbst, ganz wie ich da bin, auszubilden, das war dunkel von Jugend auf mein Wunsch und meine Absicht. (FA 1992 V, iii, 657)

Wenn schon nicht Goethe, so scheint doch wenigstens Wilhelm Anhänger des klassischen Bildungsideals zu sein, das die allseitige Entwicklung der individuellen Möglichkeiten betont und im scharfen Kontrast steht zu einer Ausbildung einzelner Fähigkeiten, die praktischen Nutzen stiften sollen. Unterwirft man jedoch Wilhelms

---

Oktober, überlieferte seine Mutter Lea folgende Äußerung Goethes: 'Du bist mein David, sollte ich krank und traurig werden, so banne die bösen Träume durch Dein Spiel, ich werde auch nie wie Saul den Speer nach Dir werfen'" (Fleig 1993: 743).

12 Humboldt [1792], in Flitner/Giel (1969). Zur neuhumanistischen Bildungskonzeption, ihrem wirkungsvollsten Vertreter Wilhelm von Humboldt, ihren Vorläufern und Folgen siehe Bollenbeck (1994); vgl. auch Vierhaus (1972).

Absicht, sich "selbst, ganz wie ich da bin, auszubilden", einer näheren Analyse, so ändert sich zwar nichts am Aussagegehalt dieses Satzes, aber die Beziehungsstruktur, in der er steht und von der her er motiviert ist, zeigt, daß Wilhelm hier keineswegs von einem wohlüberlegten Lebensplan spricht, sondern in einer spontanen Reaktion gegen Werners Zumutungen opponiert, eine ökonomische Existenz zu führen. Wilhelms Bildungsethos ist eine plötzliche Eingabe, keine lang gehegte Überzeugung. Der Roman macht hierauf nachdrücklich aufmerksam:

> [...] das Ideal, das ihm sein Schwager [Werner] vom Glück des bürgerlichen Lebens vorzeichnete, reizte ihn [Wilhelm] keineswegs; vielmehr ward er durch einen heimlichen Geist des Widerspruchs mit Heftigkeit auf die entgegen gesetzte Seite getrieben. Er überzeugte sich, daß er nur auf dem Theater die Bildung, die er sich zu geben wünschte, vollenden könne, und schien in seinem Entschlusse nur destomehr bestärkt zu werden, je lebhafter Werner, ohne es zu wissen, sein Gegner geworden war. (FA 1992 V, ii, 656)

Der Romankontext relativiert hier nicht nur Wilhelms Wunsch nach Selbstausbildung, indem er dessen affektive Grundierung herausstellt, sondern läßt seine Haltung sich auch selbst relativieren, indem er die Sehnsucht nach innerer Entfaltung und äußerer Darstellung widersprüchlich verbindet. Wilhelms Wunsch, "[s]ich selbst, ganz wie ich da bin, auszubilden", harmoniert ja keineswegs problemlos mit seinem anderen Wunsch nach einer theatralischen Existenz, dem Wunsch, wie er an anderer Stelle des Briefes äußert, "eine öffentliche Person zu sein, und in einem weitern Kreise zu gefallen und zu wirken" (FA 1992 V, iii, 659). Der Widerspruch ist offensichtlich: ichbezogenes Dasein und publikumsbezogenes Agieren, innere Vervollkommnung einerseits und öffentliche Wirkung andererseits stehen in diametralem Gegensatz zueinander. Amalgamiert wird der neuhumanistisch-bürgerliche Innerlichkeitsdiskurs mit einem nostalgisch verklärten aristokratischen Repräsentationsdiskurs.

Und ein zweiter Widerspruch tut sich auf: Obwohl Wilhelm kurz vor Abfassung seines Briefes die adlige Gesellschaft auf dem Grafenschloß kritisiert hatte (FA 1992 IV, ii, 573f) und das Theaterspielen dort als substanzloses Amusement erleben mußte, treten jetzt, im provozierten Widerspruch gegen Werners Zumutungen einer ökonomischen Existenz, beide Bereiche wieder in einen Zusammenhang: Wilhelm assoziiert adlige Existenz und Theaterexistenz. Er will die öffentliche Existenz, die dem Adel aufgrund der Geburt eigentümlich ist, auf dem Theater erlangen. Obwohl also Wilhelm eigentlich mit dem Theater nichts mehr im Sinn hat, bringt ihn Werners Brief dazu, sich diesem erneut zuzuwenden: ein weiterer Hinweis darauf, daß Wilhelms Bildungsproklamation keineswegs einer wohlüberlegten Absicht entspringt, sondern Resultat widersprüchlicher Antriebe ist.

Die vom Roman positiv akzentuierte Erkenntnis einiger "verständiger, geistreicher, lebhafter Menschen" bewahrheitet sich, daß nämlich

> [...] die Summe unsrer Existenz durch Vernunft dividiert, niemals rein aufgehe, sondern daß immer ein wunderlicher Bruch übrig bleibe. (FA 1992 IV, xviii, 634)

Das Leben fügt sich nicht den Regeln der Vernunft – das führen die *Lehrjahre* nachdrücklich vor Augen. Wenig paßt hier deckungsgleich aufeinander. Die Motive sind das eine, die Rechtfertigungen das andere, die Sentenzen das eine, die Handlungen das andere, die Planungen das eine und die Zufälle das andere. Deutlich wird: Goethe findet sein erzählerisch-erfinderisches Vergnügen darin, den mannigfachen Widersprüchlichkeiten des Lebens nachzuspüren. Immer wieder hat er sich dabei den Versuchungen einer eindimensionalen Gesamtaussage entzogen. So macht der Briefwechsel mit Schiller, der die Herausgabe des Romans begleitet, deutlich, daß Goethe keineswegs gewillt ist, dessen Wunsch, die Hauptidee etwas prägnanter heraustreten zu lassen, zu erfüllen. Schiller schreibt am 8. 7. 1796 an Goethe:

> Was ich also hier wünschte, wäre dieses, daß die Beziehung aller einzelnen Glieder des Romans auf jenen philosophischen Begriff noch etwas klärer gemacht würde. Ich möchte sagen, die Fabel ist vollkommen wahr, auch die Moral der Fabel ist vollkommen wahr, aber das Verhältnis der einen zu der andern springt noch nicht deutlich genug in die Augen. (MA 1990: 207)

Goethe blieb jedoch zurückhaltend gegenüber den Vorschlägen seines Freundes und berief sich in seinem sofortigen Antwortbrief vom 9. 7. 1786 – nicht ohne Ironie – auf seinen "gewissen realistischen Tic, durch den ich meine Existenz, meine Handlungen, meine Schriften den Menschen aus den Augen zu rücken behaglich finde" (ibid., 208). Er fährt dann fort:

> Es ist keine Frage daß die scheinbaren, von mir ausgesprochenen Resultate viel beschränkter sind als der Inhalt des Werks und ich komme mir vor wie einer, der, nachdem er viele und große Zahlen über einander gestellt, endlich mutwillig selbst Additionsfehler machte um die letzte Summe, aus, Gott weiß, was für einer Grille, zu verringern. (MA 1990: 209)

Diese "Additionsfehler" sind es, die jede vorschnelle Bedeutungszuschreibung verhindern. Sie tauchen das ganze Romangeschehen ins Licht der Ironie,[13] für Goethe der Modus, der zwischen dem theoretischen Blick der "Abstraktion" und den Unverfügbarkeiten des Lebens die kritische Balance hält. Im Vorwort zur *Farbenlehre* (1810) schreibt er:

> [...] das bloße Anblicken einer Sache kann uns nicht fördern. Jedes Ansehen geht über in ein Betrachten, jedes Betrachten in ein Sinnen, jedes Sinnen in ein Verknüpfen, und so kann man sagen, daß wir schon bei jedem aufmerksamen Blick in die Welt theoretisieren. Dieses aber mit Bewußtsein, mit Selbsterkenntnis, mit Freiheit, und um uns eines gewagten Wortes zu bedienen, mit Ironie zu tun und vorzunehmen, eine solche Gewandtheit ist nötig, wenn die Abstraktion, vor der wir uns fürchten, unschädlich, und das Erfahrungsresultat, das wir hoffen, recht lebendig und nützlich werden soll. (FA 1991: 12)

---

13 Zur ironischen Erzählstruktur insgesamt siehe Hass (1963).

Goethe beschreibt hier ein spezifisches Weltverhältnis: Durch Theoretisieren ordnet der Mensch die Dinge in ein bestimmtes Raster ein, das es ihm erlaubt, sie in einem Zusammenhang zu sehen; auf diese Weise macht er sich die Welt verfügbar. Zugleich aber, so seine Forderung, müsse das Bewußtsein erhalten bleiben, daß die Dinge auf diese Weise zugerichtet, in eine bestimmte Perspektive eingeordnet würden, die von Interessen und Zwecken geleitet sei. Dieses Bewußtsein habe sich als Ironie zu artikulieren. Nur so sei die "Abstraktion, vor der wir uns fürchten" zu vermeiden, denn nur so bleibe gegenwärtig, daß mit den Abstraktionen das Individuelle, Einzigartige, die Eigentümlichkeit der Erscheinung annulliert werde zugunsten ihrer kategorialen Verfügbarkeit.

Die Ironie, die verdeutlicht, daß Wissensordnungen Setzungen sind, menschliche Versuche, das Unverfügbare verfügbar zu machen, bestimmt von Interessen und ausgerichtet an Zwecken, äußert sich im Roman als Erzählhaltung. Sie bringt zu Bewußtsein, daß intersubjektive Verbindlichkeiten zwar notwendig sind, um dem Leben Richtung und Halt zu geben, zugleich aber in ihrem dogmatischen Charakter erkennbar bleiben müssen, um so die Unverfügbarkeit des Lebens gegenüber den zurichtenden Systemen des Allgemeinen zu sichern. Der Roman hält mit seiner Ironie das Wissen um die Differenz zwischen dem Verbindlichen und dem Zufälligen aufrecht, indem er einen Lebensweg gestaltet, der sich gerade nicht dem Schematismus von Kausal- und Finalnexus fügt, wie ihn Blanckenburg in seiner Romantheorie (1965: 261ff) postuliert hatte. Die dort unterstellte Kausalität einer geordneten Welt unterläuft Goethe, indem er ein ironisches Widerspiel zwischen den Verbindlichkeitsaussagen *im* Roman und dem Handlungsgang *des* Romans inszeniert. Daraus ergibt sich die paradoxe Konsequenz, daß der Roman, der gemeinhin als Paradigma des Bildungsromans angesehen wird, dieses Paradigma aufruft, indem er es unterläuft. Immer wieder entfalten die *Lehrjahre* den Horizont eines teleologisch ausgerichteten Bildungswegs, und immer wieder wird der figurale Schematismus von Verheißung und Erfüllung ironisch relativiert. Goethes Roman gibt nicht abschließende Antworten auf entscheidbare Fragen, sondern formuliert kritische Fragen auf Antworten, die zeitgenössische Diskurse zum Bildungsproblem gegeben hatten. Die *Lehrjahre* sind von ihrem Frage-Charakter bestimmt, von ihrem Vermögen, die Konsistenz- und Kohärenzansprüche der außerästhetischen Bildungsdiskurse in Frage zu stellen, indem sie zeigen, was diese an Problemen abblenden. Das, was z.B. die in den Roman eingegangenen Reden über Zufall und Notwendigkeit, Schicksal und Selbstbestimmung, Irrtum und Lenkung, Selbstentfaltung und Einordnung als stimmig ausgeben, um einen verbindlichen Sinn zu behaupten, wird durch die fiktiv erstellte Pragmatik der Lebensvollzüge kritisch relativiert. Der Roman macht damit rückgängig, was den in ihm vielfach geäußerten Postulaten, die so tun, als gäbe es keine Alternativen, eigentümlich ist. Goethe hat die Eigentümlichkeit von Postulaten in einem Brief an Zelter vom 9. 8. 1828 in ironischer Zuspitzung als Verfahren der Weltklugheit bezeichnet:

> Die größte Kunst im Lehr- und Weltleben besteht darin, das *Problem* in ein *Postulat* zu verwandeln, damit kommt man durch (FA 1993: 36)

Nicht nur viele Zeitgenossen Goethes, die an den Formulierungen von Bildungskonzeptionen mitwirkten, haben dieses Verfahren gewählt, indem sie postulierten, was dem Menschen gemäß sei, sondern auch Figuren im *Wilhelm Meister*, allen voran die ideologischen Repräsentanten der Turmgesellschaft, der Abbé und Jarno. In ihren All-Sätzen postulieren sie den Schein einer normativen Ordnung, der sich der einzelne zu fügen hat. Doch der einzelne fügt sich nicht. "Bloß keine Sentenzen mehr!" entsetzt sich Wilhelm, als Jarno ihm noch einmal die Sprüche des Lehrbriefes vorlesen will. "Bloß keine Zwangstherapie!" macht der Erzählzusammenhang am Harfner klar, der dem Normalisierungsprogramm der Turmgesellschaft nur mit einem Opiumfläschchen standzuhalten vermag. "Bloß keine Verhaltensdisziplinierung!" verdeutlicht der Roman am Schicksal von Felix, der nur deshalb überlebt, weil er sich den Erziehungsbemühungen nicht fügt und weiterhin aus der Flasche trinkt. "Bloß keine wohlüberlegten Heiratspläne!" demonstrieren die komödienhaften Verwirrungen am Schluß des Romans, der zu einem – wenn auch ironisch gebrochenen – guten Ende kommt, nicht, weil es die planende Vernunft so wollte, sondern weil es der philologische Aufschneider Friedrich als Schabernack arrangierte.

Diese Beispielkette ließe sich um viele Glieder fortführen. Goethes Roman zeigt, daß man mit Postulaten, die mit ihrem Allgemeingültigkeitsanspruch die Unberechenbarkeit und Zufälligkeit des Lebens zugunsten behaupteter Gesetzlichkeiten bannen sollen, zwar in der Ordnung der Diskurse durchkommt, nicht aber in der Unordnung des Lebens. Die *Lehrjahre* kehren den Vorgang einer diskursiven Klugheit, die die Probleme in Postulate verwandelt, um: Sie führen die Postulate wieder auf die durch sie verdeckten Probleme zurück, indem sie zeigen, daß das Leben nicht in seine normativen Bestimmungen aufgeht. Von daher ist Goethes Roman nicht das Paradigma eines Bildungsromans, der vorgegebene Theoreme in die Anschauung einer Lebensgeschichte überführt, sondern fiktionale Inszenierung unterschiedlicher Bildungsaspekte, die im Gang der narrativ entfalteten Lebensgeschichte Wilhelm Meisters relativiert, ironisiert und problematisiert werden.

Mit dieser Akzentuierung des Individuellen, das Goethes Roman im Widerspiel zum Allgemeinen zeigt, partizipiert er nicht nur deshalb an dem sich um die Mitte des 18. Jahrhunderts vehement artikulierenden Paradigmenwechsel, weil er auf der unvergleichlichen Lebensgeschichte des einzelnen beharrt, sondern er partizipiert daran auch, weil er zugleich das Spannungsfeld thematisiert, das sich auftut zwischen den All-Aussagen, die das Individuelle im Exemplarischen aufzuheben suchen, und dem Widerständigen des unverfügbaren Lebens, das mehr und anderes ist als das, was Sentenzen und Reflexionen zu postulieren vermögen. Insoweit reflektiert *Wilhelm Meister* Eigentümlichkeiten des Lebens selbst, welches changiert zwischen dem Allgemeinen seiner begrifflichen Erfassung und dem Besonderen seiner jeweiligen Existenz. Und insofern vermag der Roman ein Bildungserlebnis zu vermitteln: gerade indem er gegen alle Postulate, die formelhaft daherkommen, die Probleme kenntlich macht, die im Prozeß der Moderne entstehen, in dem der einzelne tendenziell aus den überkommenen Bindungen entlassen und auf sich selbst gestellt wird.

Literatur

Alfieri, Vittorio. 1991. *Saul.* Mailand: Garzanti.

Barner, Wilfried. 1983. "Geheime Lenkung. Zur Turmgesellschaft in Goethes *Wilhelm Meister.*" In: William J. Lillyman, Hg. *Goethe's Narrative Fiction. The Irvine Goethe Symposium.* Berlin/New York: de Gruyter. 85-109.

Baselt, Bernd, Hg. 1984. *Händel-Handbuch.* Leipzig: Bärenreiter. II. 133-51.

Berghahn, Klaus L. und Beate Pinkerneil. 1980. *Am Beispiel* Wilhelm Meister. *Einführung in die Wissenschaftsgeschichte der Germanistik,* I: *Darstellung.* II: *Dokumente.* Königstein/Ts.: Athenäum.

Blanckenburg, Christian Friedrich von. 1965. *Versuch über den Roman. Faksimiledruck der Originalausgabe von 1774.* Mit einem Nachwort von Eberhard Lämmert, Stuttgart: Metzler.

Bollenbeck, Georg. 1994. *Bildung und Kultur. Glanz und Elend eines deutschen Deutungsmusters.* Frankfurt/M.: Insel. 96-159.

Bosse, Heinrich und Neumeyer, Harald. 1995. *"Da blüht der Winter schön". Musensohn und Wanderlied um 1800.* Freiburg: Rombach.

Byron, George Gordon Lord. 1970. "Song of Saul before His Last Battle." In: Frederick Page, Hg. *Poetical Works.* Oxford Univ. Press. 80.

Dilthey, Wilhelm. 1965. *Das Erlebnis und die Dichtung. Lessing, Goethe, Novalis, Hölderlin.* Göttingen: Vandenhoeck und Ruprecht.

Eigler, Friederike. 1986. "Wer hat 'Wilhelm Schüler' zum 'Wilhelm Meister' gebildet? Wilhelm Meisters Lehrjahre und die Aussparungen einer hermeneutischen Verstehens- und Bildungspraxis." *Goethe Yearbook* 3: 93-119.

Gille, Klaus F., Hg. 1979. *Goethes Wilhelm Meister. Zur Rezeptionsgeschichte der Lehr- und Wanderjahre.* Königstein/Ts.: Athenäum.

Goethe, Johann Wolfgang. 1985ffa. *Sämtliche Werke, Briefe, Tagebücher und Gespräche.* 40 Bde., Dieter Borchmeyer u.a. Hgg. Frankfurt/M.: Deutscher Klassiker Verlag. (zit. als FA)

---. 1985ffb. *Sämtliche Werke nach Epochen seines Schaffens.* Karl Richter u.a. Hgg. München-Wien: Hanser. (zit. als MA)

---. 1986. *Johann Peter Eckermann. Gespräche mit Goethe in den letzten Jahren seines Lebens.* Heinz Schlaffer. Hg. In: MA Bd. 19.

---. 1988. *Wilhelm Meisters Lehrjahre.* Hans-Jürgen Schings. Hg. In: MA Bd. 5.

---. 1990. *Briefwechsel zwischen Schiller und Goethe in den Jahren 1794 bis 1805.* Manfred Beetz. Hg. In: MA Bd. 8/1.

---. 1991. *Zur Farbenlehre.* Manfred Wenzel. Hg. In: FA Bd. 23/1.

---. 1992. *Wilhelm Meisters theatralische Sendung. Wilhelm Meisters Lehrjahre. Unterhaltungen deutscher Ausgewanderten.* Wilhelm Voßkamp u.a. Hgg. In: FA Bd. 9. 55-992.

---. 1993. *Die letzten Jahre.* Horst Fleig. Hg. II, 1828-1832. In: FA Bd. 38.

Haas, Rosemarie. 1975. *Die Turmgesellschaft in Wilhelm Meisters Lehrjahren. Zur Geschichte des Geheimbundromans und der Romantheorie im 18. Jahrhundert.* Bern-Frankfurt/M.: Lang.

Hahn, Alois. 1984. "Theorien zur Entstehung der europäischen Moderne." *Philosophische Rundschau* 31: 178-202.

Hass, Hans-Egon. 1963. "Goethe, *Wilhelm Meisters Lehrjahre*." In: Benno von Wiese, Hg. *Der deutsche Roman. Vom Barock bis zur Gegenwart.* 2 Bde., Düsseldorf: Bagel. I. 132-210.

Hegel, Georg Wilhelm Friedrich. 1970. *Werke in 20 Bdn.* Eva Moldenhauer und Karl Markus Michel, Hgg. Frankfurt/M.: Suhrkamp. Bd. 14: *Vorlesungen über die Ästhetik* II.

Hoffmann, E.T.A. 1962. *Die Elixiere des Teufels. Kater Murr.* In: Walter Müller-Seidel u.a., Hgg. Darmstadt: Wiss. Buchgesellschaft.

Humboldt, Wilhelm von. 1969. "Ideen zu einem Versuch, die Gränzen der Wirksamkeit des Staats zu bestimmen (1792)." In: Andreas Flitner und Klaus Giel, Hgg. *Schriften zur Anthropologie und Geschichte.* Darmstadt: Wiss. Buchgesellschaft. 56-233.

Jacobs, Jürgen. 1972. *Wilhelm Meister und seine Brüder. Untersuchungen zum deutschen Bildungsroman.* München: Fink.

Kafka, Franz. 1992. *Nachgelassene Schriften und Fragmente* II. Jost Schillemeit, Hg. Frankfurt/M.: Fischer.

Luhmann, Niklas. 1989. *Individuum, Individualität, Individualismus.* In: ders., *Gesellschaftsstruktur und Semantik. Studien zur Wissenssoziologie der modernen Gesellschaft.* Frankfurt/M.: Suhrkamp, III. 149-258.

Martini, Fritz. 1961. "Der Bildungsroman. Zur Geschichte des Wortes und der Theorie." *DVjS* 35: 44-63.

Marx, Friedhelm. 1995. *Erlesene Helden. Don Sylvio, Werther, Wilhelm Meister und die Literatur.* Heidelberg: Carl Winter.

May, Kurt. 1957. "Wilhelm Meisters Lehrjahre, ein Bildungsroman?" *DVjS* 31: 1-37.

Morgenstern, Karl. 1988. "Bruchstück einer den 12./24. Dec. 1810 in Dorpat im Hauptsaal der Kaiserl. Universität öffentlich gehaltenen Vorlesung über den Geist und Zusammenhang einer Reihe philosophischer Romane; Ueber das Wesen des Bildungsromans. Vortrag, gehalten den 12. December 1819; Zur Geschichte des Bildungsromans. Vortrag, gehalten den 12. Dec. 1820." In: Rolf Selbmann, Hg. 45-99.

Orth-Peine, Hannelore. 1990. *Identitätsbildung im sozialgeschichtlichen Wandel.* Frankfurt/M.: Campus-Verlag.

Pächt, Otto. 1991. *Rembrandt.* München: Prestel.

Röder, Gerda. 1968. *Glück und glückliches Ende im deutschen Bildungsroman. Eine Studie zu Goethes Wilhelm Meister.* München: Hueber.

Saße, Günter. 1995. "Wilhelm Meister als Leser Tassos." In: Achim Aurnhammer, Hg. *Torquato Tasso in Deutschland. Seine Wirkung in Literatur, Kunst und Musik seit der Mitte des 18. Jahrhunderts.* Berlin-New York: de Gruyter. 370-81.

Schings, Hans-Jürgen. 1977. *Melancholie und Aufklärung. Melancholiker und ihre Kritiker in Erfahrungsseelenkunde und Literatur des 18. Jahrhunderts.* Stuttgart: Metzler.

Schlechta, Karl. 1953. *Goethes* Wilhelm Meister. Frankfurt/M.: Vittorio Klostermann.

Schwartz, Gary. 1987. *Rembrandt. Sämtliche Gemälde in Farbe.* Stuttgart: Belser. 321.

Selbmann, Rolf, Hg. 1988. *Zur Geschichte des deutschen Bildungsromans*. Darmstadt: Wiss. Buchgesellschaft.

Sorg, Klaus-Dieter. 1983. *Gebrochene Teleologie. Studien zum Bildungsroman von Goethe bis Thomas Mann*. Heidelberg: Carl Winter.

Stechow, Wolfgang, Hg. 1974. *Pieter Bruegel d. Ä.* Köln: DuMont.

Steinecke, Hartmut. 1984. "Wilhelm Meister und die Folgen. Goethes Roman und die Entwicklung der Gattung im 19. Jahrhundert." In: Wolfgang Wittkowski, Hg. *Goethe im Kontext. Kunst und Humanität, Naturwissenschaft und Politik von der Aufklärung bis zur Restauration. Ein Symposium*. Tübingen: Niemeyer. 89-111.

Vierhaus, Rudolf. 1972. Art.: "Bildung." In: Otto Brunner, Werner Conze und Reinhart Koselleck, Hgg. *Geschichtliche Grundbegriffe. Historisches Lexikon zur politisch-sozialen Sprache in Deutschland*. 7 Bde., Stuttgart: Klett. I. 508-51.

Voßkamp, Wilhelm. 1973. *Romantheorie in Deutschland. Von Martin Opitz bis Friedrich von Blanckenburg*. Stuttgart: Metzler.

---. 1988. "Der Bildungsroman in Deutschland und die Frühgeschichte seiner Rezeption in England." In: Jürgen Kocka, Hg. *Bürgertum im 19. Jahrhundert. Deutschland im europäischen Vergleich*. 3 Bde., München: Deutscher Taschenbuch Verlag. III. 257-86.

---. 1989. "Der Bildungsroman als literarisch-soziale Institution. Begriffs- und funktionsgeschichtliche Überlegungen zum deutschen Bildungsroman am Ende des 18. und Beginn des 19. Jahrhunderts." In: Christian Wagenknecht, Hg. *Zur Terminologie der Literaturwissenschaft. Akten des IX. Germanistischen Symposions der Deutschen Forschungsgemeinschaft* Würzburg 1986. Stuttgart: Metzler. 337-52.

Wölfel, Kurt. 1974. "Friedrich von Blanckenburgs Versuch über den Roman." In: Reinhold Grimm, Hg. *Deutsche Romantheorien*. 2 Bde., Frankfurt/M.: Athenäum, I. 29-60.

Identität und Lebensgeschichte.
Fremdbiographisches Erzählen bei Samuel Johnson und James Boswell

Helga Schwalm (Hamburg)

Vorspann

"'[H]e could write the life of a Broomstick'", soll Samuel Johnson einst über sich gesagt haben (Boswell 1950: II 389). Und tatsächlich: Selbst für das 18. Jahrhundert war Johnsons Interesse für die Biographie, wie Donald Stauffer 1941 in seiner monumentalen Studie *The Art of Biography in Eighteenth-Century England* feststellte, außerordentlich: "He talked biography, thought biography, and to an extent which is often forgotten, wrote biography" (1941: 395).

Johnson, Dichter, Lexikograph, Kritiker, Shakespeare-Herausgeber, war auch auf biographischem Gebiet ein höchst produktiver Autor: 63 "Lives" verfaßte er insgesamt, dazu Tagebücher, eine autobiographische Skizze und schließlich genretheoretische Essays. Die jüngere Johnson-Forschung hat sich inzwischen dieses Anteils seines Werkes besonnen (z.B. Folkenflik 1978; Parke 1991). Dar‚ber hinaus ist er freilich weniger als Autor denn als Gegenstand einer großen Biographie überliefert: James Boswells *Life of Samuel Johnson* (1791).

Johnson war nicht nur das Objekt von Boswells notorischer biographischer Neugier und Profilierungssucht. Schon zu Lebzeiten war er zum "public property" (Kelly und Brack 1971: xi) geworden; "he belonged to the world at large".[1] Nach seinem Tode schreiben die Biographen um die Wette. Jedoch allein Boswells Biographie ging in den Kanon der englischen Literatur ein, sie wurde zum Paradigma des Genres der "literary biography" überhaupt, deren Maßstab nun "truth", "individuality" und "art" sind.[2] Es ist eine Ironie der Literaturgeschichte, daß Johnson, der in seinen Biographien und in seinem kritischen Werk überhaupt versuchte, gegen die aufkommende Romantik noch einmal die verbindlichen Normen der klassizistischen Tradition festzuschreiben, schließlich nicht mit dieser seiner Leistung in die Literaturgeschichte einging, sondern nur als exzentrische Figur, nämlich so, wie er von Boswell überliefert wurde.

Johnson und Boswell stehen mit ihrem biographischen Eifer nicht allein. Die einschlägigen bibliographischen bzw. topographisch-kritischen Studien (vgl. dazu die Angaben in Stauffer 1941) bezeugen die ungeheure Verbreitung (auto-)biographischer Prosa, ob selbst- oder fremdbiographischer, 'authentischer' oder fiktionaler Natur, vor allem in den letzten zwei Dritteln des 18. Jahrhunderts.

Form- und funktionsgeschichtlich betrachtet, entwickelt sich die Biographie, zumindest die Autobiographie, aus einer Reihe verschiedener Zweckformen bzw. subliterarischer Textsorten (*res gestae*, Memoiren, *spiritual autobiography* oder Seelen-

---

1 So ein früher Johnson-Biograph, Thomas Tyer, zitiert nach Kelly & Brack (1971: XI).

2 So definiert Nicolson die Elemente der Biographie. Boswells unbestritten überragende Stellung hindert Nicolson allerdings nicht daran, dessen Werk "impure" zu schimpfen, will Nicolson doch alle Subjektivität aus der Form der Biographie verbannt wissen (1927: 9ff).

tagebuch; Hagiographie, Gelehrtenbiographie, *Ana* etc.) zu einer literarischen (Zweck) Form,[3] die im Europa des 18. Jahrhunderts eine kurze Blütezeit erlebt. Johnson, der die zeitgenössische Theorie der Gattung in England von Goldsmith bis Bisset absolut dominiert, spricht ihr kraft ihrer partikularen Wirklichkeitstreue und ihres moralischen Instruktionsvermögens gar den höchsten Rang unter den Gattungen überhaupt zu:

> All joy or sorrow for the happiness or calamities of others is produced by an act of the imagination that realizes the event however fictitious, or approximates it however remote, by placing us, for a time, in the condition of him whose fortune we contemplate; so we feel, while the deception lasts, whatever motions would be excited by the same good or evil happening to ourselves. [...] The parallel circumstances, and kindred images, to which we readily conform our minds, are, above all other writings, to be found in narratives of the lives of particular persons; and therefore no species of writing seems more worthy of cultivation than biography, since none can be more delightful or more useful, none can more certainly enchain the heart by irresistible interest, or more widely diffuse instruction to every diversity of condition. (Johnson 1968a: 109f)

Die moralische Nützlichkeit der Biographie basiert auf der Fähigkeit des Lesers zur *sympathy*, um einen Schlüsselbegriff der zeitgenösischen Moralphilosophie und Ästhetik im Diskurs der *sensibility* zu gebrauchen. Als psychologische Fähigkeit, sich in den anderen hineinzuversetzen bzw. sich mit den Augen des anderen zu sehen, begründet *sympathy* die unmittelbare gegenseitige Transparenz des Handelns und Empfindens. Als Prototyp des Gesellschaftlichen sichert sie die (empiristisch begründete) Soziabilität des Ich (Cox 1980: 9; Mullan 1988: 29). In der ästhetischen Theorie garantiert sie die Wirkung der Fiktion auf den Leser; sie ermöglicht es diesem, sich mit einem fiktiven Geschehen zu identifizieren (z.B. Beattie 1961: 914f).

Der didaktische Nutzen einer solchen Sympathie gilt bei Johnson gleichermaßen für die Selbst- und Fremdbiographie. Ersterer gilt freilich seine deutliche Präferenz:

> Those relations are [...] commonly of most value in which the writer tells his own story. He that recounts the life of another, commonly dwells most upon conspicuous events, lessens the familiarity of his tale to increase its dignity, shews his favourite at a distance decorated and magnified like the ancient actors in their tragick dress, and endeavours to hide the man that he may produce a hero.
>
> But if it be true which was said by a French prince, 'that no man was a hero to the servants of his chamber,' it is equally true that everyman is yet less a hero to himself. [...] The writer of his own life has at least the first qualification of an historian, the knowledge of the truth; and though it may be plausibly objected that his temptations to disguise it are equal to his opportunities of knowing it, yet I cannot but think that impartiality may be expected with equal confidence

[3] Müller (1976) rekonstruiert die Gattungsentwicklung im 18. Jahrhundert als Geschichte der Literarisierung der Zweckform bis hin zur fiktionalisierten Form, dem psychologischen Roman. – Ebenso ließe sich die Gattungsentwicklung im Sinne Tynjanovs als funktionelle Evolution subliterarischen Redematerials zu einem "literarischen Faktum" begreifen (vgl. Striedter 1989: 65f und 73f).

from him that relates the passages of his own life, as from him that delivers the transactions of another. (1963: 262-63)

Die Überlegenheit der Selbstbiographie begründet Johnson also mit dem Problem der zu großen ästhetischen Distanz der Fremdbiographie, die ihre Wirklichkeitstreue und ihren moralisch-didaktischen Zweck gefährden kann. Damit schlägt er sich ganz konventionell in die Tradition Drydens und Plutarchs. Interessant ist seine poetologische Position an dieser Stelle vor allem deshalb, weil er ihr selbst nicht folgte. Seine biographische Praxis blieb zutiefst zwiespältig; er litt unter der Spannung zwischen moralischem Anspruch und einem Leben, das diesem nicht genügen konnte. Seine Autobiographie entzog er deshalb in radikaler Selbstzensur der Öffentlichkeit, indem er sie vernichten ließ.[4] Allein der Fremdbiographie traute er offenbar die didaktisch-moralische Qualität zu, welche die Gattung erst in ihrer öffentlich-literarischen Funktion legitimierte.

Johnsons biographische Exempla gehören zum Diskurs der 'bürgerlichen Öffentlichkeit'. Habermas zufolge ist diese bekanntlich die öffentlich relevant gewordene Privatsphäre der Gesellschaft, sie ist die "Sphäre der zum Publikum versammelten Privatleute" (Habermas 1991: 86), und zwar als literarische Vorform der politisch funktionierenden Öffentlichkeit, in der sich "die publikumsbezogene Subjektivität mit sich selbst verständigt" (1991: 88). Hier werden die genuin neuen Erfahrungen der Privatheit verhandelt. Die Foren dieser "permanenten Diskussion unter Privatleuten" (1991: 87) sind die Presse, die Privatkorrespondenz und die moralischen Wochenschriften, die Salons, Kaffeehäuser etc., und es ist die Literaturkritik als Teil eines "cultural criticism" (Eagleton 1984: 22). Es ist in der Tat die Welt des Samuel Johnson. Doch ebenso wie Johnsons periodische Essays stehen seine Biographien nicht so sehr im Dienste einer dialogischen Verständigung als einer *auktorialen Sicherung* allgemeingültiger, tradierter sozialer Normen.

In diesem Sinne versucht der Erz-Tory, Hochkirchler und Jakobit Samuel Johnson, die Biographie der Kontrolle einer intersubjektiv verbindlichen, universellen Rationalität zu unterwerfen. Die Diskrepanz zwischen moralischem Exemplum und individueller Lebensgeschichte erlebt er als inneren Konflikt, den er zugunsten der Tradition zu entscheiden sucht. Sein harsches Urteil über Lord Chesterfields Briefe an seinen unehelichen Sohn, die Richard Sennett als Illustration der "Zeichen"-Sprache des öffentlichen Lebens im 18. Jahrhundert (als Ort der Kommunikation unter Fremden) anführt (1986: 90f) – "'they teach the morals of a whore, and the manners of a dancing master'", so Johnson (Boswell 1950: I 266) – beklagt die Inkongruenz von öffentlichem Leben und moralischer Lebensführung, ohne daß der Moralist Johnson aber auf die strengen Konventionen der öffentlichen Interaktion verzichten wollte.

Johnsons Zensur der eigenen Autobiographie zugunsten des eindeutigen biographischen Exemplums stellt indes nur eine Strategie der (auto-)biographischen Ich-Stabilisierung dar. Das andere Ende des Spektrums repräsentiert die zweite große kanonische Figur der biographischen Prosa im 18. Jahrhundert, nämlich Johnsons

---

4 Johnson bat seinen Diener, seine autobiographischen Aufzeichnungen zu verbrennen, so daß nur wenige Fragmente erhalten sind, und Boswell empfahl er, für die Vernichtung seiner Journale am Ende seines Lebens Sorge zu tragen (Boswell 1950, 1: 433).

Biograph James Boswell. Boswells autobiographische Selbstentwürfe, die viele Bände füllen, gehören in den Raum des Intim-Privaten, das stets auf ein Gegenüber bezogen ist.[5] Umgekehrt wohnt die Öffentlichkeit dem autobiographischen Subjekt immer schon inne: Boswell betreibt eine permanente soziale Selbsterfindung, wenn er Spekulationen über seine Wirkungen auf andere anstellt, soziale Rollen durchspielt (bzw. wenn er auf seine Rollenspiele in der Gesellschaft reflektiert) und einem Schauspieler gleich fremde Identitäten annimmt. Die diarische Selbstthematisierung dient ihm so als Forum einer höchst reflektierten Selbsttheatralisierung[6]; er inszeniert sich gewissermaßen als "impartial spectator" (Smith 1982: 130) seiner selbst. An seinem eigentlichen Ziel: dem Entwurf eines kohärenten Ich, der Einheit der Lebensgeschichte, scheitert er gleichwohl.

Sehr thesenhaft verknappt: Johnson und Boswell repräsentieren zwei entgegengesetzte Pole möglicher Entwürfe biographischer Identität in einem ganzen Spektrum verschiedener Formen, die im 18. Jahrhundert nebeneinander existieren.

Die Forschung hat den Zusammenhang von biographischer Form und Identitätsstiftung fast ausschließlich in bezug auf Formen der *Selbst*thematisierung herausgearbeitet (z.B. Spacks 1976). Doch was Johnson und Boswell eigentlich verbindet, ist ihre *fremd*biographische Praxis.[7] Im eigentlichen Hauptteil dieses Beitrags sollen nun am Beispiel Johnsons und Boswells einige Überlegungen entwickelt werden, welche Funktion der *Fremd*biographie im Kontext der Genese moderner Subjektivität zukommt. Anders formuliert: Inwiefern dient die Fremdbiographie einer diskursiven Stabilisierung des Selbst bzw. von Identität? Meine These lautet, daß die zentralen Fremdbiographien Johnsons und Boswells zunächst eine kompensatorische Funktion haben; zugleich zeichnet sich hier eine allmähliche Abspaltung des *Individuellen* vom Allgemeinen einer Mitte des 18. Jahrhunderts noch universalistisch bzw. sensibilistisch gesicherten Soziabilität ab. Die biographische Rekonstruktion eines fremden Lebens zwingt Johnson und Boswell zur Revision dessen, was die soziologische Biographieforschung als *"Biographiegeneratoren"* (Hahn 1987: 12) bzw. "'ikonographischen Kanon'" (Leitner 1982: 66) bezeichnet, d.h. zur Revision der vorgegebenen institutionellen/literarischen Muster, die überhaupt erst die Organisation von Lebensgeschichten, von biographischer Identität ermöglichen. In diesem Sinne haben Johnson und Boswell teil an dem, was man als Vorgeschichte des modernen Subjekts bezeichnen könnte.

Samuel Johnson

Samuel Johnsons Tätigkeit als Biograph erstreckt sich praktisch auf die gesamte Spanne seiner literarischen und kritischen Karriere. Kein Jahrzehnt verging, ohne daß

---

5 Der Leser ist immer schon mitgedacht: Schon als junger Mann ließ Boswell einen engen Kreis von Freunden an seinen obsessiven Selbstprotokollen teilhaben, und auch seinem väterlichen Freund Johnson zeigte er bald schon Auszüge. Auf ihrer gemeinsamen Schottland-Reise 1774 sollte er ihm seine Aufzeichnungen zur regelmäßigen Lektüre geben.

6 Marshall spricht von "Theatricality" (1986: 28).

7 Boswell verlegt sich am Ende seines Lebens noch einmal auf die Fremdbiographie. Nach Johnsons Tod publiziert er sein *Journal of a Tour to the Hebrides* (1785) und schließlich sein *magnum opus*, das *Life of Johnson*. Früher hatte er sich freilich schon mit seinen Memoiren des korsischen Freiheitskämpfers, General Paoli, einen Namen gemacht.

er nicht mindestens eine Biographie verfaßt hätte. 1738 beginnt er mit dem "Life of Father Sarpi", nicht länger als 2500 Worte; es folgen weitere Beiträge für das *Gentleman's Magazine*, der Zeitschrift für die *upwardly mobile middle classes*, Kurzbiographien eminenter Mediziner, Beiträge für die *Biographia Britannica* und für das *Literary Magazine*. In dieser frühen Zeit entsteht auch die Biographie, die seinen Ruhm als größten Biographen des 18. Jahrhunderts begründen sollte: "The Life of Savage" (1744). Seine biographische Karriere gipfelte schließlich in den *Prefaces, Biographical and Critical, to the Works of the English Poets (1779-81),* die später den Titel *Lives of the Poets* tragen sollten. Johnsons Theorie der Biographie – die Priorisierung der Biographie über die Geschichte und die Priorisierung der Selbst- über die Fremdbiographie – blieb über die Zeitspanne von 40 Jahren hinweg konstant (Folkenflik 1978: 27ff).

Johnson geht von der Konstanz, der Universalität der menschlichen Natur aus, deren Charakter aus jedem besonderen Fall abzuleiten sei, die gewissermaßen unmittelbar aus dem Exemplum spreche. In seiner Poetik gibt es, ganz im Einklang noch mit der aufklärerischen Semantik Popes, keine Dunkelheit, keinen Sinnüberschuß, keine Interpretationsbedürftigkeit; in seiner Theorie der Biographie ist eigentlich kein Problem des Fremdverstehens oder des Erkennens überhaupt vorgesehen.

Allenfalls kennt Johnson das Problem der Unzulänglichkeit des Quellenmaterials. Für die Biographie einer historischen Figur gilt deshalb: "We know somewhat and imagine the rest" (Johnson 1968b: II 235). Sein Vertrauen, den Schluß vom besonderen Fall auf das Allgemeine der menschlichen Natur zu tun, gerät jedoch nie ernsthaft ins Wanken. Für den Autobiographen gilt: Die Kenntnis der eigenen Geschichte wird mögliche Versuchungen der Verschleierung kompensieren. Johnson zweifelt nicht an der Möglichkeit autobiographischer Objektivität. Im Umkehrschluß heißt das: eine ausreichende Dokumentation wird dem Fremdbiographen die gleichen Möglichkeiten eröffnen. Mehr noch: Johnsons Vertrauen auf die Universalität der menschlichen Natur vermag in der biographischen Abstraktionsleistung der Generalisierung die historischen Leerstellen gewissermaßen zu überbrücken.[8]

Wenngleich der Schluß auf die allgemeine Regel unabdingbar ist, bleibt dieser für Johnson doch in seinen Biographien der auktorialen Klammer der Erzählung vorbehalten; der Schwerpunkt liegt auf der Partikularität des individuellen Lebens. Das treibt Johnson aber nicht, wie später Boswell, besessen auf die Suche nach Fakten. Johnson begnügt sich mit der Technik eines *armchair biographer*, der die Materialsammlungen anderer kritisch zusammenträgt und sein Urteil gegebenfalls zugunsten einer rationalen Prüfung der Verläßlichkeit seiner Quellen suspendiert. Aubreys Darstellung, wie der junge Roscommon eine übersinnliche Gewißheit vom Tod seines Vaters gespürt habe, die sich dann bestätigte ("'In the heat of this extravagant fit he

---

8 Seine Rhetorik zeigt diese Logik an, so etwa in seinen Vermutungen über Otway: "Of Thomas Otway, one of the first names in the English drama, little is known; nor is there any part of that little which his biographer can take pleasure in relating. / He was born in Trottin in Sussex [...] / It seems likely that he was in hope of being busy and conspicuous; for he went to London and commenced player, but found himself unable to gain any reputation on the stage. / This kind of inability he shared with Shakespeare and Jonson, as he shared likewise some of their excellencies. It seems reasonable to expect that a great dramatick poet should without difficulty become a great actor [...]" (Johnson 1968b: I 241-42).

cries out, *My father is dead.* A fortnight after news came from Ireland that his father was dead'"), kommentiert Johnson so:

> The present age is very little inclined to favour any accounts of this kind, nor will the name of Aubrey much recommend it to credit; it ought not however to be omitted because better evidence of a fact cannot easily be found than is here offered, and it must be by preserving such relations that we may at last judge how much they are to be regarded. [...] here is a relation of a fact given by a man who had no interest to deceive and who could not be deceived himself, and here is, on the other hand, a miracle which produces no effect: the order of nature is interrupted to discover not a future but only a distant event, the knowledge of which is of no use to him to whom it is revealed. Between these difficulties, what way shall be found? Is reason or testimony to be rejected? I believe what Osborne says if an appearance of sanctity may be applied to such impulses or anticipations as this: 'Do not wholly slight them, because they may be true; do not easily trust them, because they may be false.' (1968b: I 230-31)

Wo historische Dokumente – hier Aubreys Überlieferung – und *common sense* in Konflikt geraten, bleibt die biographische Wahrheit suspendiert. Der *common sense* – *probability* – holt das traditionelle hagiographische Muster der Doppelung in zwei Welten (der irdischen und der ewigen) auf den Boden der Wirklichkeit zurück. Nun geht Johnsons Insistieren auf die Vernunft nicht so weit, daß er die Möglichkeit einer übersinnlichen Erfahrung gänzlich bestreiten möchte. Doch er befindet Aubreys Überlieferung für unwahrscheinlich, freilich eher nach dem Maßstab literarischer bzw. narrativer Kohärenz ("a miracle which produces no effect: the order of nature is interrupted to discover not a future but only a distant event") als nach Maßgabe der empirischen Vernunft. Hundert Jahre zuvor, ja noch manchem Zeitgenossen Johnsons (etwa im autobiographischen Selbstentwurf William Cowpers), hatte dieses Muster der geistlichen (Auto-)Biographie bzw. der Hagiographie noch als Biographiegenerator dienen können: In seinem "Life of Dr. John Donne" (1640) vertraut Walton der übersinnlichen Erfahrung seines biographischen Subjekts, denn er deutet dessen Leben als Hagiographie.[9] Stiftet also die Hagiographie bei Walton gewisssermaßen noch die Möglichkeit zur *Empathie,* ist dem empirischen Rationalisten Johnson dieser Ausweg versperrt. Ihm bleibt die Spekulation über *biographische Möglichkeiten*; die hagiogra-

---

9 Er kann auch andere Beispiele aus der hagiographischen Tradition zitieren, nicht zuletzt Augustinus: "He [Donne, H.S.] lay fifteen days earnestly expecting his hourly change; and in the last hour of his last day, as his body melted away and vapoured into spirit, his soul having, I verily believe, some Revelation of the Beatifical Vision, he said, '*I were miserable if I might not dye*'; [...] His speech, which had long been his ready and faithful servant, left him not till the last minute of his life, and then foresook him not to serve another Master (for who speaks like him), but dyed before him; for that it was then become useless to him that now conversed with God on earth, as Angels are said to do in heaven, *only by thoughts and looks*. Being speechless, and seeing heaven by that illumination by which he saw it; he did, as St. Stephen, *look steadfastly into it, till he saw 'the Son of man standing at the right hand of God his Father*; and, being satisfied with this blessed sight, as his soul ascended, and his last breath departed from him, he closed his own eyes [...]" (Walton 1973: 81-82).

phische Version stellt er als nur *eine* Deutungsmöglichkeit dem Urteil des Lesers anheim.

Allein in seiner berühmtesten Biographie, "The Life of Savage", geht Johnson vielleicht über seine empiristische Version des moralischen Exemplums hinaus. Als biographische Erkenntnisform dient ihm hier, was ich *Sympathie der Freundschaft* nennen möchte. Sie bildet den Motor des biographischen Verstehens.

Johnson war in den dreißiger Jahren tatsächlich selbst mit seinem Freund Savage obdachlos durch die Straßen gezogen, fasziniert von dessen elegantem Gebaren, seiner Dichtung, seiner egozentrischen Natur. Auch der Bekanntschaft seiner Leser mit Savage konnte er sich sicher sein. Savage war bereits zum Mythos, zum Helden eines genealogischen Melodramas avanciert: Er hatte vorgegeben, illegitimer Sohn der Lady Macclesfield und des Earl of Rivers zu sein, Opfer eines komplizierten Scheidungskomplotts. Seine Mutter habe ihn verstoßen und das ihm zugedachte väterliche Erbe unterschlagen.

Savages Identitätsanspruch war bereits damals umstritten[10]; Johnsons Biographie folgt indes der Version des verstoßenen und um sein Recht gebrachten Sohnes eines Edelmanns, die Savage für sich reklamierte. Savage macht, das ist der Fortgang seiner Geschichte, den Fall öffentlich, bittet Freunde um Hilfe, wendet sich an seine vermeintliche Mutter, um seine Erbschaft einzufordern, dringt in ihre Gemächer ein und erpreßt sie später sogar. Sie aber bestreitet alles und läßt ihn verjagen, so daß dem mittellosen Savage nur das Schicksals eines *Grub-Street* Poeten bleibt: "He was therefore obliged to seek some other means of support; and having no profession, became by necessity an author" (1968b: II 329). Dem Literaten Savage gelingt es, sich einflußreiche Freunde zu verschaffen – darunter Pope und Steele.[11] Ebenso erfolgreich verprellt Savage, der Meister der Selbsterfindung, seine Gönner wieder. Johnson sieht diese Seite des Charakters seines Freundes durchaus – doch zugleich liest er dessen Serie gescheiterter Aspirationen als Geschichte unverschuldet enttäuschter Hoffnungen: "it was the fate of this unhappy man that few promises of any advantages to him were performed" (1968b: II 325). Savages Niedergang nimmt so seinen Anfang. In der gesellschaftlichen Isolation wird er Opfer seiner Maßlosigkeit, die doch nur die Kehrseite seiner Großzügigkeit, seines Mitgefühls, seiner "compassion" (1968b: II 355) ist.[12]

---

[10] Daß sie ein uneheliches Kind von Rivers geboren hatte, stritt Lady Macclesfield nie ab; sie behauptete aber, das Kind lebe nicht mehr. Heute geht die Tendenz dahin, Savage für einen Hochstapler zu halten (vgl. Holmes 1993).

[11] Steele war, wie Johnson bissig kommentiert, kaum dazu angetan, Savage als Vorbild umsichtiger Lebensführung zu dienen (1968b: II 333).

[12] "His condition did not appear to excite much compassion; for he had not always been careful to use the advantages he enjoyed with that moderation which ought to have been with more than usual caution preserved by him, who knew, if he had reflected, that he was only a dependant on the bounty of another, whom he could expect to support him no longer than he endeavoured to preserve his favour by complying with his inclinations, and whom he nevertheless set at defiance, and was continually irritating by negligence or encroachments. [...] It is too common for those who have unjustly suffered pain to inflict it likewise in their turn with the same injustice, and to imagine that they have a right to treat others as they have themselves been treated" (1968b: II 373).

Darüber webt der Biograph einen zweiten roten Faden, der sich durch seine Texte zieht: eine ganze Serie von Akten der Rechtssprechung. Savage ist Opfer einer Scheidungsklage, er klagt seine Mutter an, wird in einem spektakulären Prozeß des Mordes angeklagt, verurteilt, später begnadigt und stirbt schließlich, vermutlich an Auszehrung, im Schuldnergefängnis in Bristol. Das sind die (juristischen) Stationen seines Lebens. Der Erzähler begleitet sie mit einer juristischen Rhetorik – "it must be confessed", "it may be alleged", so wägt er, den berühmten Periodenstil des *Ramblers* antizipierend, immer wieder die Ereignisse ab. Stets läßt er Anklage und Verteidigung zu Wort kommen. Es ist der Versuch des Biographen und Freundes, seinem biographischen Subjekt *gerecht* zu werden.

Savages Urversion, die Geschichte seiner verleugneten Herkunft, zieht der Skeptiker Johnson gleichwohl nie in Zweifel. Den Grund des Lebens seines Freundes bildet auch für Johnson unbefragt die verleugnete Mutterschaft:

> So peculiar were the misfortunes of this man, deprived of an estate and title by a particular law, exposed and abandoned by a mother, defrauded by a mother of a fortune which his father had allotted him, he entered the world without a friend; and though his abilities forced themselves into esteem and reputation he was never able to obtain any real advantage, and whatever prospects arose were always intercepted as he began to approach them. [...] Such were his misfortunes, which yet he bore, not only with decency, but with cheerfulness; nor was his gaiety clouded even by his last disappointments [...]. (1968b: II 408-9)

Aus dieser Perspektive konstruiert Johnson also Savages Lebensgeschichte als eine Tragödie, an dessen Ende Savage, einer paradoxen *self-fulfilling prophecy* gleich, zu dem geworden ist, was am Anfang seines *self-fashioning* stand: *Wanderer* und *Bastard* ist er, gescheitert an dem Ausgestoßensein aus der sozialen Welt. Doch die *Anagnorisis* des tragischen Helden fehlt; Savage bleibt bis zuletzt in seinen Selbsttäuschungen gefangen: "By imputing none of his miseries to himself he continued to act upon the same principles, and to follow the same path; was never made wiser by his sufferings, nor preserved by one misfortune from falling into another" (1968b: II 380).

Savage ist unfähig zu lernen; nie erreicht er einen Punkt in seiner Lebensgeschichte, der sie im Rückblick als eigene, verantwortbar, erzählbar machen würde. Auf die Form der Lebenserzählung gewendet aber heißt das: Johnsons "Life of Savage" kompensiert gewissermaßen die Unmöglichkeit der Autobiographie. Das Exemplum kann allein der Biograph statuieren; er hat es bereits am Anfang des Textes getan: Savage stehe beispielhaft für den tiefen Fall der Begünstigten, für die "miseries of the learned [...] their unhappy lives and untimely deaths".

Doch Savage geht nicht ganz in dem Exemplum auf. In Savages Kunst findet Johnson die poetische Sublimität und die Tugend, die dieser im Leben verfehlte:

> His actions, which were generally precipitate, were often blamable; but his writings, being the productions of study, uniformly tended to the exaltation of the mind, and the propagation of morality and piety. These writings may improve mankind when his failings shall be forgotten, and therefore he must be considered, upon the whole, as a benefactor to the world [...]. (1968b: II 380-81)

Das Werk steht makellos. Johnson trennt in seinem Urteil das Werk vom Leben des Dichters – das verfehlte Leben vermag das Werk nicht zu kontaminieren. Umgekehrt jedoch verleiht es dem Leben eine Würde, die Savage über sein Scheitern im Sinne von Johnsons exemplarischen Eingangsreflexionen hebt. Das Glück bleibt Savage versagt, doch sein Edelmut und sein Mitgefühl ("compassion") – "which in some ages would have made him a saint", heißt es einmal in bezug auf seine Wohltätigkeit (1968b: II 355) – und schließlich sein dichterisches Werk machen sein Leben dennoch zum moralischen Exemplum im positiven Sinne. Das Werk wird zum Ort, an dem der Mangel des Lebens oder die Unmöglichkeit der exemplarischen Autobiographie kompensiert wird: "Those are no proper judges of his conduct who have slumbered away their time on the down of plenty, nor will any wise man presume to say, 'Had I been in Savages' condition, I should have lived or written better than Savage'" (1968b: II 333). Den Maßstab für das Urteil über Leben und Werk seines Freundes liefert nicht mehr allein das positive moralische Exemplum. Johnson gewinnt ihn aus dem biographischen Subjekt selbst. So vermag er, Savages Leben als das bestmögliche zu deuten und legitimieren.

Johnson wird das "Life of Savage" später in seine *Lives of the Poets* aufnehmen. Die Erhöhung des Lebens durch das Werk stellt gleichwohl eine Ausnahme dar. Leben und Werk bleiben in der Struktur der späten Biographien aufs schärfste getrennt.[13] In der Tat verschiebt sich in Johnsons Großprojekt deutlich die kulturelle Funktion der Biographie, wie hier nur kurz skizziert werden soll.

Zwar bleibt in den *Lives of the Poets* die moralische Instruktion als Impuls erhalten, doch Johnson unternimmt hier, am Ende seines Lebens, noch einmal den Versuch einer *Kanonbildung* der englischen Literatur. Das Werk ist ein Auftragswerk einer Gruppe Londoner Verleger. Einer Anthologie englischer Dichter (weitgehend vorgegeben) soll Johnson biographische *Prefaces* voranstellen – er weitet dann die Aufgabe zu seinen extensiven *Prefaces, Biographical and Critical* aus. Johnson ist der ideale 'Vollstrecker' eines Projekts, das im Kontext der Konstituierung einer bestimmten britischen Kultur steht. Es ist kein breit angelegtes demokratisches Unterfangen wie die *Biographia Britannica* (1747),[14] für die Johnson zwar Beiträge geliefert, die Herausgeberschaft der zweiten Auflage aber abgelehnt hatte. Wollte die *Biographia Britannica* das Fundament einer Nationalkultur legen, einer Nationalkultur, deren Zukunft sie als Fortschrittsgeschichte projiziert, ist es in den *Lives of the Poets* die Tradition des klassizistischen Humanismus, die als Fundamant einer nationalen

[13] So spricht er Miltons *Paradise Lost* die Qualität des Heroisch-Sublimen zu. "The characteristic quality of his poem is sublimity" [...] "his element is the great" (1968b: I 177). Miltons Epos gebühre der erste Rang in der Literatur. Doch in seiner Biographie macht Johnson den Puritaner und großen Dichter des Sublimen fast zu einer Gestalt gleich Miltons Satan: Milton ist laut Johnson der Königsmörder, dem alles Große verhaßt sei (1968b: I 116 und 157).

[14] Deren Intention war es gewesen, "to collect into one Body, without any restriction of time and place, possession or condition, the memoirs as such of our countrymen as have been eminent, and by their performances of any kind deserve to be remembered. We judged that that this would be a most useful service to the publick, a kind of general MONUMENT to the most deserving of all ages [...] and the most probable means of exciting, in succeeding times, a spirit of emulation, which might prompt men to an imitation of their virtues" (*Biographia Britannica* 1747: VIII).

kulturellen oder literarischen Identität festgeschrieben werden soll. Insofern tritt die individuelle Lebensgeschichte gegenüber dem Gesamtkonzept in den Hintergrund. Von Cowley bis Gray und George Lyttleton konstruiert Johnson eine aufsteigende Linie der englischen Dichtung, die in der Klassizistik Alexander Popes gipfelt. Chaucer, Shakespeare, Spenser haben darin keinen Platz; den Vorromantikern kann er auch nichts abgewinnen. Das ist symptomatisch: diese anglolatinische Traditionsbildung ist als Teil eines größeren politischen, gesellschaftlichen und kulturellen Projekts zu sehen (Clark 1994: 1-58). Johnsons ästhetische Position, sein *Jacobitism* und *Toryism* gehören zusammen. Das Ende der anglolatinischen Vorherrschaft zeichnet sich gleichwohl schon seit den fünfziger Jahren ab. Johnsons Versuch der Kanonisierung schlägt fehl; er kann nur noch einer vergangenen kulturellen Epoche ein Denkmal setzen.

James Boswell

James Boswells *Life of Johnson* verbindet zwei Motive, die in Johnsons biographischer Praxis noch weitgehend getrennt bleiben: das 'sympathische' *Verstehen* des Freundes und die *Kanonisierung* des biographischen Subjekts. Sein Projekt ist eine ultimative Geste der Freundschaft, der Verehrung. Er führe aus, was sein biographisches Subjekt meisterhaft hätte tun können, gleichwohl nie verwirklichte – die eigene Lebensgeschichte zu erzählen:

> To write the Life of him who excelled all mankind in writing the lives of others, and who, whether we consider his extraordinary endowments, or his various works, has been equalled by few in any age, is an arduous, and may be reckoned in me a presumptuous task. / Had Dr. Johnson written his own life, in conformity with the opinion which he has given, that every man's life may be best written by himself, had he employed in the preservation of his own history, that clearness of narration and elegance of language in which he has embalmed so many eminent persons, the world would probably have had the most perfect example of biography that was ever exhibited. (1950: I 25)

Die Geschichte der Freundschaft der beiden ist bekannt. 1762 kommt der junge Schotte nach London, angezogen vom literarischen Leben der Haupstadt. Zeit seines Lebens wird er hemmungslos die Bekanntschaft berühmter Leute suchen – er trifft u.a. Hume, Voltaire, Rousseau; Johnson, der als Autor des *Rambler* und des *Dictionary* bereits zu literarischem Ruhm gekommen ist, zählt sofort zu seinen begehrten Zielen. Obwohl das erste Treffen nicht ganz glücklich verläuft, findet der um gut dreißig Jahre ältere Johnson offenbar Gefallen an "Bozzy", und dieser gehört fortan zu dem Kreis von Literaten und Intellektuellen, die sich um Johnson scharen.[15] Schon früh formt sich Boswells Entschluß, der Biograph Johnsons zu werden. Er beginnt, sein biographi-

---

[15] Ebenso zählen dazu Reynolds, Goldsmith, Burke, Gibbon. Einen zweiten Zirkel, zu dem Boswell nur begrenzten Zutritt hat, wird später der Salon des Brauereibesitzers Henry Thrale und seiner Frau bilden. Mrs. Thrale, engste Vertraute Johnsons bis zu ihrem Bruch, wird selbst Anekdoten Dr. Johnsons publizieren.

sches Subjekt zu beobachten, zu Repliken herauszuforden, biographische Experimente sogar zu inszenieren.[16]

Boswell beobachtet und inszeniert, er sammelt und memoriert. Andere kommen ihm nach Johnsons Tode zuvor, doch er hat den längeren Atem. Er betreibt sein Projekt systematisch. Nicht jedoch, wie viele Zeitgenossen, allen voran die inzwischen gesellschaftlich diskreditierte Mrs. Piozzi (vormals Thrale) höhnisch meinten, als stenographierender Parasit. Boswell war nicht der "inspired idiot", nicht der "man of the meanest and feeblest intellect", als den ihn Macaulay brandmarkte (1887: 181; 180). Seine *Private Papers*, die erst in den 20er Jahren dieses Jahrhunderts entdeckt wurden (1928-34), beweisen, daß seine Biographie das Produkt eines bewußten textuellen Konstruktions- und Transformationsprozesses war. Ein Vergleich der einzelnen Versionen zeigt erhebliche Veränderungen des 'originalen' Wortlautes, der ohnehin nie einer war, wenn wir Boswells metonymische Erinnerungsstechnik berücksichtigen. Zu seinen Erlebnissen in Johnsons Gegenwart, vor allem zu dessen Konversation, notierte er oft erst Tage später nur wenige einzelne Stichworte, die er wiederum mit z.T. erheblicher zeitlicher Verzögerung weiter ausführte. Daraus entstand Jahrzehnte später die eigentliche Biographie (s. z.B. Clifford 1970). Ihr Ursprung ist das einzelne, isolierte Detail.

Partikularität ist in der Tat der Angelpunkt der Boswellschen Methode – er reiht Dialoge, Anekdoten, Briefe aneinander, "merely to show the peculiar turn and habit of his [Johnson's] mind" (1950: II 124).[17] Das Herzstück ist gleichwohl der 'dramatische' Dialog. Daß er sich selbst als Erzähler fast unsichtbar macht, gewissermaßen hinter den Vorhang eines von ihm inszenierten Dramas zurücktritt, und sein biographisches Subjekt selbst sprechen läßt, darin sieht Boswell seinen originellen Beitrag zur Form der Biographie. "[T]he man" Johnson offenbare sich in der Konversation, die über eine Folge ihrem Kontext entnommener Fragmente evoziert wird. Diese gleichen eher monologisch vorgetragenen Sentenzen, und sie sind es, die ins kulturelle Gedächtnis eingehen sollten: "Sir, [...] a woman's preaching is like a dog's walking on his hinder legs. It is not done well: but you are surprised to find it done at all" (1950: I 463).

---

16 Boswell lockt Johnson geradezu in Situationen, in denen er seinen Gegenstand studieren kann, so im Falle der berühmten Begegnung mit Wilkes: "My desire to be aquainted with celebrated men of every description, had made me, much about the same time, obtain an introduction to Dr. Samuel Johnson and to John Wilkes Esq. Two men more different could perhaps not be selected out of all mankind. [...] But I conceived an irresistable wish, if possible, to bring Dr. Johnson and Mr. Wilkes together. How to manage it, was a nice and difficult matter" (1950: III 64). Boswell arrangiert eine gemeinsame Einladung bei einem Dritten; aber er weiß, daß Johnson auf eine direkte Anfrage hin schlicht ausfällig geworden wäre: Deshalb fädelt er die Sache folgendermaßen ein: "'Mr. Dilly [d.i. der gemeinsame Bekannte, bei dem sie eingeladen sind. H.S.], Sir, sends his respectful compliments to you, and would be happy if you would do him the honour to dine with him on Wednesday next along with me [...]. 'Sir, I am obliged to Mr. Dilly. I will wait upon him' — Boswell. 'Provided, Sir, I suppose that the company which he is to have, is agreeable to you.' Johnson. 'What do you mean, Sir? What do you take me for? Do you think I am so ignorant of the world, as to imagine that I am to prescribe to a gentleman what company he is to have at his table?' Boswell. 'I beg your pardon, Sir, for wishing to prevent you from meeting people whom you might not like. [...] I should not be surprized to find John Wilkes here.' Johnson. 'And if John Wilkes *should* be there, what is it to *me*, Sir? [...]" (1950: III 66).

17 Wo ihm eigenes Material fehlt, ist er deshalb auf fremdes angewiesen – bisweilen gleicht seine biographische Tätigkeit fast einem kollektiven Projekt (vgl. Burke 1985: 179ff).

Was sich in der Konstruktionsphase der Linearität widersetzte, transformiert Boswell so in eine lockere, fast erratisch anmutende serielle Textstruktur, deren strukturelle Offenheit der auktorialen Kontrolle bisweilen zu entgleiten scheint.[18] Boswells metonymisches Prinzip hat gleichwohl Methode, und schließlich weiß er sich in der Tradition der Partikularität von Plutarch bis Johnson. Boswells Vorgehen ist freilich radikaler. Er betreibt eine Art radikale kumulative Identitätskonstruktion – wir sehen Johnson als Moralisten, Kritiker, Lexikographen, als Clubmitglied, geselligen Trinker, als Ehemann und Freund. Zugleich jedoch fungiert jede serielle Erzähleinheit für sich als Metonymie des ganzen Menschen: Sie steht für Johnsons 'diskursive Festigkeit', seine "resolution" (1950: IV 427), und sie steht für seine *Exzentrik*. Die Exzentrik ist gewissermaßen die typologische Konstante seines Charakters, sie ist eine, paradox gesprochen, *typologische Protoform der Individualität.*[19]

Die dunkle Seite Johnsons aber, die er aus seinem öffentlichen Selbst verbannte, ist seine "constitutional melancholy, the clouds of which darkened the brightness of his fancy, and gave a gloomy cast to his whole course of thinking" (1950: IV 427). Die im Zaum gehaltene Melancholie ist neben der Exzentrik das zweite Leitmotiv in Boswells *Life of Johnson.* Sie ist präsent als pathologisches Symptom, als Thema und als Deutungsfolie. Denn der Biograph und sein biographisches Subjekt teilen sie. (Die Melancholie des jungen Boswell war jedoch eine durchaus ambivalente: peinigte sie ihn einerseits, genoß er sie doch andererseits als Zeichen besonderer Empfindsamkeit. Später wird sie ihm gleichwohl zur lähmenden Depression.) Johnson fürchtet die Melancholie als Wahnsinn, als erzwungene Unterwerfung der Vernunft unter die pathologische Imagination. Das einzige Mittel, ihr zu entkommen, ist Geselligkeit (1950: I 446).

Johnsons pessimistische Weltsicht durchzieht als Leitmotiv das über 1000 Seiten umfassende Werk. Boswell begreift den lebenslangen Kampf mit der Melancholie als zentralen Schauplatz der Biographie seines Subjekts. Dieser Kampf ist der innere Motor, die Grundgestalt in Johnsons Leben, das Boswell deshalb unter das Motto von Lukas 12,48 stellt: "The solemn text 'of him to whom much is given, much is required' seems to have been ever present to his mind" (1950: IV 427).

Die charakterliche Konstanz Samuel Johnsons, seine moralischen Prinzipien, seine Güte, sein herausragendes literarisches und kritisches Werk deutet Boswell vor diesem Hintergrund: er versteht sie als heroische Leistung seines biographischen Subjekts. In diesem Sinne modelliert er sein ursprüngliches Material. Sein Blick auf die 'Essenz' des Charakters legitimiert seine Selektion und Modifikation, seine Fiktionalisierung des Details.

Boswell deutet die "inflexible integrity" (1950: IV 398) seines biographischen Subjekts als Widerstand gegen den Sog der Melancholie, gegen die Dissemination des moralischen Ich: es ist der Sieg des freien Willens über die Schwankungen des Ge-

---

[18] Dekonstruktivistische Studien des Boswell-Textes haben deshalb seine Erzähltechnik im Sinne einer Eigendynamik des Textes gedeutet, die über die Stimme des Biographen hinausschießt. Boswell "mediates", heißt es z.B. bei Heiland, "various presentations of Johnson (his own included), shaping and controlling a text that is not entirely his own production" (1991: 196).

[19] Insofern verkörpert Johnson paradigmatisch die Individualisierung der *ruling passion* zur Exzentrik im 18. Jahrhundert, die Iser anhand von Sternes *Tristram Shandy* skizziert (1987: 64-65).

müts: "And surely, when it is considered, that, 'amidst sickness and sorrow', he exerted his faculties in so many works for the benefit of mankind, and particularly that he achieved the great and admirable DICTIONARY of our language, we must be astonished at his resolution" (1950: IV 427).[20]

Es ist bezeichnend. daß sich der Biograph erst nach seinem letzten Treffen mit Johnson, nachdem er sich also als erzählte Figur des Geschehens vom Leser verabschiedet hat, ganz auf den großen auktorialen Gestus des resümierenden Erzählers zurückzieht. Damit wird die seriell-parataktische Struktur seiner biographischen Narration am Ende verklammert. Auch der Metonymiker Boswell bringt sein biographisches Material schließlich in eine große paradigmatische Gleichung. In der biographischen Rekonstruktion avanciert er zur *Instanz der Kohärenzbildung*: zum Interpreten. Die Kohärenz, die er dem Leben seines biographischen Subjekts unterlegt, ist zugleich typologische Konstanz (im Sinne einer *ruling passion*) und *individuelle heroische Lebensleistung* – das ist das zentrale Paradox seiner biographischen Konstruktion. In diesem Sinne zielt die metonymische Technik des Biographen Boswell auf etwas, das zugleich exemplarisch-allgemein und einzigartig-individuell ist. "Such was SAMUEL JOHNSON", schließt Boswell seinen Text, "a man whose talents, aquirements and virtues, were so extraordinary, that the more his character is considered, the more he will be regarded by the present age, and by posterity, with admiration and reverence" (1950: IV 429-30).

Johnsons Exzentrik erhält in diesem Kontext eine neue Bedeutung. Mag er manchen Zeitgenossen schlicht als Fossil erschienen sein – und Macaulay sollte dieses Bild Johnsons verewigen –, für Boswell steht er außerhalb, über der Zeit. Er entwirft sein biographisches Subjekt als Helden – als Menschen, der zugleich absolut individuell und Paradigma für eine halb-vergangene Welt ist. Es ist eine neue Figur des Helden, wie Carlyle sagte: the "*hero as man of letters*" (Carlyle: 154). In einer Epoche des Skeptizismus und der gesellschaftlichen Unruhe steht er wehrhaft und allein. Für seinen Biographen, dessen eigene Lebenspläne scheiterten, verkörpert Johnson so eine gewissermaßen 'gegen die Welt' stabilisierte biographische Identität: "Boswell's great subject is the hero in an unheroic world" (Dowling: 1979: 2).

Die doppelte Weltkonstruktion eines Diesseits und Jenseits, von *tempus* und *aeternitas*, wie sie die antike und mittelalterliche Tradition bestimmt, übersetzt Boswell in seinem *Life of Johnson* in die historische Gleichzeitigkeit des Ungleichzeitigen. So bewahrheitet sich noch einmal Johnsons Einwand gegen die Biographie, den ich eingangs zitierte: "He that recounts the life of another [...] endeavours to hide the man that he may produce a hero". Die Sympathie des Freundes individualisiert die Biographie und transformiert sie in einem zweiten Schritt in eine 'empirische Hagiographie'. Wo in Johnson's "Life of Savage" das dichterische Werk als Kompensation für das fehlgeschlagene Leben des biographischen Subjekts und die biographische Erzählstimme an die Stelle von dessen Autobiographie tritt, kompensiert das *Life of Johnson* das Scheitern von Boswells eigener Lebensgeschichte.

---

[20] Boswell streitet dabei Johnsons Schwächen durchaus nicht ab, doch die Lektüre von Johnsons *Prayers and Meditations* beweist für ihn dessen absolute "sincerity". "Such was the distress of mind, such the penitence of Johnson, in his hours of privacy, and in his devout approaches to his Maker," kommentiert er Johnsons Texte (1950: IV 398).

Schluß

Johnson nimmt die 'Sympathie' zunächst nur in Anspruch, um darüber die moralische Instruktionsleistung der Biographie zu gewährleisten. Die epistemologische Legitimation seiner biographischen Theorie und Praxis ist die Universalität der menschlichen Natur; die moralische Legitimation die moralisch-didaktische Funktion der Gattung. In seinem "Life of Savage" jedoch stößt Johnson m.E. auf ein Problem, das im Rahmen des moralischen Exemplum nicht mehr ganz zu lösen ist. Die individuelle Biographie, so meine Deutung, bedarf einer spezifischen *sympathy*, die dem *individuellen* Fall gerecht wird. Was der Biograph Johnson für sein biographisches Subjekt einklagt, *compassion*, wird so von einer allgemeinen zu einer auf das Individuum zugeschnitten *sympathy*, die eine gewisse Destabilisierung der biographischen Muster, der Biographiegeneratoren, produziert.

Bei Boswell hingegen ist es die spezifische Leistung der *sympathy* für die Biographie, nämlich die Grundgestalt, den inneren Motor des Lebens zu erspüren, welche die Kohärenz des Lebens stiftet. Boswell versucht, in die Terminologie der soziologischen Biographieforschung Heinz Budes übersetzt, Johnsons "Lebenskonstruktion", die "Erzeugungsregeln subjektiven Lebens" (Bude 1984: 12), zu erfassen. Der biographietheoretische Begriff der Lebenskonstruktion will dem Gespür Ausdruck verleihen, es gebe im Leben einer einzelnen Person eine Art "Grundgestalt", "die sich in dem vielgestaltigen Lebensgeschehen hervorbringt". Damit ist weniger eine substantielle Festlegung im Sinne von Identität gemeint als eine "Konstruktionsweise", die das Leben einer Person beherrscht: es geht also um die Regeln, deren Wirkungsbereich sich auf das gesamte Leben einer Person erstreckt, die aber selten oder nie intentional präsent sind (Bude:1984: 10).

Bude begreift die Rekonstruktionsarbeit als hermeneutische Tätigkeit (in Fusion mit einer strukturalistischen und soziologischen). Boswell ist natürlich kein Hermeneut (und er ist kein Sozialwissenschaftler). Die Basis seiner Arbeit ist die Überzeugung, den anderen verstehen zu können, weil er ihm gleich ist und doch nicht gleich ist. (Sie entspringt der gemeinsamen Grunderfahrung der Melancholie, die Johnson gleichwohl, anders als Boswell, verborgen hielt.) Es ist die identifikatorische Sympathie des Freundes, die Boswell gewissermaßen den Rückschluß auf das "einzelne Allgemeine" (Sartre 1977: 7) des Lebens seines biographischen Subjekts gewährt. Aber Boswell deutet die Logik der Biographie aus sich selbst heraus, er findet eine *innere Kohärenz* jenseits der tradierten Muster. Kurz, was ihm in den eigenen autobiographischen Texten nie gelang – ein kohärentes Bild des Selbst, gelingt ihm in der Biographie – *qua* Sympathie. Johnsons Lebensleistung ist die permanente *Stabilisierung des (moralischen) Ich*. Die Biographie kompensiert, für Johnson wie für Boswell, die Unmöglichkeit einer exemplarischen Autobiographie. Insofern stehen die Fremdbiographien Johnsons und Boswells im Dienste dessen, was Jürgen Schläger in bezug auf die Autobiographie als "accommodating the self" bezeichnet hat (Schläger 1990): Der 'veröffentlichbare' Anteil des Privaten wird auf das fremde Leben projiziert.[21] Die

---

[21] Ich übertrage hier also Schlägers Argumentation auf die Fremdbiographie: Die 'Befriedung' des Selbst, deren Notwendigkeit sich aus der neuen, unkalkulierbaren Tiefendimension des Ich ergibt,

Biographie stabilisiert den anderen, indem sie diskursive Kohärenz schafft; zugleich wirbt sie mit ihrer Projektion der "moral sources" (Taylor 1992: 91) des biographischen Subjekts für die soziale Akzeptanz ihres Entwurfs einer individuellen Lebensgeschichte. Ihren moralischen Maßstab gewinnt die Biographie aus sich selbst – oder aus dem verstehenden Blick des Freundes, aber nicht ausschließlich aus dem moralischen Exemplum. Fast möchte man sagen: in der Sympathie der Freundschaft kündigt sich bereits die Empathie der Liebe an, die wenig später William Godwins *Memoirs of Wollstonecraft* (1798) durchdringt.

Das Spüren nach einer inneren Kohärenz kommt also da zum Zuge, wo das biographische Subjekt sich dem biographischen Muster entzieht. Doch dazu wählt Boswell den Weg in die 'heroische Fiktion': Er beläßt das moralische Subjekt Johnson nicht in der sozialen Welt, sondern stellt es in Widerstand zu ihr, hebt es über sie: das ist seine Geste der "reverence": "He was from the beginning [...] a king of men" (1950: I 47). Die biographische Synthese gelingt nur noch um den Preis der Heroisierung und Fiktionalisierung des biographischen Subjekts. Indem der biographische Erzähler die Fremdheit des biographischen Subjekts erfährt, offenbart sich der illusionäre Charakter von *sympathy* als Prinzip vollständig symmetrischer Intersubjektivität. So markiert die Fremdbiographie Boswells schon die Grenzen der Soziabilität; an ihren Rändern erahnen wir das hermeneutische Problem der Individualität.

Literatur

Beattie, James. 1961. "Chapter VII, 'Of Sympathy.'" In: Scott Elledge, Hg. *Eighteenth-Century Critical Essays*. Bd. 2. Ithaca: Cornell Univ. Press, 914-31.

Biographia Britannia: or, the Lives of the Most Eminent Persons Who have Flourished in Great Britain and Ireland.... 1747. 6 Bde. London.

Boswell, James. 1928-32 *Private Papers of James Boswell from Malahide Castle*. Hg. Ralph H. Isham. 18 Bde. Privater Druck. Ohne Ort.

---. 1950. *Life of Johnson*. Hg. George Birkbeck Hill und F.L. Powell. 6 Bde. Oxford: Clarendon.

Bude, Heinz. 1984. "Rekonstruktion von Lebenskonstruktionen - eine Antwort auf die Frage, was die Biographieforschung bringt." In: Martin Kohli und Günther Robert, Hgg. *Biographie und soziale Wirklichkeit. Neue Beiträge und Forschungsperspektiven*. Stuttgart: Metzler, 7-28.

Burke, John J., Jr. 1985. "Boswell's Johnson is not Boswell's Johnson." In: John A. Vance, Hg. *Boswell's* Life of Johnson. *New Questions. New Answers*. Athens: Univ. of Georgia Press, 172-203.

Carlyle, Thomas. Ohne Jahr. "Lecture V: The Hero as Man of Letters." In: *Heroes, Hero Worship and the Heroic in History*. London: Chapman und Hall.

---

funktioniert, indem dessen bedrohliche Anteile von den 'sozialfähigen' abgespalten werden: "partitions had to be erected that prevented inconsistencies and unmanageable complexities to interfere with the grand scheme of turning man into a rational being. [...] So the private was given a double face: one side turned towards the dark and potentially threatening inside, the other turned toward public standards" (1990: 156).

Clark, Jonathan. 1994. *Samuel Johnson. Literature, Religion and Cultural Politics from the Restoration to Romanticism*. Cambridge: Cambridge Univ. Press.

Clifford, James L. 1970. Introduction. *Twenthieth-Century Interpretations of Boswell's Life of Johnson. A Collection of Critical Essays*. Englewood Cliffs: Prentice-Hall.

Cox, Stephen D. 1980. *"The Stranger Within Thee". Concepts of the Self in Late Eighteenth Century Literature*. Pittsburgh: Univ. of Pittsburgh Press.

Dowling, William. 1979. *The Boswellian Hero*. Athens/Georgia: Univ. of Georgia Press.

Eagleton, Terry. 1984. *The Function of Criticism*. London: Verso.

Folkenflik, Robert. 1978. *Samuel Johnson, Biographer*. Ithaca: Cornell Univ. Press.

Foucault, Michel. 1977. *Überwachen und Strafen. Die Geburt des Gefängnisses*. Frankfurt: Suhrkamp.

Godwin, William. 1993. *Memoirs of Wollstonecraft*. Oxford und New York: Woodstock Books.

Habermas, Jürgen. 1991. *Strukturwandel der Öffentlichkeit*. Neuauflage. Frankfurt: Suhrkamp.

Hahn, Alois. 1987. "Identität und Selbstthematisierung." In: Alois Hahn und Volker Kapp, Hgg. *Selbstthematisierung und Selbstzeugnis: Bekenntnis und Geständnis*. Frankfurt: Suhrkamp, 7-24.

Heiland, Donna. 1991. "Remembering the Hero in Boswell's Life of Johnson." In: Greg Clingham und David Daiches, Hgg. *New Light on Boswell. Critical and Historical Essays on the Occasion of the Bicentenary of the Life of Johnson*. Cambridge: Cambridge Univ. Press, 194-206.

Holmes, Richard. 1993. *Dr Johnson und Mr Savage*. London: Hodder und Stoughton.

Iser, Wolfgang. 1987. *Lawrence Sterne's "Tristram Shandy": Inszenierte Subjektivität*. München: Fink.

Johnson, Samuel. 1963. "The Idler." No. 84. In: *The Yale Edition of the Works of Samuel Johnson*. Hgg. W. J. Bate, J. M. Bullitt und L. F. Powell. Bd. 11. New Haven und London: Yale Univ. Press, 261-64.

---. 1968a. "The Rambler. No. 60." In: *Selected Essays from the* Rambler, Adventurer, *and* Idler. Hgg. W.J. Bate. New Haven und London: Yale Univ. Press. 109-10.

---. 1968b. *Lives of the Poets*. Hg. George Birkbeck Hill. 3 Bde. Hildesheim: Georg Olms Verlagsbuchhandlung.

Kelly, Robert und O.M. Brack, Hgg. 1971. *Samuel Johnson's Early Biographers*, Iowa City: Univ. of Iowa Press.

Leitner, Hermann. 1982. *Lebenslauf und Identität. Die kulturelle Konstruktion von Zeit in der Biographie*. Frankfurt: Campus.

Macaulay, Thomas B. 1887. Rezension v. Boswell's *Life of Johnson*. Hg. Croker. In: *Essays (Reprinted from the Edinburgh Review)*. London: Routledge, 170-96.

Marshall, David. 1986. *The Figure of the Theatre: Shaftesbury, Defoe, Adam Smith, and George Eliot*. New York: Columbia Univ. Press.

Mullan, John. 1988. *Sentiment and Sociability. The Languages of Feeling in the Eighteenth Century*. Oxford: Clarendon.

Müller, Klaus-Detlev. 1976. *Autobiographie und Roman: Studien zur literarischen Autobiographie der Goethezeit*. Tübingen: Niemeyer.

Nicolson, Harold. 1927. *The Development of English Biography*. London: Woolf.

Nussbaum, Felicity A. 1989. *The Autobiographical Subject. Gender and Ideology in Eighteenth-Century England.* Baltimore: Johns Hopkins Univ. Press.

Parke, Catherine. 1991. *Samuel Johnson and Biographical Thinking*. Columbia: Univ. of Missouri Press.

Sartre, Jean-Paul. 1977. *Der Idiot der Familie. Gustave Flaubert 1821-1857. I. Die Konstitution*. Reinbek: Rowohlt.

Schläger, Jürgen. 1990. "The Accommodated Self. Diaries and Autobiographies in the Eighteenth Century." In: Rüdiger Ahrens, Hg. *Anglistentag 1989 Würzburg. Proceedings.* Tübingen: Niemeyer, 152-64.

Schmidt, Johann N. 1983. "Das Ich auf der Suche nach literarischer Form: Zum Anteil von Autobiographie, Tagebuch und *familiar letter* an der Entwicklung des englischen Romans." Unveröffentl. MS.

Sennett, Richard. 1986. *Verfall und Ende des öffentlichen Lebens. Die Tyrannei der Intimität.* Frankfurt: Fischer.

Smith, Adam. 1982. *The Theory of Moral Sentiments*. Hgg. D. D. Raphael und A. L. Macfie. Indianapolis: Liberty Fund.

Spacks, Patricia M. 1976. *Imagining a Self.* Cambridge/Mass.: Harvard Univ. Press.

Stauffer, Donald. 1941. *The Art of Biography in Eighteenth Century England.* Princeton: Princeton Univ. Press.

Striedter, Jurij. 1989. *Literary Structure, Evolution and Value. Russian Formalism and Czech Structuralism Reconsidered.* Harvard: Harvard Univ. Press.

Taylor, Charles. 1992. *Sources of the Self. The Making of the Modern Identity.* Cambridge: Cambridge Univ. Press.

Walton, Izaak. 1973. "The Life of Dr. John Donne." In: *The Lives of Dr. John Donne, Sir Henry Wotton, Mr. Richard Hooker, Mr. George Herbert, and Dr. Robert Sanderson*. Oxford: Oxford Univ. Press, 20-89.

Weintraub, Karl J. 1976. *The Value of the Individual. Self and Circumstance in Autobiography*. Chicago: University of Chicago Press.

Das englische Drama des 18. Jahrhunderts aus kulturwissenschaftlicher Sicht: Themenselektion, dramatische Bauformen, Funktionen und Mentalitäten

Ansgar Nünning (Gießen)

Natascha Würzbach zum 65. Geburtstag[1]

1. Das englische Drama des 18. Jahrhunderts im Spannungsfeld zwischen Politik und Kultur: Thema, Fragestellung und Zielsetzung

Das englische Drama des 18. Jahrhunderts gehört nicht zu jenen Themen, die sich heutzutage besonderer Beliebtheit erfreuen. Die Gründe dafür scheinen auf den ersten Blick auf der Hand zu liegen. Der folgende – bewußt zugespitzte – Kontrast zwischen der Restaurationskomödie und dem im 18. Jahrhundert verbreiteten Typus der *sentimental comedy* mag dies verdeutlichen. Die Komik und der *wit* der Restaurationskomödie sind im moralisch-empfindsamen Drama allgemeiner Ernsthaftigkeit, Wohltätigkeit und großem Leidensdruck gewichen. An Stelle von sprachlicher Doppeldeutigkeit und schlagfertiger verbal-erotischer Auseinandersetzung sind Eindeutigkeit und moralisierende Selbstdarstellung getreten. Wo einst gelacht wurde, fließen nun Tränen – und zwar in Strömen. Wo einst so sehr intrigiert wurde, daß bisweilen selbst die Intriganten den Überblick verloren, ist man sich nun so einig, daß der Zuschauer bisweilen den Eindruck gewinnt, den Stücken könnte jeden Moment vor lauter Mitleid, Rührung und Meinungskonvergenz das letzte bißchen Spannung und die Luft ausgehen. Kurzum: Die Didaktik triumphiert langsam, aber sicher über die Komik, die bürgerliche Tugend vertreibt fast sämtliche Laster, und die Moral triumphiert über die Erotik.

Glücklicherweise bietet das englische Drama des 18. Jahrhunderts bei genauerem Hinsehen ein weniger trostloses und sehr viel interessanteres Bild, als es eine solche simplifizierende Gegenüberstellung von Restaurationskomödie und moralisch-empfindsamem Drama vermuten ließe. Obgleich die These von der 'Reduktion des Komischen im moralisch-empfindsamen Drama' sicherlich eine gewisse Berechtigung hat, vermittelt sie gleichwohl nur einen unzureichenden und allzu einseitigen Eindruck

[1] Herzlich danken möchte ich meiner akademischen Lehrerin Natascha Würzbach, der ich nicht nur viele Einsichten über das Drama des 18. Jahrhunderts verdanke, sondern die mir auch durch ein wertvolles Geschenk – der von ihr herausgegebenen 20-bändigen Anthologie englischer Dramen des 18. Jahrhunderts (vgl. Würzbach 1969) – die Erforschung dieses Themas ganz erheblich erleichtert hat. Nicht zuletzt (wenngleich natürlich nicht allein) deshalb sei ihr dieser Aufsatz zum 65. Geburtstag gewidmet. Meiner Mitarbeiterin Nora Lauck danke ich vielmals für wertvolle Hilfe bei der bibliographischen Erfassung und Beschaffung einer großen Menge von Sekundärliteratur; Roy Sommer gebührt Dank für die Akribie, mit der er das Manuskript durchgesehen und die Zitate und Anmerkungen überprüft hat.

von der Vitalität und Vielgestaltigkeit des englischen Dramas im 18. Jahrhundert, das gerade aus kulturgeschichtlicher Sicht überaus aufschlußreich ist.

Besonders faszinierend ist neben der thematischen, formalen und gattungsmäßigen Vielfalt das politische, gesellschaftliche und kulturelle Funktionspotential, das dem Drama des 18. Jahrhunderts zukam. Für wie einflußreich das Medium des Theaters gehalten wurde, läßt sich allein schon daran ablesen, daß es der damalige englische Premierminister Robert Walpole im Jahre 1737 für nötig hielt, durch das euphemistisch als *Theatre Licensing Act* bezeichnete Gesetz eine Theaterzensur einzuführen.[2] Darüber hinaus gibt es noch einen zweiten Grund, warum die Dramen des 18. Jahrhunderts aus kulturgeschichtlicher Sicht von großem Interesse sind: Die Komödien und Tragödien dieser Epoche gewähren nämlich Einblick in jene kollektiven epochenspezifischen Denk- und Empfindungsweisen, Werte, Normen und Einstellungen, die unter dem Begriff 'Mentalität' subsumiert werden.

Obgleich sowohl eine poetologische Geschichte der Gattungstheorie und Ästhetik des Dramas im 18. Jahrhundert als auch eine autoren-, medien- und rezeptionssoziologische Geschichte des damaligen Theaters als gesellschaftlicher Institution zu den vielen Desideraten zählen, verfolgt der vorliegende Beitrag das Ziel, das englische Drama des 18. Jahrhunderts aus der Sicht einer mentalitätsgeschichtlich orientierten Kulturwissenschaft vorzustellen.[3] Eine kultur- und mentalitätsgeschichtlich orientierte Analyse ausgewählter Dramen kann Aufschluß darüber geben, wie diese Gattung das politische und kulturelle Geschehen für die Zeitgenossen deutete und welche Funktionen sie erfüllte.

Ausgehend von den im Untertitel genannten Begriffen setzt sich dieser Beitrag erstens zum Ziel, einen Überblick über die wichtigsten Themen, dramatischen Darstellungsformen, Gattungsausprägungen und Entwicklungen des englischen Dramas im 18. Jahrhundert zu geben. Zweitens verfolgt er die Absicht, einige innovative Perspektiven aufzuzeigen, die sich durch eine kulturwissenschaftliche Betrachtungsweise eröffnen. Anhand ausgewählter Werke werden zunächst die dominanten Themen des englischen Dramas des 18. Jahrhunderts charakterisiert. Danach werden die wichtigsten epochenspezifischen Darstellungsverfahren und Gattungsausprägungen des englischen Dramas im 18. Jahrhundert – insbesondere die Merkmale der *sentimental comedy* und *domestic tragedy* bzw. bürgerlichen Tragödie – herausgearbeitet. Zu diesem Zweck werden die wichtigsten Konventionen und Bauformen des moralisch-empfindsamen Dramas in Form einer Merkmal-Matrix zusammengefaßt und mit den Merkmalen der *comedy of manners* bzw. der Sittenkomödie der Restaurationszeit kontrastiert. Ein drittes Ziel ergibt sich aus der gewählten kulturwissenschaftlichen Perspektive: es besteht darin, die Frage zu klären, inwiefern die Themenselektion und die dramatischen Bauformen Aufschluß über kollektive Werte und Normen, Wirklichkeitsvorstellungen und Einstellungen geben.

---

2 Vgl. zum *Theatre Licensing Act* im einzelnen Liesenfeld (1984) und den von Liesenfeld / Backscheider (1984) herausgegebenen Sammelband.

3 Eine kulturwissenschaftlich orientierte Neubewertung des englischen Dramas des 18. Jahrhunderts steht trotz einiger neuer Ansätze (vgl. Feldmann 1995, Gardiner 1995, Shepherd / Womack 1992 sowie die Beiträge in dem Band von Canfield 1995) noch aus.

2. Das Drama als bürgerliches Medium moralischer Erbauung, Belehrung und Erziehung: Richard Steeles Komödien als Paradigma für die Reduktion des Komischen in der *Sentimental Comedy*

Ausgangspunkt dieser kulturwissenschaftlichen Gattungsskizze bildet die Auffassung, daß sich produktive neue Perspektiven eröffnen,[4] wenn man das Verhältnis zwischen Fiktion und Wirklichkeit nicht als Nachahmung oder Mimesis begreift, sondern davon ausgeht, daß literarische Gattungen wie das Drama des 18. Jahrhunderts eigenständige Formen literarischer Wirklichkeitsdarstellung entwickeln. Dramen bilden die damalige Wirklichkeit nicht einfach ab, sondern stehen in einer Art Antwortverhältnis zu den außerliterarischen Diskursen und Sinnsystemen. Gemäß einer solchen funktionalistischen Betrachtungsweise stellen die Dramen des 18. Jahrhunderts literarische Reaktionen auf die ökonomischen, sozialen und kulturellen Probleme der Epoche dar. Versteht man dramatische Bauformen als ein historisch variables Medium fiktionaler Wirklichkeitskonstruktion, dann erweisen sie sich als aufschlußreiche Indikatoren für mentalitätsgeschichtliche Phänomene.

Zunächst stellt sich die Frage, welche politischen, ökonomischen, sozialen oder kulturellen Fragen überhaupt in den Wahrnehmungsfilter der Dramatiker gerieten. Gerade eine Analyse der rekurrent oder bevorzugt thematisierten Probleme vermag Aufschluß zu geben über die Kulturthemen der Zeit. Mit dem Begriff 'Kulturthema' bezeichnet Wierlacher (1993: 33) "ein Thema, das im öffentlichen Selbst- und Weltverständnis einer oder mehrerer Kulturen zu einem bestimmten Zeitpunkt besondere Bedeutung gewinnt". Sowohl die Auswahl solcher Kulturthemen als auch die Art der Reflexion über bestimmte Themen unterliegen historischem Wandel. Für eine mentalitätsgeschichtlich orientierte Kulturwissenschaft kann eine Analyse von Kulturthemen vor allem deshalb sehr aufschlußreich sein, weil sie zur "Ermittlung *rekurrenter Wertvorstellungen*" beiträgt, "die über die Konstitution von Werthierarchien das Denken, Fühlen und Verhalten steuern" (Grabes 1996: 393). Obgleich es kaum möglich ist, einen umfassenden – geschweige denn vollständigen – Überblick über die Vielfalt der Themen, Stoffe und Probleme zu geben, mit denen sich die Dramen des 18. Jahrhunderts auseinandersetzen, lassen sich einige wichtige Tendenzen anhand von zwei epochenspezifischen Gattungsausprägungen des Dramas herausarbeiten, und zwar anhand der *sentimental comedy* und der *domestic tragedy*.

Sir Richard Steeles (1672-1729) Bedeutung für die Entwicklung des englischen Dramas gründet vor allem darin, daß er sowohl mit seinen Bühnenstücken als auch mit seinen dichtungstheoretischen Vorworten, Prologen und Epilogen maßgeblich zur Entwicklung eines neuen Typus von Komödie, der *sentimental comedy*, beitrug. Die 'sentimentale' (d.h. empfindsame) Komödie unterscheidet sich grundlegend von den für die Restaurationsepoche charakteristischen Gattungsausprägungen der Komödie, der

---

[4] Vgl. zum folgenden die programmatischen Anregungen in einem früheren Aufsatz (A. Nünning 1992), in dem ich durch eine Verbindung von Ansätzen des *New Historicism* und der Erzähltheorie Perspektiven für eine kulturwissenschaftliche Erforschung des englischen Romans des 18. Jahrhunderts dargelegt habe. Zu den Grundzügen einer mentalitätsgeschichtlich orientierten Kulturwissenschaft vgl. A. Nünning (1995b); daran anknüpfend versucht der vorliegende Beitrag, die dort formulierten theoretischen Überlegungen in die literaturgeschichtliche Praxis umzusetzen.

comedy of manners, *comedy of wit* und den 'Sexkomödien' der 1670er Jahre. Der augenfälligste Unterschied liegt darin, daß der *sentimental comedy* das eigentliche komödienspezifische Kennzeichen, die Komik, weitgehend abgeht.

Obgleich eine Tendenz zur Reduktion des Komischen im englischen Drama bereits seit den 1690er Jahren zu beobachten ist,[5] war es Richard Steele, der seine *prefaces*, Prologe und Epiloge dazu verwendete, um geradezu programmatisch einen neuen Typus der Komödie zu fordern. Bereits im Vorwort zu *The Funeral* (1701) bemerkt Steele, der Fokus dramatischer Dichtung sei nicht länger die Natur, sondern "the heart" (Würzbach 1969: X 9). Im Epilog desselben Stückes wird diese Hinwendung zur Emotion aufgegriffen und mit einem wirkungsästhetischen Hinweis begründet: "All that can move the soul, or can assuage / Are drawn in miniature of life, the stage" (77).

Daß Steele in seinen unkomischen Komödien den Akzent von Kunst, Komik und Unterhaltung auf Moral, Rührung und Belehrung verlagert, wird in der Widmung und im Vorwort zu *The Lying Lover* (1703) noch deutlicher: "The design of it is to banish out of conversation all entertainment which does not proceed from simplicity of mind, good-nature, friendship, and honour" (99), heißt es in der Widmung. Sein Ehrgeiz sei es, so Steele im *preface*, sich an einem neuen Komödientypus zu versuchen: "to attempt a Comedy which might be no improper entertainment in a Christian commonwealth" (101). Was er darunter versteht, geht aus dem Hinweis hervor "that public representations should have nothing in them but what is agreeable to the manners, laws, religion, and policy of the place or nation in which they are exhibited" (ebd.). Wie weit er sich mit seiner moralistischen Auffassung von traditionellen Komödienkonzeptionen entfernt hatte, war Steele im übrigen durchaus bewußt, wie folgende apodiktische Bemerkung aus demselben Vorwort beweist:

> The anguish he there expresses, and the mutual sorrow between an only child and a tender father in that distress, are, perhaps, an injury to the rules of comedy, but I am sure they are a justice to those of morality. [...] it is high time that we should no longer draw occasions of mirth from those images which the religion of our country tells us we ought to tremble at with horror. (Würzbach 1969: X 102)

Die Gegenüberstellung von "the rules of comedy" und "those of morality" sowie der Bezug zu "the religion of our country" lassen keinen Zweifel daran, daß die Komödie von Steele in den Dienst von Didaktik, bürgerlicher Moral und Religion gestellt wird. "With just regard to a reforming age" (103) betritt der Autor nun die Bühne, um "the interests of virtue" (102) zu befördern. Daß bei dieser Umfunktionierung der Bühne zu einer moralischen Erziehungsanstalt jede Form von Komik und Humor, die diese Namen verdient, auf der Stecke bleibt, liegt auf der Hand. Die wichtigsten Veränderungen der Komödienkonzeption sowie Steeles moralisch-didaktische Wirkungskonzeption werden im Epilog zu *The Lying Lover* nochmals prägnant zusammengefaßt:

---

[5] Vgl. etwa die Komödien von Sir John Vanbrugh, George Farquhar und Colley Cibber, dessen Stück *Love's Last Shift* (1696) als erste sentimentale Komödie gilt, obgleich es noch mindestens ebenso viele Bauelemente der Restaurationskomödie aufweist.

Our too advent'rous author soared to-night
Above the little praise, mirth to excite,
And chose with pity to chastise delight.
For laughter's a distorted passion, born
Of sudden self-esteem and sudden scorn;
Which, when 'tis o'er, the men in pleasure wise,
Both him that moved it and themselves despise;
While generous pity of a painted woe
Makes us ourselves both more approve and know. (Würzbach 1969: X 189)

Besonders deutlich kommt Steeles neue Komödienauffassung in dem Vorwort, Prolog und Epilog seines Erfolgsstücks *The Conscious Lovers* (1722) zum Ausdruck, das mit Fug und Recht als Paradigma der *sentimental comedy* gilt. Bereits in dem poetologischen Vorwort, in dem viele der Schlüsselbegriffe der damaligen Poetik und Literaturkritik zu finden sind, werden die Grundgedanken der ganz und gar unkomischen Komödienkonzeption und die Prämissen der Wirkungsästhetik, die dieser zugrunde liegt, prägnant zusammengefaßt. Das Drama zielt demzufolge darauf ab, die Zuschauer durch *exempla*, durch beispielhafte Tugend, zu belehren; entscheidend ist somit, daß das dargestellte Geschehen eine moralisch-didaktische Wirkungsintention – "the Effect of Example and Precept" (Trussler 1969a: 83) – erfüllt. Daraus leitet Steele auch die Begründung für seine für eine Komödie ungewöhnliche Themenwahl ab:

> But this Incident, and the Case of the Father and Daughter, are esteem'd by some People no Subjects of Comedy; but I cannot be of their Mind; for any thing that has its Foundation in Happiness and Success, must be allow'd to be the Object of Comedy, and sure it must be an Improvement of it, to introduce a Joy too exquisite for Laughter, that can have no Spring but in Delight, which is the Case of this young Lady. I must therefore contend, that the Tears which were shed on that Occasion flow'd from Reason and Good Sense, and that Men ought not to be laugh'd at for weeping, till we are come to a more clear Notion of what is to be imputed to the Hardness of the Head, and the Softness of the Heart. (Trussler 1969a: 83)

In Steeles erklärter Absicht, die Gattung der Komödie dadurch zu verbessern, daß er "a Joy too exquisite for Laughter" als neuen und legitimen Gegenstand einführt, wird die Kluft, die sich fortan zwischen der *sentimental comedy* und dem niederen Gelächter der Restaurationskomödie und der *comedy of manners* auftut, sehr deutlich. Darüber hinaus werden in diesem programmatischen Vorwort noch zwei weitere Merkmale der neuen Komödienform genannt. Zum einen kommt in den Schlüsselbegriffen "Good Sense", "Softness of the Heart" und "Humanity" jene Hochschätzung von Sensibilität, Emotionalität und Humanität zum Ausdruck, die zu den grundlegenden Werten der Kultur der Empfindsamkeit zählt.[6] Zum anderen weisen die zweifache Nennung von

6 Vgl. dazu im einzelnen Todd (1986), Barker-Benfield (1992) und V. Nünning (1994a, 1994b, 1996b). Zum Zusammenhang zwischen Empfindsamkeit und empfindsamen Komödie vgl. Barkhausen (1983).

Tränen, die in *sentimental comedies* in der Regel reichlich fließen, voraus auf die sehr expressive Körpersprache, die ebenfalls ein Markenzeichen der Kultur der Empfindsamkeit ist.

Steeles beherztes Eintreten für eine Veränderung der Konventionen der Komödie ist freilich kein dramatischer Selbstzweck, sondern erschließt sich erst vor dem Hintergrund seiner moralisch-didaktischen Wirkungsintention. Diese besteht aus einem für das Zeitalter der Aufklärung kennzeichnenden Erziehungsoptimismus, einer relativ mechanistischen Wirkungsästhetik sowie aus bürgerlich geprägten Moralauffassungen. Im Prolog zu *The Conscious Lovers* richtet Steele einen patriotischen Appell an die "Britons", in dem sowohl ein neues nationales Selbstbild als auch eine gewandelte Komödienkonzeption zum Ausdruck kommen:

> *'Tis yours, with Breeding to refine the Age,*
> *To Chasten Wit, and Moralize the Stage,*
> *Ye Modest, Wise and Good, ye Fair, ye Brave,*
> *To-night the Champion of your Virtues save,*
> *Redeem from long Contempt the Comic Name,*
> *And judge Politely for your Countrey's Fame.* (Trussler 1969a: 86)

Zum einen findet sich in diesem Zitat ein früher Beleg für jenes kollektive Selbstbild der Briten als kultivierte, gebildete und höfliche Nation, das sich im 18. Jahrhundert herausbildete und das Paul Langford in *A Polite and Commercial People* (1989) differenziert beschrieben hat. Zum anderen wird deutlich, worum es Steele letztlich geht: Seine Stücke zielen darauf ab, die Sitten zu verfeinern, den ungezügelten *wit* der Restaurationskomödie an den Pranger zu stellen, und darum, die bürgerlichen Tugenden zu verbreiten, kurzum: die Ehre der Komödie zu retten, indem sie die Bühne zu einer moralischen Erziehungsanstalt machen.

In der Figurendarstellung und Handlung seiner Stücke läßt Steele seinen großen Worten wahrhaft tugendhafte Taten folgen. Vor allem in *The Conscious Lovers* wird sehr deutlich, welche Konsequenzen das Schlagwort "Moralize the Stage", das einer Kampfansage an traditionelle Komödienkonzeptionen gleichkam, für die Bauformen der englischen Komödie hatte. Der Titel des Stücks bezieht sich auf zwei Liebespaare, Bevil und Indiana bzw. Myrtle und Lucinda. Der Handlungsverlauf von Steeles Stück entspricht zwar noch rudimentär der traditionellen Plotstruktur der Komödie, die Northrop Frye auf die einprägsame Formel "Boy wants girl; Blocks occur; Blocks are removed; Boy gets girl" (vgl. Ellis 1991: 10) gebracht hat, aber die "blocks" sind in diesem Fall vor allem psychologischer und moralischer Natur. Gemäß dem Wunsch seines Vaters soll der junge Bevil Lucinda, die Tochter des reichen Kaufmanns Sealand, heiraten, aber er liebt die elternlos aufgewachsene Indiana. Hingegen ist Lucinda in Bevils Freund Myrtle verliebt, der ihre Liebe auch erwidert. Obgleich sich die Liebenden somit im Grunde einig sind, verhindern es zunächst schwer nachzuvollziehende Mißverständnisse sowie Bevils übersteigerte Gehorsamspflicht gegenüber seinem Vater, daß sie zueinander finden. Erst als Sealand im letzten Akt in Indiana seine Tochter aus erster Ehe wiedererkennt, steht der Vereinigung und Vermählung der beiden Liebespaare nichts mehr im Wege.

Wie bereits aus diesem verkürzten Inhaltsresümee hervorgeht, sind die Handlung und die Figurendarstellung weitgehend Steeles Ziel untergeordnet, das Drama in den Dienst einer moralischen Reform zu stellen. So implausibel und schwach motiviert das Verhalten der Figuren über weite Strecken erscheinen mag, so überdeutlich ist das Bemühen des Autors erkennbar, die Prinzipien der christlichen Ethik und einen klar definierten Moralkodex zu veranschaulichen. Der tugendhaften Heldin Indiana steht der vorbildliche Held Bevil in nichts nach, denn beide verkörpern bis zur Perfektion bürgerliche Tugendvorstellungen. Sowohl die Figurencharakterisierung als auch die Dialoge zwischen den Hauptfiguren sind Ausdruck einer Aufwertung von moralischer Empfindsamkeit, die sowohl das Verhalten der Liebenden zueinander als auch die familiären Beziehungen prägen. Ebenso wie viele Konflikte in anderen *sentimental comedies* wird Bevils Konflikt zwischen Pflicht und Neigung, der aus übersteigerter Rücksichtnahme seinem Vater gegenüber resultiert, ganz in das Bewußtsein der Figur verlegt (vgl. Schulz 1976: 83f).

Besonders deutlich wird die intendierte Wirkung, die auf die Erweckung von Mitleid und Rührung beim Rezipienten abzielt, in der Wiedererkennungsszene. Bei dem Wiedersehen von Vater und Tochter sollen nicht nur die Beteiligten Tränen vergießen, sondern ebenfalls die zu Tränen gerührten Zuschauer, die die Emotionen der Figuren nachempfinden und deren Freude, die "too exquisite for Laughter" ist, genüßlich auskosten. Auch die Szene des verhinderten Duells zwischen den Freunden Bevil und Myrtle (IV, i) verdeutlicht ein typisches Merkmal der *sentimental comedy*: sie beweist, daß in diesem Genre zentrale Szenen "nicht als funktionale Bestandteile" des Plot erschienen, sondern "ihre Erfüllung in sich bzw. in der Demonstration einer moralischen Lektion" (Schulz 1976: 78) finden. Anstatt ihre Auseinandersetzung mit Waffen oder Worten auszutragen, bepriestern sich die Kontrahenten mit frommen und erbaulichen Sprüchen, bis Myrtle einsieht, daß seine Eifersucht unbegründet war, und sein Verhalten wortreich bereut.

Unterstrichen wird die moralisch-didaktische Wirkungsintention durch die sentenzenreiche Sprache. Diese verweist auf die ursprüngliche Bedeutung der Wörter "sentiments" und "sentimental", die zunächst 'Sentenzen', 'pointiert zusammengefaßte Lehren' bzw. 'reich an Sentenzen' lautet (vgl. Zaic 1973: 336). Obgleich solche Sentenzen in *The Conscious Lovers* von Figuren ausgesprochen werden, handelt es sich im Grunde um eine Form von implizit-auktorialer Kommentierung und Bewertung des Geschehens. Durch solche Sentenzen werden allgemein gültige Wahrheiten, die über die einzelne Figurenperspektive hinausgehen, explizit formuliert. Die vielen vom Geschehen abstrahierten erbaulichen Kommentare dienen vor allem dazu, die moralischen Einsichten explizit zu verbalisieren und die Lehren für den Rezipienten zusammenzufassen. Stellvertretend für viele andere Beispiele seien zwei dieser erbaulichen Kommentare zitiert:

> As Conscious Honour all his Actions steers;
> So Conscious Innocence dispels my Fears. (Trussler 1969a: 114)

> Whate'er the generous Mind it self denies,
> The secret Care of Providence supplies. (Trussler 1969a: 145)

Solche die Aufzüge beschließenden Sentenzen sowie die leitmotivische Wiederholung von Schlüsselbegriffen wie "Honour", "Innocence", "generous Mind", "tender Obligation" (102) und "faithful Friendship" (106), die zugleich die zentralen Wertvorstellungen explizit benennen, dienen vor allem dazu, auch dem begriffstutzigsten Zuschauer klarzumachen, welches moralische Fazit aus dem Geschehen zu ziehen ist. Insgesamt läßt sich somit festhalten, daß das Drama in Steeles Komödien zu einem bürgerlichen Medium moralischer Erbauung, Belehrung und Erziehung avanciert. Steele setzt seine Poetik des sentimentalen Dramas in seiner Komödienpraxis konsequent um, indem er die Figurendarstellung, den Handlungsverlauf und die zum Monologischen tendierende Dialoggestaltung in den Dienst der moralischen Erneuerung stellt. Mit seiner Reduktion des Komischen rückt Steele die Komödie in die Nähe der Tragödie, die ihrerseits in der Ausprägung der *domestic tragedy* deutliche Parallelen zur *sentimental comedy* erkennen läßt.

3. Das merkantile Ethos und das Selbstbild der bürgerlichen Mittelschicht: George Lillos *Domestic Tragedy The London Merchant* als Paradigma zentraler Konventionen des englischen Dramas des 18. Jahrhunderts

George Lillos (1693-1739) *The London Merchant, or the History of George Barnwell* (1731) ist gleich in mehrfacher Hinsicht repräsentativ für zentrale Tendenzen des englischen Dramas des 18. Jahrhunderts. Zum einen handelt es sich insofern um ein literatur- und gattungsgeschichtlich bedeutsames Drama, weil es mit seiner geographischen, sozialen und stilistischen 'Domestizierung' des Tragischen ein neues Genre begründete, nämlich das *domestic drama* bzw. die *domestic tragedy*, in dem zentrale Wertvorstellungen der Epoche besonders deutlich artikuliert werden. Lillos Themenselektion gibt des weiteren Aufschluß über die Frage, welche politischen, ökonomischen und sozialen Probleme im 18. Jahrhundert zu den wichtigsten Kulturthemen zählten. Schließlich verkörpert *The London Merchant* geradezu beispielhaft die wichtigsten Bauformen eines neuen, von der klassizistischen Theorie des Dramas abweichenden Tragödientypus, dessen Gattungsmerkmale Doris Feldmann in ihrer Pionierstudie zum *domestic drama* prägnant zusammengefaßt hat:

> Das *domestic drama* stellt demnach eine ernste, tragisch endende Handlung dar mit Charakteren nichtaristokratischer Herkunft und ist in Prosa abgefaßt. Bezüglich Ort und Zeit der Handlung ist die Gebundenheit an einheimische, zeitgenössische Verhältnisse charakteristisch für das Genre. [...] Das *domestic drama* zeichnet sich durch die Darstellung einer privaten, häuslich-familiären Atmosphäre aus, durch die sich das Publikum weitgehend mit den Figuren und deren Haltung identifizieren kann. Es weist eine betonte moralisch-ethische Zielsetzung auf, über die [...] soziale Propaganda mittels Kritik an irrationalen Lebensformen und Propagierung häuslicher Tugenden betrieben wird. Charakteristisch ist weiterhin die oft bemängelte Äußerlichkeit oder gar Zufälligkeit der Katastrophe, die eine für das *domestic drama* typische Wirkung von Rührung und Mitleid hervorruft. (Feldmann 1983: 12f)

Beispielhaft lassen sich bereits anhand des Prologs von *The London Merchant* einige dieser Gattungsmerkmale und Tendenzen ablesen, die für das Genre des *domestic drama* kennzeichnend sind. Zum einen grenzt Lillo seine Themenwahl programmatisch von der Theorie und Praxis des klassizistischen Dramas ab, indem er dessen Konzentration auf Staatsaktionen und große Helden mit seinem bürgerlichen Sujet kontrastiert. Zum anderen appelliert er an den Geschmack des Publikums und betont den moralischen Gehalt seines Stückes:

> The tragic muse, sublime, delights to show
> Princes distressed, and scenes of royal woe;
> In awful pomp, majestic, to relate
> The fall of nations, or some hero's fate; [...]
> Forgive us, then, if we attempt to show,
> In artless strains, a tale of private woe.
> A London 'prentice ruined is our theme,
> Drawn from the famed old song that bears his name.
> We hope your taste is not so high, to scorn
> A moral tale esteemed ere you were born;
> Which, for a century of rolling years,
> Has filled a thousand, thousand eyes with tears. (Lindsay 1974: 219)

In diesem Prolog kommt jene Tendenz zur Privatisierung des Tragischen besonders deutlich zum Ausdruck, die im 18. Jahrhundert zum Markenzeichen einer Vielzahl von Stücken wurde. In vielen Prologen wird hervorgehoben, daß das Geschehen im häuslichen Milieu angesiedelt ist und sich thematisch mit privatem Leid beschäftigt. Wenn Lillo mit der Betonung von "private woe" und "tears" Schlüsselbegriffe aufgreift, die sich auch in den Prologen und Epilogen von Steeles Komödien finden, so ist dies bezeichnend für die Affinität zwischen dem *domestic drama* und der *sentimental comedy*, die beide zu einer Domestizierung von Wertvorstellungen führten. In beiden Genres zielt die Darstellung der "private woes" des bügerlichen Milieus darauf ab, das Mitgefühl und Mitleid der Zuschauer zu erwecken.

Wirkungsästhetisch analog strukturiert sind auch die *she-tragedies* von Nicholas Rowe (1674-1718). Seinem Grundsatz folgend, daß man nur für dasjenige Mitleid aufbringen könne, was man selbst teile ("We ne'er can pity what we ne'er can share"), begründet Rowe seine Themenwahl, die der Lillos nahe steht: "Therefore an humbler theme our author chose,/ A melancholy tale of private woes" (Würzbach 1969: IX 7), heißt es im Prolog zu *The Fair Penitent* (1703). Wenn Rowe im Vorwort zu diesem Stück seine Absicht mit den Worten charakterisiert "to excite this generous pity in the greatest minds" (3), dann wird deutlich, daß auch seine Wirkungsintention der Lillos entspricht.

In *The London Merchant* wird bereits im Prolog deutlich, daß Lillos Stück auch in poetologischer und wirkungsästhetischer Hinsicht typisch ist für zentrale Tendenzen des englischen Dramas des 18. Jahrhunderts. Zum einen verdeutlicht der Hinweis auf die in vielen Dramen reichlich fließenden Tränen, daß das Geschehen auf die Erregung von Mitleid und Rührung abzielt. Zum anderen formuliert Lillo gleich zu Anfang explizit jene moralische und didaktische Wirkungsintention, die im Handlungsverlauf durch das Dramenende implizit bestätigt und zwecks Verdeutlichung auch noch explizit betont wird:

> If thoughtless youth to warn, and shame the age
> From vice destructive, well becomes the stage;
> If this example innocence secure,
> Prevent our guilt, or by reflection cure;
> If Millwood's dreadful guilt, and sad despair,
> Commend the virtue of the good and fair;
> Though art be wanting, and our numbers fail,
> Indulge th' attempt in justice to the tale. (Lindsay 1974: 219)

Die penetrante didaktische Zielsetzung, die hierin zum Ausdruck kommt, und der große Nachdruck, mit dem tugendhaftes Verhalten propagiert wird, prägen nicht nur *The London Merchant*, sondern auch sämtliche Bauformen, durch die sich viele *sentimental comedies* und *domestic tragedies* auszeichnen. Die Charakterisierung und Konstellation der Figuren entsprechen dem Grundsatz einer möglichst abstoßenden Zeichnung des Lasters und einer anziehenden Darstellung der Tugend. Die Struktur der Handlung und vor allem die Schlußgebung dienen primär zur Illustration moralischer Gerechtigkeit, derzufolge die Guten gebührend belohnt und die Bösen bestraft werden. Dieses ebenso schlichte wie mechanistische Verfahren zielt seinerseits darauf ab, durch einen eindringlichen und exemplarischen Geschehensablauf ("this example") die Jugend zu warnen, ihre Unschuld zu sichern, sie vor Schuld zu bewahren oder durch Reflexion zu heilen. Prolog und Handlung lassen somit keinen Zweifel daran, daß das Drama von Lillo in den Dienst von Didaktik, Moral und Religion gestellt wird.

Die beiden zentralen Prinzipien, aus denen sich die Konventionen der Figurendarstellung und Handlungsführung in der *sentimental comedy* und *domestic tragedy* ableiten lassen, sind somit die der gerechten Sympathieverteilung und der poetischen Gerechtigkeit.[7] Der Doktrin der gerechten Sympathieverteilung zufolge war es die Aufgabe des Dramatikers, die Tugend so anziehend darzustellen, daß sie nachahmenswert erschien, während die abstoßende Zeichnung des Lasters den Rezipienten davon abhalten sollte, Bösewichtern nachzueifern. Hingegen bezieht sich der von Thomas Rymer geprägte Begriff der *poetical justice* auf die moralisch gerechte Verteilung von Lohn und Strafe am Dramenende. Die darin zum Ausdruck kommende moralische und didaktische Wirkungsintention wird im Untertitel von Samuel Richardsons erstem Roman – *Pamela; or, Virtue Rewarded* (1740) – mit wünschenswerter Deutlichkeit auf den Punkt gebracht.

Es entspricht dem weithin akzeptierten moralisch-ästhetischen Postulat der *poetical justice*, daß in *The London Merchant* – ebenso wie in den meisten Dramen des 18. Jahrhunderts – die tugendhaften Figuren belohnt werden, während diejenigen, die Schuld auf sich geladen hatten, bestraft werden. Diese automatische Koppelung von Tugend und Belohnung bzw. Schuld und Sühne verleiht dem Plot einen ebenso streng kausallogischen wie zwangsläufigen Charakter, in dem sich der große Einfluß eines

---

7 Zur Differenzierung zwischen der Doktrin der gerechten Sympathieverteilung und der poetischen Gerechtigkeit vgl. die umfassende Studie von Zach (1987: 32f und *passim*).

von einem mechanistischen Weltbild geprägten Denkens niederschlägt (vgl. Zaic 1973: 317ff).

Im Zentrum des schlichten Handlungsverlaufs steht der tugendsame junge Kaufmannsgehilfe George Barnwell, der in den Diensten des erfolgreichen und – wie der sprechende Name sogleich signalisiert – durch und durch gutherzigen Kaufmanns Thorowgood steht. Das Unheil nimmt seinen Lauf, als der tragische Titelheld schon bald den Verführungskünsten der berechnenden Kurtisane Millwood erliegt. Barnwell bestiehlt Thorowgood, verstrickt sich immer mehr in Lügen und Schuld und bringt schließlich sogar auf Geheiß von Millwood, die einen weiteren Liebesbeweis von ihm fordert, seinen reichen Onkel um. Die Einsicht und Reue des Mörders wider Willen kommen zu spät, so daß er am Ende für die Schuld, die er auf sich geladen hat, büßen muß.

Darüber hinaus lassen sich anhand von *The London Merchant* geradezu beispielhaft das Selbstbild der bürgerlichen Mittelschicht sowie das damalige Selbstverständnis der Kaufleute und Händler nachvollziehen. Daß Lillo ausgerechnet einem Kaufmannsgehilfen "die höchsten Weihen des höchsten Genres: seine Tragödienwürdigkeit" (Fietz 1991: 101) verleiht, ist aus kulturgeschichtlicher Sicht insofern sehr interessant, als sich darin das gestiegene Selbstwertbewußtsein der bürgerlichen und handeltreibenden Mittelschicht niederschlägt.[8] Bereits der generische Titel des Stücks – *The London Merchant, or the History of George Barnwell* – signalisiert, daß ein prototypischer Repräsentant der Londoner Kaufmannschaft im Zentrum steht, während der Untertitel dem 'Fall' (im doppelten Sinne des Wortes) des George Barnwell den Charakter einer Fallstudie verleiht.

Im Mittelpunkt des ersten Akts steht zunächst eine Beschreibung der Wertvorstellungen der bürgerlichen Mittelschicht und des Selbstverständnisses des erfolgreichen Kaufmanns. Nicht umsonst erscheinen die ersten beiden Szenen des ersten Aktes im Hinblick auf die expositorische Informationsvergabe und den Plot eigentümlich dysfunktional, dienen sie doch in erster Linie dazu, den ideologischen Kontext und das Werte- und Normensystem des erfolgreichen Händlers zu definieren. Thorowgood fungiert als Normrepräsentant, der nicht nur die bürgerlichen Wertvorstellungen und die Ideale der Zivilisation verkörpert, sondern auch das idealisierte Selbstbild des Londoner Großhändlers: "honest merchants", so belehrt er Trueman, "may sometimes contribute to the safety of their country, as they do at all times to its happiness" (Lindsay 1974: 221). Außerdem kommt gleich in der ersten Szene deutlich zum Ausdruck, für wie bedeutsam der Londoner Handel seinen eigenen Einfluß auf das politische und soziale Schicksal Großbritanniens hielt. Die Methoden des Handels dienen Thorowgood zufolge nicht primär oder gar allein als Mittel zum Erwerb von Reichtümern, sondern sie befördern in seinen Augen Zivilisation und Humanität; kurzum: der Handel bringe für alle zahlreiche Segnungen:

> See how it [the method of merchandise] is founded in reason, and the nature of things; how it has promoted humanity, as it has opened and yet keeps up an in-

[8] Vgl. zum folgenden die ausgezeichnete Interpretation von Feldmann (1996), die erstmals die kulturgeschichtliche Bedeutung dieser Tragödie umfassend erschließt.

> tercourse between nations [...]; promoting arts, industry, peace and plenty; by mutual benefits diffusing mutual love from pole to pole. (Lindsay 1974: 238)

Nicht minder aufschlußreich ist diese *domestic tragedy* für eine Rekonstruktion der damaligen bürgerlichen Moralvorstellungen und der Werte der Empfindsamkeit. Die ausgeprägte Einigkeit zwischen Vater und Tochter sowie deren Bemühen um Konfliktvermeidung, das Bemühen der "citizens" (222) um eine Abgrenzung vom Adel sowie die Betonung von der Autorität des vorbildlichen Vaters und der Gehorsamspflicht der Tochter sind nur einige jener Aspekte, in denen die für die *domestic tragedy* generell typische hohe Wertschätzung familiärer Beziehungen und Harmonie zum Ausdruck kommt. Insgesamt fungiert Moral in diesem Genre als ein "Instrument bürgerlicher Selbstinterpretation und Emanzipation" (Feldmann 1983: 28).

Im Gegensatz zu dem Normrepräsentanten Thorowgood verkörpert die Verführerin Millwood gleich in mehrfacher Hinsicht das fremde 'Andere', das die bürgerliche britische Ordnung bedroht und das durch Millwoods Hinrichtung am Ende beseitigt wird. Obgleich sich Lillo alle erdenkliche Mühe gegeben hat, die der moralischen Schwarz-Weiß-Malerei entsprechende Sympathieverteilung möglichst eindeutig zu gestalten, ist unübersehbar, daß durch Millwoods scharfe Kritik an der patriarchalischen Gesellschaft Fragen über die Stellung der Frau aufgeworfen werden, deren Behandlung in dem Stück insgesamt ambivalenter erscheint, als es dem Autor wahrscheinlich lieb gewesen wäre.

Die mehrfache Denunziation der Spanier und die Gegenüberstellung von ihren Lastern mit britischen Tugenden verdeutlicht, daß Lillos Stück darüber hinaus Aufschluß über jenen Prozeß der nationalen britischen Identitätskonstruktion gibt, den Colley (1992) als "forging the nation" bezeichnet hat. Wenn sich Millwood mit den als stolz, tyrannisch und unersättlich charakterisierten Spaniern identifiziert, so entlarvt sie sich implizit sogleich als niederträchtige Schurkin. Wie in vielen Dramen dieser Epoche beruht die idealisierte Darstellung des britischen Selbstbildes zum Teil auf der Abgrenzung von anderen Nationen, die durch kulturelle Heterostereotypen als negative Bezugsfolie erscheinen.

4. Konventionen und Bauformen des moralisch-empfindsamen Dramas: Skizze einer Merkmal-Matrix

Steeles *sentimental comedies* und Lillos *The London Merchant* sind auch deshalb paradigmatisch für zentrale Tendenzen des englischen Dramas des 18. Jahrhunderts, weil sie viele der dramatischen Bauformen enthalten, durch die sich sowohl das Genre der *domestic tragedy* als auch viele moralisch-empfindsame Dramen auszeichnen. Unbeschadet des breiten Spektrums an dramatischen Genres lassen sich im Bereich der Bauformen einige Tendenzen ermitteln, die für viele Stücke des 18. Jahrhunderts kennzeichnend sind. Am Beispiel des weit verbreiteten Typus des moralisch-empfindsamen Dramas lassen sich die wichtigsten Konventionen herausarbeiten. In der im Anhang stehenden Merkmal-Matrix werden die wichtigsten Kennzeichen der *comedy of manners* und der *sentimental comedy* schematisch gegenübergestellt und stichwortartig zusammengefaßt.[9]

In der Kategorie 'Sprache, Dialog, Monolog' fällt besonders die Kontrastierung der Redestile auf – der schlagfertigen Replik und dem witzigen Redegefecht in der Restaurationskomödie sind die der moralischen Autorenintention verpflichteten, chorähnlichen und harmonischen Selbstdarstellungen bzw. Predigten der Charaktere in der empfindsamen Komödie gegenüberzustellen. Wo es in der *comedy of manners* um Wettbewerb und aggressives Verhalten geht, stehen im Dialog der *sentimental comedy* Versöhnlichkeit und moralische Unterweisung.

Die aristokratische Gesellschaft der Restaurationskomödie mit ihren typischen Akteuren (*wits, witwoulds*) und dem zentralen *gay couple* – dem sich im Dialog zusammenfindenden Liebespaar –, sind in der *sentimental comedy* durch die bürgerliche, dem Handel und Gewerbe verpflichtete Gesellschaft ersetzt. In dieser sind nicht Witz und Skrupellosigkeit, sondern einzig moralische Qualitäten für die Einordnung der Figuren entscheidend. Demgemäß soll die *sentimental comedy* helfen, Verstand, Tugend und Empfindsamkeit zu fördern, während die Bösewichte den vermeintlichen 'Tugenden' der Restaurationslüstlinge verbunden sind, nämlich dem ungezügelten Ausleben ihrer Leidenschaften (*passions*). Das negative Hobbes'sche Menschenbild der Restaurationskomödie, die grundlegend *satirisch* veranlagt ist, weicht einem Shaftesbury verpflichteten positiven Menschenbild, in dem *benevolence* und *sympathy* vorherrschen.

Wo es – ich bin in der Kategorie 'Handlungsführung' – in der Restaurationskomödie um Erfolg oder Mißerfolg von Strategien und Listen geht, wird in der *sentimental comedy* und *tragedy* die gerechte Belohnung bzw. Bestrafung der Handelnden vorgeführt, die sich in meist von außen auf sie hereinbrechenden Prüfungen zu bewähren haben.

Versucht man die wichtigsten Merkmale zusammenzufassen, durch die sich die *sentimental comedy* von der *comedy of manners* bzw. der in der zweiten Hälfte des 18. Jahrhunderts wieder populäreren *laughing comedy* unterscheidet, so lassen sich vier übergreifende Tendenzen festhalten. Im Hinblick auf die sprachliche Informationsvergabe zeichnet sich die *sentimental comedy* vor allem dadurch aus, daß alles möglichst explizit verbalisiert wird – nicht nur sämtliche Gefühlsregungen, sondern auch die mehr oder weniger eindeutigen moralischen Lehren, die aus dem Geschehen zu ziehen sind. Zweitens unterliegen sowohl die Gestaltung des Handlungsverlaufs und der Schlußgebung als auch die Konzeption und Darstellung der Figuren völlig dem Prinzip

---

9 Vorweggeschickt sei, daß es sich natürlich um eine recht stark vereinfachte und idealisierte Darstellung handelt, die die jeweiligen Kennzeichen der beiden Komödientypen in Form von binären Oppositionen darstellt, obgleich sie in der dramatischen Praxis in der Regel in variablen Dominanzverhältnissen in Erscheinung treten und obwohl sich oft auch Ausnahmen finden lassen. Zu den Merkmalen der *comedy of manners*, der *domestic tragedy* und der *sentimental comedy* vgl. Gymnich (1996), Feldmann (1983: 103ff) bzw. Ellis (1991). Wertvolle Anregungen für die folgende Darstellung verdanke ich außerdem einer stichwortartigen Systematisierung, die Natascha Würzbach 1982 im Rahmen ihrer Vorlesung zum Thema "Die englische Komödie 1660-1800" entwickelt und als *handout* vervielfältigt hat. Zum Konzept der 'Bauformen' vgl. Goetsch (1977), an dessen Systematik ich mich orientiere, während die Subdifferenzierung auf den Kategorien der strukturalistischen Dramentheorie beruht; vgl. Pfister (1977).

der poetischen Gerechtigkeit, das jedes Moment der Spannung gleichsam vom Ansatz her ausschließt. Drittens finden sich in den meisten Stücken bestimmte Figuren, die als 'Normfiguren' bezeichnet werden können, weil sie als Normrepräsentanten fungieren und die auktorial intendierte Rezeptionsperspektive verkörpern. In ihrer Kombination haben diese drei Tendenzen zur Folge, daß sich die Stücke durch einen bisweilen penetranten Didaktizismus auszeichneten. Die 'Moral von der Geschicht' wird im moralisch-empfindsamen Drama nicht nur explizit – und in der Regel gleich mehrfach – thematisiert, sondern mit Nachdruck veranschaulicht, und zwar durch die Bestrafung der Schurken, die Bekehrung der Sünder und die Belohnung der Guten, die stets auch die Normrepräsentanten sind.

Viertens kommt es aufgrund dieser stichwortartig und thesenhaft verkürzt dargestellten Tendenzen in der ersten Hälfte des 18. Jahrhunderts zu einer zunehmenden Annäherung der Bauformen und Konventionen von Komödie und Tragödie. In ihren Erscheinungsformen als *sentimental comedy* und *domestic tragedy* stellen sie unterschiedliche Ausprägungen eines für diese Epoche charakteristischen Dramentyps dar, des *drama of sensibility* (vgl. Bernbaum 1915: 10). Sowohl die Komödie als auch die Tragödie weisen in der ersten Hälfte des 18. Jahrhunderts eine Tendenz zu einer zunehmenden Sentimentalisierung auf,[10] eine Tendenz, die ihrerseits für jenes kultur- und mentalitätsgeschichtliche Phänomen kennzeichnend ist, das als 'Kultur der Empfindsamkeit' bezeichnet wird.

5. Der Beitrag des *Domestic Drama* und der *Sentimental Comedy* zur Kultur der Empfindsamkeit: Das Drama als gesellschaftliches Medium zur Etablierung neuer Werte, Gefühle und Einstellungen

Anhand der in der Matrix zusammengefaßten Merkmale des *drama of sensibility* läßt sich auch die kulturwissenschaftlich relevante Frage klären, welchen Beitrag das englische Drama des 18. Jahrhunderts zur Popularisierung jener neuen Werte, Gefühle und Einstellungen leistete, durch die sich die Kultur der Empfindsamkeit auszeichnete.[11] Zu deren grundlegenden Werten zählen Mitgefühl, Mitmenschlichkeit, Empathie, Sympathie und Wohltätigkeit.[12] Darüber hinaus sind die altruistischen Tugenden des "man of feeling" – "Selbstverleugnung, Sympathie, Mitleid und Caritas" (Fietz 1991: 108), deren Hochschätzung mit einer Aufwertung von Gefühlen einherging, – von zentraler Bedeutung. Dadurch erfuhren Qualitäten, die traditionell als 'weiblich' galten, eine enorme Aufwertung.

Vor dem Hintergrund dieses Wertewandels wird die enge Affinität, die zwischen der *sentimental comedy* und der *domestic tragedy* besteht, insofern besonders deutlich, als beide Genres auf die Aktivierung eines analogen emotionalen Potentials abzielen. Ebenso wie die *sentimental comedy* sind auch die *domestic tragedy* und das Melodrama primär darauf hin angelegt, bestimmte emotionale Wirkungen beim

---

10 Vgl. das kurze Kapitel "Die Sentimentalisierung von Komödie und Tragödie" in Schmidt (1993: 213-16).

11 Zur Kultur der Empfindsamkeit vgl. Bernbaum (1915), Barker-Benfield (1992), Todd (1986) und V. Nünning (1996b).

12 Vgl. dazu im einzelnen Fietz (1991) und V. Nünning (1996b: 108ff).

Zuschauer zu erzeugen (vgl. Fietz 1991). Es ist daher kein Zufall, daß fast alle primären und sekundären Gattungsmerkmale, die Ellis in seiner wirkungsästhetischen Definition der *sentimental comedy* anführt, auch auf die *domestic tragedy* zutreffen.

Ellis (1991: 19) definiert die *sentimental comedy* als eine Gattung, die primär darauf angelegt ist, "sentimental reactions" im Rezipienten hervorzurufen. Er charakterisiert solche sentimentalen Reaktionen genauer, indem er den Begriff "sentimentality" als ein Spektrum von Einstellungen bezeichnet, das von Mitleid mit nicht-existierenden Objekten bis zu Mitleid mit der ganzen Menschheit reicht (4f). Theoretisch könne man, so Ellis, eine empfindsame und mitfühlende Einstellung zwar gegenüber allem und jedem haben, aber in der englischen Literatur des 18. Jahrhunderts seien die Gegenstände, an denen sich das Mitgefühl entzündete, nicht sonderlich zahlreich. Ellis nennt elf Objekte, die im 18. Jahrhundert zu bevorzugten Gegenständen des Mitleids und Mitleidens avancierten: das Universum, der Mensch, die Frau, Eltern, Kinder, die "lower orders", zu denen er "servants, peasants, foreigners, the poor" zählt, Tiere und Pflanzen, die Emotionen, das Böse, Verbrechen und Tod, Geld sowie die Vergangenheit (10f).

Obgleich es sich dabei um eine Liste recht heterogener Aspekte handelt, läßt sich anhand dieser Themen beispielhaft zeigen, daß die Kultur der Empfindsamkeit mit einem tiefgreifenden kultur- und mentalitätsgeschichtlichen Wandel einherging, in dessen Zuge sich viele kollektive Einstellungen grundlegend veränderten. So ist etwa die empfindsame Haltung gegenüber dem Menschen ein Ausdruck eines gewandelten Menschenbildes, des aus der Aufklärung erwachsenen Bildes vom guten, vernünftigen und vervollkommnungsfähigen Menschen, das auf die vom Earl of Shaftesbury eingeführte Bestimmung des Menschen als einem mit einem "moral sense" ausgestatteten guten Wesen zurückgeht. Dieses positive neue Menschenbild, das gerade auch vom Drama propagiert wurde, ist ebenso ein Teil jener "Entdeckung der Humanität" (V. Nünning 1994a) wie die gestiegene Wertschätzung der Frau im England des 18. Jahrhunderts. Im Zuge dieses Einstellungswandels kam es nicht nur zu einer veränderten Konstruktion von Weiblichkeit, sondern auch zu einer "Feminisierung der Kultur", die für beide Geschlechter und deren Verhältnis zueinander weitreichende Folgen hatte.[13]

Diese Beispiele mögen genügen, um zu verdeutlichen, daß die maßgeblich vom Drama geprägte Kultur der Empfindsamkeit alles andere als ein unbedeutendes Phänomen der Geistesgeschichte ist, sondern sehr weitreichende mentalitäts- und sozialgeschichtliche Folgen hatte und zu einem Umbruch im Welt- und Menschenbild führte. Obgleich ein direkter Kausalzusammenhang bei so komplexen Prozessen natürlich nicht nachweisbar ist, ist unverkennbar, daß sich die gestiegene Bedeutung von Mitgefühl und Wohltätigkeit an zahlreichen Reformbestrebungen ablesen läßt. Nicht nur das Los von Sklaven wurde Gegenstand einer breiten Reformbewegung, sondern auch die menschenunwürdigen Verhältnisse in Schuldgefängnissen. Vor diesem Hintergrund erweist sich die Feststellung von Ellis (1991: 7), daß große Fortschritte der westlichen Zivilisation letztlich auf die moralische Empfindsamkeit zurückzuführen seien, als durchaus berechtigt: "as it evolved in the eighteenth century

---

13 Zur Feminisierung der Kultur vgl. Todd (1986: 43) und V. Nünning (1994b); zur Konstruktion von Weiblichkeit im England des 18. Jahrhunderts vgl. V. Nünning (1996a).

to include pity for the poor wretches in debtors' prisons, pity for chimney sweeps, and pity for negro slaves, sentimentality created one of the great advances in western civilization".

In englischen Dramen des 18. Jahrhunderts manifestiert sich der damit umrissene Einstellungswandel sowohl in der Themenwahl als auch in den bevorzugt verwendeten dramatischen Bauformen. In Ergänzung zu den oben charakterisierten Merkmalen sind vor allem je zwei thematische und formale Aspekte hervorzuheben.[14] Zum einen finden sich in der Figurendarstellung und im Handlungsverlauf vieler *sentimental comedies* immer wieder unverdientes Leid und ein Übermaß an Tugend, deren Altruismus bis zur Bereitschaft der Selbstaufopferung geht. Zum anderen zeichnen sich Informationsvergabe und Dialoggestaltung durch zartfühlige und melancholische Gespräche sowie durch explizites Moralisieren aus, das mit einem oft penetranten Didaktizismus einhergeht. Darüber hinaus zählen besonders die Sprache und vor allem die Körpersprache zu den wichtigsten Mitteln, durch die die Werte und Einstellungen der Empfindsamkeit literarisch vermittelt werden.

Daß das Genre der *domestic tragedy* dem der *sentimental comedy* im Hinblick auf die ausgeprägte Empfindsamkeit der Figuren nicht nachstand, könnte durch eine Analyse der Sprache und der Körpersprache leicht nachgewiesen werden. So werden etwa in Lillos bürgerlichen Tragödien nicht nur immer wieder die ausgeprägte Gabe der Figuren zur empathischen Anteilnahme am Schicksal anderer betont, sondern auch die zentralen Wertvorstellungen der Empfindsamkeit leitmotivisch beschworen. Daß es auch in der *domestic tragedy* um die von Steele propagierte "Joy too exquisite for Laughter" ging, ist ein weiterer Beleg für die bereits erwähnte Annäherung der Konventionen von Komödie und Tragödie im englischen Drama des 18. Jahrhunderts. Stellvertretend für viele andere Beispiele seien folgende Repliken aus Lillos Tragödie *Fatal Curiosity* (1736) zitiert, deren Gehalt und Sentenzenhaftigkeit typisch sind für die hohe Wertschätzung von Mitgefühl, Mitmenschlichkeit, Wohltätigkeit, Empathie und Selbstlosigkeit:

> The frequent instances of others' woe,
> Must give a gen'rous mind a world of pain.[...]
> I have a part already – I am blest
> In your success, and share in all your joys.[...]
> The joy to see them, and the bitter pain
> It is to see them thus, touches my soul
> With tenderness and grief, that will o'erflow. (Würzbach 1969: XVII 12, 29, 32)

Als Zwischenfazit läßt sich somit festhalten, daß die *sentimental comedies* des 18. Jahrhunderts als Ausdruck und Teil einer kulturellen Umbruchssituation aufzufassen sind, welche in den Dramen nicht bloß reflektiert, sondern durch die Erzeugung neuer Werte und Vorstellungen auch aktiv gestaltet wurden. Ebenso wie das *domestic drama* leistete die *sentimental comedy* einen eigenständigen Beitrag zum Aufstieg der Kultur

---

[14] Vgl. zum folgenden Ellis (1991: 20), der diese vier sekundären Merkmale "'A sprinkling of tender melancholy conversation'", "Reckless, self-sacrificing virtue", "Undeserved distress" und "Overt moralizing" nennt.

der Empfindsamkeit, indem sie veränderte Einstellungen gegenüber Kindern, Frauen, Schuldnern und Sklaven nicht nur darstellte und propagierte, sondern letztlich auch neue Denk- und Empfindungsweisen zu etablieren half.

6. *The True-Born Englishman & the Bloody Foreigners*: Das Drama als ideologisches Medium patriotischer Identitätskonstruktion in Susanna Centlivres *A Bold Stroke for a Wife* (1718) und in historischen Dramen

Um die Problemfelder, die durch den eingangs skizzierten kulturwissenschaftlichen Ansatz in den Blick gerückt werden, inhaltlich noch konkreter zu konturieren, sei stellvertretend für viele andere ein weiteres Thema herausgegriffen, das für das englische Drama des 18. Jahrhunderts sehr relevant, aber aus dieser Perspektive noch kaum untersucht worden ist. Zu den für das gesamte 18. Jahrhundert besonders wichtigen Kulturthemen, die in vielen Dramen anklingen, zählt jene ideologische Wechselwirkung nationaler Selbst- und Fremdbilder, die man als 'patriotische Xenophobie' bezeichnen kann. Dieser Begriff trägt der bekannten Tatsache Rechnung, daß übersteigerte Vaterlandsliebe und Fremdenfeindlichkeit in der Regel aufs engste miteinander verknüpft sind. Obgleich Linda Colley in ihrer bahnbrechenden Studie *Britons: Forging the Nation* (1992) gezeigt hat, daß gemeinsame Feindbilder eine wichtige Rolle bei der Herausbildung der britischen nationalen Identität spielten, ist der Beitrag des englischen Dramas zum Prozeß der kollektiven Identitätskonstruktion noch nicht erforscht worden. Dies ist vor allem deshalb erstaunlich, weil Patriotismus und Xenophobie einen festen Platz in den Stücken dieser Epoche haben. Vor diesem Hintergrund wäre es eine besonders lohnenswerte Aufgabe für eine anglistische Kulturwissenschaft, die literarische Reflexion über und den Beitrag der Literatur zur Herausbildung nationaltypischer Mentalitäten und kultureller Identitäten im 18. Jahrhundert zu rekonstruieren.

In Komödien des 18. Jahrhunderts wird oftmals der sehr beliebte Nationenvergleich herangezogen, um die Vorzüge des eigenen Landes durch die Abwertung der Sitten anderer Völker herauszustellen. Mit dem normativ besetzten Gegensatz zwischen dem "True-Born Englishman" und den "Bloody Foreigners" greifen Dramatiker ein Thema auf, mit dem sich auch Daniel Defoe in seiner Verssatire "The True-Born Englishman" (1701) und Oliver Goldsmith in seinem Essay "On National Prejudices" (1763) kritisch auseinandersetzten. Anhand von Susanna Centlivres (1669-1723) Komödie *A Bold Stroke for a Wife* (1718) läßt sich beispielhaft zeigen, wie die Darstellung von nationalen Selbst- und Fremdbildern sowie kulturellen Stereotypen nicht nur als Anlaß für Komik fungiert, sondern auch als Medium kultureller und patriotischer Selbstvergewisserung. Bereits im Prolog versichert Centlivre dem englischen Publikum, daß es sich um ein durch und durch englisches Stück handele, und fordert die Zuschauer mit Nachdruck auf, englische Stücke zu unterstützen:

> As for our play, 'tis English humor all;
> Then will you let our manufacture fall?
> Would you the honor of our nation raise,
> Keep English credit up, and English plays. (Rogers 1994: 193)

Centlivre beläßt es freilich nicht bei diesem paratextuellen Appell, der den Theaterbesuch zu einem patriotischen Anliegen aller Briten macht,[15] sondern sie nutzt den Nationenvergleich in vielfältiger Weise für die Figurencharakterisierung und -konstellation, den Handlungsaufbau, die Rezeptionslenkung und die Erzeugung von Komik. Die Ausgangssituation, aus der das Stück seinen Plot und seine Spannung bezieht, ist ebenso unwahrscheinlich wie amüsant. In seinem Testament hat der inzwischen verstorbene misanthropische Vater der reichen Erbin Mrs. Lovely verfügt, daß diese nur mit der Zustimmung ihrer vier Vormunde heiraten darf Um die Gefahr, daß es je dazu kommen könnte, so gering wie nur eben möglich zu halten, hat er vier Männern die Vormundschaft übertragen, die so unterschiedlich sind wie Tag und Nacht und von denen jeder eine satirisch überzeichnete Eigenart hat, wie bereits die sprechenden Namen verdeutlichen. Sir Philip Modelove, ein alternder Beau und Lüstling, der dem Typ des *senex amans* entspricht, hat eine ausgeprägte Vorliebe für neue Mode, insbesondere für alles, was aus Frankreich stammt. Der dümmliche und leichtgläubige Periwinkle, der sich als Antiquitätenkenner geriert, interessiert sich ausschließlich für Altertümliches und Exotisches. Der dritte im Bunde ist der windige und betrügerische Börsenmakler Tradelove, der ein großer Bewunderer der Holländer ist, ein Volk, das er wegen seines Geschicks im Handel verehrt. Vervollständigt wird das komische Quartett durch den Quäker Obadiah Prim, einen heuchlerischen und vermeintlich sinnesfeindlichen Moralapostel, der gleichwohl selbst gern bei der Magd Hand anlegt, wenn er sich unbeobachtet dünkt. Die Handlung von *A Bold Stroke for a Wife* besteht im wesentlichen aus den Versuchen des durch und durch englischen Colonel Fainwell, sich durch Verkleidung und Verstellung die Zustimmung dieser vier typisiert gezeichneten Figuren, die jeweils bestimmte soziale, charakterliche und nationale Stereotypen repräsentieren, zu erschleichen.

Die Charakterisierung und Konstellation der Figuren sowie die ausgiebige Verwendung von dramatischer Ironie dienen vor allem dazu, die Vorzüge Englands gegenüber den verspotteten Nationen hervorzuheben. Die satirisch gezeichneten Figuren, die im Handlungsverlauf den kürzeren ziehen, werden vor allem dadurch lächerlich gemacht, daß sie andere Nationen bewundern. Ein typisches Beispiel dafür ist die erste Begegnung zwischen dem Colonel und Sir Philip Modelove. Entzückt über den Anblick des als französischen Marquis verkleideten Fainwell, folgert Modelove sogleich messerscharf: "he has the appearance of a man of quality – positively French by his dancing air" (202). In den Augen des zeitgenössischen Publikums kommt diese Gleichsetzung von "a man of quality" und "positively French" natürlich einer unfreiwilligen Selbstentlarvung gleich, denn jemand, der sich so für die "dancing air" eines Franzosen begeistern kann, disqualifiziert sich völlig. Der anschließende Dialog zwischen den beiden Figuren kreist ebenfalls um die nationalen Besonderheiten, durch die sich England und Frankreich vermeintlich auszeichnen. Obgleich der Colonel vorgibt, Modeloves Bewunderung für alles Französische zu teilen, betont er, daß England allen anderen Nationen in zwei Punkten überlegen sei: "The ladies and the laws" (204). Während seine Rhapsodie auf "*les belles Anglaises*" lediglich Teil seiner

---

15 Ähnliche explizite Publikumsanreden an alle "Britons" finden sich nicht bloß bei Centlivre, sondern etwa auch im Prolog zu *The Conscious Lovers*, in dem "Britons" als "*Lib'ral Men*" (Trussler 1969a: 85) apostrophiert werden.

Handlungsstrategie ist, verweist der Hinweis auf die Überlegenheit der englischen Gesetze auf ein zentrales britisches Autostereotyp, das sich in vielen Draman des 18. Jahrhunderts findet: der Lobgesang auf die sprichwörtliche englische "Liberty". Daß selbst Mrs. Lovely im letzten Akt ihre persönliche Freiheit fordert ("I'll force you to give me up my liberty" – 240), ist charakteristisch für das nationale britische Selbstbild in dieser Epoche, aufgrund dessen selbst englische Frauen ein sehr viel größeres Maß an persönlicher Freiheit beanspruchen konnten als Frauen anderer Nationen.

Auch in ihrer Komödie *The Wonder: A Woman Keeps a Secret* (1714), deren Handlung in Portugal angesiedelt ist, macht sich Centlivre den Nationenvergleich zunutze, um England positiv von anderen Nationen abzuheben. Gleich zu Anfang fragt Don Lopez den englischen Händler Frederick: "What sort of people are the English?" (Morgan 1981: 331). Dieser beantwortet die Frage, indem er zu einem jener Lobgesänge auf das Wesen der Engländer anhebt, die typisch sind für die englische Literatur des 18. Jahrhunderts:

> My lord, the English are by nature what the ancient Romans were by discipline, courageous, bold, hardy, and in love with liberty. Liberty is the idol of the English, under whose banner all the nation lists: give but the word for liberty, and straight more armed legions would appear than France and Philip keep in constant pay. (331f)

In dieser Replik werden wesentliche Aspekte der kollektiven englischen Identität und des nationalen Selbstbildes prägnant zusammengefaßt: Mutig, tapfer und kühn wie der zähe und robuste Engländer von Natur aus nun mal ist, tritt diese unerschrockene und freiheitsliebende Nation unter dem Banner von "English liberty" (334) freiwillig in solchen Heerscharen zusammen, daß diese die bezahlte Armee Frankreichs in den Schatten stellen. Daß auch englische Frauen aufgrund der sprichwörtlichen Freiheitsrechte angeblich ein viel angenehmeres Leben hatten als Frauen in anderen Nationen, wird von der portugiesischen Protagonistin Isabella betont: "[W]hat pleasant lives women lead in England, where duty wears no fetters but inclination! The custom of our country enslaves us from our very cradles" (336). Der gleiche Gegensatz zwischen englischer Freiheit und spanischer Tyrannei wird in Centlivres Komödie *The Busy Body* (1709) thematisiert. Während der misogyne Sir Jealous Traffick in höchsten Tönen von der spanischen Sitte schwärmt, Ehefrauen und Töchter stets hinter Schloß und Riegel zu halten, rebelliert seine Tochter Isabinda gegen diese patriarchalische Tyrannei und beansprucht ihre Freiheit (vgl. Würzbach 1969: I 7f, 22f). Solche Äußerungen fiktiver Figuren sollten zwar nicht unbefragt für bare Münze genommen werden, doch sie geben Aufschluß über die im England des 18. Jahrhunderts verbreiteten nationalen Selbst- und Fremdbilder.

Ebenso wie in Centlivres Komödien werden die Vorzüge Englands in vielen anderen Stücken explizit gerühmt oder dadurch implizit hervorgehoben, daß sie von den vermeintlichen Eigenarten anderer Nationen, die verspottet werden, abgegrenzt werden. Stellvertretend für eine Vielzahl ähnlicher patriotischer Eulogien sei die folgende Apostrophe des Protagonisten Young Wilmot in Lillos Tragödie *Fatal Curiosity* (1736) zitiert, der nach siebenjähriger Abwesenheit endlich wieder den Boden der geliebten britischen Inseln unter seinen Füßen hat: "O England! England!/

Thou seat of plenty, liberty, and health,/ With transport I behold thy verdant fields" (Würzbach 1969: XVII 19). Im zweiten Akt dieses Stücks faßt der alte Diener Randal einige der Vorzüge zusammen, durch die sich "this land of freedom" von allen anderen Nationen abhebt. Die Augen fest auf den weiten Ozean des Atlantik gerichtet, stellt er in der für die *domestic tragedy* typischen feierlichen Diktion fest:

> There deathless honour, and unenvy'd wealth,
> Have often crown'd the brave adventurer's toils.
> This is the native uncontested right,
> The fair inheritance of ev'ry Briton. (Würzbach 1969: XVII 28)

Ebenso wie zahllose Historiker und Pamphletisten, allen voran der anonyme Verfasser der Junius-Briefe, werden auch viele englische Dramatiker im 18. Jahrhundert nicht müde, die britische Bevölkerung daran zu erinnern, daß ihre bürgerlichen Rechte aus der Verfassung entspringen; nur durch deren Aufrechterhaltung könne das Eigentum der Bürger geschützt und die Freiheit der Person gesichert werden. Mit den leitmotivisch wiederkehrenden Schlüsselbegriffen *liberty* und *property* sind nicht nur der Besitz und die persönliche Sicherheit gemeint, sondern die gesamte autonome Rechtssphäre und Verfügungsmacht der Untertanen. Durch die Beschwörung dieser identitätsbildenden Merkmale aller freien Briten und deren Kontrastierung mit negativ besetzten Fremdbildern anderer Nationen leisteten die Dramen einen nicht zu unterschätzenden Beitrag zur Herausbildung einer nationalen britischen Identität.

Als besonders ergiebig für eine Untersuchung nationaler Selbst- und Fremdbilder erweisen sich historische Dramen, in denen die Geschichtsdarstellung oftmals in den Dienst nationaler Identitätskonstruktion gestellt wird und die in der Forschung bislang nur wenig Beachtung gefunden haben. Ähnlich patriotische Töne wie in Centlivres Komödien gibt etwa der Prologsprecher in William Havards (?1710-78) historischer Tragödie *King Charles I.* (1737) von sich, der mit seiner Absicht nicht hinterm Berg hält: "fire each bosom with its country's love". Nachdem er sich gewohnt abfällig über italienische und französische Vorlieben geäußert und sich als wahren Briten bezeichnet hat, stilisiert er seine Wahl eines englischen Helden als einen patriotischen Akt, von dem er sich Applaus und Zustimmung aller vaterländisch Gesinnten erhofft:

> Conscious, that in these scenes is clearly shown
> Britain can boast true heroes of her own. [...]
> From British scenes to-night we hope applause,
> And Britons sure will aid a British cause. (Würzbach 1969: XVI 7)

Wie diese Beispiele bereits erkennen lassen, erfüllten historische Dramen des 18. Jahrhunderts ganz ähnliche Funktionen wie die damalige englische Geschichtsschreibung (vgl. V. Nünning 1994c). Ebenso wie diese fungierten Geschichtsdramen zum einen als ein Medium der Zeitkritik, was in vielen Prologen sehr deutlich wird. Zum anderen wurden die Lehren, die aus der Geschichte gezogen werden konnten, als politisches Argument in der Gegenwart herangezogen. Darüber hinaus diente die Rückbesinnung auf die englische Vergangenheit der kulturellen Selbstreflexion und

Selbstvergewisserung einer Nation, in der sich weitreichende politische, ökonomische und gesellschaftliche Wandlungen vollzogen. Damit leisteten Dramen zugleich einen nicht zu unterschätzenden Beitrag zur Herausbildung einer nationalen britischen Identität. Dies wird nirgends so deutlich wie in der Widmung an die Subskribenden, die Henry Brooke (?1703-83) der Druckfassung seiner historischen Tragödie *Gustavus Vasa* (1739) voranstellte. Sein großes Glück sei es, so Brooke in seiner Eulogie auf die englische Verfassung und auf die darin verbrieften "unextinguishable sparks of liberty and patriotism" (Würzbach 1969, XVI: 4), ein Staatsangehöriger Großbritanniens zu sein und unter einer Regierung zu leben "where national liberty was established by law, and the rights of subjects interwoven with their allegiance" (3). Daß sich auch der Prologsprecher in diesem Stück emphatisch an "Britons!" (7) richtet, ist kein Zufall, sondern ergibt sich aus Brookes erklärter Absicht: "Patriotism, or the love of country, is the great and single moral which I had in view through this play." (5)

Einige weitere Dramen, in denen die Auseinandersetzung mit nationalen Selbst- und Fremdbildern ebenfalls eine zentrale Rolle spielt, mögen verdeutlichen, daß Centlivres Stück keineswegs ein Einzelfall war. Vielmehr finden sich im 18. Jahrhundert sehr viele Stücke, die sich die Wirksamkeit nationaler Selbst- und Fremdbilder zunutze machen oder sich kritisch mit solchen Stereotypen auseinandersetzen. Während sich die Thematisierung nationaler Eigentümlichkeiten bisweilen auf die Charakterisierung einer Nebenfigur oder einige Repliken englischer Figuren über andere Völker beschränkt, sind in anderen Stücken die gesamte Figurenkonstellation und Handlungsführung so angelegt, daß die Auseinandersetzung mit nationalen Auto- und Heterostereotypen in den Mittelpunkt rückt.

Drei typische Beispiele für Stücke, in denen die Darstellung von und Reflexion über nationale Eigenarten im Zentrum stehen, sind Samuel Footes Komödien *The Englishman in Paris* (1753), *The Englishman Return'd from Paris* (1756) und *A Trip to Calais* (1778). Wie bereits aus den Titeln der Stücke hervorgeht, wird in ihnen eine Konfrontation von Angehörigen verschiedener Nationen auf der Figurenebene inszeniert. Im Gegensatz zu Centlivre und vielen anderen englischen Autoren seiner Zeit benutzt Foote die Gegenüberstellung von Figuren unterschiedlicher Nationalität allerdings nicht bloß in xenophobischer Manier, sondern bei ihm fungiert der Nationenvergleich auch als Gestaltungsmittel, um Kritik an englischen Unsitten und Mißständen zu üben und vorurteilshafte Einstellungen satirisch zu entlarven. Im Falle von Footes Stücken wird das Fremde nicht allein um seiner selbst willen dargestellt, sondern der Vergleich mit Frankreich dient auch dazu, das Eigene zu kritisieren. Im Hinblick auf die Erforschung des Verhältnisses von Fremdem und Eigenem, der Erscheinungsformen kultureller Fremdheit sowie der historischen Genese nationenbezogener Auto- und Heterostereotypen erweist sich gerade das englische Drama des 18. Jahrhunderts als ein kulturwissenschaftlich sehr ergiebiger und noch wenig erschlossener Bereich.

7. Diachrone Entwicklungstendenzen der englischen Komödie, Tragödie und anderer dramatischer Genres im 18. Jahrhundert

Während bislang die synchrone Vielfalt der Themen, Bauformen und Gattungsausprägungen sowie einige kulturwissenschaftlich besonders relevante Aspekte im Vordergrund standen, sollen nun die wichtigsten diachronen Entwicklungstendenzen skizziert werden. Dabei gilt es, verschiedene Phasen in der Gattungsentwicklung des englischen Dramas des 18. Jahrhunderts zu bestimmen und die jeweiligen thematischen und formalen Besonderheiten kurz zu charakterisieren. Obgleich die Gattungsentwicklung des englischen Dramas in dieser Epoche nicht linear verläuft und es zur gleichen Zeit viele unterschiedliche Erscheinungsformen und Genres gibt, werden aus der Rückschau einige thematische, formale und gattungsspezifische Tendenzen erkennbar, die jeweils für bestimmte Phasen charakteristisch sind und den entsprechenden Dekaden ein charakteristisches Profil verleihen.

Vorweggeschickt sei jedoch, daß es keine klaren Zäsuren gibt und daß die Übergänge zwischen den einzelnen Phasen der Gattungsentwicklung eher fließend sind. Durch den Begriff 'Dominanzverhältnisse' soll außerdem darauf hingewiesen werden, daß in jeder Phase auch andere Erscheinungsformen des Dramas anzutreffen sind als die, die im folgenden als vorherrschend herausgestellt werden. Lediglich dem berühmt-berüchtigten *Theatre Licensing Act* im Jahre 1737 kann man mit Fug und Recht den Status einer klaren Zäsur zusprechen, die wie eine Epochenschwelle erscheint.

7.1. Komödie und Tragödie im Kurzüberblick

Überblickt man die Entwicklung der englischen Komödie im gesamten 18. Jahrhundert, so wird deutlich, daß sowohl die These vom Rückgang der Komik in der ersten Hälfte des Jahrhunderts als auch die von der "Reduktion des Sentimentalen" (Haslag 1967) in der zweiten Jahrhunderthälfte eine gewisse Berechtigung haben. Dennoch handelt es sich nicht um eine Ablösung eines Komödientypus durch einen anderen, sondern um eine kulturell signifikante Verschiebung der Dominanzverhältnisse.

Wenn man die Entwicklungstendenzen der englischen Komödie im 18. Jahrhundert prägnant zusammenfassen will, so lassen sich grob drei Phasen unterscheiden, die jeweils ein bestimmtes Profil aufweisen. Eine erste Phase, die etwa von den 1690er Jahren bis in die 1730er Jahre reicht, zeichnet sich vor allem durch die Abkehr der Mehrzahl der Dramatiker von den Bauformen der *comedy of manners* und den hedonistischen Werten der Restaurationskomödie sowie durch eine zunehmende Reduktion des Komischen aus. Dabei tritt zum einen der Typus der satirischen Komödie, der in der Restaurationszeit vorherrschend ist, zugunsten einer neuen Erscheinungsform von 'exemplarischer' Komödie in den Hintergrund. Zum anderen kommt es zu einem fundamentalen Wechsel des Komödienparadigmas, einer Ablösung der *rewarded rake*-Formel der Restaurationskomödien durch die Belohnung der Tugend in der *sentimental comedy* (vgl. Zach 1987). Typische Beispiele für die damit umrissenen Tendenzen sind die Stücke von Colley Cibber (1671-1757) und Sir

Richard Steele. Hingegen beweisen allein schon die Stücke von Susannah Centlivre und Henry Fielding (1707-54), daß auch traditionellere Formen von Komödien weiterhin populär waren.

Eine zweite Phase innerhalb der Entwicklung der Komödie, die vom Ende der 1730er bis zum Anfang der 1770er Jahre reicht, zeichnet sich durch ein Nebeneinander unterschiedlicher Komödientypen aus. Auf der einen Seite zeugen Stücke wie Edward Moores *The Foundling* (1748), William Whiteheads *The School for Lovers* (1762), Hugh Kellys *False Delicacy* (1768) und Richard Cumberlands *The West Indian* (1771) von einer gewissen Kontinuität innerhalb der Entwicklung der *sentimental comedy*. Diese verkommt allerdings zunehmend zum sentimentalen Rührstück und weist auf die Strukturen des Melodramas voraus (vgl. Ellis 1991 und Fietz 1991). Auf der anderen Seite gibt es in dem selben Zeitraum zahlreiche Komödien, die sich deutlich vom Paradigma der *sentimental comedy* unterscheiden. Zu den Stücken, in denen sich sowohl empfindsame als auch komische Elemente in unterschiedlichen Dominanzverhältnissen finden, zählen etwa Benjamin Hoadlys *The Suspicious Husband* (1749), George Colmans *The Jealous Wife* (1761), David Garricks *The Country Girl* (1766), die von Colman und Garrick in Gemeinschaftsarbeit geschriebene Komödie *The Clandestine Marriage* (1766) sowie die Komödien Arthur Murphys (1727-1805). Auch die meisten Komödien von Arthur Murphy und Samuel Foote (1720-77) liefern einen Beweis für eine fortdauernde Vitalität einer Komödienform, in der das Komische nicht völlig von Rührung und moralischer Empfindsamkeit überlagert wird.

In der dritten Phase kommt es in den 1770er Jahren endgültig zu einer Renaissance der *comedy of manners* bzw. der *laughing comedy*, welche die in Rührseligkeit erstarrte *sentimental comedy* parodiert und in der Publikumsgunst verdrängt.[16] Die Entwicklung von der *sentimental comedy* hin zur *laughing comedy*, die sich etwa an einem Vergleich von Steeles rührseligen Stücken mit den Komödien Arthur Murphys, Samuel Footes, George Colmans, Oliver Goldsmiths, Richard Brinsley Sheridans und Hannah Cowleys ablesen läßt, ist ein deutlicher Indikator für einen mentalitätsgeschichtlich aufschlußreichen Wandel des Geschmacks und der Komödienkonzeption. Besonders deutlich wird die Verballhornung der *sentimental comedy* in dem von David Garrick verfaßten Prolog zu Oliver Goldsmiths *She Stoops to Conquer* (1773). Der ganz in Schwarz gekleidete Prologsprecher hält sich ein Taschentuch vor die Augen, um seiner Trauer über die komische Muse, die aufgrund einer Überdosis an Sentimentalismus nach langer Krankheit nunmehr im Sterben liegt, stilgerecht Ausdruck zu verleihen:

The Comic muse, long sick, is now a dying!
And if she goes, my tears will never stop;
For as a play'r, I cant't squeeze out one drop. (Trussler 1969a: 274)

Auch die englische Tragödie des 18. Jahrhunderts weist in diachroner Hinsicht mindestens drei Entwicklungstendenzen auf. Diese lassen sich mit den Stichworten

16 Vgl. zu diesen Tendenzen – stellvertretend für viele andere Studien – Haslag (1967), Hume (1972), Booth/Southern (1975), Loftis (1976) und Bevis (1981).

'Niedergang der *heroic tragedy*', 'Aufkommen der *domestic tragedy*' und 'vom Klassizismus zur Vorromatik' umreißen.

Die kulturgeschichtlich bedeutendste dieser Entwicklungstendenzen ist sicherlich der Siegeszug der *domestic tragedy*, die sich ab den 1730er Jahren zwei Jahrzehnte lang großer Beliebtheit erfreute und die zweite Phase der Gattungsentwicklung prägte. Neben Lillos *The London Merchant* und *Fatal Curiosity* ist vor allem Edward Moores bürgerliche Tragödie *The Gamester* (1953) zu nennen, aber Benjamins Thompsons *The Stranger* (1798) beweist, daß sich dieses Genre bis zum Ende des Jahrhunderts behaupten konnte und ebenso wie die *sentimental comedy* auf einige der Strukturen des Melodramas vorausweist.

Eine weitere innovative Entwicklung im Bereich der Tragödie, die vor allem die dritte Phase ab der Mitte des Jahrhunderts prägt, ist die allmähliche Abwendung vom Klassizismus und die Hinwendung zum Romantischen. Diese Tendenz zeigt sich bereits in Thomsons Tragödien *Edward and Eleonora* (1739) und *Tancred and Sigismunda* (1745), die im Bereich der Handlungsstruktur und der Figurendarstellung nicht mehr völlig den Idealen der klassizistischen Dramentheorie entsprechen. Gleichwohl sind diese romantischen Ansätze in Thomsons Tragödien weniger stark ausgeprägt als in seiner Lyrik, so daß sich, wie Franz Zaic (1973: 324) zu Recht betont, "bei ihm das Phänomen einer *Phasenverschiebung* zwischen dramatischer und nichtdramatischer Dichtung" zeigt. Daß Thomson in dieser Hinsicht kein Einzelfall ist, beweist im übrigen etwa Thomas Grays Dramenfragment *Aggripina* (1742-1746), das im Vergleich zu seinen Gedichten aus den 1740er Jahren, insbesondere seiner bereits sehr romantischen "Elegy Written in a Country Church-Yard" (1750),[17] noch sehr klassizistisch ist.

Sehr viel stärker treten vorromantische Elemente in englischen Tragödien nach 1750 hervor. Deutlich wird diese Entwicklung etwa in den Verstragödien des schottischen Dramatikers John Home (1722-1808), der mit seinen Stücken *Douglas* (1756) und *The Fatal Discovery* (1769) dem Drama neue Ausdrucksformen erschloß. Vor allem das hohe Maß an Natur- und Landschaftsschilderungen, das enge korrelative Verhältnis zwischen Natur und den dramatischen Figuren, die Einbeziehung des Irrationalen sowie die Emotionalisierung der Darstellung weisen in Homes Tragödien auf die Romantik voraus.

7.2. Satire, Farce, Burleske, *Gothic Drama* und Metadrama

Neben den verschiedenen Ausprägungen der Komödie und der Tragödie findet sich noch ein breites Spektrum anderer Erscheinungsformen und dramatischer Genres, die sich aufgrund ihres hybriden Charakters einer klaren Einordnung unter gattungstheoretische Begriffe entziehen und von der Forschung bislang relativ wenig beachtet worden sind. In diesem Bereich sind erstens zahlreiche Burlesken und Farcen zu nennen. Dabei handelt es sich meist um hybride Genres, die sich vor allem in der ersten Hälfte des Jahrhunderts großer Beliebtheit erfreuten. Dazu zählen etwa das von

[17] Vgl. dazu im einzelnen die ausgezeichnete Interpretation von W.G. Müller (1996); zum Phänomen dieser Phasenverschiebung zwischen Drama und Lyrik sowie zur Entwicklung vom Klassizismus zur Vorromatik in der Tragödie vgl. Zaic (1973: 324ff), auf den ich mich in diesem Absatz stütze.

John Gay, Alexander Pope und John Arbuthnot gemeinsam verfaßte Stück *Three Hours After Marriage* (1717), Henry Fieldings Tragödienparodien *Tom Thumb* (1730) und *The Covent-Garden Tragedy* (1732) sowie Henry Careys *Chrononhotonthologos* (1734) und *The Dragon of Wantley* (1737). Ein besonders typisches Beispiel für ein Stück, das herkömmliche Gattungseinteilungen gezielt durchkreuzt, ist John Gays Burleske *The What D'Ye Call It* (1715), deren Titel ebenso auf die unklare Gattungszuordnung anspielt wie der Untertitel – *A Tragi-Comi-Pastoral-Farce* – und das parodistische Vorwort.

Besondere Beachtung verdienen zweitens die politischen Satiren der späten 1720er und der 1730er Jahre. Vor allem bei John Gays legendärer *The Beggar's Opera* (1728) und Henry Fieldings Stücken handelt es sich um experimentelle Erscheinungsformen, durch die das Drama zu einem politischen Medium der Zeitkritik avancierte.

Drittens findet sich in der Phase von 1720 bis 1755 eine Reihe historischer Dramen, in denen es unter anderem darum geht, Lehren aus der Vergangenheit zu ziehen. Das historische Drama ist aus kulturwissenschaftlicher Sicht insofern ein sehr interessantes Genre, als in ihm der Zusammenhang zwischen kultureller Erinnerung und nationaler Identitätskonstruktion besonders deutlich wird. Ein typisches Beispiel für die in vielen Dramen vorherrschende Tendenz, die Rückbesinnung auf die Geschichte in den Dienst patriotischer Anliegen zu stellen, ist etwa der Prolog zu John Hughes *The Siege of Damascus* (1720). Im Anschluß an den ominösen Hinweis "Britons, be warn'd" richtet der Prologsprecher einen jener patriotischen Appelle an das Publikum, die sich in vielen Dramen des 18. Jahrhunderts finden:

> Unite at home --- forego intestine jars;
> Then scorn the rumours of religious wars;
> Speak loud in thunder from your guarded shores,
> And tell the Continent, the sea is your's. (Würzbach 1969: XVI 6)

Viertens sind mit dem *Gothic Drama* und dem Melodrama zwei Genres zu nennen, die vor allem für die letzten beiden Dekaden des 18. Jahrhunderts kennzeichnend sind. Obgleich die Wurzeln des Melodramas, das aus der *sentimental comedy* und der *domestic tragedy* hervorgegangen ist (vgl. Fietz 1991), weiter zurückreichen als die des *Gothic Drama*, weisen gerade diese beiden Genres auf die Romantik und das englische Drama des 19. Jahrhunderts voraus.

Fünftens und letztens finden sich im gesamten 18. Jahrhundert verschiedene Formen des Metadramas, die sich in selbstreflexiver und oftmals parodistischer Weise mit den vorherrschenden Konventionen des zeitgenössischen Theaters auseinandersetzen. Das Metadrama fungiert schon im 18. Jahrhundert als ein parodistisches Medium der Selbstthematisierung und Parodierung des Literatursystems und Theaterbetriebs. Das breite Spektrum verschiedener Spielarten des Metadramas, die sich in selbstreflexiver Weise mit den Konventionen des zeitgenössischen Theaters und Dramas auseinandersetzen, reicht von den *rehearsal plays* über verschiedene Formen von Burlesken bis zu literarisch anspruchsvollen Parodien (vgl. Smith/Lawhon 1979). Stellvertretend für viele andere solcher Stücke seien George Villiers Buckinghams *The Rehearsal* (1761), Henry Fieldings Burlesken und Frederick Reynolds' *The Dramatist; or Stop Him Who Can* (1789) genannt.

Ein Beispiel für typische Merkmale des Metadramas ist Richard Brinsley Sheridans Farce *The Critic* (1779), in der eine Vielzahl der genannten Bauformen und Genres, die für das englische Drama des 18. Jahrhunderts charakteristisch sind, parodiert werden. Auf die epochenspezifische Ununterscheidbarkeit von Komödien und Tragödien wird gleich in der ersten Szene im Figurendialog mehrfach angespielt. Als Dangle in einem Stück die Bühnenanweisung "Bursts into tears, and exit" liest, fragt er sich: "What, is this a tragedy?" (Price 1975: 342). Sneer belehrt ihn jedoch eines Besseren:

> No, that's a genteel comedy, not a translation – only *taken from the French*; it is written in a stile which they have lately tried to run down; the true sentimental, and nothing ridiculous in it from beginning to the end. (Price 1975: 342)

Auch beim nächsten Manuskript handelt es sich um eine ähnlich komische Gattungsmischung, die Sneer so beschreibt: "O, that's a comedy, on a very new plan; replete with wit and mirth, yet of a most serious moral!" (Price 1975: 343). Und wenn schließlich Sir Fretful Plagiary, eine köstliche Karikatur des erfolgreichen Dramatikers Richard Cumberland, bemerkt "A dext'rous plagiarist may do any thing. – Why, Sir, for ought I know, he might take put some of the best things in my tragedy, and out them into his own comedy" (345), dann wird die Ununterscheidbarkeit von Komödien- und Tragödiendichtung sowie die Austauschbarkeit ihrer dramatischen Bauformen durch die parodistische Verspottung vollends deutlich.

8. Zusammenfassung der Funktionen und Ausblick auf innovative Forschungsperspektiven

Insgesamt ist deutlich geworden, daß das englische Drama im 18. Jahrhundert ein sehr breites Funktionspotential erfüllte. Obgleich eine systematische funktionsgeschichtliche Studie zum englischen Drama dieser Epoche bislang noch ein Desiderat ist, lassen sich mindestens sechs Funktionen benennen, die Dramen erfüllten: (1) Die offensichtlichste Funktion von Dramen ist ästhetisch-kulinarischer Art und besteht in der Unterhaltung des Publikums. (2) Gemäß dem Gebot des Horaz, *prodesse aut delectare,* bzw. *dulce et utile* erfüllte das Drama in dieser Zeit zweitens moralisch-didaktische Funktionen, die auf die moralische Erbauung und Belehrung des Publikums abzielten. (3) Drittens fungierte das Drama als ein gesellschaftliches Medium der Zeitkritik und der politischen und sozialen Meinungsbildung. (4) Aus dem zeitkritischen Charakter der Straßenballaden ergibt sich viertens ihre zentrale Funktion als Medium der Etablierung neuer Wertvorstellungen und Einstellungen. (5) Insbesondere historische Dramen dienten fünftens der Geschichtsdarstellung, kulturellen Erinnerung und historischen Sinnstiftung. (6) Sechstens erfüllten Dramen in dieser Umbruchsphase wichtige soziale und politische Bilanzierungs-, Orientierungs- und Stabilisierungsfunktionen; im Prozeß der Herausbildung einer britischen nationalen Identität fungierten sie als ein Medium der kollektiven Identitätskonstruktion.

Wie lohnend es sein kann, sich mit dem englischen Drama des 18. Jahrhunderts im Rahmen eines kulturwissenschaftlichen Ansatzes zu beschäftigen, mögen einige Hinweise auf innovative Forschungsperspektiven verdeutlichen. Aus der Vielzahl von offenen Fragen seien zumindest acht Bereiche genannt, aus denen sich ergiebige Themen ableiten lassen, die sich hervorragend für Abschlußarbeiten eignen.

Sieht man einmal ab von einer Handvoll kanonisierter Klassiker, zu denen Addison, Gay, Goldsmith, Lillo, Sheridan und Steele zählen, so mangelt es bei vielen Dramatikern des 18. Jahrhunderts an monographieartigen Darstellungen, die das Gesamtwerk der Autoren charakterisieren und es in synchrone und diachrone Zusammenhänge einordnen. Dieses Defizit betrifft im übrigen nicht nur eine Vielzahl sogenannter *minor dramatists*, sondern auch keinen geringeren als Henry Fielding, den es als hochgradig innovativen Dramatiker noch zu entdecken gilt.

Nicht zu vergessen ist zweitens, daß der Beitrag von Frauen zum englischen Drama und Theater des 18. Jahrhunderts noch nicht hinreichend erforscht ist. Während im Bereich des Romans die Kanonrevision durch die feministische Literaturwissenschaft bereits recht weit fortgeschritten ist, mangelt es sowohl an fundierten Untersuchungen zu den Werken von Dramatikerinnen wie Susanna Centlivre, Hannah Cowley, Elizabeth Inchbald und Mercy Otis Warren als auch an feministisch orientierten Studien zur Darstellung von Geschlechterdifferenzen im Drama des 18. Jahrhunderts.[18]

Drittens fehlen bislang – ungeachtet einiger aufschlußreicher Einzeluntersuchungen – sowohl eine Typologie der Gattungsausprägungen des englischen Dramas im 18. Jahrhundert als auch eine Poetik einzelner Genres und der für sie charakteristischen Bauformen. Von besonderem Interesse ist dabei zum einen die Annäherung von Komödie und Tragödie, deren Konventionen sich in dieser Epoche zunehmend angleichen. Zum anderen hat sich die Forschung einer Reihe von Subgattungen – etwa dem historischen Drama, dem Metadrama sowie jenen Genres, die meist unter Etiketten wie *burlesque plays* subsumiert werden – bislang nur sehr zögerlich angenommen. Für all diese Gattungen wäre die Entwicklung einer Merkmalsmatrix, wie sie in diesem Beitrag für das moralisch-empfindsame Drama bzw. *drama of sensibility* skizziert wurde, ein echtes Desiderat.

Ein weiteres Thema, das mehr als nur eine Untersuchung wert wäre, ist die Wechselwirkung zwischen Drama und Roman in dieser Epoche. Folgt man der Einsicht der modernen Gattungstheorie, daß gattungsbildende Prozesse nicht nur innerhalb einer Gattung verlaufen, sondern auch das Gattungssystem einer bestimmten Epoche tangieren, dann stellt sich die Aufgabe, sowohl die Interferenzen zwischen Drama und Roman in dieser Epoche als auch die Konsequenzen zu analysieren, die der Aufstieg des Romans für die Strukturierung der übrigen Gattungen hatte. Daraus ergibt sich zum einen die Frage nach der Bedeutung, die dramatische Bauformen für die Entwicklung und Poetik des Romans hatten. Zum anderen gilt es, die Formen und Funktionen epischer Elemente in Dramen zu bestimmen. Obgleich etwa Fielding in seinen experimentellen Bühnenstücken illusionsdurchbrechende Kommunikationstechniken des epischen Theaters vorwegnahm, sind die Formen der Episierung in seinen Dramen und die theatergeschichtliche Bedeutung Fieldings noch nicht umfassend untersucht worden.

---

[18] Vgl. lediglich die Anthologien von Morgan (1981) und Rogers (1994) sowie Burling (1991), Pearson (1988) und die Beiträge in dem Band von Schofield/Macheski (1991). Im Erscheinen ist Rubik (1998).

Angesichts der Vielzahl von Neubearbeitungen dramatischer Vorlagen wäre es fünftens eine lohnende Aufgabe für intertextuell orientierte Arbeiten, durch einen Vergleich von 'Dramenpärchen' den darin zum Ausdruck kommenden Geschmackswandel zu rekonstruieren. Stellvertretend für eine Vielzahl anderer Beispiele seien William Wycherleys *The Country Wife* (1675), Charles Johnsons *The Country Lasses* (1715) und David Garricks *The Country Girl* (1766), George Farquhars *The Beaux Stratagem* (1707) und Hannah Cowleys *The Belle's Stratagem* (1780) sowie Susanna Centlivres *A Bold Stroke for a Wife* (1718) und Hannah Cowleys *A Bold Stroke for a Husband* (1783) genannt, bei denen bereits die Titel die enge Verbindung zwischen Prätext und Bearbeitung signalisieren. Auch intertextualitätstheoretisch orientierte Untersuchungen der Formen und Funktionen dramatischer Parodien und Metadramen, die es im 18. Jahrhundert in großer Zahl gibt, können viel dazu beitragen, kulturwissenschaftlich relevante Phänomene wie den Wandel von moralischen Einstellungen und ästhetischen Normen zu erhellen.

Verknüpft man gattungsgeschichtliche und intertextuelle Fragestellungen, so ergibt sich sechstens ein Untersuchungsfeld, das sich mit den Stichworten 'Intermedialität' oder 'Medienwechsel' umreißen läßt: Es gibt nämlich im 18. Jahrhundert eine Reihe von Adaptionen von Romanen (u.a. von Defoes *Robinson Crusoe* und Richardsons *Pamela*) für die Bühne. Ein gattungsgeschichtlich besonders interessantes Beispiel ist etwa Robert Jephsons (1736-1803) Verstragödie *The Count of Narbonne* (1781), eine Dramatisierung von Horace Walpoles *The Castle of Otranto* (1765), einem Roman, der bekanntlich die Tradition des englischen Schauerromans begründete (vgl. Zaic 1973: 333f). Sowohl bei solchen Dramatisierungen als auch bei vielen anderen Tragödien und Komödien des 18. Jahrhunderts handelt es sich nicht zuletzt deshalb um gattungs- und kulturgeschichtlich sehr aufschlußreiche Werke, weil sie die Frage nach der Existenz einer Zäsur oder Epochenschwelle zwischen Klassizismus und Romantik aufwerfen.

Ein vor allem für das Zeitalter der Empfindsamkeit wichtiges Thema ist siebtens die Semantisierung der Körpersprache als Kommunikationsmittel und Ausdruck der natürlichen Moral des Menschen. Dabei geht es um die Frage, wie englische Dramen das nonverbale Verhalten von Figuren und die Interpretation dieser sprachersetzenden Zeichen durch andere Figuren darstellen, um damit den Zusammenhang zwischen *sensibility*, Moral, Wahrnehmung und Kommunikation zu vermitteln. Eine Untersuchung zu den Formen und Funktionen der Semantisierung der Körpersprache kann einen wichtigen Beitrag leisten zu einem besseren Verständnis der Aufwertung von Humanität und Emotionen, die ein Markenzeichen der Kultur der Empfindsamkeit sind und die entscheidend zur Feminisierung der Kultur im 18. Jahrhundert beigetragen haben.[19]

---

[19] Zu den komplexen kulturgeschichtlichen Phänomenen, die mit den Stichworten "Entdeckung der Humanität", "Feminisierung der Kultur" und "Kultur der Empfindsamkeit" bezeichnet werden können, vgl. V. Nünning (1994a, 1994b, 1996a, 1996b). Trotz einiger wegweisender neuer Studien zur Empfindsamkeit und zur *sentimental comedy* steht eine kulturwissenschaftlich und komparatistisch angelegte Geschichte dieses Subgenres im übrigen bislang noch aus; vgl. Ellis (1991: 121): "a history of sentimental comedy, not only in England, but in Spain, France, Germany, and Italy, is a major desideratum".

In der gegenwärtigen Forschungssituation, in der verstärkt über eine interdisziplinäre Erweiterung der Anglistik auf eine Kulturwissenschaft hin diskutiert wird, eröffnet die skizzierte Betrachtungsweise achtens neue Möglichkeiten, die Analyse literarischer Texte mit weiterreichenden kulturwissenschaftlichen Fragestellungen zu verknüpfen. Wenn man davon ausgeht, daß die Themenwahl und die dramatischen Bauformen Einsichten in Denkmuster und Kollektivvorstellungen ihrer Entstehungszeit vermitteln, dann gewinnen Dramen einen eigenständigen Wert als Quelle für eine Kultur- und Mentalitätengeschichte, einen Aussagewert, der über die dargestellten Inhalte weit hinausführt. Aus dem breiten Spektrum kulturwissenschaftlicher Fragestellungen, die sich aus der gewählten Perspektive ergeben, seien sechs zumindest stichwortartig hervorgehoben:

- Das Selbstbild der bürgerlichen Mittelschicht im Spiegel englischer Dramen des 18. Jahrhunderts
- "A Polite and Commercial People": Der Beitrag englischer Dramen des 18. Jahrhunderts zur Debatte um Sitten und Handel
- "Questions of Virtue": Der Beitrag englischer Dramen des 18. Jahrhunderts zur Debatte um Tugend und Moral
- Der Dialog des englischen Dramas mit dem Diskurs des Kolonialismus und Imperialismus
- Patriotismus und Xenophobie: Formen und Funktionen nationaler Auto- und Heterostereotypen in englischen Dramen des 18. Jahrhunderts
- "Forging the Nation": Der Beitrag des englischen Dramas des 18. Jahrhunderts zur nationalen britischen Identitätskonstruktion

Kurzum: Eine kulturwissenschaftlich orientierte Erschließung und Neubewertung des englischen Dramas des 18. Jahrhunderts steht noch aus. Da der skizzierte funktions- und mentalitätsgeschichtliche Ansatz nicht von absoluten ästhetischen Normen ausgeht, hat er den Vorzug, daß er nicht auf die kanonisierten Autoren beschränkt ist, diese aber auch nicht gleich mit dem feministischen Bade ausschüttet. Indem er die ganze Bandbreite der Dramenproduktion im Rahmen einer ausgewogenen Betrachtungsweise einbezieht, verspricht er der Entwicklungs- und Funktionsgeschichte des englischen Dramas im 18. Jahrhundert ein differenzierteres Profil zu verleihen.

Literatur

1. Anthologien

Lindsay, David W., Hg. 1974. *The Beggar's Opera and Other Eighteenth-Century Plays*. London: Dent.

Morgan, Fidelis, Hg. 1981. *The Female Wits: Women Playwrights on the London Stage 1660-1720*. London: Virago Press.

Price, Cecil, Hg. 1975. *Sheridan's Plays*. Oxford: Oxford Univ. Press.

Rogers, Katherine M., Hg. 1994. *The Meridian Anthology of Restoration and Eighteenth-Century Plays by Women*. Harmondsworth: Penguin.

Trussler, Simon, Hg. 1969a. *Eighteenth Century Comedy*. Oxford: Oxford Univ. Press.

---. Hg. 1969b. *Burlesque Plays of the Eighteenth Century*. Oxford: Oxford Univ. Press.

Würzbach, Natascha, Hg. 1969. *British Theatre. Eighteenth-Century English Drama*. 20 Bde. Frankfurt: Minerva.

2. Sekundärliteratur

Von großem Interesse für Informationen über die neueste Forschung zu diesem Thema sind außerdem die jährlich in der Zeitschrift *Studies in English Literature 1500-1900* unter dem Titel "Recent Studies in the Restoration and Eighteenth Century" erscheinenden Forschungsberichte sowie die seit 1962 in der Zeitschrift *Restoration and 18th Century Theatre Research* erscheinenden Jahresbibliographien, die die neueste Forschung zum Drama und Theater der Restaurationszeit und des 18. Jahrhunderts dokumentieren.

Backscheider, Paula, Hg. 1989. *Restoration and Eighteenth-Century Dramatists: First Series. Dictionary of Literary Biography*, vol. 80. Detroit: Gale Research.

Barker-Benfield, G.J. 1992. *The Culture of Sensibility: Sex and Society in Eighteenth-Century Britain*. Chicago, London: Chicago Univ. Press.

Barkhausen, Jochen. 1983. *Die Vernunft des Sentimentalismus. Untersuchung zur Entstehung der Empfindsamkeit und empfindsamen Komödie in England*. Tübingen: Narr.

Barrell, John. 1983. *English Literature in History, 1730-1780: An Equal, Wide Survey*. London: Hutchinson.

Bateson, Frederick Wiles. 1929. *English Comic Drama 1700-1750*. Oxford: Clarendon Press.

Bernbaum, Ernest. 1915. *The Drama of Sensibility 1696-1780*. Boston: Ginn and Co.

Bevis, Richard Wade. 1981. *The Laughing Tradition: Stage Comedy in Garrick's Day*. London: George Prior.

---. 1988. *English Drama: Restoration and Eighteenth Century, 1660-1789*. London: Longman.

Boas, Frederick S. 1953. *An Introduction to Eighteenth-Century Drama: 1700-1780*. Oxford: Oxford Univ. Press.

Booth, Michael R., Richard Southern, et al. 1975. *The Revels History of Drama in English. Volume VI: 1750-1880*. General Editors: Clifford Leech and Thomas W. Craik. London: Methuen.

Brown, Laura. 1981. *English Dramatic Form, 1660-1760: An Essay in Generic History*. New Haven: Yale Univ. Press.

Brunkhorst, Martin. 1979. *Tradition und Transformation. Klassizistische Tendenzen in der englischen Tragödie von Dryden bis Thomson*. Berlin: De Gruyter.

Burling, William J. 1991. "'Their Empire Disjoyn'd': Serious Plays by Women on the London Stage, 1660-1737." In: Schofield and Macheski. 311-24.

Buschmeier, Manfred. 1990. *Die Gesellschaft und das Geld. Untersuchungen zum Geld in englischen Romanen und Komödien der sentimental era*. Trier: WVT.

Butler, Douglas R. 1991. "Plots and Politics in Susanna Centlivre's *A Bold Stroke for a Wife*." In: Schofield and Macheski. 357-70.

Canfield, J. Douglas und Deborah C. Payne, Hgg. 1995. *Cultural Readings of Restoration and Eighteenth-Century English Theater*. Athens, Ga.: University of Georgia Press.

Carlson, Julia. 1990. "Unsettled Territory: The Drama of English and German Romanticisms." *Modern Philology* 88: 43-56.

Colley, Linda. 1992. *Britons: Forging the Nation 1707-1837*. New Haven: Yale Univ. Press.

Conolly, Leonard W. 1976. *The Censorship of English Drama 1737-1824*. San Marino: Huntington Library.

Corman, Brian. 1992/93. "What is the Canon of English Drama, 1660-1737?" *Eighteenth Century Studies* 26.2: 307-20.

Cox, Jeffrey N. 1991. "Ideology and Genre in the British Antirevolutionary Drama of the 1790's." *English Literary History* 58.3: 579-610.

Duffy, Michael. 1986. *The Englishman and the Foreigner: The English Satirical Print 1600-1832*. Cambridge: Chadwyck-Healey.

Ellis, Frank Hale. 1991. *Sentimental Comedy: Theory and Practice*. Cambridge: Cambridge Univ. Press.

Feldmann, Doris. 1983. *Gattungsprobleme des Domestic Drama im literaturhistorischen Kontext des achtzehnten Jahrhunderts*. (*Bochumer anglistische Studien*, Bd. 16). Amsterdam: Grüner.

---. 1995. "The Modern 'Art of Puffing': Theatrical and Political Discourses in Richard Brinsley Sheridan's *The Critic*." *Querty: Publications de l'Université de Pau* 5: 87-97.

---. 1996. "Peace as the Result of 'the Method of Merchandise': Ideological Warfare in George Lillo's *The London Merchant* (1731)." In: Paul-Gabriel Boucé, Hg. *Guerre et paix dans la Grand-Bretagne du XVIIIe siècle*. Paris: Publications de la Sorbonne [im Druck].

Fietz, Lothar. 1991. "Zur Genese des enlischen Melodramas aus der Tradition der bürgerlichen Tragödie und des Rührstücks: Lillo, Schroder, Kotzebue, Sheridan, Thompson, Jerrold." *Deutsche Vierteljahrsschrift für Literaturwissenschaft und Geistesgeschichte* 61.1: 99-116.

Gardiner, Kevin J. 1995. "Cultural Anxiety in Richard Steele's *The Tender Husband*." *Restoration and 18th Century Theatre Research* 10.1: 44-58.

Goetsch, Paul. 1977. *Bauformen des modernen englischen und amerikanischen Dramas*. Darmstadt: Wissenschaftliche Buchgesellschaft.

Grabes, Herbert. 1996. "Literaturwissenschaft - Kulturwissenschaft - Anglistik." *Anglia* 114.3: 376-95.

Griffin, Dustin. 1996. *Literary Patronage in England, 1650-1800*. Cambridge: Cambridge Univ. Press.

Gymnich, Marion. 1996. "Das englische Drama der Restaurationszeit aus gattungstypologischer Sicht: Erscheinugsformen und Entwicklungstendenzen." In: A. Nünning 1996a. 43-60.

Haslag, Jörg. 1967. "Zur Reduktion des Sentimentalen in Sheridans *The School for Scandal.*" *Anglia* 85: 34-57.

Hirst, David L. 1979. *Comedy of Manners*. London: Methuen.

Holmes, Geoffrey und Daniel Szechi. 1993. *The Age of Oligarchy: Pre-industrial Britain 1722-1783*. London, New York: Longman.

Hönnighausen, Lothar. 1971. "Strukturelle Auswirkungen der *sentiment*-Vorstellung im Schauspiel des 18. Jahrhunderts." *Anglia* 89: 439-55.

Hume, Robert D. 1972. "Goldsmith and Sheridan and the Supposed Revolution of 'Laughing' against 'Sentimental' Comedy." In: Paul J. Korshin, Hg. *Studies in Change and Revolution: Aspects of English Intellectual History, 1640-1800*. Menston: Scolar Press. 237-76.

---. 1977. "Marital Discord in English Comedy from Dryden to Fielding." *Modern Philology* 74: 248-72.

---, Hg. 1980. *The London Theatre World, 1660-1800*. Carbondale: Southern Illinois Univ. Press; London: Feffer und Simons.

---. 1981. "The Multifarious Forms of Eighteenth-Century Comedy." In: Stone 1981. 3-32.

Kamm, Jürgen. 1996. *Der Diskurs des Heroischen Dramas. Eine Untersuchung zur Ästhetik dialogischer Kommunikation in der englischen Restaurationszeit*. Trier: WVT.

Kavenik, Frances M. 1997. *British Drama 1660-1779. A Critical History*. London: Macmillan.

Kern, Jean B. 1976. *Dramatic Satire in the Age of Walpole 1720-1750*. Ames: Iowa State Univ. Press.

Kosok, Heinz, Hg. 1976. *Das Englische Drama im 18. und 19. Jahrhundert. Interpretationen*. Berlin: Erich Schmidt.

Langford, Paul. 1989. *A Polite and Commercial People: England 1727-1783*. Oxford: Clarendon.

Liesenfeld, Vincent J. and Paula R. Backscheider, Hgg. 1984. *The Stage und The Licensing Act, 1729-1739*. New York: Garland.

Liesenfeld, Vincent J. 1984. *The Licensing Act of 1737*. Madison: University of Wisconsin Press.

Loftis, John, Richard Southern, Marion Jones and A.H. Scouten. 1976. *The Revels History of Drama in English. Volume V: 1660-1750*. General Editor: Thomas W. Craik. London: Methuen.

Loftis, John. 1951. "The Eighteenth-Century Beginnings of Modern Drama." *Emory University Quarterly* 7.4: 225-36.

---. 1959. *Comedy and Society from Congreve to Fielding*. Stanford: Stanford Univ. Press.

---. 1963. *The Politics of Drama in Augustan England*. Oxford: Oxford Univ. Press.

---. 1976. *Sheridan and the Drama of Georgian England*. Oxford: Blackwell.

Love, Harold. 1987. "Continuities in English-Language Theatre, 1660-1860." *Eighteenth-Century Life* 11.1: 83-93.

Markley, Robert. 1987. "Sentimentality as Performance: Shaftesbury, Sterne, and the Theatrics of Virtue." In: Nussbaum and Brown. 210-30.

Mehl, Dieter, Hg. *Das englische Drama. Vom Mittelalter bis zur Gegenwart*. 2 Bde., Bd. 2. Düsseldorf: Bagel.

Mullan, John. 1988. *Sentiment and Sociability: The Language of Feeling in the Eighteenth Century*. Oxford: Clarendon.

Müller, Wolfgang. 1996. "Das Problem der Subjektivität in der Lyrik der englischen Romantik." In: A. Nünning 1996a. 127-49.

Nicoll, Allardyce. 1952-59. *A History of English Drama, 1660-1900*. Vol. 2: *Early Eighteenth Century Drama*; Vol. 3: *Late Eighteenth Century Drama*. Cambridge: Cambridge Univ. Press.

---. 1980. *The Garrick Stage: Theatre and Audience in the Eighteenth Century*. Manchester: Manchester Univ. Press.

Nünning, Ansgar. 1992. "Narrative Form und fiktionale Wirklichkeitskonstruktion aus der Sicht des *New Historicism* und der Narrativik. Grundzüge und Perspektiven einer kulturwissenschaftlichen Erforschung des englischen Romans im 18. Jahrhundert." *Zeitschrift für Anglistik und Amerikanistik* 40.3: 197-213.

---, 1995a. Hg. *Literaturwissenschaftliche Theorien, Modelle, Methoden: Eine Einführung*. Trier: WVT.

---. 1995b. "Literatur, Mentalitäten und kulturelles Gedächtnis: Grundriß, Leitbegriffe und Perspektiven einer anglistischen Kulturwissenschaft." In: A. Nünning 1995a. 173-97.

---, 1996a. Hg. *Eine andere Geschichte der englischen Literatur: Epochen, Gattungen und Teilgebiete im Überblick*. Trier: WVT.

---. 1996b. "Kanonisierung, Periodisierung und der Konstruktcharakter von Literaturgeschichten: Grundbegriffe und Prämissen theoriegeleiteter Literaturgeschichtsschreibung." In: A. Nünning 1996a. 1-24.

---. 1996c. "Der englische Roman des 18. Jahrhunderts aus kulturwissenschaftlicher Sicht: Themenselektion, Erzählformen, Romangenres und Mentalitäten." In: A. Nünning 1996a. 77-106.

Nünning, Vera. 1992. "'But some are more equal than others'. Henry Fieldings dualistische Rechtfertigung der hierarchischen Gesellschaft." In: Norbert Finzsch und Hermann Wellenreuther, Hgg. *Liberalitas. Eine Festschrift für Erich Angermann*. Stuttgart: Steiner. 149-71.

---. 1994a. "Die Entdeckung der Humanität als kulturgeschichtliches Phänomen: Veränderungen im Menschenbild und Selbstverständnis von Engländern im 18. Jahrhundert." *Deutsche Vierteljahrsschrift für Literaturwissenschaft und Geistesgeschichte* 68: 214-37.

---. 1994b. "Die Feminisierung der Kultur: Kulturgeschichtliche Bedingungen für den Wandel der Wertschätzung der Frau im England des 18. Jahrhunderts." *Archiv für Kulturgeschichte* 76: 135-63.

---. 1994c. "'In Speech an Irony, in Fact a Fiction': Funktionen englischer Historiographie im 18. Jahrhundert im Spannungsfeld zwischen Anspruch und Wirklichkeit." *Zeitschrift für historische Forschung* 21.1: 37-63.

---. 1995. "From 'honour' to 'honest': The Invention of the (Superiority of the) Middling Ranks in Eighteenth-Century England." *Journal for the Study of British Cultures* 2.1: 19-41.

---. 1996a. "'The slaves of our pleasures' oder 'our companions and equals': Die Konstruktion von Weiblichkeit im England des 18. Jahrhunderts aus kulturwissenschaftlicher Sicht." *Zeitschrift für Anglistik und Amerikanistik* 44.3: 199-219.

---. 1996b. "Die Kultur der Empfindsamkeit: Eine mentalitätsgeschichtliche Skizze." In: A. Nünning 1996a. 107-26.

Nussbaum, Felicity and Laura Brown, Hgg. 1987. *The New Eighteenth Century: Theory, Politics, English Literature*. New York: Methuen.

Pearson, Jacqueline. 1988. *The Prostituted Muse: Images of Women and Women Dramatists 1642-1737*. Hemel Hempstead: Harvester.

Pfister, Manfred. 1977. *Das Drama. Theorie und Analyse*. München: Fink.

Posner, Roland. 1991. "Kultur als Zeichensystem. Zur semiotischen Explikation kulturwissenschaftlicher Grundbegriffe." In: Aleida Assmann und Dietrich Harth, Hgg. *Kultur als Lebenswelt und Monument*. Frankfurt/M.: Fischer. 37-74.

Ranger, Paul. 1991. *'Terror and Pity Reign in every Breast': Gothic Drama in the London Patent Theatres, 1750-1820*. London: Society for Theatre Research.

Rubik, Margarete. 1998. *Early Women Dramatists, 1550-1800. An Alternative Tradition*. Basingstoke: Macmillan.

Schmidt, Johann N. 1993. "Von der Restauration zur Vorromantik." In: Hans Ulrich Seeber, Hg. *Englische Literaturgeschichte*. Stuttgart: Metzler. 149-216.

Schofield, Mary Anne and Cecilia Macheski, Hgg. 1991. *Curtain Calls: British and American Women and the Theatre, 1660-1820*. Athens: Ohio Univ. Press.

Schulz, Dieter. 1976. "Richard Steele: *The Conscious Lovers*." In: Kosok. 74-86.

Scouten, Arthur H., Hg. 1961. *The London Stage 1660-1800: A Calendar of Plays, Entertainments, and Afterpieces, Together with Casts, Box-Receipts and Contemporary Comment*. Teil 3: 1729-1747. 2 Bde. Carbondale: Southern Illinois Univ. Press.

Shepherd, Simon and Peter Womack. 1992. *English Drama: A Cultural History*. Oxford: Blackwell.

Sherbo, Arthur. 1957. *English Sentimental Drama*. East Lansing: Michigan State Univ. Press.

Singh, Jyotsna G. 1996. *Colonial Narratives/Cultural Dialogues: "Discoveries of India in the Language of Colonialism*. London: Routledge.

Smith, Dane F and M. L. Lawhon. 1979. *Plays about the Theatre in England 1737-1800, or the Self-Conscious Stage from Foote to Sheridan*. Lewisburg, Pennsylvania: Bucknell Univ. Press.

Stone, George Winchester, Jr., Hg. 1962. *The London Stage 1660-1800: A Calendar of Plays, Entertainments, and Afterpieces, Together with Casts, Box-Receipts, and Contemporary Comment.* Teil 4: 1747-1776. 3 Bde. Carbondale: Southern Illinois Univ. Press.

Stone, George Winchester, Jr., Hg. 1981. *The Stage and the Page: London's 'Whole Show' in the Eighteenth-Century Theatre*. Berkeley: Univ. of California Pr.

Stratmann, Gerd, Hg. 1992. *Neue Lesarten, neue Wirklichkeiten: Zur Wiederentdekkung des 18. Jahrhunderts durch die Anglistik*. Symposion zu Ehren von Ulrich Suerbaum, Bochum, 6. Febr. Trier: WVT.

Stratmann, Silke. 1996. *"South Sea's at best a mighty Bubble": The Literization of a National Trauma*. Trier: WVT.
Straub, Kristina. 1992. *Sexual Suspects: Eighteenth-Century Players and Sexual Ideology*. Princeton: Princeton Univ. Press.
Sypher, Wylie. 1939. "The West-Indian as a 'Character' in the Eighteenth Century." *Studies in Philology* 36: 503-20.
Todd, Janet. 1986. *Sensibility: An Introduction*. London: Methuen.
Traugott, John. 1986. "Heart and Mask and Genre in Sentimental Comedy." *Eighteenth-Century Life* 10.3: 122-44.
Van Lennep, William et al., Hgg. 1960-68. *The London Stage 1660-1800*. 5 Teile, 11 Bde. Carbondale: Southern Illinois Univ. Press.
Weinbrodt, Howard D. 1993. *Britannia's Issue. The Rise of British Literature from Dryden to Ossian*. Cambridge: Cambridge Univ. Press.
Wierlacher, Alois, Hg. 1993. *Kulturthema Fremdheit. Leitbegriffe und Problemfelder kulturwissenschaftlicher Fremdheitsforschung*. München: Iudicium.
Würzbach, Natascha. 1970a. "George Lillo. *The London Merchant*." In: Mehl. 71-93.
---. 1970b. "Richard Brinsley Sheridan. *The Rivals*." In: Mehl. 94-117.
Zach, Wolfgang. 1976. "Richard Cumberland: *The West Indian*." In: Kosok. 133-46.
---. 1987. *Poetic Justice. Theorie und Geschichte einer literarischen Doktrin. Begriff - Idee - Komödienkonzeption*. (Buchreihe der *Anglia*, Bd. 26). Tübingen: Niemeyer.
Zaic, Franz. 1968. *Die Verstragödie in der englischen Vorromantik*. Wien: Braunmüller.
---. 1973. "Die Zeit des Klassizismus." In: Josefa Nünning, Hg. *Das englische Drama*. Darmstadt: Wissenschaftliche Buchgesellschaft. 317-48.
Zimbardo, Rose A. 1986. *A Mirror to Nature: Transformation in Drama and Aesthetics, 1660-1732*. Lexington: University Press of Kentucky.

Anhang:
Merkmal-Matrix
Prototypische Bausteine im Vergleich

COMEDY OF MANNERS	SENTIMENTAL COMEDY
(1) Sprache, Dialog, Monolog	
zeitgenössischer Konversationston	stilisierte Diktion und Gefühlsrhetorik
Ambiguität, Andeutungen, sprachliche Implikationen	Eindeutigkeit, explizite Verbalisierung, Verdeutlichung durch Emphase und Wiederholung
ausgefeilte, originelle Bildersprache	konventionalisierte Metaphorik und sentenzenreiche Sprache
hohe Unterbrechungsfrequenz	niedrige Unterbrechungsfrequenz
rascher Replikenwechsel und kurze Repliken	längere Reden
Meinungsdivergenz	Meinungskonvergenz/-kongruenz
dominant dialogisches Sprechen	Monologisierung des Dialogs
Konversation	Reflexion und Belehrung

intellektuelle, schlagfertige Auseinandersetzung	moralisierende Selbstdarstellung
kognitive und emotionale Komponenten des Dialogs: geistreiche Apercus, Konflikte und Aggressivität	Versöhnlichkeit und moralische Unterweisung
(2)Informationsvergabe, Informationsstand, Perspektivenstruktur	
dominant szenisch-aktionale Vermittlung des Geschehens	dominat narrativ-verbale Vermittlung des Geschehens
dominant dialogische Vermittlung expositorischer Informationen	monologische bzw. monologartige Vermittlung expositorischer Informationen
realistisch motivierte Informationsvergabe	unmotivierte Informationsvergabe
große Informationsdiskrepanz zwischen den Figuren	geringe Informationsdiskrepanz zwischen den Figuren
dramatische Ironie als Mittel der Komik	dramatische Ironie als Mittel der Tragik
Körpersprache als Mittel zur Darstellung von Erotik	Semantisierung der Körpersprache zum Ausdruck moralischer Empfindsamkeit
offenes Dramenende	geschlossenes Dramenende
offene Perspektivenstruktur	geschlossene Perspektivenstruktur
(3) Personal und Figurendarstellung	
höfische Gesellschaft	Bürgertum
Strukturierung des Personals gemäß den Kriterien *wit* (*truewit*, *witwould*, *falsewit*)	Strukturierung des Personals gemäß den Kriterien *sentiment* und Tugend (*virtuous hero/heroine* vs. *villains*)
aristokratische *rakes* als Hauptfiguren	bürgerliche *heroes/heroines* als Hauptfiguren
komplexe Techniken der Figurencharakterisierung	Vorherrschen expliziter Selbstcharakterisierung
Diskrepanz zwischen Selbst- und Fremdcharakterisierung	Kongruenz zwischen Selbst- und Fremdcharakterisierung
dominant komische Figurencharakterisierung	dominant 'sentimentale' Figurencharakterisierung
Tendenz zur Typisierung der Figuren	stärkere Individualisierung und Psychologisierung der Figuren
ungezügelte Leidenschaften (*passions*)	Verstand (*reason*), Tugend (*virtue*) und moralische Empfindsamkeit
negatives Menschenbild (Hobbes)	positives Menschenbild (Shaftesbury) als anthropologische Basis der Figurenkonzeption
Frauenfiguren zwischen Sexualobjekt und Selbständigkeit	Frau als Ehefrau, Opfer oder Objekt von Schwärmerei
Männliche Hauptfiguren als skrupellose Verführer	Männer als verantwortungsbewußte Beschützer
'ungerechte' Sympathieverteilung	'gerechte' Sympathieverteilung
ambivalente Bewertung der Figuren	eindeutige Bewertung der Figuren
(4) Plot, Handlungsführung	
Akzent auf äußerer Handlung	Akzent auf innerer Handlung
Ereignishaftigkeit	Handlungsarmut
komplexer Intrigenplot	einfach strukturierte Handlung

hohes Konfliktpotential	niedriges Konfliktpotential
Konflikte resultieren aus konkurrierenden Interessen	Konflikte resultieren aus Mißverständnissen
mehrdeutige Strategiespiele und *wit-combats*	eindeutige Demonstrationsszenen mit Tugendbeweisen und Reuedarstellung
hohe kausallogische Verknüpfung und realistische Motiviertheit der Handlungsstruktur	niedrige kausallogische Verknüpfung und realistische Motiviertheit der Handlungsstruktur
Erfolg/Mißerfolg	Belohnung/Bestrafung
happy ending durch Handeln der Figuren	glückliches Ende durch außengelenkte poetische Gerechtigkeit
Plot als struktureller Träger von Komik	handlungsarmes Geschehen zur Illustration von *sentiment*
(5) Werte und Normen	
Skeptizismus/Zynismus	Erziehungsoptimismus
Egoismus	Altruismus
Hedonismus	Leidens- und Opferbereitschaft
erotische Selbstbestätigung	moralische Selbstbestätigung
vertragliche Regelung gesellschaftlichen Zusammenlebens	moralisch-sittliche Regelung gesellschaftlichen Zusammenlebens
Rivalität und Konkurrenz	Freundschaft, Miteinander und Hilfsbereitschaft
Heuchelei und Verstellung	Ehrlichkeit und Aufrichtigkeit
sexueller und materieller Erfolg	Tugend, Gehorsam, Wohltätigkeit (*benevolence*), Gutherzigkeit (*good-nature*), Menschlichkeit
Wit als dominante Norm	*sentiment* (moralische Empfindsamkeit) als dominante Norm
negative und zynische Darstellung von Ehe	positive und idealisierende Darstellung von Ehe
aristokratische Ideale von Unabhängigkeit	bürgerliche Werte von Familie und Ehe
(6) Wirkungsintention	
ambivalente Moral	eindeutige Moral
bösartiges Lachen	verständnisvoller Humor
satirische Abschreckungskomik	moralische Rührung und Mitleiden
widersprüchliche Darstellung von Tugend und Laster	anziehende Zeichnung der Tugend und abstoßende Zeichnung des Lasters
negative Identifikation durch Komik und Satire	positive Identifikation durch Mitleiden, Rührung und moralische Einsicht
Verletzung der Doktrin der poetischen Gerechtigkeit	Erfüllung der Doktrin der poetischen Gerechtigkeit (d.h. moralisch gerechte Verteilung von Lohn und Strafe)
mehrdeutige Satire	eindeutige moralisch-didaktische Wirkungsintention
Komik und zweckfreie Unterhaltung	Moral und nutzbringende Belehrung

Geschlechterrollen im englischen Roman des 18. Jahrhunderts

Walter Göbel (Saarbrücken)

Das Thema des Beitrags weist auf einen zweifachen Wandel in der Behandlung der Literatur des 18. Jahrhunderts hin: zum einen auf die Öffnung gegenüber den Sozialwissenschaften unter dem Einfluß von *New Historicism* und *Cultural Studies*, zum anderen auf die Sensibilisierung für neue Fragestellungen durch die feministische Literaturwissenschaft. Dementsprechend hat sich die Frage der Geschlechtsidentität zunächst bei den weiblichen Rollen gestellt, und zwar bei Untersuchungen zur *femme fragile* (Korte 1987), zum Topos *virtue in distress* (Brissenden 1974) oder zur "vorbildlichen Frau", der *model woman* (Brosch 1984). Auf dem Gebiet der männlichen Geschlechtsidentität gibt es – über frühe Arbeiten zum *man of feeling* (Gassenmaier 1972) oder zum *gentleman*-Ideal (Gilmour 1981, Castronovo 1987) hinaus – noch viel zu forschen. Die Untersuchung von *masculinities* ist ein recht neues Gebiet, das sich die historische Dimension noch differenziert erschließen muß. Hier geht es sowohl um die Analyse männlicher Erziehungsideale als auch um die Projektion von Rollenstereotypen in unterschiedlichen gesellschaftlichen Diskursen.[1]

Warum wird nun die weitgehend sozialhistorische Frage der Geschlechterrollen an die Literatur herangetragen? Zum einen ist davon auszugehen, daß die Literatur ein besonders sensibler Teil der Kultur ist, in dem sich sowohl traditionelle wie auch neue Lebensentwürfe durchspielen, karikieren, variieren lassen. Eingebunden in die Artikulation alter wie neuer kultureller Vorstellungen, ist Literatur eine Art Archiv solcher Vorstellungen, Entwürfe und Konstruktionen. Andererseits aber erlaubt es das spielerische Element der Literatur – im Gegensatz zu anderen gesellschaftlichen Diskursen – nicht nur (im Sinne von Stephen Greenblatt dem *New Historicism* zuzuordnenden Arbeiten) an die Konstruktion neuer Selbst- und Fremdbilder zu gehen, sondern diese auch imaginativ umzuformen, zu karikieren oder zu überhöhen. Die Literatur kann insbesondere zu Zeiten beschleunigten Wandels die einen Kulturhorizont transzendierenden imaginativen Energien erfahrbar machen, und damit auch nicht eingelöste Träume und Spannungen.

Was ist nun das Besondere an Geschlechterrollen im 18. Jahrhundert? Zunächst ist davon auszugehen, daß das 17. Jahrhundert in England ein Jahrhundert des beschleunigten gesellschaftlichen Wandels war, in dem sich Trennereignisse in Form von wissenschaftlichen, religiösen und politischen Umwälzungen gehäuft haben. Des weiteren hat das 17. Jahrhundert in Großbritannien eine der frühesten europäischen Aufklärungen hervorgerufen, die auch für Frankreich in vielerlei Hinsicht zum Vorbild wurde.[2] Das Zeitalter der Individuierung und der Aufklärung markiert zugleich die Geburt zahlreicher neuer Menschenbilder. Im 18. Jahrhundert reicht die Spannweite

---

[1] Siehe z. B. die Arbeiten von Adams (1995) und Sussman (1994) zum 19. Jahrhundert. Das 18. Jahrhundert ist noch weitgehend unerforscht geblieben.

[2] Argumente, welche die Existenz der englischen Aufklärung in Frage stellen, werden hiermit zurückgewiesen.Vgl. Kors und Korshin (1987).

dieser Menschenbilder von den traditionellen satirischen Darstellungen des Menschen als sublunarem Affen bei Swift, Sterne und Johnson einerseits bis hin zum übersteigerten Ichgefühl romantischer Helden andererseits und schließt auch neue Entwürfe selbstbestimmter Weiblichkeit ein. Immer deutlicher werden im 18. Jahrhundert Männer- und Frauenrollen gegeneinander ausgespielt, aber auch experimentell vereint. Auf das Ende des dynastischen Zentralismus folgt offenbar auch die Dezentrierung traditioneller Geschlechtsidentitäten: im Zuge des allmählichen Abbaus patriarchalischer Sekuritäten eröffnen sich neue Perspektiven für die Konstruktion von Subjektivitäten.

Hierbei kommt dem (Wieder-)Aufleben der Gattung Roman eine besondere Bedeutung zu, artikuliert sie doch, detaillierter noch als das bürgerliche Drama, Modelle *privaten* Lebens und psychologischer Selbstkonstitution, welche dann wieder nach Veröffentlichung und Öffentlichkeit streben. Der Roman, der sich programmatisch dem Alltäglichen, dem Privaten und Intimen verschreibt, ist ein geeignetes Medium, um immer neue Modelle privaten Lebens zu entwerfen oder zu prüfen und diese im doppelten Sinne zu 'veröffentlichen', wobei er ungeniert bei nicht-fiktiven alltäglichen Gattungen wie Brief, Tagebuch oder *conduct book* Anleihen nimmt, um seine eigene Formgebung zu finden. Der Roman des 18. Jahrhunderts ist ein Experimentierfeld für männliche und weibliche Rollenentwürfe, wie sie jeder Autobiographie, jeder Modellbiographie oder jedem Erziehungsbuch – alle drei interferieren mit der Romanform – eingeschrieben sind. Dieser enge Bezug zu Alltagsdiskursen öffnet die Gattung Roman den Fragestellungen der *Cultural Studies*, welche Stereotypen und Ideologeme in den Mittelpunkt der Untersuchung stellen und erst sekundär die Evolution der literarischen Form beachten. Mit der Assimilierung dieser nicht-ästhetischen Gattungen überträgt sich zugleich das Interesse am Selbstentwurf und an Fragen der sozialen wie der sexuellen Identität, ein Interesse, das insbesondere zu Zeiten des beschleunigten Wandels von Normen und Sozialrollen an Bedeutung gewinnen muß. Dabei macht gerade die enge Anbindung an alltägliche gesellschaftliche Diskurse, an Ideologeme und sozialpsychologische Prozesse den Roman zu einem interessanten Untersuchungsgegenstand, hat er doch noch nicht die Freiheit gewonnen, beliebige alternative *lifestyles* in ahistorischer Vielfalt zu entwerfen.[3] Die Technologien des Selbst sind im 18. Jahrhundert noch nicht total individuiert oder enthistorisiert; ihre deutliche soziale, philosophische oder religiöse Bezogenheit ermöglicht es, an ihnen gesellschaftliche Modernisierungsprozesse, insbesondere die Konstruktion der bürgerlichen Gesellschaft und ihrer Subjekte, zu ergründen. Das 18. Jahrhundert kann als ein aufschlußreicher Zeitraum für die Untersuchung der Vervielfältigung von Menschenbildern und Geschlechterrollen betrachtet werden, ist es doch der historische Ort beschleunigter politischer und religiöser Dezentrierung, ohne schon die völlige kulturelle Relativität der (Post-) Moderne vorwegzunehmen. Modernisierungsprozesse und die Vervielfältigung von Konstruktionen des Menschlichen werden hier früh deutlich und weisen auf die spätere Dekonstruktion von Identitäten voraus.

Das ausgeprägte Interesse an neuen Entwürfen des Menschlichen zeigt sich in vielen gesellschaftlichen und wissenschaftlichen Bereichen. Nicht zufällig werden im 18. Jahrhundert Philosophie und Anthropologie zusammengeführt. Die Philosophie

---

[3] Siehe hierzu die Überlegungen von Nussbaum (1990).

stellt den Menschen in den Mittelpunkt der Untersuchung, wobei epistemologische, physiologische und moralische Fragestellungen bei John Locke, David Hume, Adam Smith, dem Earl of Shaftesbury oder bei Francis Hutcheson privilegiert werden. Fragen nach der menschlichen Wahrnehmung (*sensation*), der Konstruktion sprachlichen Verstehens (Locke), nach den Mechanismen sozialer Verantwortung und Interaktion (*sympathy, benevolence*) sowie nach der Fundierung ethischer Normen entweder in einem moralischen Sinn (Shaftesbury) oder in Reaktion auf Lust und Schmerzgefühle (Hobbes) werden kontrovers behandelt und führen zu einer Vielfalt möglicher Interpretationen der Menschennatur. Nicht zufällig geht das aufklärerische 18. Jahrhundert sogar bei der Dekonstruktion des Subjekts voran, wird doch durch den Skeptiker David Hume die Möglichkeit persönlicher Identität generell in Frage gestellt. Im 18. Jahrhundert drängen sich in aller Klarheit Fragen der Zeitgebundenheit und Historizität persönlicher Wahrnehmungen und Lebensauffassungen sowie der Verbindlichkeit antiker und moderner Vorstellungen von Geschmack, von Schönheit und Kunstvollkommenheit ins Bewußtsein. Auch öffnet sich allmählich der Blick für die Vielfalt kultureller Konstrukte, wie an den Entwürfen Giambattista Vicos und Gottfried Herders zu sehen ist, die die Grundlagen für die moderne Kulturanthropologie schaffen. Die Welt und der Mensch vervielfältigen sich im 18. Jahrhundert: Mensch und Welt werden dezentriert.

Bei den Bildern des Menschen zeigt sich im Laufe des 18. Jahrhunderts eine deutliche Verschiebung des Blickwinkels. Geht es den Satirikern um die traditionelle Fragestellung "What is man?" im Sinne von "Was ist der Mensch?" – eine Frage, die auch in der Philosophie vorherrscht und von den Augusteischen Satirikern (Pope, Johnson, Sterne, Arbuthnot) weitgehend negativ, von den Philosophen dagegegen zunehmend positiv beantwortet wird – so wird die Frage im realistischen Roman differenziert auf die Geschlechter bezogen; ja man könnte geradezu von einer Entdekkung veränderlicher Geschlechterrollen sprechen. Diese Geschlechterrollen unterscheiden sich in ihrer psychologischen Dimension deutlich von den theatralischen Darstellungen, welche die Diskussion um Kleidung und Verkleidung der (transvestiten) Geschlechter in der Renaissance bestimmen.[4] Von der Behandlung der *conditio humana* aus transzendentaler Perspektive in der Satiretradition sowie von der theatralischen Inszenierung des oft geradezu magischen Geschlechtswandels in der Renaissance wendet sich der moderne Roman, zumal der Charakterroman, zunehmend der Frage des Sozialverhaltens und der Psychologie der Geschlechter zu (*novel of manners*). Auch die mysogynen biblischen Topoi, die sich in *conduct books* und moralischen Briefen immer wieder finden, treten allmählich hinter innerweltliche Bedingungszusammenhänge zurück.[5]

Die Rollenangebote werden für beide Geschlechter komplexer und reichen einerseits vom *homo oeconomicus* (Defoe) bis zum tadellosen Ritter (Knightley in Jane Austens *Emma*), andererseits von der *femme fragile* bis zur ehrenvollen Ehebrecherin (Maria im gleichnamigen Roman von Mary Wollstonecraft). Dabei lassen sich auf den

---

4 Vgl. Harvey (1992: 32-49), Dollimore (1991) und insbesondere die *Hic Mulier–Haec Vir*-Diskussion.

5 Zu solchen Topoi siehe z.B. die Sammlung *Women in the Eighteenth Century. Constructions of Femininity* (Jones 1990), insbes. die satirischen Schriften in Teil 2 ("Sexuality").

ersten Blick zwei Entwicklungstendenzen ausmachen: die zunehmende Verfeinerung, zum Teil gar Feminisierung der (empfindsamen) Männerrollen und die zunehmende Vermännlichung der Frauenrollen. Wie aber wäre dies zu bewerten? Geht es um gegenseitige Subversion zwecks Ausweitung des eigenen Rollenrepertoires oder um eine Annäherung der Geschlechter? Geht es um die Annexion des Spielraums des Anderen oder um androgynes Rollenspiel, womöglich mit der utopischen Intention geschlechtsloser Verschwisterung?

Sehen wir uns beide Entwicklungslinien an, wobei die Frage, ob sie sich wirklich derart klar gegenüberstellen lassen, ob die Geschichte der Geschlechterrollen im 18. Jahrhundert einem einfachen chiastischen Modell folgt, noch zu erörtern wäre. Die Postmoderne hat die Fragwürdigkeit solcher Dichotomien, die immer Gefahr laufen, polarisierende Konzeptualisierungen fortzuschreiben, ins Bewußtsein gerückt.

1. Von der *femme fragile* zur *woman of sense*

Wenden wir uns zunächst, sensibilisiert durch die feministische Literaturwissenschaft, den Frauenrollen zu. Als typologische Pole nehmen wir Pamela Andrews aus Richardsons *Pamela* (1741) und Elinor Dashwood aus Jane Austens *Sense and Sensibility* (1798/1811), also einerseits den Typus der Tugend in Not und andererseits das Modell der kompetenten, aufgeklärten Frau.

Pamela als Unschuld vom Lande reagiert vor allem auf die Nachstellungen des zügellosen Aristokraten Mr. B. und verkörpert dabei das traditionelle Bild des sogenannten 'schwachen Geschlechts', indem sie immer wieder bei sexueller Bedrohung in Ohnmacht oder Hysterie verfällt. Dank dieses Abwehrmechanismus kann sie mit einigem Glück dem Schlimmsten, nämlich *last favours*, widerstehen und die neu errichtete bürgerliche Feste Tugend mitsamt ihrer Jungfräulichkeit vor aristokratischer Libertinage schützen. Die Gestalt Pamelas erschließt somit eine sozialpsychologische Dimension, wird sie doch im Kontrast zur ungezügelten Lebenslust des Adeligen zum Sinnbild mittelständischen Moralbewußtseins, zur Verteidigerin der Sinnbereiche von Herz, Gefühl und Sittsamkeit, welche eine neue Sozialmoral kennzeichnen. Die Definition des Weiblichen wird gewissermaßen gesellschaftspolitisch instrumentalisiert. Auch wenn Pamela in diesem Sinne auf das Recht niederer Stände auf Respekt und Eigenbestimmung vorausweist, ist sie doch – was den Geschlechterkampf angeht – zugleich als typische Projektion einer lasziven, durch puritanische Repression zusätzlich angefachten, männlichen Phantasie angesehen worden, die auch zweideutige Bettszenen voyeuristisch zu goutieren weiß. In der Tat scheint die *femme fragile* mit ihrem bebenden, hypersensitiven Körper, die immer wieder der Ohnmacht und damit der willenlosen Verfügbarkeit nahe ist, eine besondere Faszination insbesondere in Liebes- und Schauerromanen des 18. Jahrhunderts auszuüben, wobei auch Vergewaltigung und Mord geschildert werden, z.B. in Matthew G. Lewis' *The Monk* (1796). Dient Pamelas Körper als Ausdruck eines neuen bürgerlichen Selbstbewußtseins zur emphatischen Bekräftigung bürgerlicher Moral, so ist er doch zugleich geprägt von der Verdinglichung in einer androzentrischen bürgerlichen Welt, in der sich der Körper der Frau einer ästhetisierten Ware gleich passiv zur Schau stellen läßt. Die Befreiung vom Stereotyp der *femme fragile* als passiv leidender Figur der Weiblichkeit weist dagegen den Weg zu Fanny Burney, Ann Radcliffe und Jane Austen, und damit zu einem aktiven Frauenbild. Hierbei ist ein Wandel von der durch Duldsamkeit und Ausdauer gekennzeichneten, weithin leidenden Rolle Pamelas als *virgin in distress* zu beobachten hin zur Exploration selbstbewußter Artikulation und Handlungsfähigkeit im sozialen und geselligen Umfeld. Pamela ist eine Leidensfigur, welche erlöst wird, und macht als solche keine Entwicklung im eigentlichen Sinne durch. Die geistige und soziale Reife der Heldin ist erst das Thema späterer Bildungs- und Erziehungsromane.

Doch schon Pamela ist weit mehr als eine idealtypische *femme fragile*. So bedarf sie nicht des heldenhaften Helfers, der sich gemeinhin der verfolgten Tugend in Not annimmt, sondern sie weiß vielmehr aus eigener innerer, moralischer Stärke alle sexuellen Fährnisse zu bestehen. Dieses eigentlich unverständliche Obsiegen kann auch gelesen werden als Bestätigung der inneren Werte von Tugend, Moral und Herzensgüte gegenüber den traditionellen Werten der Libertinage, also als sozialpsychologische Neudefinition von Normen im Zuge der Artikulation einer *höflichen* (und nicht mehr *höfischen*) Gesellschaft der neuen tonangebenden Schichten. Zugleich aber weist Pamelas innere Stärke voraus auf einen Typ weiblichen Selbstbewußtseins und weiblicher Selbstbestimmung, wie er sich gegen Ende des Jahrhunderts in Jane Austens Elinor Dashwood in *Sense and Sensibility* deutlicher zeigt, hier vor allem gewendet gegen die unzähligen *femmes fragiles* der Schauerromane. Austen gelingt es, ein sozialethisches Ideal mit einem epistemologischen zu verbinden (vgl. McKeon 1987: 22).

Elinor ist eine rationale, aufgeklärte Frau, die ihrer Schwester Marianne als traditioneller *femme fragile* gegenübergestellt wird. Im Vergleich mit diesem traditionellen Typus hat sich ein deutlicher Wandel vollzogen. Elinor wird nie Opfer der eigenen Sensibilität, wird niemals hysterisch oder ohnmächtig; bei ihr regiert der Verstand über alle Gefühlsregungen – zumindest bis diese deutliche Erfolgsaussichten haben. Ihr Körper wird im Gegensatz zu dem Pamelas oder dem der Schwester Marianne niemals Gegenstand der Beobachtung, geschweige denn männlicher Aggression, vielmehr weiß sie durch Augen, Verstand und sprachlichen Witz die Kommunikation distanziert zu steuern und die Männer zu beeindrucken; dies im Gegensatz zu unzähligen stummen, aber gefühlvollen Schönen in gotischen Romanen und Liebesromanzen, welche erst bei taktilem Kontakt Laute von sich geben, um sogleich vollends überwältigt zu verstummen.[6] Elinors Witz und ihre Sprachgewandtheit erlauben ihr eine kommunikative Kompetenz, die auf dem Durchschauen und Beherrschen der Geschlechterbeziehungen gründet. Dabei werden gerade Witz und Schlagfertigkeit als traditionelle Attribute höfischen Benehmens einer neuen sozial nicht genau determinierten Funktion im Kampf der Geschlechter zugeführt. Elinor kann nicht in die Opferrolle geraten, weil sie ihre Mitmenschen genauestens zu taxieren und zu beurteilen weiß.[7] Ihre akkurate Beobachtung, ihre Ausdrucksfähigkeit und ihre Willenstärke erlauben ihr, nach dem Tod des Vaters an seiner Statt die Vaterrolle im Haushalt zu übernehmen, die Geldgeschäfte zu führen, auf Einhaltung der Etikette zu achten und den Kauf von Immobilien zu regeln. Elinor ist eine selbstbe-

---

6 Solchermaßen in der stumm leidenden Objektrolle befangen sind auch noch die Heldinnen (und das Kind William) in Mary Shelleys *Frankenstein* (1818).

7 Vgl. hierzu Göbel (1994).

wußte, aufgeklärte Frau, welche sich dem Ideal des aufgeklärten Mannes ebenbürtig erweist, ja dieses Ideal besser einlöst als die im Roman vertretenen Männer, die recht betulich, überkommen, ja hölzern wirken (zu denken wäre hier unter anderem an Colonel Brandon.)

Es läge nun nahe anzunehmen, daß die stereotype *femme fragile* ein Produkt der männlichen Phantasie ist, also vor allem bei männlichen Autoren (Richardson, Walpole, Lewis) vorherrscht, während die aufgeklärte Frau sich als Ziel des weiblichen Bildungsromans, weiblicher Aufklärungsschriften und Erziehungsbücher bei Autorinnen findet (etwa bei Burney, Radcliffe oder Austen). Und gewiß trifft eine solche Verallgemeinerung auch – oberflächlich besehen – zunächst zu: zumindest sind die *femmes fragiles* bei den Autor*innen* erziehungsbedürftig oder gar, wie Marianne Dashwood, vorwiegend negativ gezeichnet; bei den Autoren hingegen stehen sie im Mittelpunkt des appropriativen voyeuristischen Blickes und können des männlichen – allerdings wohl oft von genießendem Mitvollzug nicht ganz freien – Mitleids, nicht aber der Besserung der eigenen Lage, sicher sein. Gerade in der Spannung zwischen Schauerroman und Erziehungsroman in Ann Radcliffes *The Mysteries of Udolpho* (1794) wird deutlich, wie ein vom männlichen lüsternen Blick geformtes Ideal der Fragilität in der Artikulation durch eine Autor*in* problematisch werden kann und wie die Protagonistin Emily St. Aubert sich dank ihrer Etnwicklung letzlich dem 'gotischen' Genre allmählich ganz entzieht.

Zunächst ist Emily durchaus die traditionelle *femme fragile*. In der Rolle der *virtue in distress* garantiert sie als verfolgte Unschuld die Längsspannung des Romans innerhalb des verbürgten gotischen Schemas. In dem Grade aber, in dem sie sich vom Stereotyp der übermäßigen Sensibilität und der überhitzten Phantasietätigkeit befreit, wird auch das gotische Schema transformiert. Nicht mehr Furcht vor Geistern, vor Träumen und dem Übernatürlichen schlechthin kann die immer vernünftiger werdende Heldin Emily St. Aubert in Schrecken versetzen, vielmehr müssen reale Räuber bzw. die glaubhafte sublime Naturkulisse des Appenin den Schock legitimieren. In dem Maße, in dem die Heldin die notwendige Transformation vom Stereotyp der *femme fragile* zur selbstbewußten, aufgeklärten Frau durchmacht, die des Retters nicht mehr bedarf – ihr Verehrer Valancourt wird vielmehr neben ihr zur schwächlichen Gestalt –, verwandelt sich unter der Hand das Genre des 'gotischen' Romans zum Erziehungsroman. Das patriarchalisch bestimmte Horrorszenario, in dem Emily entmündigt und eingekerkert wird, erweist sich als real bedrohlich und doch zugleich als überwindbar. Die Transformation des Genres und die Subversion der Macht- und Besitzverhältnisse zwischen den Geschlechtern erhellen sich so gegenseitig. Die Dialektik von Einkerkerung und Befreiung, die die Transformation des 'gotischen' Genres begleitet, wird sich, im Anschluß an die radikalen Gestaltungen des Themas in den Romanen Mary Wollstonecrafts, auch im 19. Jahrhundert als Topos des Erziehungsromans etablieren. So, um nur einige Beispiele zu nennen, etwa in Emily Brontës *Wuthering Heights* (1847) sowie in Charlotte Brontës *Jane Eyre* (1847), wo sie sich im Symbol des offenen Fensters, an dem Jane wie ein gefangener Vogel steht (Brontë 1975: 101) verdichtet, und in tragischer (Bertha) und komischer Version doppelt durchgespielt ist. Man vergleiche auch das erste Kapitel von Elizabeth Gaskells *Ruth* (1853, wiederum mit dem Symbol des gefangenen Vogels verknüpft, oder die vielfachen Variationen des Themas der beengenden *servitude* und des Mangels an öffentlichem Spielraum in George Eliots *Middlemarch* (1872) und *Romola* (1863).

Die statisch konzipierte *femme fragile* mag demgegenüber in der empfindsamen Literatur, und insbesondere im Schauerroman, in besonderer Weise für die männlich-patriarchalische Weltdeutung, welche die voyeuristische Appropriation, die Verdinglichung und Einkerkerung des Weiblichen einschließt, kongenial sein. Doch einlinige Geschichten haben immer auch ihre Ausnahmen. Ist schon Samuel Richardsons Pamela ein komplexer Charakter, der sich dem Gesetz des Leidens und der schutzlosen Enthüllungen durch innere Stärke zu entziehen weiß, so lehrt ein Blick auf Harriet Byron in Richardsons *Sir Charles Grandison* (1754), wie weit auch männliche Autoren im Umschreiben der Frauenrollen vorangehen können. Harriet ist eine überaus gebildete, aufgeklärte Frau, keinesfalls sprachlos gerührt wie die *femme fragile*, sondern in Witz und Schlagfertigkeit im gebildeten Gespräch gewandt. Mit dem Selbstbewußtsein Austenscher Heldinnen bekennt sie: "Every woman should have her heart in her own keeping, till she can find a worthy man to bestow it upon" (Richardson 1931: I 89). Verlangt das Gesetz der narrativen Längsspannung, daß sie für kurze Zeit in die Fänge des *villain* Sir Hargrave gerät, so ist der gute Ausgang ob ihrer inneren Überlegenheit gewiß. Ein Verehrer wie Mr. Greville, der das traditionelle Bild der hilflosen, empfindsamen und letztlich irrationalen Frau in seinem Herzen trägt, desavouiert sich in diesem Roman von selbst: Er ist Harriet nicht gewachsen. Seine Bemerkung: "Indeed I considered all intellectual attainments as either useless or impertinent in women" (Richardson 1931: I 4) zeigt ihn als einen Verehrer, der in den von Harriet kritisierten Kategorien von *servant* und *master* denkt, wohingegen Harriet schnell erkennt: "[T]he Lords of the creation are not much wiser than ourselves" (Richardson 1931: I 65).

Im Briefroman *Sir Charles Grandison* wird somit in der Figur der Harriet Byron die *woman of sense* antizipiert, die denn auch von Jane Austen bewundert wurde, ja Anlaß gab, Richardsons Roman sie gar in ein kleines Drama zu verwandeln (Southam 1980). Der Begriff *woman of sense* findet sich unter anderem in programmatischer Weise in Maria Edgeworths Roman *Belinda* (1801), wo er von Lady Delacourt verwendet wird, dieBelindas Verehrer Harvey preist, weil er dazu fähig sei, den Wert einer "woman of sense" anzuerkennen; gewiß ein Maßstab, der sich deutlich vom Ideal der *compassion* und *pity* seitens des *man of feeling* unterscheidet. Sie stellt die Briefe Harveys heraus, welche sowohl die durch eine "Radcliffean tour along the picturesque coasts of Dorset and Devonshire" (Edgeworth 1993: 255) ausgelösten Gefühle des Sublimen erfassen könnten, als auch *sense* in Form von klugen Ratschlägen vermitteln: "[...] you will find them amazingly edifying, as well as entertaining" (ibid.). Und nach dem Verlesen der "Radcliffean tour":

> But here is something better than pure description; here is sense for you: and pray mark the politeness of addressing sense to a woman – to a woman of sense, I mean – and which of us is not? (256).

Obwohl die Passage nicht ohne Ironie ist, wird doch hier deutlich ein neuer weiblicher Anspruch an den Liebhaber artikuliert, welcher im Umgang mit Frauen *sense* zumindest gleichberechtigt neben *sensibility* stellen muß, um als *polite* zu gelten.

Die allmähliche Emanzipation der Heldin, welche sich bereits in Defoes *Moll Flanders* (1722) ankündigt und in Harriet Byron ihren ersten Höhepunkt erreicht, ist offenbar Teil einer generellen Aufklärungstendenz und kann, was die Autorenschaft der Werke angeht, nicht klar dem einen oder dem anderen Geschlecht zugeschrieben werden. Dies gilt innerhalb sowie außerhalb der schönen Literatur: Defoes Forderung nach einer *Academy for Women* im *Essay upon Projects* (1697) steht neben Vorstellungen Mary Astells von einem *women's seminary* mit *female virtuosos* oder neben Ausführungen von Vicesimus Knox zur Bildungsfähigkeit des weiblichen Geschlechts: "That learning belongs not to the female character, and that the female mind is not capable of a degree of improvement equal to that of the other sex, are narrow and unphilosophical prejudices."[8]

Ein Vergleich von Harriet Byron und Eliza Haywoods Heldin Miss Betsy Thoughtless in ihrem gleichnamigen Roman (1751) mag die Komplexitäten bzw. Mikrogeschichten von Geschlechterrollen in der Literatur erhellen. Beide Heldinnen sind sich zunächst recht ähnlich, da beide sich von einer Schar Verehrer umgeben sehen und ihre Stellung als Umworbene genießen. Während aber Miss Betsy Thoughtless, wie schon der Name verkündet, die Grenzen zwischen amourösem Abenteuer und gesellschaftlich sanktionierter Werbung immer wieder überschreitet und dabei selbst ins Unglück gerät, um erst in zweiter Ehe reformiert zu werden, sind es in *Sir Charles Grandison* – ebenso wie später in Maria Edgeworths *Belinda* – die Männer, welche sich in der Werbung lächerlich machen. Harriet Byron sieht sich einer ganzen Schwadron von Wüstlingen, ungehobelten *squires* vom Lande, *fops* und Tölpeln ausgesetzt, die der tadellosen Heldin nicht das Wasser reichen können. Miss Betsy erscheint historisch gesehen noch als der Typ der selbstgefälligen und empfindsamen Heldin, die es erst durch tragisches Fehlverhalten zu bekehren und den bürgerlichen Wertmaßstäben anzupassen gilt. Richardsons Harriet Byron hingegen verkörpert ein selbstbewußtes, beherrschtes Aufklärungsideal, sowohl was die Vernunft als auch was die Sittsamkeit angeht. Im Gegensatz zu Betsy Thoughtless ist ihr Ruf nie ernsthaft gefährdet. Beide Heldinnen lösen zwar Duelle aus, die eine aber aus unbedachtem Leichtsinn, die andere ohne eigenes Verschulden. Harriet widersteht auch allen Versuchen der männlichen Verwandten, sie in eine arrangierte Ehe zu treiben; sie weiß selbstbewußt den Anspruch des Herzens allen gesellschaftlichen Zwängen überzuordnen. Während Haywood ihrer Heldin den traditionellen Spießrutenlauf zwischen gesellschaftlichen Normen und den Ansprüchen der *conduct books* zumutet, formt Richardson ein Ideal, das der Zeit voraus ist und eine weitgehende Selbstbestimmung der Heldin erlaubt.

Ein weiterer Schritt auf dem Wege der Sebstbestimmung ist mit Maria Edgeworths Belinda getan. Sie darf gar einen würdigen Liebhaber zurückweisen, nur weil er ihrem Geschmack (*taste*) nicht ganz entspricht und ihre *fancy* nicht anregt – und sie setzt sich damit über die gerade etablierten bürgerlichen Vernunftmaßstäbe eigenwillig hinweg.[9] Das Ideal der *woman of sense*, wie in Harriet Byron oder in Elinor Dashwood verkörpert, ist offenbar ein Aufklärungsideal, das geschlechtsübergreifend

---

8 Vicesimus Knox, *Essays Moral and Literary* (1779), zitiert in Jones (1990: 109). Dort auch ein Auszug aus Mary Astells *Serious Proposal* aus dem Jahre 1694 (197-206).

9 Vgl. Edgeworth (1993: 228 u. 232).

von Autoren wie Autorinnen konzipiert wird. Eine Frauen-Literatur-Geschichte muß demnach von beiden (wenngleich mit deutlich unterschiedlichen Anteilen!) geschrieben werden, um den universalen Aufklärungsanspruch nicht nachträglich zu verdecken.[10] Mit dem gemeinsamen Entwurf der *ideal woman* korrespondiert die Beobachtung, daß Stereotypen von Autoren beiderlei Geschlechts für das jeweils andere tradiert und affirmiert werden. Finden sich in androzentrischen Romanen *femmes fragiles* zuhauf, so entspricht ihnen in Erziehungsromanen von Autorinnen die Projektion recht konservativer Rollenmuster für Männer. Zu denken wäre nicht nur an das Idealbild des männlichen Mentors, welches – vermutlich unterstützt durch den Mechanismus der defensiven Identifikation mit dem Machthaber – in vielen Erziehungsromanen projiziert wird, sondern auch an das Modell des Ritters, das schon durch die im *telling name* ausgewiesene stereotype Ritterlichkeit von Emmas Knightley evoziert wird. Aber selbst das eigene Geschlecht stellt sich oft recht angepaßt dar. Zu denken wäre etwa an Lady Delacour in Maria Edgeworths *Belinda*, die sich von einer emanzipierten, geistvollen Salondame zum *angel in the house* 'zurückentwickelt' oder an Betsy Thoughtless, Marianne Dashwood und unzählige andere domestizierte, entsexualisierte und zur Phantasielosigkeit erzogene Heldinnen.[11] Die Subversion der männlichen Herrschaftszonen durch zentrale Protagonistinnen wie Harriet Byron oder Elinor Dashwood einerseits und die parallele Selbstentäußerung seitens der Nebenfiguren andererseits treten hier in eine komplexe Beziehung und lassen die Schwierigkeiten erkennen, Idealfiguren zu entwerfen bzw. die nötige Distanz zur Ideologie gesellschaftlicher Erziehungsideale einerseits und des *marriage-plot* andererseits zu gewinnen.

Am klarsten artikuliert Mary Wollstonecraft 1791 die Forderung nach weiblicher Selbstbestimmung. In der Einleitung zu *A Vindication of the Rights of Woman* fordert sie unzweideutig, die Frauen müßten maskuliner werden. Sie wendet sich gegen das Ideal der *conduct books* und gegen die dort geforderten *accomplishments* wendet, welche zu einer Infantilisierung der Frauen führten und (mangels gemeinsamer Interessen zwischen den intellektuell sehr disparaten Ehepartnern) unglückliche Ehen zur Folge hätten.

> My own sex, I hope, will excuse me, if I treat them like rational creatures, instead of flattering their *fascinating* graces, and viewing them as if they were in a state of perpetual childhood, unable to stand alone. I earnestly wish to point out in what true dignity and human happiness consists – I wish to persuade women to endeavour to acquire strength, both of mind and body [...]. I presume that *rational* men will excuse me for endeavouring to persuade them [women] to become more masculine and respectable. (Wollstonecraft 1967: 34, 36)

Respektabilität und Maskulinität zielen hier wohl weniger auf die Anpassung an patriarchalische Normen ab als vielmehr auf die Okkupation der männlich definierten Domänen des Geistes, des Verstandes sowie des – ehedem aristokratisch besetzten –

---

10 Eben dies hat Schabert (1997) auf gelungene Weise unternommen.

11 Bei Lady Delacour könnte es sich allerdings zugleich um die prototypische Vorstellung eines bürgerlich-privaten gegenüber einem aristokratisch-öffentlichen Lebensideal handeln.

Witzes und gebildeten Gesprächs.[12] Die Wendung gegen die *femme fragile* ist demnach eine Spätfolge genereller Aufklärungsideale, welche die Inkompatibilität des infantilen Frauenbildes mit den Idealen eines höflich-geselligen gesellschaftlichen Umgangs hervorheben und die Gleichberechtigung der *woman of sense* anstreben. Das dabei avisierte geschlechtsneutrale Ideal der Rationalität wird zwar als maskulin bezeichnet, doch können ihm – wie Wollstonecraft nachdrücklich betont – auch die meisten Männer nicht gerecht werden.

Wollstonecrafts gegen Edmund Burkes *Reflections on the Revolution in France* (1790) gerichteter Essay *A Vindication of the Rights of Men* (1790) insistiert auf der Irrationalität von Burkes Analyse der Gesellschaftsverhältnisse und Institutionen. Statt der Ratio zu folgen, gebe sich Burke immer wieder Emotionen, *sentiments* und *sensibilities* hin, z.B. in seiner Klage um die Not der Königin von Frankreich. Wollstonecraft unterzieht dann auch *sensibility*, bei Männern wie bei Frauen, einer generellen Kritik:

> Men who possess uncommon sensibility, whose quick emotions shew how closely the eye and heart are connected, soon forget the most forcible sensations. Not tarrying long enough in the brain to be subject to reflection, the next sensations, of course, obliterate them. Memory, however, treasures up these proofs of native goodness; and the being who is not spurred on to any virtuous act, still thinks itself of consequence, and boasts of its feelings. Why? Because the sight of distress, or an effective narrative, made its blood flow with more velocity, and the heart, literally speaking, beat with sympathetic emotion. We ought to beware of confounding mechanical instinctive sensations with emotions that reason deepens, and justly terms the feelings of *humanity*. This word discriminates the active exertions of virtue from the vague declamation of sensibility. (Wollstonecraft 1960: 136-7)

Der Maskulinisierung der Frau im Sinne ihrer 'Rationalisierung' entspricht somit die Forderung nach rationaleren Männern. Ratio wird zum asexuellen Ideal, Emotion ist nicht nur in der *femme fragile* von Übel, sondern auch in sentimentalen Männern wie

---

12 Generell ist die Annäherung an frühere aristokratische Maßstäbe von Witz, *repartee*, Eleganz, Selbstbeherrschung etc. bei Burney und Austen zu konstatieren. Dies steht in deutlichem Gegenzug gegen das gerührte Verstummen des Bürgers, seine demonstrative Sprachlosigkeit, seine fassungslose Tränenseligkeit. Hier zeigt sich nicht nur die Assimilation an den höheren Stand zu einer späteren historischen Phase, sondern auch schon wieder eine durch die Emanzipation der Frau vom Bild der *femme fragile* hervorgerufene Reaktion gegen eine ehedem schichtenspezifisch definierte Empfindsamkeit. Die Empfindsamkeit wird offenbar in dem Maße im weiblichen Erziehungsroman untragbar, in dem ihre Signale nicht mehr als sozial subversiv und damit emanzipativ, sondern als geschlechtsspezifisch diskriminierend aufgefaßt werden. Nach einer Phase der allgemeinmenschlichen Emanzipation gegen aristokratische Verhaltensideale folgt die Phase ihrer Instrumentalisierung (442) zum Zweck der Entthronung des aufgeklärten bürgerlichen Patriarchen. Allerdings geht damit die Wiedereinsetzung von antiquiert erscheinenden Idealen von Ritterlichkeit einher (Knightley in *Emma*, Lord Orville in *Evelina* u.s.w.). Zu den Mechanismen der komplexen Durchdringung sozialer Normsysteme siehe Elias (1976). Zur Wechselwirkung von 'Kolonisations-' und 'Assimilationsphasen' (vgl. Elias 1976: 424f und 442) sowie zum Verschmelzen von Verhaltensschemata der Ober- und Mittelschichten.

Burke. Somit eröffnet sich eine utopische aufklärerische Perspektive, welche zumindest implizit auf Androgynität abzielt und ein Erziehungsideal für beide Geschlechter entwirft.

2. Der *man of feeling* und die chiastische Entwicklung der Geschlechterrollen

Wie nun sind in diesem Kontext die männliche Empfindsamkeit und die Entwicklung des Idealbilds des *man of feeling* zu gewichten, welche doch der aufgeklärten Sebstbestimmung abträglich scheinen? Zunächst ist festzuhalten, daß die Feminisierung männlicher Heldenfiguren weit früher statthat, und daß sie weniger auf den Diskurs der Geschlechter als auf aristokratische Lebensideale und Verhaltensnormen antwortet. Die ersten *men of feeling* finden sich im Drama schon kurz nach der Jahrhundertwende.[13] Beispielhaft ist Altamont, der gehörnte Held von Nicholas Rowes *The Fair Penitent* (1703). Er vergibt seiner geschändeten Verlobten Calista (einer frühen Darstellung der *fallen woman*) und beweint ihr Los an ihrer Seite, ohne ihr irgendwelche Vorhaltungen zu machen:

> I'll number groan for groan and tear for tear;
> And if the fountains of thy eyes are dry,
> Mine shall provide the stream and weep for both. (V 166-68; Rowe 1969: 66)

Calista preist ihn als "kind as the softest virgin of our sex" (II 13-14, Rowe 1969: 21), und benennt so das feminin artikulierte Empfindsamkeitsideal vieler späterer Romane. In der Tat ist es Calista, die sich durch Unbeugsamkeit und Härte gegen sich selbst auszeichnet, während Altamont die Attribute des Weiblichen vorführt (*gentler virtue, tenderness, love, graces*), wie Calista erkennen läßt:

> O, Altamont, 'tis hard for souls like mine,
> Haughty and fierce, to yield they have done amiss;
> But, O, behold my proud, disdainful heart
> Bends to thy *gentler virtue*; yes, I own,
> Such is thy truth, thy *tenderness* and *love*,
> Such are the *graces* that adorn thy youth,
> That were I not abandoned to destruction,
> With thee I might have lived for ages blest,
> And died in peace within thy faithful arms. (V 184-92; Rowe 1969: 67; m.H.)

Konzipiert wird Altamont allerdings als Gegenfigur zum *rake* und *libertine* Lothario, der hier zugleich Züge des *villain* der *tragedy of revenge* annimmt: Altamont verkörpert eine private Ethik des Herzens, welche die aristokratisch-epikureische Libertinage angreift und neue gesellschaftliche Wertsetzungen jenseits aller Standesschranken proklamiert. Der *man of feeling* ist somit zu Beginn eine Artikulation sozialer Distinktionen (Bourdieu) und entsteht aus einem Abgrenzungsbedürfnis gegenüber der Ethik des Restaurationszeitalters. Keinesfalls ist er vorrangig im Geschlechterkampf invol-

---

13 Zur Entwicklung des Dramas siehe auch den Beitrag von Ansgar Nünning in diesem Band.

viert. Vielmehr findet durch die Feminisierung des Mannes in der frühen Empfindsamkeit eine Annäherung der Geschlechter statt, wobei ein allgemeinmenschliches androgynes Ideal gegen die aristokratische Moral öffentlicher Herzlosigkeit gesetzt wird, wie sie sich in der Restaurationskomödie am deutlichsten artikuliert. Weibliche Emanzipation ist hier kein Thema. Vielmehr dient die traditionelle Tugend in Not als Erreger für das Mitfühlen und später für das mehr egozentrisch-voyeuristische Sich-Fühlen (Sterne, Mackenzie): Die Heldin bleibt also deutlich in der Objektrolle gefangen. Dabei sind nur in der frühen Empfindsamkeit beide Geschlechter geeint, wie z.B. in *The Fair Penitent,* wo sie im Kampf gegen den Wüstling und Libertin Lothario stehen, dessen Genußethik Unschuld und Ehre bedrohen.

Die traditionelle Polarisierung zwischen dem *man of feeling* und der Aufklärung ist aus heutiger Sicht unhaltbar geworden, stellt sich doch die Ethik des Herzens gegen überkommene gesellschaftliche Distinktionen und legitimiert sie so den neuen Ehrenkodex des Bürgers. Generell sind Emanzipation des Verstandes und des Gefühls als zwei Aspekte des Mündig-Werdens des Menschen zu betrachten, zwei Phasen dieser Entwicklung sozusagen. Allerdings ist zu bedenken, daß sich die Empfindsamkeit bald verselbständigt und in der späteren 'Empfindelei' den Genuß des Gefühls um seiner selbst willen feiert (d.h. ohne moralische Legitimation), um sich dann völlig vom Ideal des *man of feeling* zu verabschieden und eine Trivialisierung in populärer Romanliteratur zu erleben.[14] Diese Entwicklung findet ihren etymologischen Ausdruck in der Entwicklung von *sentiment* zu *sentimental* und *sentimentalism*, wobei der letzte Begriff die Bedeutung 'kitschig' annimmt. Im Zuge dieser Tendenz zur Problematisierung der Gefühlskomponente und des Typus des *man of feeling* führt Harley in Mackenzies programmatischem Roman *The Man of Feeling* (1748) die Ineffektivität des Benevolenzgedankens in einem Zeitalter der Eigensucht vor. Er artikuliert so zum einen den Widerspruch zwischen empfindsamer Soziabilität und bürgerlichem Eigennutz, den Fielding schon in Pamela verkörpert sieht[15]; zum anderen stellt er die Wirklichkeitsferne der Gefühlsideologie bloß, wenn diese aus der schottischen Marginalperspektive betrachtet wird, wobei ökonomische Ungerechtigkeiten (*favouritism*) den Gedanken allgemeiner Soziabilität konterkarieren.

Bei der Heldin dagegen verläuft die Bewegung in umgekehrter Richtung. Sie muß sich gerade in einem zweiten Schub der Aufklärung vom idealisierten Gefühlsüberschwang der frühen Empfindsamkeit befreien und gegen die darin verborgenen Stereotypen des schwachen, gefühlsbetonten aber irrationalen Geschlechts aufbegehren, um bewußt dem rationalen Pol zuzustreben. Von den Geschlechterrollen her betrachtet wären also drei Phasen zu veranschlagen: (1) Eine frühe, tendenziell androgyne, bürgerlich-aufklärerische Euphorie um den Typus des *man of feeling,* gefolgt von (2) der voyeuristischen Genußsucht und Auto-Stimulation bei Sterne oder Mackenzie bzw. im 'gotischen' Roman, wobei die Heldin zum unschuldigen Opfer, zur

---

[14] Siehe hierzu unter anderem Herrlinger (1987).

[15] Dieser Widerspruch zeigt im Nachhinein den ideologischen, politischen Charakter der Empfindsamkeit. Er wird sich noch deutlicher artikulieren im Zuge der Industrialisierung, z.B. in Dickens' *Dombey and Son* (1847/48), wo das empfindsame Ideal nur noch durch eine überzeugende *last chapter repentance* vor dem totalen Versagen angesichts der Übermacht des Mammon (*mammonism)* und der allgemeinen Gefühlskälte bewahrt werden kann.

femme fragile und zunehmend – in der patriarchalischen Domäne von Schlössern und Burgen – zum beherrschten, eingekerkerten Objekt wird, gefolgt wiederum von (3) der gegenempfindsamen Projektion aufgeklärter Frauenideale. Erst im Roman des 19. Jahrhunderts darf die Heldin die Gefühlsdomäne wieder zur Geltung bringen (die Brontës, Hardy) und kann sie als neuen subversiven Bereich konstituieren, wobei dann die Aufklärung zum Ort patriarchalischer Unterdrückung wird. Diese späte, wenn auch um so dramatischere Entdeckung der Gefühlswelt in Frauenromanen, vor allem bei den Brontës, mag zum einen an der puritanischen Tabuierung des Sensuellen liegen, gewiß aber auch an der Tatsache, daß die Heldin sich zunächst gegen traditionelle Stereotypen der hysterischen *femme fragile* als *animal rationale* beweisen mußte.[16] *Man of feeling* und *woman of sense*, beides Geburten des 18. Jahrhunderts und scheinbar aufeinander bezogen, entstammen demnach unterschiedlichen Diskursen. Im ersteren Falle ist der Bezug der Literatur zur Sozialgeschichte vorrangig zu berücksichtigen, im zweiten Falle die Auseinandersetzung mit patriarchalischen Stereotypen und Geschlechterrollen.

Es ist interessant zu beobachten, daß *man of feeling* und *woman of sense* sich im Roman des 18. Jahrhunderts nur selten begegnen und dies nicht nur, weil sie zeitversetzt auftreten. Vielmehr benötigt der *man of feeling*, der sich vor allem in Romanen von Männern bewegt, die *femme fragile* als Stimulus für seine Gefühlswallungen. Seine Konstruktion ist abhängig vom Fortleben traditioneller Stereotypen, während die *woman of sense* zum Beweis ihres Witzes und ihrer Bildung eines klugen, gebildeten Gesprächspartners bedarf. Der *man of feeling* nimmt die Frau, wie beispielhaft Yorick die Witwen und Zimmermädchen in Sternes *A Sentimental Journey*, als austauschbaren Anlaß zur Stimulierung seiner Gefühlsregungen und beläßt sie so in einer Objektrolle. Eine deutliche Emanzipation der Geschlechter kann erst durch die *woman of sense* erfolgen, welche einen gleichberechtigten Gesprächspartner akzeptiert – sofern sie sich nicht zunächst (im weiblichen Erziehungsroman) einem Mentor (z.B. Knightley in *Emma*) unterstellt.

Allerdings bringt auch die Emanzipation der rationalen Heldin Stereotypisierungen auf seiten der männlichen Figuren hervor, bzw. perpetuiert solche. Denn die *woman of sense* kann sich um so schärfer konturieren, je stärker sie den Verfolgungen und Versuchungen durch möglichst gewissenlose Libertins ausgesetzt ist; sie kann sich in der Gesprächskunst umso eher beweisen, je deutlicher sie tölpelhafte, ungebildete Männer in ihre Schranken weist. Auch die idealen Helden erscheinen zumeist alles andere als komplex: Knightley in Jane Austens *Emma* wird in seiner Perfektion zur vollendeten, aber auch leblosen, Verkörperung überkommener ritterlicher Tugenden, ebenso wie Sir Charles Grandison, der in seiner Unfehlbarkeit jede erotische Ausstrahlung vermissen läßt. Stereotypen verfestigen sich durch wechselseitige Zuweisungen, Vertreter beider Geschlechter müssen sich als flache Charaktere für die komplexe Konturierung des anderen Geschlechts als Statisten bereithalten. Die Dialektik von *self* und *other* ist im 18. Jahrhundert zwischen den Geschlechtern deutlich spürbar; in den Romanen wird die eine zumeist auf Kosten des anderen (bzw. umgekehrt) differen-

---

16 Auf die Möglichkeit einer biologistischen Interpretation der Notwendigkeit einer Wiederkehr der nur notdürftig kultivierbaren dionysischen Sexualität möchte ich hier nicht eingehen. Siehe Paglia (1995).

ziert. Dies ist natürlich um so deutlicher in satirischen Romanen zu beobachten. Bei Sterne oder Fielding kann von einer komplexen Ausleuchtung der Geschlechterrollen keine Rede sein. Die Frauenfiguren bleiben in den traditionellsten Rollen gefangen. Da gibt es zum Beispiel die lüsterne Witwe (Sterne's Mrs. Wadman, Fieldings Mrs. Slipslop) die hemmungslose Aristokratin (Mrs. Booby in *Joseph Andrews*), die verfolgte Unschuld (Fanny in *Joseph Andrews*) oder die von unzügelbarer *curiositas* besessene aber ansonsten sehr einfältige Mrs. Shandy u.s.w.

Die Neuorientierung des Menschen im 18. Jahrhundert, die auf die Cartesianische Wende folgte, erlaubte in einem zweiten Schritt die Neudefinition der Geschlechterrollen. Die Befreiung des Menschen aus der selbstverschuldeten Unmündigkeit zog den Aufstand der doppelt entrechteten Frauen nach sich. Dies alles spiegelt sich in der Vervielfältigung der Geschlechterrollen im Roman, der als alltagsbezogenes Experimentierfeld im 18. Jahrhundert im Wechselspiel mit gesellschaftlichen Diskursen an der Konstruktion des neuen, zunächst bürgerlichen Menschen mitwirkt. Mary Wollstonecraft hat wie keine andere Autorin die Wechselwirkung zwischen allgemeinmenschlicher Aufklärung und der Emanzipation der Frau erkannt. Ihr Werk *A Vindication of the Rights of Men* (1790) wurde zwei Jahre vor *A Vindication of the Rights of Woman* veröffentlicht. Gegen den traditionshörigen Paternalismus Edmund Burkes gerichtet, ist diese Schrift ein leidenschaftliches Plädoyer für die Freiheit der Vernunft, für das Naturrecht und die soziale Gerechtigkeit. In dem Folgewerk *A Vindication of the Rights of Woman* legt Wollstonecraft dar, daß das System der Sklaverei und der Entmündigung, dem die Frauen unterworfen seien, zur Vergiftung von Ehen führe, zu Verstellung, vorgespielter Liebe, ehelicher Untreue: "From the tyranny of man, I firmly believe, the greater number of female follies proceed. [...] Let woman share the rights and she will emulate the virtues of man" (1967: 285, 287). Das zweite Werk wird somit zur Grundlage des ersten: ohne die Emanzipation und Erziehung der Frauen sind die Ideale der aufgeklärten Gesellschaft nicht einlösbar. Dieser doppelte Schritt spiegelt sich in der literarischen Entwicklung, da sich diese doch zunächst der moralischen Erziehung des Menschengeschlechts allgemein zuwendet. Erst in einem zweiten Schritt wird die rationale Erziehung der Frauen gefordert. Die doppelte Aufklärung bedingt den chiastischen Entwurf der Geschlechterrollen: Die Projektion des *man of feeling* im Kontrast zur aristokratischen Sittenlosigkeit einerseits, der *woman of sense* zur Infantilisierung der Frau andererseits. Der Charakterroman wird so in England – in Frankreich wäre an die maßgebliche Rolle Rousseaus zu denken – zum Vorreiter aufklärerischer Entwürfe des Menschen und entwirft die Geschlechterrollen neu.

Betrachtet wurde hier vor allem ein Parameter, der der Dialektik von Gefühl und Verstand, *sense* und *sensibility*. Dabei ist es interessant zu beobachten, in welche wechselnden Diskurse diese begriffliche Dichotomie eingespannt wurde. Zunächst sind beide recht eng verschwistert, richten sich doch zu Beginn des Jahrhunderts *man of sense* und *man of feeling* gemeinsam gegen den *man of wit* bzw. den herzlosen Libertin. Die Grenze, an der sich der hier näher betrachtete *man of feeling* modelliert, ist wie beim *man of sense* eine *schichtenspezifische*; erst später im Jahrhundert modelliert sich die *woman of sense* dagegen im *Diskurs der Geschlechter*. Der Grund für die Verschiebung der maßgeblichen Diskurse im Entwurf der jeweiligen Geschlechterrollen dürfte die Entdeckung der doppelten Entrechtung sein, welche den

Gegner nun im eigenen sozialen Lager und dort im anderen Geschlecht erkennt. Daß die Frau zunächst die männlichen Werte der Vernunft und der Beherrschung assimiliert, um erst im 19. Jahrhundert dann wieder gegen ihr Diktat zu rebellieren, dies erklären der Mechanismus defensiver Identifikation einerseits sowie der der notwendig subversiven Strategie andererseits. Die Konstitution von Geschlechtsidentität ist demnach in schichtenspezifischer wie geschlechtsspezifischer Dimension gleichermaßen und nach ähnlichen Maßstäben möglich. Eine offene Frage bleibt, ob das Beharren der sprachlich-semantischen Grenze *sense/feeling* auf eine Priorität des Textuellen gegenüber schichtenspezifischen und geschlechtsspezifischen Distinktionen verweist, welche demnach semantischen Oppositionen folgen und sich an sprachlichen Grenzziehungen artikulieren und konturieren lassen. Oder ist die Dichotomie *sense/feeling* im Gegenteil nur ein Produkt der notwendig eingeschränkten Perspektive unserer Fragestellung? Es bleibt zu hoffen, daß beides nicht oder nur in geringem Maße zutrifft.

Daß in einzelnen Fällen Streitschriften der Entwicklung weiter vorgreifen können als fiktionale Texte, sei abschließend an der bereits 1739 erschienenen Abhandlung *Woman not Inferior to Man* aufgezeigt, in der nicht nur die Befähigung der Frau für öffentliche Ämter postuliert wird, sondern auch ihre generelle geistige Gleichstellung, wenn nicht gar Superiorität: "Why are they [Men] so industrious to debar us that learning, we have an equal right to with themselves, but for fear of us sharing with, and outshining them in those public offices they fill so miserably?" (Jones 1990: 228). Interessanter in unserem Kontext ist allerdings die Behandlung der Geschlechtsdifferenz in diesem anonymen Traktat. Nicht nur wird eine weibliche Ethik der Sorge antizipiert, sondern auch die generelle Höherschätzung der *effeminacy* gegenüber *manliness* institutionalisiert und somit eine Neuorientierung gesellschaftlicher Grundwerte und sprachlicher Konventionen vollführt:

> What has greatly helped to confirm the *Men* in the prejudiced notion of *Women's* natural weakness, is the common manner of expression which this very vulgar error gave birth to. When they mean to stigmatise a *Man* with want of courage they call him *effeminate*, and when they would praise a *Woman* for her courage they call her *manly*. But as these, and such like expressions, are merely arbitrary, and but a fulsome compliment which the *Men* pass on themselves, they establish nothing. The real truth is, that humanity and integrity, the characteristics of our sex, make us abhor unjust slaughter, and prefer honourable peace to unjust war. And therefore, to use these expressions with propriety, when a *Man* is possest of our virtues he should be call'd effeminate by way of the highest praise of his good-nature and justice; and a *Woman* who departs from our sex by espousing the injustice and cruelty of *Men's* nature, should be called a *Man* [...]. (Jones 1990: 230-3)

Dieses sehr frühe Dokument beweist wie kein anderes, in welchem Maße die Geschlechterrollen im 18. Jahrhundert fragwürdig werden, wie sehr sie sich nicht nur in der fiktionalen Literatur der Reinterpretation und der Reartikulation öffnen. Hier wird eine *ethics of care* antizipiert, die gewiß noch dem binären Denken in Geschlechtspolaritäten verhaftet ist, aber zugleich patriarchalische Leitvorstellungen grundsätzlich problematisiert und aus der Idealisierung der Gefühlskomponente in der frühen Empfindsamkeit eine konsequente feministische Schlußfolgerung zieht. Die Autorin greift weit über Positionen hinaus, welche gegen Ende des Jahrhunderts die Gleichstellung der *woman of sense* unter männlichem Vorzeichen betreiben (Austen, Wollstonecraft) und nimmt Fragestellungen unserer Zeit vorweg, indem sie die Arbitrarität und Artifizialität von Geschlechtsdifferenzierungen zur Sprache bringt und dabei das sprachliche Fundament mit seinen impliziten Wertungen und Konnotationen bloßlegt.

Gewiß ist dies nur eine Stimme unter vielen. Wir wissen, daß sich gerade in der Romantik eine "virile Poetik" (Schabert 1997: 374) durchsetzte, die sich die Apotheose des männlichen kreativen Ich zum Ziel setzte und die das Priesteramt des Sehers und Künders dem männlichen Originalgenie vorbehielt. Wir wissen auch wie sich, insbesondere bei Edmund Burke,[17] Sentimentalität und die Idealisierung patriarchalischer Strukturen gegenseitig ergänzten, ebenso wie dies auch in vielen historischen Romanen der Fall ist, welche in nachrevolutionärer Zeit unverhohlen manch überkommenen, androzentrischen Ordnungsstrukturen nachtrauerten. Hier scheint in mancher Hinsicht das 18. Jahrhundert dem frühen 19. einen Schritt voraus zu sein, der Frauenroman der männlichen Romantik zu trotzen. Zugleich finden sich, z.B. bei Wordsworth, Tendenzen, das männlich semantisierte Erhabene (*the sublime*) und das weiblich konnotierte Schöne (*the beautiful*) in Einklang zu bringen, die bei Burke noch einer klaren funktionalen Trennung unterworfen waren. Schon im Bereich des Romans sind die Geschichten der Geschlechterrollen äußerst vielschichtig. Blickt man auf andere Gattungen, so vervielfältigen sich die Perspektiven noch einmal, so daß die komplexen Verhältnisse allenfalls die Darstellung von Mikrogeschichten ermöglichen.

Literatur

Adams, James Eli. 1995. *Dandies and Desert Saints. Styles of Victorian Masculinity.* Ithaca, N.Y.: Cornell Univ. Press.

Brissenden, R.F. 1974. *Virtue in Distress. Studies in the Novel of Sentiment from Richardson to Sade.* London: Macmillan.

Brontë, Charlotte. 1975 [1847]. *Jane Eyre.* Hg. J. Jack and M. Smith. 2. Aufl. Oxford: Clarendon Press.

Brosch, Renate. 1984. *Eleganz und Autonomie: Die Auffassung des Weiblichen bei Jane Austen.* Heidelberg: Winter.

Castronovo, David. 1987. *The English Gentleman. Images and Ideals in Literature and Society.* New York: Ungar.

Dollimore, Jonathan. 1991. *Sexual Dissidence. Augustine to Wilde, Freud to Foucault.* Oxford: Clarendon.

Edgeworth, Maria. 1993 [1801]. *Belinda.* London: Dent.

Elias, Norbert. 1976. *Über den Prozeß der Zivilisation. Soziogenetische und psychogenetische Untersuchungen.* Bd. 2. Frankfurt: Suhrkamp.

Gassenmaier, Michael. 1972. *Der Typus des* 'man of feeling'. *Studien zum sentimentalen Roman des 18. Jahrhunderts in England.* Tübingen: Niemeyer.

---

[17] Siehe den Beitrag von Monika Fludernik in diesem Band.

Gilmour, Robin. 1981. *The Idea of the Gentleman in the Victorian Novel.* London: Allen & Unwin.

Göbel, Walter. 1994. "Die Heldin als Detektiv. Das Ideal des Weiblichen in Jane Austens *Sense and Sensibility*". *Sprachkunst* 25: 403-14.

Harvey, Elizabeth D. 1992. *Ventriloquized Voices. Feminist Theory and English Renaissance Texts.* London: Routledge.

Herrlinger, Wolfgang. 1987. *Sentimentalismus und Postsentimentalismus. Studien zum englischen Roman bis zur Mitte des 19. Jahrhunderts.* Tübingen: Niemeyer.

Jones, Vivien, Hg. 1990. *Women in the Eighteenth Century. Constructions of Femininity.* London: Routledge.

Kors, A.C. and Paul J. Korshin. 1987. *Anticipations of the Enlightenment in England, France and Germany.* Philadelphia: Univ. of Pennsylvania Press.

Korte, Barbara. 1987. "The *Femme Fragile*: Decline and Fall of a Literary Topos". *Anglia* 105, 366-89.

McKeon, Michael. 1987. *The Origins of the English Novel 1600-1740.* Baltimore: Johns Hopkins.

Nussbaum, Martha C. 1990. *Love's Knowledge. Essays on Philosophy and Literature.* New York: Oxford Univ. Press.

Paglia, Camille. 1995. *Die Masken der Sexualität.* München: dtv.

Richardson, Samuel. 1931. *The History of Sir Charles Grandison.* Bd. I. The Shakespeare Head Edition of the Novels of Samuel Richardson. Oxford.

Rowe, Nicholas. 1969. *The Fair Penitent.* Hg. M. Goldstein. London.

Schabert, Ina. 1997. *Englische Literaturgeschichte aus der Sicht der Geschlechterforschung.* Stuttgart: Kröner.

Southam, Brian, Hg. 1980. *Jane Austen's* Sir Charles Grandison. Oxford: Clarendon.

Sussman, Herbert. 1994. *Victorian Masculinities.* Cambridge: Cambridge Univ. Press.

Wollstonecraft, Mary. 1967 [1792]. *A Vindication of the Rights of Woman.* Hg. Charles W. Hagelman, Jr. New York: Norton.

---. 1960. [1792] *A Vindication of the Rights of Men.* E.L. Nicholes, Hg. Gainesville, FL.: Scholars' Facs.

Jean-Jacques Rousseau: Begründer einer neuen Anthropologie

Joseph Jurt (Freiburg)

I

> Rousseaus Philosophie vom guten Wilden gehört mit zu den wesentlichsten ideologischen Kapiteln der späteren Kolonialgeschichte, für die der 'Citoyen de Genève', durchaus konform mit dem Genfer-Banquierstum seiner Vaterstadt den sich eben selber befreienden, mündig werdenden Schwarzen zurückholt in die Bevormundung. [...] Der Mythos vom guten Wilden ist die Opiumpille, die Rousseau seinen Zeitgenossen reicht. [...] Rousseau, dieser größte Tränenvergießer und Tränenlieferant des 18. Jahrhunderts, wirksamster Drogenfabrikant der Weltliteratur [...] liefert mit seinem wilden Naturmenschen das Sujet für das imaginäre Heimkino der französischen Aristokratie und Bourgeoisie der späten Aufklärung (Hofer 1987: 148-49).

Diese vorweg zitierten Ausführungen werden, wie ich im folgenden aufzeigen möchte, Rousseau keineswegs gerecht. Die in den Salons des 18. Jahrhunderts verbreitete schwärmerische Vorstellung des 'edlen Wilden' war im Grunde nichts anderes als eine Umkehrung des Klischees des 'Barbaren'. Damit war die Idee verbunden, die Wilden befänden sich noch auf der Stufe von unschuldigen Kindern und seien daher durchaus bildungsfähig und in die Zivilisation integrierbar (Duchet 1977: 169). So ersetzte der Gedanke der 'Zivilisation' denjenigen der Eroberung, um die außereuropäische Kolonisierung zu legitimieren. Eine große Zahl der positiven Attribute, die man dem 'edlen Wilden' zuschrieb, waren nichts anderes als eine Um-Wertung der früheren Bestimmung des 'Barbaren': Primitivität wird zu Einfachheit und Anspruchslosigkeit, kindische Unvernunft zu Unschuld und Unvoreingenommenheit, Triebhaftigkeit zu unbesorgter Lebensfreude. Beide Vorstellungen, die des 'Barbaren' und die des 'edlen Wilden', erwachsen, so betonte Urs Bitterli, aus einem betont ethnozentrischen Kulturbewußtsein und gewinnen in Zeiten an Interesse, da man sich in seiner eigenen Kultur nicht mehr fraglos geborgen fühlt, etwa zu dem Zeitpunkt, als die stabile Ideenwelt der Klassik der radikalen Infragestellung der Aufklärungsphilosophie wich oder wiederum vor und nach dem ersten Weltkrieg, als sich der Niedergang einer selbstgewissen bürgerlichen Welt ankündigte (nach Bitterli 1976: 373-74). Derselbe Autor unterstrich aber auch, daß der 'edle Wilde', "jene den etwas gelangweilten Träumereien urbaner Zivilisationsgeschöpfe entwachsene Idealgestalt nicht Rousseaus Erfindung war, aber zweifellos einem ähnlichen Hintergrund subjektiven Unbehagens an der aufgeklärten Gesellschaft entsprang" (Bitterli 1976: 288).

Ich würde noch weiter gehen: das von Rousseau postulierte Konzept des 'Naturmenschen' hat mit der Vorstellung des 'edlen Wilden' überhaupt nichts zu tun. Während dem 'edlen Wilden' positive soziale Eigenschaften zugeschrieben werden, situiert Rousseau den Naturmenschen in einer vor-gesellschaftlichen und damit auch in einer vor-moralischen Periode. Letztlich geht es Rousseau darum, über dieses Konzept des Naturmenschen in radikaler Weise die Frage nach dem Verhältnis von Natur und

Kultur zu stellen, eine Frage, die im Zentrum der Anthropologie steht, die in ihm – zumindest ihr prominentester Vertreter Claude Lévi-Strauss – einen Vorläufer sieht. In geradezu emphatischer Weise beruft sich dieser in *Tristes Tropiques* auf Rousseau: "Rousseau war von allen Philosophen am meisten Ethnograph [...] Rousseau ist unser Lehrer, er ist unser Bruder, dem wir nichts als Undankbarkeit entgegengebracht haben, dem jedoch jede Seite dieses Buches gewidmet sein könnte"[1].

Rousseau war von allen 'Philosophen', (*philosophes*, gemeint sind mit diesem Begriff die Denker der französischen Aufklärung und nicht etwa Fachphilosophen), Rousseau war von allen Philosophen am meisten Ethnograph, weil er das geschichtsphilosophische Verhältnis von Natur und Kultur neu bestimmte. Hier gab es die alte heilsgeschichtliche Erklärung, die ein Modell in drei Stufen darstellte: zunächst der paradiesische Naturzustand, dann der Sündenfall, der die Menschheit als solche in einen Zustand der Erbsünde versetzte, und schließlich die Erlösung der sündigen Menschheit. Die Philosophen des 18. Jahrhunderts – und Rousseau mit ihnen – lehnten dieses Erklärungsmodell ab, das durch einen anthropologischen Pessimismus, aber einen heilsgeschichtlichen Optimismus geprägt war. Die Versuchung bestand aber trotzdem, an der Idee eines Paradieses, jedoch außerhalb jeder theologischen Begründung, festzuhalten.[2] Gemeint war damit ein früher Erstzustand der Menschheit, in dem das, was die Menschheit ausmacht, schon existierte. Für die meisten Denker der Aufklärung stellte die Beziehung zwischen einem sogenannten Naturzustand und der Zivilisation, zwischen der ursprünglichen und der jetzigen anthropologischen Situation, kein Problem dar. Sie stellten sich eine Art Kontinuität zwischen den beiden Polen vor. Im Naturzustand seien die wesentlichen jetzigen Eigenschaften des Menschen – vor allem seine soziale und seine moralische Natur – schon vorhanden, die sich im Zustand der Zivilisation nur weiter entwickelt hätten. Zwischen den beiden Polen wird bloß eine Entwicklung gedacht, die sich dank der Aufklärung noch weiter entfalten werde. Die Idee, die das Verhältnis oder die Entwicklung zwischen Natur und Kultur erklärt, ist die des Fortschritts; die beiden Pole sind nicht antithetisch. Die Menschennatur, die nicht mehr durch den Gedanken des Sündenfalls bestimmt ist, entwickelt sich von ihrem Ursprung in Richtung ihrer Zukunft. Vom christlichen Erklärungsschema mit seinen drei Stufen – Paradies-Sündenfall-Erlösung – sind bloß mehr zwei Stufen übriggeblieben.

Rousseau lehnte die heilsgeschichtliche Interpretation ab, hielt aber formell – nicht inhaltlich – am christlichen Entwicklungsmodell in drei Stufen fest. Dem Naturzustand folgt nach ihm nicht eine Periode des steten Fortschritts, sondern eine Phase des Verfalls. Die Idee einer Verfallsgeschichte bedeutet aber nicht das letzte Wort Rousseaus. Der Verfall soll überwunden werden durch die Reform, die er im positiven Teil seines Werkes entwickelt. Reform des Individuums durch das pädagogische Programm, das in *Émile* (1762) entworfen wird, Reform des Gemeinwesens, das er im *Contrat social* (1762) entwirft. Rousseau sieht so keine Kontinuität zwischen dem Naturzustand und dem zivilisierten Zustand; während der erste in einem positiven

---

1 "Rousseau, le plus ethnographe des philosophes [...] Rousseau notre maître, Rousseau notre frère, envers qui nous avons montré tant d'ingratitude, mais à qui chaque page de ce livre aurait pu être dédiée" (Rousseau 1990: 467).

2 Wir nehmen im folgenden den Gedankengang von Paul Bénichou auf (Bénichou 1984: 127-45).

Licht erscheint, so wird der zweite negativ, eben als Verfallsprozeß, gesehen. Der neue Zustand – die dritte Phase – soll die positiven Elemente des ersten wieder einbringen. Dieser Übergang erscheint als eine Reform, eine Bekehrung im formal-religiösen Sinne. Auch hier zeigt sich die Verwandtschaft des Modells von Rousseau zum christlichen Modell. Der Totalitätsanspruch der Heilsreligionen, die die völlige Bekehrung des Menschen vom Zustand der Sünde zum Zustand des Heils verlangen, wird von Rousseau auf die innerweltliche geschichtliche Ebene transponiert; er sieht Geschichte nicht als kontinuierlichen (selbsttätigen) Fortschritt, sondern postuliert die voluntaristische Überwindung des Übels durch die Reform der Gesellschaft. Die Radikalität stellt den eigentlichen Motor des Drei-Stufen-Modells von Rousseau dar; diese Radikalität, dieser Totalitätsanspruch erklärt auch seine Faszination.

Rousseaus aufklärerisches Denken entstand an der Schwelle des Übergangs von der stratifizierten zur funktional ausdifferenzierten Gesellschaft im Sinne Luhmanns (1980: 26-33). Rousseau lehnte aber beide Gesellschaftsformen radikal ab, die ständische Ordnung, die auf Privilegien und Ungleichheit beruhte ebenso wie die bürgerliche Ordnung, die sich funktional und arbeitsteilig organisierte. Er stand so in Opposition zu den Vertretern des Feudalsystems wie zu den Enzyklopädisten. Der Appell an die Ganzheit stand im Gegensatz zu einer ausdifferenzierten Gesellschaft, die die jeweiligen Praktiken an Spezialisten delegiert, wie Ursula Link-Heer zu Recht unterstreicht. So ist es kein Zufall, daß Rousseaus Schriften alle Bereiche der Gesellschaft berühren, das Individuum ebenso wie die Familie, die Zivilgesellschaft und den Staat. Der Appell zur Ganzheit äußert sich auch in seiner Hochschätzung der Bürgerfeste, welche, wie er in seinen *Lettres à d'Alembert* (Rousseau 1967: 233-34, 248) ausführt, die für das Theater spezifische Trennung zwischen Schauspieler und Zuschauer aufheben sollen; und das Erziehungsprogramm im *Émile* bezieht sich ebenfalls auf den Menschen als solchen. Die intendierte Ganzheit des Menschen erscheint gleichzeitig als Voraussetzung für den 'citoyen'; dieser soll an der Politik teilnehmen und die Fragen des Gemeinwesens nicht an Politiker delegieren. "So konvergiert alles Philosophieren Rousseaus in einem Begehren nach Totalisierung aller Praktiken", schreibt Ursula Link-Heer.

> Diese Grundstruktur macht gleichzeitig plausibel, wieso Rousseau – im Unterschied zu allen anderen Aufklärern seiner Zeit – der Religion eine dominierende Funktion zuweist, handelt es sich doch bei dieser affektiv begründeten 'neuen Religion', die sowohl als Naturreligion wie auch als Zivilreligion gedacht wird, um eine integrierende und totalisierende Praxis par excellence, die an der Stelle arbeitsteiliger Distinktion die 'Gleichheit der Herzen' herstellen sollte. (Link-Heer 1986: 148-49)

II

Wenn Rousseau seine Geschichtsvorstellung strukturell gemäß einem sicherlich säkularisierten theologischen Modell konzipiert, so findet sich in analoger Weise eine Parallele zwischen seiner Anthropologie und der Autobiographie. Die Geschichte des Individuums wird über ein ähnliches Drei-Stufen-Modell interpretiert wie die Geschichte der Menschheit, die Rousseau in seinem *Diskurs über die Ungleichheit* (1755) entwirft. Auch hier gibt es zuerst eine Phase des Glücks, dann diejenige des Sündenfalls (durch das Leben in einer Gesellschaft, die durch die Ungleichheit geprägt ist), und schließlich den Versuch einer Kompensation durch die Arbeit des Imaginären. Rousseau erscheint geradezu als *Spezialist* für die Säkularisierung religiöser Denkformen. Auch in seinen *Confessions* (1781-88) greift er das Strukturschema des christlichen Bekenntnisses auf, so wie es Augustinus entworfen hatte, das durch die drei Pole Mensch, Gott und die anderen bestimmt ist. Die *Confessiones* von Augustinus sind ein Dialog des Sünders mit Gott. Die Menschen sind in zweiter Linie Adressaten der Botschaft als Zeugen des Wirkens Gottes im Menschen. Gott ruft Rousseau nur noch am Anfang als Zeugen der Wahrhaftigkeit seiner Aussage an; die anderen sind nur Stichwortgeber für Einwände. Das Bewußtsein des Individuums wird jedoch zum eigentlichen Garanten der Wahrhaftigkeit des Bekenntnisses. Das Subjekt gibt sich selber die Absolution durch den Akt des Geständnisses. Die theozentrischen *Confessiones* sind zu den anthropozentrischen *Confessions* geworden; wenn es auch hier eine große strukturale Ähnlichkeit in der Diskurs-Anlage gibt, so ist doch der Inhalt ein ganz anderer geworden. Diese Selbst-Affirmation des Subjekts, die ein wesentliches Indiz der beginnenden Moderne darstellt, wird aber auch, wie wir sehen werden, zu einem bedeutenden Instrument der Erkenntnis der anderen werden.

Eine analoge Umwertung findet auch das zentrale Ereignis der *Confessiones* von Augustinus, von dem dieser im VIII. Buch, im 12. Kapitel, auf seine Bekehrung verweist, jene Erleuchtung, die ihn befiel, als er die Kinderstimme vernahm, die ihm das berühmte *tolle lege, tolle lege* zurief und er dann auf die Stelle im Römerbrief (13, 13) stieß, die für ihn zur Erleuchtung wurde. "Denn kaum war dieser Satz zu Ende", so beschrieb Augustinus seine Erfahrung, "strömte mir Gewißheit als ein Licht ins kummervolle Herz, daß alle Nacht des Zweifelns hin und her verschwand" (Augustinus 1960: 417).

Rousseau beschreibt seine Erleuchtung ebenfalls im Buch VIII seiner *Bekenntnisse*. Er berichtet von seinem *tolle lege*, als er sich im Sommer 1749 auf den Weg zu seinem Freund Diderot noch Vincennes machte und auch auf ein Buch stieß, nämlich auf die Preisfrage, die die Akademie von Dijon ausgeschrieben hatte: "Si le progrès des sciences et des arts a contribué à corrompre ou à épurer les mœurs", zu deutsch: Ob der Fortschritt der Wissenschaften und Künste zur Verderbnis oder zur Veredelung der Sitten beigetragen hat. Die Frage nimmt das gewohnte Denkschema der Aufklärer auf, die Idee des zivilisatorisch-künstlerischen Fortschritts. Die Denkfigur wird nicht in Abrede gestellt; es werden bloß die moralischen Gewinne oder Defizite der postulierten Entwicklung erfragt. Rousseau beschreibt seine Intuition als eigentliche Erleuchtung, als Vision und als Bekehrung: "Im Augenblick, da ich dies las, sah ich eine andre Welt, und ich wurde ein andrer Mensch" (Rousseau 1978 b: 346[3]). Rousseau fügt dann gleich hinzu: "All mein übriges Leben und meine Leiden waren die unvermeidliche Folge dieses Augenblicks der Verwirrung."[4] Durch die Erleuchtung von Vincennes konstituiert sich die neue Identität Rousseaus; diese ist gleichzeitig der Beginn einer unglücklichen Existenz. Denn die Quintessenz seiner Erleuchtung war dies: das Übel liegt in der Gesellschaft – was er in seinem Antwortschreiben, dem

3 "A l'instant de cette lecture je *vis* un autre univers et je *devins* un autre homme" (Rousseau 1986: 351, m.H.).

4 "Tout le reste de ma vie et de mes malheurs fut l'effet de cet instant d'égarement" (351).

Discours sur les sciences et les arts (1750) zum Ausdruck bringen wird. Diese Intuition zwingt ihn, sich von der Gesellschaft zu trennen. Denn er kann nur glaubwürdig sein, wenn er sein Leben und seine Ideen in Übereinstimmung bringt:

> Ich entsagte für immer jedem Plan, mein Glück zu machen und vorwärtszukommen. Entschlosssen, die kurze, mir noch verbleibende Lebenszeit in Unabhängigkeit und Armut zu verbringen, verwandte ich alle meine Seelenkräfte darauf, die Fesseln der öffentlichen Meinung zu brechen und mutig alles zu tun, was mir gut schien, ohne mich irgenwie um das Urteil der Menschen zu kümmern. (Rousseau 1978 b: 356-57)[5]

Durch seine Trennung von der Gesellschaft, durch seine radikale Kritik an der Umwelt steht er unter einem enormen Legitimationsdruck. Er wird sein Handeln begründen, indem er es in die Kohärenz seines Lebens einbettet, indem er – allerdings erst in den sechziger Jahren – sein Leben offenlegt in der ersten modernen Autobiographie, eben in seinen *Confessions*, die sich durch die Subjektivität eines Individuums, seines Denkens und seines Fühlens legitimieren und nicht mehr, wie vorher die Memoiren, durch die soziale Existenz eines Menschen, der die Welt politisch beherrschte oder veränderte, der Ruhm auf den Schlachtfeldern gewann. Rousseau säkularisierte zunächst seine Konversionserfahrung und wies theologische Skrupel von sich, die sein anthropozentrisches Projekt hätten gefährden können. Er beschreibt sein Leben formal so, wie es die großen Mystiker oder Heiligen taten, die den Beginn ihres wahren Lebenssinnes mit ihrer Konversion datierten. Wenn Rousseau in bezug auf seine Krise von Vincennes nicht den Begriff Konversion brauchte, so beschreibt er das Ereignis doch in Begriffen, die an eine mystische Krise gemahnen. Die Reform, die dann folgt – und *Reform* ist der Begriff, den Rousseau braucht – wird nicht religiöser, sondern sozialer Natur sein.

III

Wenn er in seinem ersten *Discours* den moralischen Gewinn der Zivilisationsentwicklung verneint, so wird er im zweiten *Discours*, der ebenfalls eine Antwort auf eine Preisfrage der Akademie von Dijon – fünf Jahre später (1754) – ist, noch radikaler argumentieren. Auf die Frage nach dem Ursprung der Ungleichheit wird er die Entwicklung der Menschheit rekonstruieren. So schreibt Rousseau in seiner Einleitung zum zweiten *Discours*.

> Beginnen wir also damit, daß wir die Tatsachen beiseite lassen, denn sie berühren die Frage nicht. Man darf die Untersuchungen, in die man über diesen Gegenstand eintreten kann, nicht für historische Wahrheiten nehmen, sondern nur für hypothetische und bedingungsweise geltende Schlußfolgerungen, mehr dazu geeignet, die Natur der Dinge zu erhellen, als deren wahrhaften Ursprung

[5] "Je renonçai pour jamais à tout projet de fortune et d'avancement. Déterminé à passer dans l'indépendance et la pauvreté le peu de temps qui me restait à vivre, j'appliquai toutes les forces de mon âme à briser les fers de l'opinion, et à faire avec courage tout ce qui me paraissait bien, sans m'embarasser aucunement des jugements des hommes" (Rousseau 1986: 362).

zu zeigen, und jenen vergleichbar, welche unsere Naturwissenschaftler alle Tage über die Entstehung der Welt machen". (Rousseau 1990: 71)[6]

Die Rekonstruktion der Menschheitsgeschichte will Rousseau so bewußt nicht als Extrapolation vom Jetztzustand aus verstanden wissen, sondern als eine Hypothesenbildung im Sinne der Naturwissenschaft. Die Entwicklung der Menschheit soll so behandelt werden, wie "unsere Naturwissenschaftler alle Tage" die Frage der Entstehung der Welt erörtern. Für den damaligen Leser, der wußte, daß Rousseau unter den Bedingungen der religiösen Zensur schrieb, war hier gleich klar, daß die "Hypothesen" in Konkurrenz zur Offenbarungsgeschichte des Buches *Genesis* standen. Der Leser wußte gleich, daß mit "all den Tatsachen", die der Autor beiseite lassen will, die biblische Sicht gemeint war. Angesichts des Tatsachenanspruchs der biblischen Version konnten sich konkurrierende Versionen nur als Hypothesen darstellen. Die Methode der genetischen Erklärung der Entstehung der Welt wird für Rousseau zum Vorbild, weil sie zu verdecken erlaubt, daß es sich bei seiner Entwicklungsgeschichte der menschlichen Gattung um eine Genealogie handelt, die mit der theologischen Lehre nicht vereinbar ist. "[Die Religion] verbietet uns nicht," so fährt Rousseau fort, "Vermutungen, die allein aus der Natur des Menschen und der Wesen, die ihn umgeben, hergeleitet sind, darüber anzustellen, was aus dem Menschengeschlecht hätte werden können, wenn es sich selbst überlassen geblieben wäre" (Rousseau 1990: 73).[7] Mit dieser Herauslösung der Menschengattung aus einer providentiellen Naturordnung ist die Frage der geschichtsphilosophischen Fundierung der Autonomie eben dieser Naturordnung gestellt.

Rousseau entwirft so zunächst das Bild des Naturzustandes. Wenn man den gegenwärtigen Kulturzustand als Verfallsstufe der Menschheit sieht, für welche die Gesellschaft verantwortlich ist, dann kann der hypothetische Naturzustand nur als totaler Gegenpol beschrieben werden, der dann zum archimedischen Punkt wird, von dem aus ich die geschichtliche Entwicklung und den Ist-Zustand beurteilen kann. Rousseaus Konstrukt des reinen Naturzustandes setzt sich ab von den Konstrukten, die den Naturmenschen dem tierischen Zustand annähern, aber auch von denjenigen, die wie die Naturrechtsvertreter den Naturzustand aus der heutigen Situation ableiten.

Sowohl Buffon wie Diderot oder Helvétius sahen den Naturmenschen in der Nähe des Tieres, betonten den Herdencharakter. Rousseau hingegen – und diese Position war singulär – betonte als anthropologisches Distinktivum die ursprüngliche *solitäre* Natur des Menschen. Die Überlegenheit des Menschen zeigt sich gerade darin, daß er nicht gezwungen ist, sich mit anderen zusammenzutun um zu überleben. Die Geschichte der Menschen wird von Anfang an im Zeichen der Freiheit und nicht der Notwendigkeit gesehen. "Die Natur befiehlt jedem Lebenwesen, und das Tier ge-

---

6 "Commençons donc par écarter tous les faits, car ils ne touchent point à la question. Il ne faut pas prendre les Recherches, dans lesquelles on peut entrer sur ce Sujet, pour des verités historiques, mais seulement pour des raisonnements hypothétiques et conditionnels; plus propres à éclaircir la Nature des choses qu'à montrer la véritable origine, et semblables à ceux que font tous les jours nos Physiciens sur la formation du Monde" (Rousseau 1985: 132-33).

7 "[La religion] ne nous défend pas de former des conjectures tirées de la seule nature de l'homme et des Etres qui l'environnent, sur ce qu'auroit pu devenir le Genre-humain, s'il fût resté abandonné à lui-même" (Rousseau 1985: 133).

horcht," so schreibt Rousseau. "Der Mensch empfindet den gleichen Eindruck, aber er erkennt sich frei, nachzugeben oder zu widerstehen, und vor allem im Bewußtsein dieser Freiheit zeigt sich die Geistigkeit seiner Seele" (Rousseau 1990: 101).[8] Rousseau definiert den Menschen durch seine Freiheit, und nicht durch die Vernunftgegebenheit, wie Diderot oder Buffon, die jedoch erst für das Ergebnis einer späteren Organisationsstufe wichtig ist. Der Begriff der Freiheit setzt die Entwicklungs*möglichkeit* voraus und nicht den Entwicklungs*zwang*, der die Freiheit nicht *offen* läßt. Rousseau schlug für die Idee der Entwicklungsmöglichkeit einen eigenen neuen Begriff vor, den der *perfectibilité*, der sich von den finalistischen und darum zwangsläufigen Kategorien des *progrès* abhebt. "La liberté est [...] la perfectibilité," betont Jacques Derrida lapidar (Derrida 1967: 260). Erstaunlicherweise führt Rousseau den Begriff in der Folge der Beobachtungstatsache ein, daß allein der Mensch geistesschwach werden könne. "Kommt es nicht daher," so fragt er, "daß er damit zu seinem anfänglichen Zustand zurückkehrt und daß – während das Tier, das nichts erworben und auch nichts zu verlieren hat, immer bei seinem Instinkt bleibt – der Mensch, wenn er durch das Alter oder durch andere akzidentelle Umstände alles wieder verliert, was seine *Perfektibilität* ihn hatte erwerben lassen, folglich tiefer fällt als das Tier selbst" (Rousseau 1990: 103-05).[9] Perfektibilität ist nicht notwendig vorwärtsgerichtet; die Geschichte des Menschen ist offen; sie ermöglicht das Vorwärtsschreiten, aber auch das Zurückgehen. Rousseaus *Discours* läßt sich in seinen geschichtsphilosophischen Abschnitten als Versuch lesen, die Geschichte als Verfallsgeschichte zu deuten; die andere Sichtweise deutet sie in einigen Passagen des zweiten Diskurses an und wird vor allem in der sieben Jahre später veröffentlichten politischen Utopie des *Contrat social* durchgespielt. Heinrich Meier sprach von der *perfectibilité* als der anthropologischen Differenz, die den Menschen vom Tier unterscheidet, gleichzeitig aber auch als Potenz die negative Entwicklung enthält. "Die Kritik des depravierten Daseins", so schreibt Meier, "setzt die Möglichkeit des nicht-depravierten Naturzustandes voraus" (Meier 1990: LX). Das Verlassen des nicht-depravierten Naturzustandes wird nicht durch "endogene Zwangsläufigkeit oder teleologische Zielgerichtetheit" (Meier 1990: 95) bestimmt, sondern allein durch das "zufällige Zusammentreffen von Umständen", wie Rousseau schreibt. Rousseau wendet sich gegen die verborgene Teleologie der früheren Naturzustandstheorien, die immer vom Fluchtpunkt der 'société civile' aus argumentierten. Der Potenz-Begriff ist darum bei ihm nicht durch eine Entelechie bestimmt. Die Entwicklung bedarf immer eines Anstoßes von außen. Karl-Heinz Kohl sah allerdings im *Discours* zwei Entwicklungsmodelle; ein *externes* Erklärungsmodell, das den äußeren Ursachen – Naturkatastrophen oder Veränderungen der Erdoberfläche – die Rolle der den Geschichtsprozeß auslösenden Faktoren zuschreibt; daneben findet sich ein *internes* Modell der Erklärung, das die Entfaltung menschlicher Fähigkeiten als einen weitgehend selbsttätigen Prozeß auffassen lasse (Kohl 1981: 187). Denn es

---

8 "La Nature commande à tout animal, et la Bête obéït. L'homme éprouve la même impression, mais il se reconnoît libre d'asquiescer, ou de resister; et c'est surtout dans la conscience de cette liberté que se montre la spiritualité de son ame" (Rousseau 1990: 100).

9 "N'est ce point qu'il retourne ainsi dans son état primitif, et que, tandis que la Bête, qui n'a rien acquis et qui n'a rien non plus à perdre, reste toujours avec son instinct, l'homme reperdant par la vieillesse ou d'autres accidens, tout ce que sa perfectibilité lui avoit fait acquérir, ne tombe ainsi plus bas que la Bête même?" (Rousseau 1990: 104-06).

sind nicht äußere Umstände, sondern der Kampf mit der – sich doch gleichbleibenden – Natur, der den Übergang vom Gebrauch des Körpers zum Gebrauch der Waffe, und somit den ersten Ausdruck einer Verstandestätigkeit, bedinge. Rousseau schreibt in einem Brief an Monsieur Philopolis, daß die Entwicklung der Gesellschaft sich vollzog "nur mit Hilfe gewisser äußerer Umstände, die sein oder nicht sein konnten, oder die zumindest früher oder später eintreten und folglich den Fortschritt beschleunigen oder verlangsamen konnten" (Rousseau 1990: 465-67).[10] Wird nicht in der zweiten Satzhälfte eine gewisse Zielgerichtetheit impliziert, wobei den äußeren Zuständen vor allem die Beschleunigung oder die Verlangsamung des Prozesses, aber nicht so sehr die Entwicklung als solche zugeschrieben wird? Ich lasse die Frage offen, ob die These der grundsätzlichen Offenheit des Entwicklungsprozesses hier relativiert wird oder es sich um eine gedankliche Inkonsequenz handelt.

Zweifellos macht das Kriterium der *perfectibilité* neben dem solitären Charakter des Menschen die anthropologische Differenz aus. Schließlich zählen dazu auch zwei andere Eigenschaften: die Eigenliebe (*amour de soi*) und das natürliche Mitleid (*pitié naturelle*), der "angeborene Widerwille [...], seinen Mitmenschen leiden zu sehen" (Rousseau 1990: 141).[11] Beide Prinzipien stehen im Dienste der Selbsterhaltung. Eigenliebe dient der Selbsterhaltung des Individuums, das natürliche Mitleid der Selbsterhaltung der Gattung. Beide Eigenschaften machen die natürliche Güte des Menschen in einem vor-moralischen Sinne aus. Die Kategorien eines Hobbes (gut und böse) haben in einem Zustand der solitären Existenz noch keinen Sinn. Im Gesellschaftszustand wird indes die Eigenliebe (*amour de soi*) zur Selbstsucht (*amour-propre*) und entwickelt sich so zu einer destruktiven Kraft, die nicht mehr durch das natürliche Mitleid gemildert wird und die die Verfallsgeschichte beschleunigt. Das Mitleid wird indes in der Form des republikanischen Patriotismus zu einem Konstituens einer gerechten Gesellschaftsordnung, so wie sie Rousseau in seinen späteren Schriften zur Verfassungsreform Korsikas und Polens entwerfen wird. Für Claude Lévi-Strauss ist die *pitié*, das natürliche Mitleid, eine Kategorie, welche die Entwicklung zur Gesellschaft zu erklären vermag, diesen dreifachen Übergang von der Natur zur Kultur, vom Gefühl zur Erkenntnis, von der Instinktgebundenheit zur Menschlichkeit und das über eine Eigenschaft, die gleichzeitig "natürlich und kulturell, affektiv und rational, animalisch und menschlich" ist.

> Rousseau wird nie müde zu wiederholen, daß dieses Vermögen das Mitleid ist, das sich aus der Identifikation mit einem Anderen ergibt, der nicht bloß ein Verwandter, ein Nächster, ein Mitbürger ist, sondern irgendein Mensch, sofern er nur Mensch ist, mehr noch: irgendein lebendiges Wesen, sofern es nur lebt. Der Mensch beginnt also Mensch zu sein, indem er seine Identität mit allen, die ihm gleichen, bekundet. Er wird diese ursprüngliche Erfahrung nie vergessen [...]. (Ritter 1970: 143)[12]

---

10 "[M]ais seulement [...] à l'aide de certaines circonstances extérieures qui pouvoient être ou n'être pas, ou du moins arriver plustôt ou plustard, et par conséquent accéler ou ralentir le progrès" (Rousseau 1990: 464-66).

11 "[U]ne répugnance innée à voir souffrir ses semblables" (Rousseau 1990: 140).

12 "Cette faculté, Rousseau n'a cessé de la répéter, c'est la pitié, découlant de l'identification à un autrui qui n'est pas seulement un parent, un proche, un compatriote, mais un homme quelconque, du

Hans Henning Ritter hat aber hier eingeworfen, Lévi-Strauss verkenne, daß bei Rousseau das natürliche Mitleid in einem Spannungsverhältnis zur Reflexion stehe. Bei Rousseau ist das Mitleid als Regulativ auf das Selbsterhaltungsinteresse bezogen; gemeint ist hier noch nicht das bewußte Mitleid, das der Stufe der Reflexion und nicht natürlicher Unmittelbarkeit zuzurechnen ist (Ritter 1970: 146).

IV

Perfektibilität, Einsamkeit, Selbstliebe und natürliches Mitleid machen so die anthropologische Differenz aus, unterscheiden den Menschen schon im Naturzustand vom Tier. Gerade in der Erfassung dieser Spezifität sieht Lévi-Strauss Rousseau als Vorgänger der Anthropologie, der Wissenschaft vom Menschen. Lévi-Strauss beschrieb die ganze Spannung, die den Ethnologen bestimmt, der das Eigene und das Fremde gleichzeitig im Blick hat. Zu Hause seien sie die größten Kritiker bestehender politischer und sozialer Verhältnisse; hielten sie sich jedoch bei einer fremden Gesellschaft auf, überschlügen sie sich vor Respekt vor noch so konservativen Praktiken. Der Ethnologe könne sich hier nur gerade an Rousseau und nicht an Diderot orientieren. "'Mißtraut jedem, der Ordnung schaffen will,' sagte Diderot, der diesen Standpunkt vertrat", und Lévi-Strauss resümiert dann dessen Konzept der Menschlichkeitsentwicklung: "Es gab einmal einen natürlichen Menschen; in diesen Menschen hat man einen künstlichen Menschen eingepflanzt; und so brach in der Höhle ein ewiger Krieg aus, der das ganze Leben dauert" (Lévi-Strauss 1978: 385)[13]. Diese Vorstellung erscheint Lévi-Strauss als absurd. Die Polynesier, von denen Diderot in seinem *Supplément au Voyage de Bougainville* (1796 postum) spreche, hätten ebenso in Gesellschaft gelebt wie wir. "Qui dit homme dit langage et qui dit langage dit société" (Lévi-Strauss 1990: 467).

Es mag nun erstaunen, daß Lévi-Strauss gerade Rousseau, der die solitäre Natur des Naturmenschen postulierte, zum Kronzeugen gegen Diderot bemüht. Ursula Link-Heer findet den Rousseauismus von Claude Lévi-Strauss irritierend; die These sei extravagant: Während Rousseaus Naturmenschen isoliert und allenfalls halb-sprachlich gedacht seien, gehe Lévi-Strauss selbstverständlich von der nicht zu leugnenden entwickelten Sprache und kollektiven Gesellschaftlichkeit seiner "Wilden" aus. Nun sei aber kaum anzunehmen, daß Lévi-Strauss diesen Widerspruch übersehen haben könne. Offenbar habe er die Konstruktion des einzeln lebenden Wilden als manifeste Ideologie des 18. Jahrhunderts stillschweigend übergangen, weil er Rousseaus entscheidendes Konzept davon unabhängig und anderswo sah (Link-Heer 1986: 154).

Nun ist aber die von Rousseau vertretene These vom solitären Charakter des Naturmenschen auch im 18. Jahrhundert durchaus singulär. Entscheidend ist, daß es sich bloß um die erste Phase einer hypothetischen Rekonstruktion handelt und nicht um eine Tatsachenbeschreibung. Rousseau schreibt man nach Lévi-Strauss zu Unrecht eine Glorifizierung dieser Anfangsphase, eben des Naturzustandes zu. Gerade Rous-

---

moment qu'il est homme, bien plus: un être vivant quelconque, du moment qu'il est vivant. L'homme commence donc par s'éprouver identique à tous ses semblables, et il n'oubliera jamais cette expérience primitive [...]" (Lévi-Strauss 1962: 243).

13 "Il existait un homme naturel; on a introduit au-dedans ce cet homme un homme artificiel; et il s'est élevé dans la caverne une guerre continuelle qui dure toute la vie" (Rousseau 1990: 467).

seau erlaube es, die der Position der Ethnographen inhärenten Widersprüche zu überwinden. Wie er müsse man in zwei Schritten vorgehen. Nach der De-Konstruktion überkommener Vorstellungen zur Konstruktion einer neuen Ordnung, "aus den Trümmern, die der *Discours sur l'origine de l'inégalité* zurückließ, zur umfassenden Konstruktion des *Contrat social* fortschreiten, dessen Geheimnis der *Èmile* enthüllt." Und Lévi-Strauss fährt fort: "Niemals ist Rousseau in den Irrtum Diderots verfallen, den natürlichen Menschen zu idealisieren. Er versucht nicht, den Naturzustand mit dem gesellschaftlichen Zustand zu vermengen; er weiß, daß dieser letztere dem Menschen innewohnt, aber gewisse Übel mit sich bringt" (Lévi-Strauss 1978: 386).[14]

Lévi-Strauss konzipiert das eigene ethnographische Vorgehen nach dem Modell Rousseaus. Die Untersuchung der Wilden diene nicht dazu, eine perfekte Gesellschaft inmitten des Urwaldes zu entdecken, sondern ein theoretisches Modell der menschlichen Gesellschaft zu entwerfen, das sich mit keinen konkreten beobachtbaren Realitäten decke. Rousseau betont in der Tat ausdrücklich den Konstrukt-Charakter seiner Naturzustandsbeschreibung. "Denn es ist kein geringes Unterfangen zu unterscheiden," so schreibt er im zweiten *Discours*,

> was in der aktuellen Natur der Menschen ursprünglich und was künstlich ist, und einen Zustand richtig zu erkennen, der nicht mehr existiert, der vielleicht nie existiert hat, der wahrscheinlich niemals existieren wird und von dem zutreffende Begriffe zu haben dennoch notwendig ist, um über unseren gegenwärtigen Zustand richtig zu urteilen. (Rousseau 1990: 47-49)[15]

Rousseau kann auch daher keine Rückkehr zum ursprünglichen Naturzustand wünschen, weil für ihn der Geschichtsprozeß irreversibel ist. Wenn man einen gesellschaftlichen Zustand erreicht hat, kann man nicht mehr zum Naturzustand zurückkehren. "Noch nie sah man ein einmal korrumpiertes Volk zur Tugend zurückkehren," antwortete er auf Einwände gegen die Thesen seines ersten *Discours*. "Die menschliche Natur schreitet nicht rückwärts und man wird niemehr zu den Zeiten der Unschuld und der Gleichheit zurückkehren, wen man sich einmal von ihnen entfernt hat" (Übers.).[16] Wenn Rousseau bei seinen Ausführungen über die mutmaßlichen Eigenschaften des *homme naturel* verschiedentlich auf die Zeugnisse über die Kariben, die Hottentotten und die kanadischen Indianerstämme verweist, dann geschieht das zumeist mit dem Zusatz, die gegenwärtigen wilden Völker hätten sich aus dem reinen Naturzustand längst entfernt. Er erkennt mithin auch die Geschichtlichkeit dieser Völker.

---

14 "Jamais Rousseau n'a commis l'erreur de Diderot qui consiste à idéaliser l'homme naturel. Il ne risque pas de mêler l'état de nature et l'état de société; il sait que ce dernier est inhérent à l'homme, mais il entraîne des maux" (Rousseau 1990:468).

15 "Car ce n'est pas une légére entreprise de démêler ce qu'il y a d'originaire et d'artificiel dans la Nature actuelle de l'homme, et de bien connoître un état qui n'existe plus, qui n'a peut-être point existé, qui probablement n'existera jamais et dont il est pourtant necessaire d'avoir des Notions justes pour bien juger de nôtre état présent" (Rousseau 1990: 46-48).

16 "La nature humaine ne rétrograde pas et jamais on ne remonte vers les temps d'innocence et d'égalité quand une fois on s'en est éloigné" (Rousseau 1986: 935).

Rousseau betont die anthropologische Differenz zwischen dem *homme naturel* und dem Tier. Er betont aber auch ganz stark den radikalen Bruch zwischen dem Naturzustand und dem zivilisierten Zustand und dies vor allem gegen die Naturrechts-Vertreter, die vom jetzigen Gesellschaftszustand auf den Naturzustand schließen. Rousseau lehnt so das providentiell-theologische Geschichtsmodell ebenso ab wie das finalistische im Sinne der Fortschrittsidee als die Reversibilitätsthese der Primitivisten und die projektive Geschichtsinterpretation der Naturrechtsvertreter. Die Preisfrage der Akademie von Dijon 1754 hieß: "Welches ist der Ursprung der Ungleichheit unter den Menschen, und wird sie vom Naturgesetz bestätigt?"[17] Bezeichnenderweise hat Rousseau die Antwort auf den zweiten Teil der Frage in seinem Titel ausgeklammert. Die Frage, ob Ungleichheit durch das Naturrecht erlaubt werde, ist für ihn obsolet; er suspendiert sie. Er erkennt den projektiven Charakter des Naturrechts. In seinen Augen ist es ein Zirkelschluß, wenn man die Regeln, die das Zusammenleben der jetzigen Gesellschaft garantieren, als 'Naturgesetz' deklariert und so einen Ist-Zustand auf eine frühere These projiziert, um so die bestehenden politischen Institutionen auch historisch zu fundieren.

> Die Philosophen, welche die Grundlagen der Gesellschaft untersucht haben, haben alle die Notwendigkeit gefühlt, bis zum Naturzustand zurückzugehen, aber keiner von ihnen ist bei ihm angelangt [...] Alle schließlich haben unablässig von Bedürfnis, von Habsucht, von Unterdrückung, von Begehren und von Stolz gesprochen und damit auf den Naturzustand Vorstellungen übertragen, die sie der Gesellschaft entnommen haben. Sie sprachen vom wilden Menschen und beschrieben den bürgerlichen Menschen (Rousseau 1990: 69-71).[18]

Rousseau wendet sich hier vor allem auch gegen John Locke, der keine absolute Differenzqualität zwischen dem Naturzustand und dem gesellschaftlichen Zustand sieht und schon am Beginn der Menschheitsentwicklung ein gültiges Naturrecht annimmt, das sich später in der Form eines politischen Vertrages zwischen Volk und Regierung vervollkommnet. Rousseau lehnt indes diesen scheinbar naturrechtlich fundierten Vertrag vollkommen ab; "Der angeblich von der Natur diktierte Gesellschaftsvertrag ist ein wahrhaftes Hirngespinnst" (Übers.)[19]. Die Grundlagen des Rechts sind nicht in der Geschichte zu suchen. Ein echter Staatsvertrag, der mehr ist als die Legalisierung von bestehenden Machtverhältnissen, muß neu begründet werden auf der freien Zustimmung der Bürger.

Um der Gefahr dieses projektiven Verfahrens zu entgehen, unterstreicht Rousseau den radikalen Unterschied zwischen dem hypothetischen Naturzustand und dem gesellschaftlichen Zustand. So sind für ihn die gemeinhin als naturgegeben aufgefaßte Vernunftbegabtheit, Sprachlichkeit und Geselligkeit des Menschen nicht

---

17 "Quelle est la source de l'inégalité parmi les hommes et si elle est autorisée par la loi naturelle"

18 "Les Philosophes qui ont examiné les fondemens de la société, ont tous senti la nécessité de remonter jusqu'à l'état de Nature, mais aucun d'eux n'y est arrivé. [...] Enfin tous, parlant sans cesse de besoin, d'avidité, d'oppression, de desirs, et d'orgueil, ont transporté 'a l'état de Nature, des idées qu'ils avoient prises dans la société; Ils parloient de l'homme Sauvage et ils peignoient l'homme civil" (Rousseau 1985: 132).

19 "Le prétendu traité social dicté par la nature est une véritable chimère" (Rousseau 1985: 284).

Elemente des Naturzustandes, sondern Resultate einer geschichtlichen Entwicklung. Gerade weil Rousseau diese Brüche zwischen dem Naturzustand und dem Gesellschaftszustand betonte, vermochte er eine nicht-evolutionistische Anthropologie zu begründen. In der Trennung von Natur- und Gesellschaftszustand sah Lévi-Strauss die Voraussetzung, um das Problem des Überganges denken zu können, das das Problem der allgemeinen Anthropologie darstellt. Nach dieser Deutung hat Rousseau bereits (ähnlich wie später auch Lévi-Strauss) "einen nicht-linearen historischen Prozeß denkbar gemacht, in dem universell und plural vom Punkt des Natur-Kultur-Übergangs (*société naissante*) aus diverse kulturelle Prozesse auf der Basis eines analogen Fundus in verschiedener Weise evoluieren" [sic] (Link-Heer 1986: 152).

Rousseau hat schon in seinem zweiten *Discours* über die methodologischen Vorbedingungen der Erkenntnisformen anderer Kulturen nachgedacht; in den gängigen Reiseberichten kritisierte er eine ethnozentrische Sicht, in der nicht der andere, sondern das Selbstbild auftauchen.

> Seit drei oder vier Jahrhunderten überfluten die Einwohner Europas die anderen Teile der Welt und veröffentlichen unablässig neue Sammlungen von Reisebeschreibungen und Berichten – dennoch bin ich überzeugt, daß wir keinen anderen Menschen als allein die Europäer kennen; außerdem hat es angesichts der lächerlichen Vorurteile, die selbst unter den Gelehrten nicht ausgestorben sind, den Anschein, daß jeder unter der hochtrabenden Bezeichnung 'Studium des Menschen' kaum mehr als die Menschen seines Landes studiert (Rousseau 1990: 339-41).[20]

Aber Rousseau geht auch mit den Philosophen ins Gericht, weil sie zu schnell, ohne empirische Basis, generalisieren:

> Daher rührt jener schöne Moral-Spruch, der vom philosophesken Haufen so unermüdlich wiederholt wird: Daß die Menschen überall die gleichen sind, daß, da sie überall die gleichen Laster haben, es ziemlich nutzlos ist, die unterschiedlichen Völker zu charakterisieren zu suchen – was ungefähr ebenso trefflich geschlossen ist, wie wenn man sagte, man könne Peter nicht von Jakob unterscheiden, weil sie alle beide eine Nase, einen Mund und Augen haben (Rousseau 1990: 341-43).[21]

Anstelle dieser ethnozentrischen oder billig universalistischen Erkenntnisweise schlägt Rousseau eine dritte vor: man müsse in die Ferne gehen, "um das Joch der

---

[20] "Depuis trois ou quatre cens ans que les habitans de l'Europe inondent les autres parties du monde et publient sans cesse de nouveaux recueils de voyages et de rélations, je suis persuadé que nous ne connoissons d'hommes que les seuls Européens, encore paroît-il aux préjugés ridicules qui ne sont pas éteints même parmi les Gens de Lettres, que chacun ne fait guères sous le nom pompeux d'étude de l'homme, que celle des hommes de son pays" (Rousseau 1990: 338-40).

[21] "De-là est venu ce bel adage de morale si rebatu par la tourbe Philosophesque, que les hommes sont par tout les mêmes, qu'ayant par tout les mêmes passions et les mêmes vices, il est assès inutile de chercher à caractériser les différens Peuples; ce qui est à peu près aussi bien raisonné que si l'on disoit qu'on ne sauroit distinguer Pierre d'avec Jacques, parce qu'ils ont tous deux un nés, une bouche et des yeux" (Rousseau 1990: 340-42).

nationalen Vorurteile abzuschütteln, um die Menschen nach ihren Übereinstimmungen und nach ihren Unterschieden kennenzulernen und um jene universellen Kenntnisse zu erwerben, die nicht die eines Jahrhunderts oder eines Landes ausschließlich sind" (Rousseau 1990: 343).[22]

Es geht so um ein Zweifaches: einerseits soll das Spezifische eines jeden Volkes erfaßt werden über eine informierte, interessenlose, nicht ethnozentrische Sicht; daraus soll dann eine universelle Sicht des Menschen entwickelt werden, die nicht auf Spekulation, sondern auf empirischen Kenntnissen beruht. Für die Verbindung zwischen Ethnologie und Philosophie, zwischen dem Partikulären und dem Universellen plädierte Rousseau auch an einer Stelle im *Essai sur l'origine des langues*: "Wenn man die Menschen studieren will, muß man sich in seiner Nähe umsehen; aber um den Menschen zu studieren, muß man lernen, seinen Blick in die Ferne zu richten; man muß zunächst die Unterschiede beobachten, um die Eigentümlichkeiten zu entdecken" (Rousseau 1990: 343).[23]

Lévi-Strauss sah gerade darin ein Paradox und gleichzeitig eine Herausforderung. Rousseau empfahl die Erforschung der Menschen fernster Gegenden und widmete sich gleichzeitig der Untersuchung dieses besonderen Menschen, der ihm der nächste schien, der Erforschung seiner selbst. Aber gerade diese Verbindung und die fruchtbare Spannung zwischen Selbst- und Fremdbeobachtung, die auch wieder auf dem Ganzheitspostulat beruht, vermag die Alternative zu überbrücken zwischen einer objektivistischen Betrachtung der anderen, die den Betrachter ausklammert, und einer subjektivistischen, die das Eigene in den Fremden projiziert:

> Im Gelände sieht sich der Ethnologe jedesmal einer Welt ausgeliefert, in der ihm alles fremd, oft feindlich ist. Er hat nur dieses Ich, über das er gerade noch soweit verfügt, um zu überleben und seinen Forschungen nachzugehen; doch es ist ein Ich, das physisch und moralisch gepeinigt ist von Erschöpfung, Hunger, Entbehrungen, der Erschütterung seiner Lebensgewohnheiten und von plötzlich auftauchenden Vorurteilen, deren Vorhandensein er nicht einmal geahnt hatte; in dieser fremdartigen Situation enthüllt sich dieses Ich als gelähmt und verkrüppelt von allen Schlägen einer persönlichen Geschichte, die für den Aufbruch zu seiner Berufung verantwortlich gewesen ist, die jedoch von nun an seinen Weg noch mehr beeinflussen wird. Infolgedessen begreift sich der Beobachter in der ethnographischen Erfahrung als sein eigenes Beobachtungsinstrument; es ist offensichtlich, daß er lernen muß, sich selbst zu erkennen, eine Einschätzung eines Selbst zu erlangen, das sich gegenüber dem Ich, das sich seiner bedient, als Anderes erweist. Diese Selbsteinschätzung wird integrierender Bestandteil der Beobachtung des Selbst Anderer. Jede ethnographische Laufbahn findet ihr Prinzip in geschriebenen oder unausgesprochenen 'Bekenntnissen'. [...] Um dahin zu gelangen, sich selbst in den Anderen zu

22 [...] secouer le joug des préjugés Nationaux, apprendre à connoître les hommes par leurs conformités et par leurs différences, et acquerir ces connoissances universelles qui ne sont point celles d'un Siècle ou d'un pays exclusivement" (Rousseau 1990: 342).

23 "Quand on veut étudier les hommes il faut regarder près de soi; mais pour étudier l'homme il faut apprendre à porter sa vüe au loin; il faut d'abord observer les différences pour découvrir les proprietés" (Rousseau 1995: 394).

akzeptieren – ein Ziel, das die Ethnologie der Erkenntnis des Menschen setzt – muß man sich zuerst sich selbst verweigern. Rousseau verdanken wir die Entdeckung dieses Prinzips, des einzigen, auf das die Wissenschaften vom Menschen sich gründen können. (Ritter (1970: 120).[24]

Jacques Derrida kritisierte diese Rousseau-Lektüre von Lévi-Strauss scharf. Die Kritik am Ethnozentrismus habe beim Autor der *Traurigen Tropen* meist nur die Funktion, den anderen zum Modell ursprünglicher natürlicher Güte zu erheben, sich selber anzuklagen und sie im gegen-ethnozentrischen Spiegel als nicht annehmbares Wesen zu stilisieren. Diese Archäologie der außer-europäischen Völker enthalte gleichzeitig eine Teleologie und eine Eschatologie, den Traum einer unmittelbaren Präsenz, welche die Geschichte abschließe, sowie die Aufhebung des Widerspruchs und der Differenz (Derrida 1967: 168). Lévi-Strauss liest zweifelsohne Rousseau auch in seinem Sinne; er scheint die Dimension der Geschichte auszuklammern und auch die Zielrichtung des zweiten Diskurses zu verkennen, der die Zirkelhaftigkeit der Naturrechts-Argumentation aufzeigen will. Trotzdem hat Lévi-Strauss bei Rousseau die zentrale Frage erkannt, die bis heute die Frage der Anthropologie ist, die Frage nach dem Verhältnis zwischen dem Eigenen und den Anderen, die Frage nach den Bedingungen von Selbst- und Fremderkenntnis.

Literatur

Augustinus. 1960. *Confessiones/ Bekenntnisse*. München: Kösel.
Bénichou, Paul. 1984. "L'idée de nature chez Rousseau." In: Paul Bénichou et al., Hgg. *Pensée de Rousseau.* Paris: Seuil.
Bitterli, Urs. 1976. *Die 'Wilden' und die 'Zivilisierten'. Grundzüge einer Geistes- und Kulturgeschichte der europäisch-überseeischen Begegnung*. München: Beck.
Derrida, Jacques. 1967. *De la Grammatologie*. Paris: Editions de Minuit.
Duchet, Michèle. 1977. *Anthropologie et histoire au siècle des lumières.* Paris: Flammarion.
Geyer, Paul. 1997. *Die Entdeckung des modernen Subjekts. Anthropologie von Descartes bis Rousseau.* Tübingen: Niemeyer.

[24] Chaque fois qu'il est sur le terrain, l'ethnologue se voit livré à un monde où tout lui est étranger, souvent hostile. Il n'a que ce moi, dont il dispose encore, pour lui permettre de survivre et de faire sa recherche; mais un moi physiquement et moralement meurtri par la fatigue, la faim, l'inconfort, le heurt des habitudes acquises, le surgissement de préjugés dont il n'avait pas le soupçon; et qui se découvre lui-même, dans cette conjoncture étrange, perclus et estropié par tous les cahots d'une histoire personnelle responsable au départ de sa vocation, mais qui, de plus, affectera désormais son cours. Dans l'expérience ethnographique, par conséquent, l'observateur se saisit comme son propre instrument d'observation; de toute évidence, il lui faut apprendre à se connaître, à obtenir d'un *soi,* qui se révèle comme *autre* au *moi* qui l'utilise, une évaluation qui deviendra partie intégrante de l'observation d'autres soi. Chaque carrière ethnographique trouve son principe dans des «confessions», écrites ou inavouées. [...] Car, pour parvenir à s'accepter dans les autres, but que l'ethnologie assigne à la connaissance de l'homme, il faut d'abord se refuser en soi. C'est à Rousseau qu'on doit la découverte de ce principe, le seul sur lequel peuvent se fonder les sciences humaines" (Lévi-Strauss 1962: 241-42).

Hofer, Hermann. 1987. "Befreien französische Autoren des 18. Jahrhunderts die schwarzen Rebellen und die Sklaven aus ihren Ketten? Oder der Versuch darüber, wie man den guten Wilden zur Strecke bringt." In: Thomas Koebner und Gerhart Pickerodt, Hgg. *Die andere Welt. Studien zum Exotismus*. Frankfurt: Athenäum. 148-49.

Jaumann, Paul. 1997. "Retour à la nature – der Kritiker als Paradoxist. Überlegungen zu einigen Klischees der Rousseau-Rezeption im 18. Jahrhundert." In: *KultuR-Revolution 35*: 32-36.

Jurt, Joseph. 1994. "Lesen und Schreiben bei Rousseau." In: Paul Goetsch, Hg. *Lesen und Schreiben im 17. und 18. Jahrhundert*. Tübingen: Narr. 241-50.

Kalinowski, Isabelle. 1997. "Landschaften der Geschichtsphilosophie. Rousseau – Kant – Hölderlin." In: *KultuRRevolution 35*: 28-31.

Kohl, Karl-Heinz. 1981. *Entzauberter Blick. Das Bild vom guten Wilden und die Erfahrung der Zivilisation*. Berlin: Medusa.

Lévi-Strauss, Claude. 1962. "Jean-Jacques Rousseau, fondateur des Sciences de l'Homme." In: Samuel Baud-Bovi et al., Hgg. *Jean-Jacques Rousseau*. Neuchâtel: La Baconière. 239-48.

---. 1978. *Traurige Tropen*. Frankfurt/M.: Suhrkamp.

---. 1990 [1955]. *Tristes Tropiques*. Paris: Presses Pocket.

Link-Heer, Ursula. 1986. "Facetten des Rousseauismus." *Zeitschrift für Literaturwissenschaft und Linguistik* 16 (63): 148-49.

Luhmann, Niklas. 1980. *Gesellschaftsstruktur und Semantik – Studien zur Wissenssoziologie der modernen Gesellschaft*. Bd. 1. Frankfurt/M.: Suhrkamp.

Meier, Heinrich. 1990. "Rousseaus Diskurs über den Ursprung und die Grundlagen der Ungleichheit unter den Menschen." In: *Jean-Jacques Rousseau. Diskurs über die Ungleichheit. Discours sur l'inégalité*. Paderborn: Schöningh.

Ritter, Hanns Henning. 1970. "Claude Lévi-Strauss als Leser Rousseaus. Exkurse zu einer Quelle ethnologischer Reflexion." In: Wolf Lepenies und Hanns Henning Ritter. *Orte des wilden Denkens. Zur Anthropologie von Claude Lévi-Strauss*. Frankfurt/M.: Suhrkamp. 113-59.

Rousseau, Jean-Jacques. 1967. *Lettres à d'Alembert*. Paris: Garnier-Flammarion.

---. 1978. *Die Bekenntnisse. Die Träumereien des einsamen Spaziergängers*. München: Winkler

---. 1985. *Œuvres complètes*. Bd. 3: *Du contrat social. Ecrits politiques*. Paris: Gallimard.

---. 1986. *Œuvres complètes*. Bd. 1: *Les confessions. Autres textes autobiographiques*. Paris: Gallimard.

---. 1990. *Diskurs über die Ungleichheit. Discours sur l'inégalité. Kritische Ausgabe des integralen Textes von Heinrich Meier*. Paderborn: Schöningh.

---. 1995 *Œuvres complètes*. Bd. 5: *Écrits sur la musique, la langue et le théâtre*. Paris: Gallimard.

Todorov, Tzvetan 1989. *Nous et les autres. La réflexion française sur la diversité humaine*. Paris: Seuil.

Musterstaat und menschliche Mechanik in Romanen der Aufklärung

Christa Karpenstein-Eßbach (Mannheim)

Es wäre durchaus möglich, den Titel dieses Aufsatzes in einer Austauschbewegung zu verkehren, so daß er lauten würde: "Staatliche Mechanik und Mustermensch". Denn für die Aufklärung ist die enge Verschränkung kennzeichnend, die sie zwischen den Konzepten und Entwürfen vom Menschen und den Modellen staatlicher Organisationsformen hergestellt hat.

Ein neuer Diskurs vom Menschen stellt den Menschen als ein Vernunftwesen heraus, dessen Rationalität alle Triebkräfte seines Handelns erkennen und regulieren kann, als ein Wesen, das 'sich machen' kann und in radikaler Diesseitigkeit seine Vervollkommnung anstrebt.[1] Und ein neuer Diskurs über den Staat macht den wohlgeordneten Zusammenhang aller Kräfte zum Maßstab einer allgemeinen Glückseligkeit, im Rahmen derer Nützlichkeit, Reichtum und Tugend miteinander vereint werden. Philosophische, moralische, politische, pädagogische und spezialwissenschaftliche Schriften sind getragen von diesen aufklärerischen Idealen, aber sie haben auch einen Typus literarischer Werke entstehen lassen, der die Frage nach dem Menschen als Subjekt der Erkenntnis mit der Frage nach staatlichen Handlungsmaximen, in denen der Mensch das Objekt ihrer Praktiken ist, verbindet.[2]

Im folgenden wird zunächst die Thematisierung von Staatsfragen im Rahmen der neu entstehenden Gattung des Romans behandelt. Danach gehe ich auf das Denken im Paradigma maschineller Mechanik ein, um einen für die Aufklärung signifikanten Reflexionsmodus zu skizzieren. Schließlich werden verschiedene literarische Staatsreflexionen und Menschenkonzepte an ausgewählten Beispielen im Hinblick auf (a) die Integration anthropologischer Fragen, auf (b) die moralische Kritik an menschlicher Natur und an der Organisation des Staates, sowie in Hinsicht auf (c) die aufklärerischen Praktiken eines umfassenden Wissenserwerbs untersucht. Dabei folgt die Analyse der ausgewählten Werke dem Ziel, in den literarischen Fiktionen die Konzeptualisierungen aufklärerischer Denkprofile freizulegen und eine Verbindung zwischen literaturwissenschaftlichen Fragestellungen und theoriegeschichtlich orientierten Zugängen herzustellen.

Nun handelt es sich bei den gerade auch in der Literatur anzutreffenden Verschränkungen der Entwürfe vom Menschen mit staatlichen Organisationsmodellen um ein Phänomen der *europäischen* Aufklärung,[3] das eine Bemerkung zur fachwissenschaftlichen Perspektivierung herausfordert. So sehr die disziplinäre Einhaltung nationaler Grenzen zum Alltagsgeschäft der Literaturwissenschaften gehören und konventioneller Sinn sein mag – die Literatur der Aufklärung liegt dazu quer. Insbesondere läuft eine nur germanistisch orientierte Perspektivierung Gefahr, das europäi-

---

1 Vgl. M. Vovelle (1996: 11).

2 Allgemein zum anthropologischen Interesse des 18. Jahrhunderts s. die Einführung bei Fabian et al. (1980) sowie ebd. die instruktiven Detailstudien.

3 Zur Aufklärung als "transnationaler Bewegung" s. Möller (1986).

sche Phänomen auf nationalliterarischen Zuschnitt zu reduzieren und zur Schneiderei eigener Geschichte umzufunktionieren. In der Germanistik gilt das 18. Jahrhundert zwar auch als das Jahrhundert der Aufklärung, aber 'Aufklärung' umfaßt hier einen deutlich kürzeren Zeitraum als in anderen europäischen Ländern. Dadurch wird es zu einem Jahrhundert, das in zweifacher Hinsicht Probleme bereitet: in einer Sicht, die die politisch-soziale Geschichte vom Ende her aufrollt, ist Deutschland einer Verspätung erlegen, die es gegenüber anderen in die bekannte Sonderlage bringt; in einer im engeren Sinne literaturgeschichtlichen Sicht ist es vom Anfang her ein Jahrhundert, das auf Goethe zuläuft und in ihm kulminieren wird. Angesichts des Dilemmas zwischen Verspätet-Sein und Goethe-Haben soll versucht werden, über die Grenzen der deutschen Literatur hinauszublicken. Deshalb werden hier England, Frankreich und Deutschland an Staatsreflexionen und Menschenkonzepten gleichermaßen beteiligt sein.

Die Literatur, die projektiert, daß der Mensch "zu dem reinen Licht des Verstandes wiederkehren werde" und das ganze menschliche Geschlecht "dem einzelnen Menschen gleich sei" (*Das Jahr 2440*, Mercier 1982: 16f), ist mit dem Begriff des Staatsromans belegt worden, wobei der Begriff Staatsroman in dem Sinne verstanden wird, daß in romanhafter Form ein idealer Staat dargestellt werde, der sich der Glückseligkeit seiner Bürger verpflichte.[4] Aber wie die Untersuchung einzelner literarischer Werke zeigen wird, ist der Staatsroman kein einheitliches Genre. Sein Facettenreichtum entfaltet sich vor dem Hintergrund jener neuen Gattung, die das 18. Jahrhundert stark gemacht hat: dem Roman. Der Roman, ob seiner die Leidenschaften und das Gemüt erregenden Kraft zunächst mißtrauisch beäugt bis verworfen, wird zur bürgerlichen Epopöe schlechthin. In ihm konstituiert sich ein neuer Reflexionsmodus des seiner selbst gewiß werdenden Menschen, seiner Handlungen und Empfindungen. Nicht nur ein neues Publikum wird mit ihm erreicht, sondern auch die Bildung eines neuen Menschen.

Die Dimension des Privaten, die dem Roman besonders im Gegensatz zum Theater von Anfang an anhaftet, mag die Thematisierung von Staatsfragen zwar logisch gesehen ausschließen, tatsächlich aber führt gerade die Entdeckung der Individualität im Roman dazu, daß die aufgeklärte Privatheit und ihre tugendhafte Normativität in den politischen Raum verlängert und umgekehrt der Raum des Politischen im privaten Räsonnement verankert werden.[5] Nachdem man die Welt "nicht mehr als geheimnisvolle[n], gefährliche[n], von magischen Kräften durchwirkte(n) Kosmos" sieht, vollzieht der Roman, zunächst und vor allem im England nach der 'Glorious Revolution', eine Hinwendung zu Beschreibungen von Wirklichkeit, in denen sich der Mensch "völlig unheroisch durch Wissen, Moral und Arbeit zu bewähren vermochte" (Weiß 1992: 207). Hier wird eine neue Empirie entdeckt. Das ist das eine. Das andere betrifft die Bedeutung, die man der Kunst zuweist. Für die Künstler "gründen Ansehen und Glaubwürdigkeit des Kunstwerks in seinem sittlichen und

---

4 Zum Staatsroman s. Schneider (1980: 170ff) sowie Schwonke (1957) mit dem Schwerpunkt naturwissenschaftlich-technischer Utopien, des weiteren Naumann (1976).

5 Zur Entfaltung des moralischen Bewußtseins in den politischen Bereich hinein, mit Bezug auf Staatsromane der Aufklärung s. Spies (1992, bes. Kap. II).

moralischen Gehalt, ungeachtet seiner bloß formalen Qualitäten" (Arasse 1996: 214). Die neuen Empirien und die hohe Auffassung von der gesellschaftlichen Aufgabe der Kunst bilden das Terrain, das die Thematisierung von Staatsfragen im Roman ermöglicht.

Im allgemeinen vom 'Staatsroman' zu sprechen, ist nun viel zu ungenau. Zwar soll im folgenden kein neuer Versuch unternommen werden, markante Gattungsgrenzen zu ziehen – zumal ja die Brüche von Gattungskonventionen im allgemeinen viel interessanter sind, aber auf einige spezifische Modalitäten der literarischen Staatsreflexion sei eingegangen, weil dieses Thema in einem Spektrum verschiedener literarischer Formen aufzufinden ist.

Zu Recht ist darauf aufmerksam gemacht worden, daß sich die deutsche Literatur nicht jener Utopien rühmen kann, wie sie die französische Literatur des 18. Jahrhunderts aufzuweisen hat (Bersier 1981: 9). Man wird hinzufügen müssen, daß weder die deutsche noch die französische Literatur jene Gesellschaftssatire kennt, die am Anfang des Jahrhunderts in England einen markanten Ausdruck gefunden hat. Vollständig wird das Tableau der literarischen Staatsreflexionen erst, wenn Utopie und Gesellschaftssatire um ihre komplementären Pendants ergänzt werden. Hier sind folgende Gattungen zu nennen: (1) die *Utopie*, jene dem Wunsch verschriebene Darstellung des idealen Zustandes in entlegenen Räumen oder fernen Zeiten; (2) der *Staatsroman* im engeren Sinne, der weitaus realistischere reformistische, allgemein pädagogische Konzepte für eine projektierbare Gegenwart entwirft; (3) die *Satire* – der böse Blick auf die Laster der Welt; sowie (4) der *Fürstenspiegel*, der sich von der barocken Tradition der Herrscherverherrlichung zur Ratgeberliteratur für der Tugend verpflichtete Fürsten wandelt.[6] Diese vier Textarten, Utopie und Staatsroman, Satire und Fürstenspiegel konturieren die Formen literarischer Staatsreflexion, wobei Utopie und Satire dem Raum der literarischen Imagination weitaus mehr verpflichtet sind als Staatsroman und Fürstenspiegel, die eine stärkere realistische Tendenz verbunden mit pädagogischen Optionen inkorporieren. Im Vergleich werden sich die literarischen Imaginationsräume von Satire und Utopie eher in Frankreich und England als in Deutschland finden, wo der Musterstaat vielmehr in Staatsromanen und Fürstenspiegeln konzipiert wird – wiewohl beide auch in der englischen und französischen Literatur präsent sind.

Obwohl das 18. Jahrhundert die Guillotine erfunden hat, und die erste Dampfmaschine schon am Ende des 17. Jahrhunderts durch den Grubeningenieur Thomas Newcomen und den Militärtechniker Thomas Savery entwickelt wurde (Hammel 1994: 64), bleibt die Reflexion der gesellschaftlichen Bedeutung von Technik und Maschinen eine Leerstelle im aufklärerischen Denken – auch dort, wo künftige bzw. bessere Staaten entworfen werden. Charakteristisch für alle vier Modelle der Staatsreflexion im 18. Jahrhundert, auch für die Utopie, ist ein gemeinsamer Sachverhalt: keines dieser Modelle "enthält Vorwegnahmen, welche die kommende Entwicklung der Technik und die industrielle Revolution ahnen lassen, keines traut Naturwissenschaft und Technik eine die Gestalt des Gemeinwesens bestimmende oder gar

---

6 Zur näheren Charakterisierung dieser literarischen Formen s. Müller (1989), dort unter dem Sammelbegriff "Utopie" als literarische "Gegenwelten".

verändernde Funktion zu" (Schwonke 1957: 93). Das Interesse des 18. Jahrhunderts war allenfalls auf den Automaten, und das heißt im strengen Sinne: auf eine apparative Mechanik gerichtet, die als Nachahmung der Natur interpretiert werden konnte. An der Maschine ist keine verändernde Kraft zu entdecken. Im Gegenteil: Sie hat die Bedingung und Grenze ihrer Existenz darin, daß sie Natur nachahmt und dem menschlichen Wissen unter denselben Prämissen gegeben ist, unter denen ihm auch die Natur gegeben ist. Das bedeutet, daß die Maschine im Denken des 18. Jahrhunderts kein von den Menschen geschaffener Gegenstand der Anschauung ist, den man auf seine sozialen Funktionen und geschichtlichen Folgen wie Möglichkeiten befragen könnte.

Daß die Leerstelle 'Technik' im 18. Jahrhundert in der Forschung keine oder kaum Beachtung fand, hat nachhaltige Folgen für die Interpretation literarischer Staatskonzepte gehabt. Sie wurden vor allem im Hinblick auf ihre sozialen oder etatistischen Ideal-Entwürfe untersucht oder auf der Stufenleiter von Fortschritt oder Reaktion angeordnet,[7] ohne daß dabei die Menschenkonzepte, die in ihnen mitformuliert waren, einer weiteren Untersuchung zugänglich gemacht wurden. Die in der Literatur der Zeit praktizierte Negierung von Technik und Maschine als Anschauungsgegenständen bedeutet nämlich nicht zugleich, daß Maschinen-*Vorstellungen* keine Rolle spielten. Ein Verständnis von Maschinen, wonach diese in mimetischer Beziehung zu jener Natur stehen, von der die Wissenschaft schon weiß, hat eben dazu geführt, daß die Maschine, statt als konkreter Gegenstand angesehen zu werden, weit mehr als das Modell eines Erkenntnismodus gefaßt wurde.[8]

Die Ausgrenzung der Maschine als Gegenstand hat ihre weite Einschließung ins Denken der Zeit ermöglicht. Wenn die Maschine nichts als Nachahmung der Natur ist, wenn der Mensch auf seine Natur hin befragt wird, um seine Möglichkeiten zu entdecken, dann rücken Mensch, Natur und Maschine in eine Verbindung, die insbesondere für literarische Staatskonzepte Bedeutung hat. Sofern der Mensch das Subjekt des Wissens ist, wird man ihn als Mustermenschen bezeichnen können; sofern er das Objekt des Wissens ist, werden wir auf seine menschliche Mechanik stoßen.

Die anthropologische Dimension, die hier eingelagert ist, verweist nicht auf eine Problematik jenseits der Vernunft, wie sie mit anthropologischen Fragestellungen auch verbunden wurde.[9] Hier soll vielmehr der Versuch unternommen werden, die aufklärerischen Konzepte der menschlichen Natur, d.h. das anthropologische Interesse[10] an ihr, im Raum der Vernunft zu situieren und die Beziehungen zwischen Staats- und Menschenauffassungen in den Spielarten aufklärerischer Rationalitäten aufzudecken. Nicht zuletzt in der Rolle, die Maschinen-Vorstellungen im Denken der Zeit spielen, wird die Spezifik jener Denkfiguren der Vernunft erkennbar.

Die folgende Untersuchung ausgewählter literarischer Werke in Hinsicht auf die in ihnen zum Tragen kommenden Staats- und Menschenkonzepte ist nicht am Modell einer literaturgeschichtlichen Chronologie orientiert, sondern geht nach Ländern vor. Ich beginne mit England am Anfang des 18. Jahrhunderts. Dabei tritt der Vergleich

---

7 So etwa Naumann (1976), hier besonders für die Staatsromane Albrecht von Hallers.

8 S. hierzu Stollberg-Rilinger (1986, bes.: 24f, 32f).

9 Vgl. beispielhaft Böhme (1985).

10 Zum zunehmenden Interesse der Aufklärungsforschung an anthropologischen Fragestellungen im weitesten Sinne s. den Forschungsüberblick in Alt (1996: 55 ff, 307 ff).

zwischen den einzelnen Texten wie auch ihre detaillierte Interpretation zugunsten einer systematischen Perspektive zurück, die darauf ausgerichtet ist, Werke der europäischen Aufklärung zu dem hier interessierenden Thema im Rahmen eines Modells zu erklären, das die theoretischen Denkfiguren der Zeit mit erschließen soll.

Daß alle Reflexion über gesellschaftliche Zustände in der Erforschung der menschlichen Natur ihren Anfang hat, dies gilt insbesondere für Bernard Mandevilles berühmte satirische Bienenfabel.[11] Die Wahl fällt auf diesen Text, weil die anthropologische Fundierung von Gesellschaft hier besonders relevant ist und zudem das Problem erkennbar wird, daß die Aufklärung menschliche Natur unter dem Gesichtspunkt ihrer funktionalen Nützlichkeit behandelt hat. Mandeville hat seine Zeitgenossen in beträchtliche Aufregung versetzt, weil er der Untersuchung der Vernunft als dem Wesensmerkmal des Menschen weniger Raum einräumt als der Untersuchung seiner Leidenschaften und Interessen. Die in Versen abgefaßte Fabel mit ausführlich kommentierenden Anmerkungen zeichnet das Bild einer Gesellschaft, deren Mitglieder von eigennützigen Interessen, Begierden und Neigungen geleitet sind. Dies ist aber kein Grund zur Kritik an dieser Gesellschaftsform, denn Mandeville will vielmehr über die positiven Funktionen sogenannter amoralischer Interessen aufklären.

Es heißt programmatisch: "Trotz all dem sündlichen Gewimmel war's doch im Ganzen wie im Himmel" (Mandeville 1968: 84). Mit anderen Worten: Es handelt sich hier um eine Gesellschaft, in der Wohlfahrt und Glückseligkeit realisiert sind. Dargelegt wird auch, wie die Regulierung der Gesellschaft im Sinne von Tugend, sobald dieses Experiment greift, nur zu Verfall und Armut führt. Auf diese Weise exemplifiziert die Bienenfabel ihre provokative These, daß die privaten Laster der Bürger paradoxerweise das öffentliche Wohl begründen. Am Ende des Jahrhunderts wird noch ein anderer Autor dem Laster seinen ihm eigenen Raum zuweisen, aber dieses nicht mehr dem Utilitarismus des Gemeinwohls beigesellen. Im Gegenteil: Der Marquis de Sade wird das Laster in jener Zone ansiedeln, in der sich zum erstenmal das geheime und dunkle Verlangen des Menschen selber entdeckt.

Der Arzt Mandeville legt die menschliche Natur dar, indem er zerlegend und zergliedernd verfährt. "Wer", so schreibt er im Vorwort,

> "an Leichnamen anatomische Studien macht, findet bekanntlich, daß die wichtigsten Organe, die für die Erhaltung der Bewegung im ganzen Mechanismus unseres Leibes am meisten in Betracht kommen, nicht harte Knochen oder starke Muskeln sind, auch nicht die Haut, diese zarte weiße Hülle des Ganzen, – sondern vielmehr winzigfeine Häutchen und kleine Röhrchen, die das ungewohnte

[11] Zuerst 1705 als Sixpenny-Broschüre unter dem Titel "The Grumbling Hive: or, Knaves Turn'd Honest" in London erschienen, dann 1714 ebenfalls anonym, allmählich in weiteren Auflagen von Mandeville zur heutigen Fassung erweitert. Im folgenden wird nach der Ausgabe von Euchner zitiert. Sie gibt die 3. Auflage von 1724 (d.h. den ersten Teil der "Bienenfabel", nicht aber den durch viele Angriffe veranlaßten, explikativen zweiten Teil, London 1729, dt.: Frankfurt 1761) vollständig wieder, in der von Bassenge 1957 überarbeiteten Übersetzung von Bobertag (1914), und ist mit der hervorragenden zweibändigen historisch-kritischen Gesamtausgabe von Kaye (Oxford 1924) abgeglichen. Kaye, dessen Ausgabe des ersten Teils der Fabel auf der letzten zu Lebzeiten Mandevilles erschienen Fassung von 1732 basiert, weist darauf hin, daß schwer zu entscheiden sei, welche der beiden Ausgaben (1724 oder 1732) der Intention Mandevilles gerechter werde.

> Auge entweder übersieht oder doch nicht weiter beachtet. Ganz ähnlich nun ergeht es demjenigen, der sich unter Absehung von Kunst und Erziehung in die menschliche Natur vertieft, um zu erfahren, was eigentlich den Menschen zu einem sozialen Wesen macht" (Mandeville 1968: 59).

Statt auf ästhetische Distanz oder pädagogische Differenz Rücksicht zu nehmen, geht es darum, die verborgenen, aber elementaren Funktionsprinzipien der menschlichen Natur als Modell der Sozialität auszuzeichnen. Mandeville macht den Mechanismus des Körpers – der in der Tat kaum auf seine Moralität oder Tugend hin befragt werden kann – zum Gesellschaftskonzept, zum Staatsprogramm. Auf diese Weise konstituiert er einen Zusammenhang, in dem alle einzelnen Glieder an der Selbsterhaltung des Ganzen mitwirken, auch ohne ihre Absicht oder Kenntnis.

Hier schlägt die Satire in die Positivität des Funktionszusammenhanges um. Das System des Ganzen bedarf keines gründenden Akts durch einen Souverän, ebensowenig eines Vertragsschlusses seiner Mitglieder, wie ihn Rousseau konzipiert, oder einer aus Furcht geborenen Unterwerfung unter einen Hobbes'schen Leviathan. Es ist ein System, das, aus der Menschennatur kommend, seine Selbsterhaltung schon in sich eingebaut hat und selbstreferentiell in sich zirkuliert. Insoweit wird man Mandeville als einen frühen Denker der Systemtheorie bezeichnen können. Konzipiert im England nach der 'Glorious Revolution', das die Gesetze des Marktes zu entdecken beginnt, funktioniert dieses System dank jener *invisible hand*, die für den schottischen Politökonomen Adam Smith zum gesellschaftlichen Regulativ unter der Prämisse der Arbeit wird. Wo eine unsichtbare Hand regiert, da kann das System kopflos sein; jener Kopf des Königs, der später in Frankreich rollen sollte, ist hier schon gefallen.

Die Natur des Menschen ist das Reservoir, aus dem Sozialtechnik und *skilful management* ihre Praktiken beziehen. Diese Praktiken erfordern keinen weisen Mann, denn es genügt jene Geschicklichkeit, die zum Aufziehen einer Uhr vonnöten ist. Mandevilles System der unsichtbaren Funktionalität korrespondiert mit dem Newtonschen Weltbild aufs Genaueste, wonach das Universum ein harmonisches Ganzes ist, dessen Bewegungen Gesetzen gehorchen, die mathematisch genau beschrieben werden können und ein System der ausgeglichenen Wirkungen erkennbar machen.[12]

Von Mandevilles geschlossenem System gesellschaftlichen Funktionierens ist in Swifts *Gullivers Reisen*, erschienen 1726[13] und bis heute auch als Kinderbuch berühmt, keine Spur zu finden. In unserem Zusammenhang hat Swift Bedeutung, weil hier gerade die menschliche Natur zur *Unvernunft* in Beziehung tritt und eine Erfahrung von Gesellschaft evoziert, die durch und durch kritisch ist. Swift zielt weder auf die Darstellung einer besseren Gesellschaft, noch auf die Vorstellung der Mittel, die zu ihrer Realisierung angewendet werden sollten, ab. Zwar könnte man all die Stellen

---

12 S. Weiß (1992: 70f) zum Vergleich von Funktionsprinzipien mit einem Uhrwerk.

13 Im folgenden wird nach der von Anselm Schlösser, Hg. dreibändigen Swift-Ausgabe von 1972 (auch: Berlin und Weimar 1967) in der anerkannten Übersetzung Franz Kottenkamps und ihrer Bearbeitung durch Roland Arnold zitiert. Die nur geringfügig differierenden Gesamtausgaben von Temple Scott (1897 ff) und insbesondere Herbert Davis (1939 ff, dessen Band 11: *Gulliver's Travels* auf die von George Faulkner 1735 in Dublin, Hg. Werke Swifts zurückgeht) sind Textgrundlage dieser Ausgabe. Zur bis heute fraglichen endgültigen Textgestalt von *Gulliver's Travels* s. Treadwell (1995).

zusammenklauben, an denen von positiven Elementen der Staatsführung oder musterhaftem Verhalten die Rede ist – etwa die vom König der Riesen, der seine Regierungspraktiken auf den "gesunden Menschenverstand und die Vernunft, auf Gerechtigkeit und Milde" gründet (Swift 1972: 206), oder die von den Houyhnhnms, jenen vernunftbegabten und -ergebenen Pferden. Jedoch: Die Seltenheit solcher idealen Elemente ebenso wie ihre latente Zweideutigkeit – für den Riesenkönig ist Gulliver ein käufliches Objekt; die vernunftbegabten Pferde kennen keinerlei Gefühle – laufen dem Entwurf eines positiven Gesellschaftsbildes zuwider.

Swift ist ein rückhaltloser, aggressiver Satiriker der Gesellschaft und menschlicher Verhaltensweisen. Über den literarischen Rang von *Gullivers Reisen* ist, wie über den der Satire überhaupt, oft gestritten worden,[14] und man hat sich bekanntlich auch nicht gescheut, die Swift'sche Bissigkeit einem Menschenhaß zuzuschreiben, der geradezu zwingend im Wahnsinn enden müsse. Die harmonische Schönheit des Kunstwerks ist in der Tat nicht das Regulativ der satirischen Schreibweise. Weitaus eher als Gebrauchstext zu verstehen, manifestiert sich in der Satire eine publizistische Energie, die auf öffentliche Wirksamkeit und politische Intervention zielt.

Die europäische Aufklärung hat der 'Öffentlichkeit' insgesamt mit der Entstehung neuer kollektiver, die ständischen und konfessionellen Grenzen überschreitender Kommunikationsformen einen neuen Status gegeben. Sie hat eine "Gesellschaft der Aufklärer" konstituiert, deren Reflexion Selbstbildung und Gemeinwohl miteinander verband, um Modelle und Muster der bürgerlichen Gesellschaft experimentell zu erproben (van Dülmen 1996). In diesem Kontext, verbunden mit einer sich breit entwickelnden publizistischen Tätigkeit und politischen Energie, entfaltet sich die Satire als spezifische Interventionsform, und zwar insbesondere in England, das mit der 'Glorious Revolution' eine nachhaltige Übung auf dem Feld innenpolitischer Streitkultur absolviert hatte. In welchem Ausmaß es um die öffentliche Wirksamkeit des Textes geht, macht der fiktive Verfasser Gulliver in seinem Brief an den fiktiven Herausgeber deutlich, wenn er schreibt, "daß sieben Monate wohl gereicht hätten, alle Laster und alle Torheiten zu beseitigen, denen die Yahoos unterworfen sind", und sich beklagt, daß schon sechs Monate in Untätigkeit verstrichen seien (Swift 1972: 52f).

Die moralische Satire kennt keine tragische Konstellation, sondern allein die erhellende Macht der Kritik an den Fehlern und Gebrechen der Unvernunft. Wenn der Mensch der Vernunft die Unvernunft auch in eine weite Ferne von sich rückt und von seiner Welt als Fremdes abtrennt, so fungieren bei Swift gerade die fremden, unbekannten Gesellschaften, in die Gulliver verschlagen wird, als Spiegel, in denen sich der Mensch selbst erkennt. Dabei geht es freilich nicht um die Erkenntnis in der wohlgefälligen Gestalt des Defoe'schen Robinson, mit dem das Bild von den Tugenden des bürgerlichen Menschen gemalt wird. Swifts Spiegel verzerrt, verändert die Maßstäbe, stört die Proportionen, spielt das Spiel der Verkehrungen. Klein und groß, irdisch und himmlisch, tierisch und menschlich sind die Maßstabsverhältnisse, die der Erzähler durchläuft, um z.B. zu entdecken, daß die Gelehrsamkeit der in höheren Sphären schwebenden Forschungszentrale Laputa darin besteht, Fleischstücke nach mathematischen oder musikalischen Formen zuzuschneiden (Swift 1972: 239), oder zu erkennen,

---

[14] So Rosenkranz (1968), der sie unter dem Kapitel der "Caricatur" als besondere Form des Häßlichen abhandelt.

daß das Menschliche und das Tierische in den Gestalten von Pferden und Yahoos die Plätze tauschen. Jede Selbstgewißheit der Vernunft wird bei Swift verkehrt. Die Verzerrungen des Spiegels, die Verkehrungen von Proportionen sorgen dafür, daß jede Inthronisation von Vernunft aus Gründen der kritischen Vernunft fraglich wird, vergleichbar den karnevalesken Verwandlungen und Depotenzierungen anerkannter Autoritäten und Konventionen.[15]

Wenn Gulliver dem König der Riesen nicht ohne Stolz von den Einrichtungen der englischen Gesellschaft berichtet und in den Nachfragen und Kommentaren des Königs gerade umgekehrt die Unvernunft, Korruption und Unmenschlichkeit Englands erkennbar werden, so liegt in dieser spiegelnden Dialogizität das Verfahren, das feste Terrain der Selbstgewißheiten der Vernunft öffentlich zu verflüssigen. Dabei genügt als kritische Antwort auf die Darstellungen gesellschaftlicher Praktiken und menschlicher Verhaltensweisen der Rekurs des imaginären Fremden auf fundamentale Wahrheiten, die sich außerhalb des satirischen Kontextes als 'Binsenwahrheit' enthüllen würden: daß etwa das Recht nicht verwirren dürfe, sondern hilfreich sein müsse, oder gesunder Menschenverstand genüge, um den Menschen zu regieren.[16]

Diese buchstäblich antihermeneutische Verständnislosigkeit, wie sie der Riesenkönig oder die Pferde gegenüber den von Gulliver geschilderten sozialen und kulturellen Praktiken an den Tag legen, bildet die Ressource der moralischen Satire. Die Kritik erkennt aus der unüberwindlichen, Verständnis verweigernden Entfernung der Ironie das Närrische als menschliche Schwäche, aber sie garantiert auch, daß sowohl Staat wie menschliche Natur im Universum des moralischen Urteils zu stehen kommen. Für die moralische Kritik der Satire Swifts ist Aufklärung prinzipiell unabschließbar, weil die menschliche Natur im offenen Raum ihrer Schwächen steht; Mandevilles geschlossenes System hingegen perpetuiert die Unendlichkeit seiner Funktionen.

Die Aufklärung hat also die natürlichen Fehler des Menschen nicht im Bereich des Privaten angesiedelt, wo sie unter dem Schirm der Intimität nur begrenzt ausgeleuchtet würden. Fehler sind Objekte öffentlichen Interesses und vernunftbestimmter Regulative. Damit erschließt sich ein weiterer Komplex der literarischen Staatsreflexion, bei dem es um die Frage nach aufgeklärten Regierungspraktiken geht. Beispielhaft hierfür ist François Fénelons *Telemach*, weil dort die Konzepte der Staatsführung und die Erschließung von neuen Feldern des Wissens einen Zusammenhang bilden. Zweifellos sind die Fehler des Fürsten unter den Bedingungen des Absolutismus von ganz besonderem Interesse, und Fénelon schreibt denn auch: "Es ist mit der Größe wie mit gewissen Gläsern, welche alle Gegenstände vergrößern. Sämtliche Fehler scheinen auf diesen hohen Rangstellen zu wachsen" (Fénelon 1984: 210). Aber so sehr auch der Fürst ein hervorgehobenes Beobachtungs- und Erziehungsobjekt sein mag – er wird zum Modell eines über ihn hinausgehenden, allgemeinen Interesses an der Kenntnis und Regulation von Fehlern.

Als Fénelons Buch *Die Abenteuer des Telemach* unter bis heute nicht geklärten Umständen erstmals 1699, dann 1717 posthum autorisiert erscheint,[17] löst es einigen

[15] Zur karnevalesken Dimension der Satire s. Bachtin (1985).

[16] S. zu diesem Stilmittel Vickers (1973: 145ff).

[17] Der franz. Originaltitel lautet: *Suite du quatrième livre de l'Odyssée d'Homère, ou les Aventures de Télémaque, fils d'Ulysse*. Zitiert wird nach der Neuausgabe von Kapp (1984) in der Übersetzung

Skandal aus. Fénelon knüpft zwar an die Tradition der Fürstenspiegel an, deren genrebildendes Modell Machiavellis *Der Fürst* (1513) ist, aber es findet sich bei ihm keine apologetische Darstellung einer Herrscherfigur, sondern die Explikation des Erziehungsprozesses eines künftigen Monarchen. Fénelon schreibt zudem, anders als seine Vorgänger in seinem Land, in französischer Sprache und macht so die Moralität und Aufgeklärtheit bzw. den Despotismus und die Mißwirtschaft fürstlicher Regierungspraktiken über den Kreis der lateinisch Gebildeten hinaus der öffentlichen Diskussion zugänglich.

Fénelons *Telemach* verbindet mehrere Komplexe seiner Reflexion des Staates zu einem Entwurf, der seine reformerische Praktikabilität gezielt ins Auge faßt. Dem nachhaltigen Interesse dieses Jahrhunderts an der Menschenführung Rechnung tragend, durchläuft der Titelheld, Sohn des Odysseus, die odysseeischen Irrfahrten als Stationen der Ausbildung zum tugendhaften Fürsten. Dieser lernt unter der Anleitung Mentors bzw. Minervas aus den Erfahrungen, denen er auf seiner abenteuerlichen Reise ausgesetzt ist, Verhaltens- und Regierungsregeln. Da die Natur allein den Menschen, also auch den Fürsten, nicht ausreichend für seine Aufgaben ausstattet, muß er erzogen oder umerzogen werden, aber bei dieser Vervollkommnung des Menschen handelt es sich nicht um eine lebensphasenbezogene Pädagogik, sondern um einen altersunabhängigen Prozeß, um eine Erwachsenenbildung.[18]

Fénelon rekurriert auf das antike Epos, in dem traditionellerweise Angelegenheiten des Staates behandelt werden, aber er greift weder auf das Epos einer Stadt, vgl. die *Ilias*, noch auf das Epos einer ethnischen Gruppe, vgl. die Argonauten, zurück, sondern auf jenes eines einzelnen Helden, wie z.B. die Odyssee, die später für Horkheimer und Adorno in der *Dialektik der Aufklärung* zum Paradigma aufklärerischer Denkkomplexe werden sollte. Fénelon transformiert das antike Epos in den Roman eines Helden, aber er folgt dabei nicht den Gattungsvorgaben seiner Zeit, wonach der Roman, so Daniel Huet in seinem *Traité de l'origine des romans* von 1666, eine Liebesgeschichte sei, d.h. im privaten Raum der Intimität des Gefühls angesiedelt ist.[19] Umgekehrt wird gerade der Roman zur Staatsangelegenheit, sein privater Raum zum öffentlichen Interesse.

Neben dem Komplex der Menschenbildung finden sich im *Telemach* utopische Elemente, wenn, Rousseau vorwegnehmend, von einer alternativen Gesellschaft der Glückseligkeit im Naturzustand berichtet wird. Freilich erscheint diese nur in den Erzählungen weitgereister Seefahrer, nicht im Erfahrungsraum des Helden. Gegenbild zur Welt der Begierden und der Macht, fungiert jene Gesellschaft als Erinnerung an ein Goldenes Zeitalter ebenso wie als Entwurf eines positiven Urbildes der menschlichen Natur, d.h. als Maßstab der Menschenführung.

---

von Rückert (1878). Diese Übersetzung gilt als werkgetreueste der zahlreichen Übertragungen und geht auf die posthume Ausgabe von 1717 zurück, die im Unterschied zur zurückgezogenen Ausgabe von 1699 und zu den vorhandenen Manuskripten eine der Odyssee Homers entsprechende Einteilung in 24 Bücher aufweist. Mit der differenten Aufteilung ist jedoch keine Textveränderung verbunden; vgl. die kritische Ausgabe von Cahen, 2 vols. (1927).

18 Der Besonderheit von Lebensphasen wird erst später Bedeutung zugeschrieben, vgl. Ariès (1975). Bei Mohr (1971) hingegen eine wenig zutreffende phasenorientierte Interpretation der Erziehung Telemachs.

19 So auch noch von Blanckenburg (1965).

Aber die utopischen Elemente sind gegenüber der Explikation tatsächlicher Regierungspraktiken – dem dritten Komplex des *Telemach* – von geringem Gewicht. Die Anleitungen zur Staatsführung, die hier gegeben werden, erlauben es, den *Telemach* vor allem als Staatsroman zu qualifizieren. So wichtig die erzieherische Option auch ist – es handelt sich nicht um die Geschichte des individuellen Helden als vielmehr um die seiner persönlichen Entfaltung; und so sehr die Momente des Utopischen mit zum Tragen kommen – es handelt sich ebensowenig um die literarische Fiktion einer neuen Gesellschaft. Wenn Mentor im Staate Salent als Exempel für den künftigen Fürsten ein tugendhaftes und prosperierendes Gemeinwesen einrichtet, so beschreibt Fénelon dies unter den konkretesten verwaltungswissenschaftlichen Vorschriften. Schon zu Beginn des 18. Jahrhunderts gewinnt die Statistik jene Relevanz, die sie später z.B. im allgemeinen Staatsrecht August Ludwig Schlözers erhält, der davon überzeugt war, daß sich Statistik und Despotismus nicht vertrügen (Schlözer 1793: 25).

Zur Kunst des Regierens gehört nicht nur genaue Buchführung und Zählung (Fénelon 1984: 214), sondern auch genaue Beobachtung, Kontrolle, Prüfung und Lenkung (404), ein Blick für die Tatsachen, der die monarchischen Praktiken auf eine Fülle empirischer Felder verpflichtet. Der Monarch wird auch, so Fénelon, Beamte einsetzen, "welche über die Familien und die Sitten der einzelnen wachen" (Fénelon 1984: 228).[20] Die Voraussetzung des Regierens ist eine umfassende Kenntnis, ein vollständiges Wissen, und allererst dieses kann die aufgeklärten Praktiken der Macht begründen. Der Kenntnis des Menschen kommt hier nicht nur in Hinsicht auf dessen allgemeine Natur und seine natürlichen Rechte Bedeutung zu. Menschenkenntnis ist darüber hinaus verbunden mit dem Erwerb eines *positiven* Wissens, das alle Handlungen, Lebensführungen, Vorlieben, Verkehrs- und Arbeitsformen durchsichtig macht. Fénelons Gesellschaft ist in dem Maße aufgeklärt, in dem sie in ihrer ganzen Wahrheit – und das heißt auch in ihren verwerfungswürdigen Mängeln – der Kenntnis des Monarchen durch eine Beobachtung gegeben ist, der er auch selbst unterliegt.

Aufklärung macht sichtbar, und sie erzeugt neue Sichtbarkeiten durch Institutionen, Praktiken und Techniken, die das Wissen zum Regulativ eines organisierten Gesellschaftszustandes machen. Die neue Wahrnehmung und empirische Orientierung[21] findet sich auch dort, wo von einer anderen Gesellschaft geträumt wird. Es handelt sich um einen lebensweltlichen Rationalismus der Utopie, wie er sich in Louis-Sébastien Merciers *Das Jahr 2440*[22] findet. Beispielhaft ist dieser Zukunftsroman aus dem Jahre 1771, weil er für einen Problemkomplex der Aufklärung steht, in dem sich

---

20 Zur Rolle des Beamten in der Aufklärung s. Capra (1996).

21 Vgl. Bödeker (1987: 12ff), der die Bedeutung der Empirie für die "Politisierung der Aufklärung" hervorhebt.

22 Das franz. Original erschien 1771 anonym in Amsterdam, die erste Ausgabe unter dem Namen des Verfassers ist aus dem Jahre VII des Revolutionskalenders (=1799). Hier wird zitiert nach der von Jaumann, Hg., mit Erläuterungen und einem Nachwort versehenen Ausgabe von 1982, der die Übersetzung von Weiße aus dem Jahre 1772 zugrundeliegt. Aufgrund der unzuverlässigen Übersetzung Weißes hat Jaumann das Original von 1771 herangezogen sowie die von Trousson, Hg. Ausgabe (Bordeaux 1971) berücksichtigt und entsprechende Veränderungen vorgenommen, so daß damit die erste integrale Wiedergabe vorliegt.

das Vernunftinteresse an Staats- und Menschenfragen mit Kontrolle und Beobachtung verschränkt.

In diesem Roman schläft der Erzähler nach einem Gespräch mit einem Engländer ein, der anläßlich seines Besuches in Paris eine heftige Kritik der Stadt im Sinne Rousseaus formuliert, um im Traum im Paris des Jahres 2440 zu erwachen. Jener rousseauistischen Stadtkritik des Engländers setzt Mercier das Zukunftsbild gebauter, künstlicher Umwelt entgegen. In Begleitung eines Stadtführers erforscht der Träumer die Stadt, zu deren idealem Zustand die Realität des 18. Jahrhunderts in scharfem Kontrast steht. Diese realistische Option zielt, anders als bei Swift, ganz unironisch auf die schlechte Verfaßtheit der Gegenwart. Dem Traumbericht beigegeben ist ein umfassender Anmerkungsapparat, der Details des gesellschaftlichen Lebens im 18. und im 25. Jahrhundert kommentiert, so daß zwei Zeitebenen miteinander verschränkt und zudem beide von einer außerhalb von ihnen liegenden Perspektive her wahrgenommen werden. Der Traum selbst wird dadurch rationalistisch perspektiviert und für die Erzeugung eines gesellschaftsrelevanten Wissens nutzbar gemacht.

Die Wahrnehmung des Besuchers ist überaus genau und detailliert; sie richtet sich auf Hüte, Frisuren, Sitzgelegenheiten ebenso wie auf Verkehrsregelungen, Gesundheitsfürsorge, Begräbniszeremonien oder Verfahren der Steuereinziehung, so daß die literarische Fiktionalität des Zukunftsromans durch die Schärfe einer durch und durch rationalistisch-empirischen Methode alle Phantastik oder Unwahrscheinlichkeit verliert. Man könnte von einer 'utopischen Sozialreportage' sprechen, wenn es eine solche Gattung gäbe.[23]

Dieser genaue Blick des Besuchers korrespondiert nun mit den Praktiken, die angewendet werden, um den vollkommenen Gesellschaftszustand zu realisieren. Dabei steht nicht mehr, wie noch bei Fénelon, der Fürst im Zentrum des Wissens. Das Wissen wird vielmehr allgemein. Das bedeutet, die Tätigkeit der beobachtenden Vernunft selbst ist gesellschaftskonstitutiv. So gibt es im künftigen Paris "in jeder Gasse [...] einen Posten, der über die öffentliche Ordnung wacht[e]" (Mercier 1982: 26), "staatliche Aufseher, die überall die Fackel der Vernunft umhertragen" (95), es wird jeden Monat registriert, "welche unter den Kranken gestorben und welche genesen sind", wobei der behandelnde Arzt "über die Verfahren seiner Behandlung Rechenschaft abzulegen hat" (51), und "jedermann schreibt auf, was er in seinen besten Augenblicken denkt", damit dies am Tage des Begräbnisses öffentlich vorgelesen wird (41).

Das Staatswesen des künftigen Paris funktioniert auf der Basis veröffentlichter Beobachtungen und allgemeinen Wissens; seine Institutionen sind Institutionen zur Herstellung von Öffentlichkeit – vom privaten Raum der Familie und ihrer staatlichen Bedeutung ist an keiner Stelle die Rede. Zwar wird vermerkt, die Genauigkeit des Registrierens und Kontrollierens sei zuweilen peinlich, aber sie gründet sich in einem neuen Interesse am Menschen und am Leben (51), das sich am Ende des 18. Jahrhunderts mehr und mehr zu formulieren beginnt und das zum diskursiven Regulativ des modernen Wissens werden wird.[24] Dieses Interesse hat den Menschen in die Immanenz

---

23 Merciers Schrift *Tableau de Paris* (1781-88) ist in der Tat als eine frühe Sozialreportage anzusehen.

24 Vgl. Foucault (1974), insbesondere den 2.Teil.

seiner Natur gestellt. Was sein Gesellschaftsverhältnis angeht, so gründen sich alle seine Beziehungen auf ein durch empirische Beobachtungen gewonnenes Wissen. Seine disziplinäre Gestalt hat dieses Wissen in der "Polizeywissenschaft", dem Vorläufer der Soziologie und der Verwaltungswissenschaften angenommen.

Bei Mercier wird die Entdeckung der unendlichen Genauigkeit des Sehens zum Initiationsritus des aufgeklärten Menschen schlechthin. Seine 'erste Kommunion' erfährt der junge Pariser, indem man ihn zum Observatorium führt, um ihn zunächst durch ein Teleskop und dann durch ein Mikroskop blicken zu lassen (Mercier 1982: 81ff). So sehr hier auch die aus älteren Denktraditionen bekannte Ähnlichkeitsbeziehung zwischen Makro- und Mikrokosmos mitgedacht ist, wonach es geheime Verwandtschaften zwischen dem bestirnten Himmel und dem Gras der Erde gibt – dieser Initiationsritus betont vor allem die Bedeutung der neuen Sichtbarkeiten. "Ohne Zweifel", schreibt Mercier, "wird das Auge, das den zarten Bau des Herzens, der Nerven, der Fibern des winzigen Insekts gebildet, mühelos in den verborgensten Falten unseres Herzens lesen. Welcher innerste Gedanke kann sich diesem alles durchdringenden Blick entziehen, vor dem die Milchstraße nicht deutlicher erscheint als der Rüssel einer Motte?" (82). Diesen Blick Gottes vollzieht der Mensch nach, wenn er durch Teleskop und Mikroskop (die einzigen im Zukunftsroman erwähnten Instrumente) in die unendlichen Sichtbarkeiten initiiert und dadurch zum Mitglied einer aufgeklärten Gesellschaft wird. Die Fähigkeit, genau sehen zu können, ist im Jahre 2440 schließlich allgemein verbreitet und auch in China, so berichten die künftigen Zeitungen, herrscht Aufklärung im buchstäblichen Sinne.

In Merciers Zukunftsroman, der ersten "Uchronie", besteht der Zeitraum zwischen 1770 und 2440 in einer Lücke. Der Leser erfährt nichts über einen historischen Prozeß, der zu der beispielhaften Veränderung des gesellschaftlichen Zustandes geführt hat. Die Geschichte von knapp 700 Jahren wird also übersprungen. Es gibt - noch nicht 'die' Geschichte im Singular, in der der "Prozeß der Ereignisse und der Prozeß ihrer Bewußtmachung konvergieren" (Koselleck 1979: 265). Aber es kündigt sich ein Denken an, das sich auf Geschichte zu beziehen beginnt.

Beispielhaft hierfür ist Christoph Martin Wielands *Goldner Spiegel* von 1772.[25] An diesem Roman läßt sich die schwierige, noch ungelöste Spannung zwischen einer Geschichte als moralischer Belehrung und einer Geschichte als staatlicher Veränderung verdeutlichen. In der 'wahren Geschichte' *Der goldne Spiegel oder die Könige von Scheschian* konfrontiert Wieland die Flucht "in erdichtete Welten, zu schönen Ideen" mit der Orientierung auf Geschichte, deren "ekelhafte und grauenvolle Gemählde" wahrzunehmen für jeden Menschenfreund zwar eine "Pein" sei; aber nichtsdestoweniger gelte die Geschichte als "eine Quelle sehr nützlicher Kenntnisse" für den Bürger und Staatsmann und ist deshalb "das höchste und wichtigste Studium eines Menschen, der mehr als eine thierische Maschine sein will" (Wieland 1909: 146ff). Zugleich fungiert Geschichte als "Spiegel, worin sich die natürlichen Folgen der Weisheit und der Thorheit" deutlich zeigen lassen (Wieland 1909: 11). Die Darstellung von Geschichte hat zum einen eine handlungspraktische Relevanz, weil ihre Kenntnis

---

[25] Zitiert wird nach der krit. Ausgabe Berlin (1909 ff), Reprint Hildesheim (1986-87), hier: Bd. 9, Hg. Kurrelmeyer (1931), der, abgesehen von den Jugendschriften, die Ausgaben letzter Hand zugrundeliegen.

im Rahmen der Pflicht zu irdischer Planung für die Gestaltung des Staates nützlich ist.[26] Zum anderen ist Geschichte ein Instrument der Belehrung über die Gesetze der Natur, ein Mittel, "Moral zu predigen" (Wieland 1909: 204). Diese beiden Bedeutungen von Geschichte verknüpft der Hofphilosoph Danischmend im "Goldnen Spiegel", wenn er seinem Sultan die Geschichte des Landes Scheschian erzählt.

Aber keine der beiden Funktionalisierungen von Geschichte, weder die Verbesserung des Staates noch die Verbesserung des Fürsten als Menschen bzw. zum Menschen, die in der Intention des Philosophen liegen, kommen beim Rezipienten, dem Zuhörer, an. Der Sultan bleibt tatenlos, und er nimmt die Erzählung der Geschichte nicht als Belehrung, sondern als unterhaltendes Vergnügen, das es ihm erlaubt, besser einzuschlafen. Seine Taten bestehen allein in der Disputation mit dem Philosophen über die Interpretation des Erzählten. Indem Wieland den traditionellen Fürstenspiegel auf diese Weise dialogisiert, öffnet er den Raum für die Frage nach der "Normativität der utopischen Norm" (Müller 1989: 11), die der Philosoph dem Fürsten nahebringen will und die nun, wider den philosophischen Willen, zum Gegenstand der Auseinandersetzung wird. Diese literarische Konstruktion läßt an der erhofften Belehrbarkeit des Fürsten zweifeln. Der moralische Zweck, um dessentwillen die Geschichte erzählt wird, stellt sich nicht sogleich ein, weil die Auslegung von Geschichte einer interpretativen Relativität in der Disputation über sie unterliegt.

Geschichte ist im *Goldnen Spiegel* zunächst durch ihre Narration selbst von Bedeutung; allein weil sie erzählt – und kommentiert – wird, fungiert sie als moralische Belehrung sowie als Illustration guter Staatsführung und ist in beiden Fällen ein Exempel. Darüber hinaus ist Geschichte aber noch in der Geschichte des Staates Scheschian gegeben. Bei der Chronologie, die Danischmend gibt, handelt es sich noch nicht um die Darstellung eines Prozesses, dessen einzelne Stationen unumkehrbar wären und eine Entwicklung bezeichneten. So entstehen die Laster und Folgen des Luxus unter einer despotischen Regierung ebenso wie im Zustand der Glückseligkeit. Der historische Bericht stellt verschiedene Zustände nebeneinander, die genetisch-historisch unverbunden bleiben und mit Merciers uchronischem Roman vergleichbar sind.[27] Geschichtliche Veränderung, die auch für die Herstellung eines Musterstaates vonnöten ist, wird damit in weiten Zügen unfaßbar; sie wird zum *Sprung* zwischen zwei Zuständen. Entweder führen Kriege diesen Zustandswechsel herbei – oder aber die menschliche Natur, die auch am Grund des Krieges liegt.

Sofern menschliche Natur am Zustandswechsel beteiligt ist – und das ist sie immer – ist sie von einer uneinholbaren Janusköpfigkeit. Zum einen gilt sie als der archimedische Punkt, der eine Glückseligkeit möglich macht, wie sie vom weisen Herrscher Scheschians oder im sogenannten "Tal der Kinder der Natur" (Wieland 1909: 45ff) praktiziert wird – und zum anderen fungiert menschliche Natur als Treibmittel zu verwerflichen Veränderungen. Einmal rekurriert man auf menschliche Natur als Maxime geschichtlichen Handelns, im anderen Fall ist sie eine Bedrohung der Glückseligkeit und muß zum Objekt von Steuerungsprozessen gemacht werden (Wieland 1909: 298f).

---

26 Vgl. Koselleck (1979: 34).

27 Explizite Bezüge Wielands auf Merciers *Das Jahr 2440* im 2. Teil des *Goldnen Spiegel* S. 190 und S. 266. Zur breiten deutschen Rezeption Merciers s. Jaumann (1990).

Die Aporie dieses *double bind* ist durch den Rekurs auf Geschichte nicht lösbar – denn Geschichte setzt sie in Gang: Im Gegenteil, diese Aporie verhindert das Denken eines historischen Prozesses. Ihr kann nur die Stabilität eines Zustandes entgegengesetzt werden, ein, so bemerkt der disputierende Sultan scharfsinnig, "Staatsgebäude [.], das wenigstens ebenso dauerhaft wäre als die Pyramiden in Ägypten" (Wieland 1909: 308). Die Vernunft wird immer wieder aufgerufen, die Janusköpfigkeit der menschlichen Natur kritisch zu beleuchten, womit sich die aufklärerische Kritik selbst auf Dauer der Herausforderung der Vernunft stellt. Aber im Hinblick auf die *Geschichte* muß es darum gehen, sie in der Stabilität eines gewünschten Zustandes gleichsam postmodern zu beenden und die schlechte Intervention der menschlichen Natur unter Rekurs auf ihr wahres Regulativ stillzustellen.

Die aufklärerische Option der gesellschaftlichen Glückseligkeit ist mit dem Problem konfrontiert, die Spannung zwischen normativer und faktischer Natur des Menschen zu lösen und von ihrer Geschichtsmächtigkeit zu befreien. Bei Johann Karl Wezel findet sich die Darstellung eines Staatswesens, dessen Bewohner die historische Aufgabe, beständig glücklich zu sein, erfüllen. In dem vierbändigen Roman *Lebensgeschichte Tobias Knauts, des Weisen, sonst der Stammler genannt* beschreibt Wezel in mehreren Kapiteln einen Staat, der jene Stabilität erlangt und diesen Janus der menschlichen Natur stillgestellt hat. Auf Wezels Beschreibung des Staates Eupators sei abschließend eingegangen, weil Wezels aufklärender Blick die instrumentelle Dimension ins Auge faßt, die an der Herstellung des Glückszustandes beteiligt ist. Es handelt sich weder um eine Utopie noch um eine Staatskritik.[28] Die Verschränkung von Mensch und Staat selbst wird zum Problem gemacht. Für Eupator ist der Staat eine Maschine; wie bei einem "Uhrwerk" führt die Bewegung aller einzelnen Teile zu einem regelmäßigen Gang des Ganzen, und jede Planung muß darauf zielen, daß der Staat "so maschinenmäßig (manövriert), wie ein Regiment Soldaten" (Wezel 1773: IV 141). Nun gründet Eupator aber seine Planung nicht auf reformerische gesellschaftliche Einrichtungen – bei dem Versuch, die mit "mikroskopischem Blick" (140) entdeckten Fehler des Staates durch eine großangelegte Planung staatlicher Praktiken zu beheben, war er am dadurch entstehenden Chaos gescheitert – er gründet sie vielmehr auf menschliche Natur, im Jenseits von Geschichte.

Anders als im rousseauistischen Rekurs auf eine ursprüngliche Einheit der menschlichen Natur, die dann teleologische Bestimmungen ermöglicht, wird die menschliche Natur hier zum Objekt einer zerlegenden Analyse nach den Regeln der aufgeklärten Vernunft. Die Zergliederung macht erkennbar, daß das Funktionsprinzip des Staates dem der Natur gleicht: es handele sich ebenfalls um eine maschinelle Mechanik. "Im menschlichen Herzen", so heißt es, "sind verschiedene kleinere Räder, die in das große Rad der Eigenliebe greifen und von diesem umgetrieben werden" (Wezel 1773: IV 144). Es geht darum, durch eine Zergliederung des Menschen, wie sie Wezel auch in dem anthropologischen "Versuch über die Kenntnis des Menschen" vorgelegt hat, seine elementaren Antriebskräfte aufzufinden. Hier ist es die Eigenliebe. Damit nun auf der Ebene des Staates der regelmäßige Gang des Ganzen zustandekommen kann, muß menschliche Natur, d.h. die an ihrem Grund liegende Eigenliebe,

---

28 Zwar jeweils bestritten, werden beide Zuschreibungen in der Forschung formuliert; s. Joerger (1981: 81f) zur Staatskritik; Knautz (1990: 171) zum anthropologisch fundierten 'Gegenmodell.'

als Antriebskraft genutzt werden; die Analogie des Funktionierens, die zwischen Staat und menschlicher Natur besteht, ermöglicht diese Fundierung des Staates auf das anthropologische Räderwerk.

Die Zergliederung des Menschen entdeckt den Menschen, der sich auf sich selbst bezieht – nicht aber auf staatliche oder gesellschaftliche Zusammenhänge und deren Entwicklung. Um die fundamental gewordene Natur des Menschen in die Planung eines musterhaften Staates zu integrieren, kommt Eupator zu der Überzeugung, daß Tätigkeitsfelder bereitgestellt werden müssen, in denen sich die Eigenliebe verwirklichen kann. Die Umerziehung zum Verzicht auf Eigenliebe ist unsinnig, weil sie den Staat seiner Triebkraft beraubt. Unter den Namen der Ehre, des Ruhms, des Patriotismus oder der Tugendhaftigkeit kann die Eigenliebe in ein die Gesellschaft tragendes System des Verdienstes integriert werden und eine "wohlthätige, menschenfreundliche Richtung bekommen" (Wezel 1773: IV 155). Zweifellos hat Wezel Mandeville und Adam Smith rezipiert, wobei er allerdings deren pragmatischem Utilitarismus die düstere Seite einer unmündigen, gelenkten menschlichen Natur hinzugefügt hat.

Die Glückseligkeit selbst, die in Eupators Staat herrscht, kritisiert Wezel nicht. Aber er gibt eine Aufklärung ihrer Entstehung. Er nimmt, wenn man so will, eine historisch-genetische Perspektive gegenüber der Permanenz des Glückszustandes ein. Jene Glückseligkeit setzt die Selbstverkennung des Menschen voraus. Glückseligkeit stellt sich dann ein, wenn die Motive des Handelns in großen Leidenschaften wie Tugend- oder Ehrstreben gesehen werden und ihr Grund in der Eigenliebe unerkennbar bleibt. Das oberste Gesetz in Eupators Staat, das "befiehlt, sich glücklich zu dünken; und zwar beständig" (Wezel 1776: IV 156), erfordert die Illusion seiner Bürger, das Gute "um des Guten willen zu thun" (153). Wezel desillusioniert hier das Projekt der Aufklärung, Entwürfe des Menschen und Konzepte des Staates so miteinander zu verbinden, daß sie zu aufgeklärter, illusionsloser Glückseligkeit führen. Mehr noch: für Wezel erfüllt sich das aufklärerische Gesetz der Glückseligkeit in einer Illusion, über deren Entstehung von neuem aufgeklärt werden muß.

Literarische Staatsreflexionen bilden kein einheitliches Genre, sondern stehen im Liniengeflecht von vier Textsorten: der Satire und der Utopie, dem Fürstenspiegel und dem Staatsroman. Will man dennoch eine Zuordnung versuchen, so wird man Swift fraglos bei der Satire situieren, Mercier bei der Utopie, Wieland in die Nähe des Fürstenspiegels und Fénelon in die des Staatsromans rücken können. Mandevilles "Bienenfabel" müßte auf der Linie zwischen Satire und Staatsroman eingezeichnet und Wezels Staatsreflexion am Kreuzungspunkt von Fürstenspiegel, Utopie und einem von Mandeville inspirierten halbsatirischen Staatsroman angesiedelt werden.

Bei allen genremäßigen Unterschieden liegt eine ihrer fundamentalen Gemeinsamkeiten in der Ausgrenzung des technisch-maschinellen Komplexes als verändernder Kraft. Stattdessen gilt für alle, daß die menschliche Natur selbst sowohl als Fundament der menschlichen Erkenntnistätigkeit als auch als Objekt des Wissens und Gegenstand staatlicher Praktiken in den Horizont maschineller Mechanismen rückt. Vor diesem Hintergrund lassen sich die literarischen Staats- und Menschenfassungen in einem Bündel von drei Problemkomplexen zusammenfassen, die für die Aufklärung signifikant sind.

Zunächst: die Integration von anthropologischen Fragen in Staatskonzepten. Mandeville rekurriert auf die menschliche Natur, um deren Funktionsgesetze in die Geschlossenheit eines sich selbst erhaltenden Systems allgemeinen Wohlstands zu integrieren. Wezels illusionslose Schilderung verknüpft, hierin Mandeville nicht ganz unähnlich, anthropologische Mechanismen mit der Herstellung des Musterstaates, in dem Menschen zum Objekt einer Glücksillusionen erzeugenden strategischen Lenkung ihrer Begierden werden.

Zweitens: das Prinzip der moralischen Kritik, sowohl an menschlicher Natur wie an staatlichen Praktiken. Ein Medium dieser Kritik ist bei Wieland die Geschichte, als Spiegel der Belehrung für den Fürsten, aber auch als Exempel zum Erwerb aufgeklärter Erkenntnis. Bei Swift manifestiert sich eine kritische Erfahrung von Gesellschaft, die in der Aufklärung prinzipiell unabschließbar ist. Menschliche Natur selbst erfordert es, moralische Kritik jenseits aller Geschichte als Prinzip zu perpetuieren.

Schließlich: die Verbindung von Vernunft und neuen Empirizitäten. Fénelons Anleitungen zu Regierungspraktiken wie zu Praktiken des Herrschers sich selbst gegenüber erschließen eine Fülle von neuen empirischen Feldern, die einem positiven Wissen zugänglich gemacht werden. Für Mercier wird die beobachtende Vernunft zum Regulativ des Musterstaates, und die Erzeugung neuer Sichtbarkeiten und öffentlicher Wahrnehmungen zur Aufgabe der Aufklärung. Aufklärung, so machen alle Reflexionen über Musterstaat und menschliche Mechanik deutlich, ist nicht als Zustand, sondern als Tätigkeit zu fassen.

Literatur

1. Primärliteratur

Fénelon, François de Salignac de la Mothe-Fénelon. 1927 [1699]. *Les Aventures de Télémaque*. A. Cahen, Hg. Paris: Hachette.

---. 1984. *Die Abenteuer des Telemach*. Volker Kapp, Hg. Aus dem Französischen übersetzt von Friedrich Fr. Rückert, Stuttgart: Reclam.

Mandeville, Bernard. 1924 [1705]. *The Fable of the Bees: or, Private Vices, Publick Benefits*. F.B. Kaye, Hg. Oxford: Oxford Univ. Press.

---. 1968. *Die Bienenfabel oder Private Laster, öffentliche Vorteile*. Walter Euchner, Hg. Frankfurt/M: Suhrkamp.

Mercier, Louis-Sébastien. 1971 [1771]. *L'An 2440*. Raymond Trousson, Hg. Bordeaux: Ducros.

---. 1982. *Das Jahr 2440. Ein Traum aller Träume*. Deutsch von Christian Felix Weiße. Herbert Jaumann, Hg. Frankfurt/M: Suhrkamp.

Swift, Jonathan. 1951-63 [1726]. *Gulliver's Travels*. In: *Works*. Bd. 11. Herbert Davis, Hg. Oxford: Blackwell.

---. 1972. *Gullivers Reisen*. In: *Ausgewählte Werke in drei Bänden*. Bd. 3 Anselm Schlösser, Hg. Aus dem Englischen von Franz Kottenkamp, bearbeitet v. Roland Arnold. Frankfurt/M: Insel.

Wezel, Johann Karl. 1971 [1773-76]. *Lebensgeschichte Tobias Knauts, des Weisen, sonst der Stammler genannt*. Faksimiledruck Stuttgart: Metzler.
Wieland, Christoph Martin. 1986-87 [1772]. *Der goldne Spiegel oder die Könige von Scheschian. Eine wahre Geschichte aus dem Scheschianischen übersetzt.* In: *Gesammelte Schriften*. Wilhelm Kurrelmeyer, Hg. Hildesheim: Weidmann.

2. Sekundärliteratur

Alt, Peter-André. 1996. *Aufklärung*. Stuttgart: Metzler.
Arasse, Daniel. 1996. "Der Künstler". In: Vovelle, 210-45.
Ariès, Philippe. 1975. *Geschichte der Kindheit*. Frankfurt/M: Suhrkamp.
Bachtin, Michail M. 1985. *Literatur und Karneval. Zur Romantheorie und Lachkultur*. Frankfurt/M. et al.: Ullstein.
Bersier, Gabrielle. 1981. *Wunschbild und Wirklichkeit. Deutsche Utopien im 18. Jahrhundert*. Heidelberg: Winter.
von Blanckenburg, Friedrich 1965 [1774]. *Versuch über den Roman*. Stuttgart: Metzler.
Bödeker, Hans Erich. 1987. "Prozesse und Strukturen politischer Bewußtseinsbildung der deutschen Aufklärung". In: Hans Erich Bödeker und Ulrich Hermann, Hgg. *Aufklärung als Politisierung – Politisierung der Aufklärung*. Hamburg: Felix Meiner, 10-31.
Böhme, Hartmut und Gernot. 1985. *Das Andere der Vernunft. Zur Entwicklung von Rationalitätsstrukturen am Beispiel Kants*. Frankfurt/M: Suhrkamp.
Capra, Carlo. 1996. "Der Beamte". In: Vovelle, 246-81.
van Dülmen, Richard. 1996. *Die Gesellschaft der Aufklärer. Zur bürgerlichen Emanzipation und aufklärerischen Kultur in Deutschland*. Frankfurt/M: Fischer.
Fabian, Bernhard; Wilhelm Schmidt-Biggemann und Rudolf Vierhaus. Hgg. 1980. *Deutschlands kulturelle Entfaltung. Die Neubestimmung des Menschen*. München: Kraus.
Foucault, Michel. 1974 [1966]. *Die Ordnung der Dinge*. Frankfurt/M: Suhrkamp.
Hammel, Eckhard. 1994. "Medien, Technik, Zeit. Zur Geschichte menschlicher Selbstwahrnehmung." In: Mike Sandbothe und Walther Ch. Zimmerli, Hgg. *Zeit – Medien – Wahrnehmung*. Darmstadt: Wissenschaftliche Buchgesellschaft. 60-78.
Horkheimer, Max; Adorno, Theodor W. 1987. *Dialektik der Aufklärung. Philosophische Fragmente*. In: *Gesammelte Schriften*. Bd. 5. Frankfurt/M.: Suhrkamp.
Jaumann, Herbert. 1990. "Die deutsche Rezeption von Merciers *L'an 2440*. Ein Kapitel über Fortschrittsskepsis als Utopiekritik in der späten Aufklärung". In: Harro Zimmermann, Hg. *Der deutsche Roman der Spätaufklärung. Fiktion und Wirklichkeit*. Heidelberg: Winter. 217-41.
Joerger, Thilo. 1981. *Roman und Emanzipation. Johann Carl Wezels "bürgerliche Epopée"*. Stuttgart: Heinz.
Knautz, Isabel. 1990. *Epische Schwärmerkuren. Johann Karl Wezels Romane gegen die Melancholie*. Würzburg: Königshausen und Neumann.

Koselleck, Reinhart. 1979. *Vergangene Zukunft. Zur Semantik geschichtlicher Zeiten.* Frankfurt/M: Suhrkamp.

Möller, Horst. 1986. *Vernunft und Kritik. Deutsche Aufklärung im 17. und 18. Jahrhundert.* Frankfurt/M: Suhrkamp.

Mohr, Eva. 1971. *Fénelon und der Staat.* Bern, Frankfurt/M: Lang.

Müller, Götz. 1989. *Gegenwelten. Die Utopie in der deutschen Literatur.* Stuttgart: Metzler.

Naumann, Dietrich. 1976. "Zwischen Reform und Bewahrung. Zum historischen Standort der Staatsromane Albrecht von Hallers". In: Hans Joachim Piechotta., Hg. *Reise und Utopie. Zur Literatur der Spätaufklärung.* Frankfurt/M: Suhrkamp. 222-82.

Rosenkranz, Karl. 1968 [1853]. *Ästhetik des Häßlichen.* Stuttgart-Bad Cannstatt: Frommann.

Schlözer, August Ludwig. [1793]. *Allgemeines StatsRecht und StatsVerfassungslere.* Göttingen: Vandenhoek und Ruprecht.

Schneider, Helmut J. 1980. "Staatsroman und Fürstenspiegel". In: Horst Albert Glaser, Hg. *Deutsche Literatur. Eine Sozialgeschichte.* Bd. 4. Reinbek: Rowohlt. 170-84.

Schwonke, Martin. 1957. *Vom Staatsroman zur Science Fiction.* Stuttgart: Ferdinand Enke.

Spies, Burkhard. 1992. *Politische Kritik, psychologische Hermeneutik, ästhetischer Blick. Die Entwicklung bürgerlicher Subjektivität im Roman des 18. Jahrhunderts.* Stuttgart: Metzler.

Stollberg-Rilinger, Barbara. 1986. *Der Staat als Maschine. Zur politischen Metaphorik des absoluten Fürstenstaates.* Berlin: Duncker und Humblot.

Treadwell, Michael. 1995. "The Text of 'Gulliver's Travels', Again". In: Hermann J. Real, Hg. *Swift Studies 1995.* Paderborn: Schöningh / Fink. 62-79.

Vickers, Brian. 1973. "Die satirische Struktur von Swifts 'Gullivers Reisen' und Mores 'Utopia'". In: Rudolf Villgradter und Friedrich Krey. Hgg. *Der utopische Roman.* Darmstadt: Wissenschaftliche Buchgesellschaft. 126-60.

Vovelle, Michel. 1996. *Der Mensch der Aufklärung.* Frankfurt/M, New York: Campus.

Weiß, Wolfgang. 1992. *Swift und die Satire des 18. Jahrhunderts.* München: Beck.

"Ich weiß nicht, ob wir jemals mündig werden": Anmerkungen zu Foucaults Aufklärungskritik

Hans-Helmuth Gander (Freiburg)

In memoriam Luis Rothenbach (1948-1988)

I

Moderne Philosophie, so lautet eine Bestimmung Michel Foucaults, "ist die Philosophie, die versucht, die vor zwei Jahrhunderten so unvorsichtig aufgeworfene Frage [...]: *Was ist Aufklärung?*" (Foucault 1990a: 35) zu beantworten, in deren Folge sich zumindest in Teilen noch immer bestimmt, "was wir heute sind, was wir denken, was wir tun" (ibid.).

Foucault formuliert diese These in einem Vortrag, den er unter dem berühmten Kantischen Titel "Was ist Aufklärung?" 1983 zunächst in Paris und dann in Berkeley hielt. Da der Vortrag bereits 1984 veröffentlicht vorlag, nimmt es sich doch im Abstand der Jahre einigermaßen verwunderlich aus, mit welcher Schärfe bis in die späten 80er Jahre, insbesondere auch in Deutschland im Zeichen der Kontroverse um die sogenannte Postmoderne und deren Vernunftkritik, Foucault geradezu in die Rolle eines Anti-Aufklärers eingeschrieben wurde. Nicht 'Foucault und die Aufklärung', sondern 'Foucault *oder* die Aufklärung' lautete die Parole. Nicht zuletzt auch im Gefolge von Luc Ferry und Alain Renault (1987) zog man gegen die vermeintlich 'totale Vernunftkritik' des französischen Meisterdenkers zu Felde und lieferte sich dann mit den bekennenden Nietzscheanern auf der anderen Seite so manches Scharmützel.[1] Inzwischen haben sich allerdings die erhitzten Gemüter längst wieder beruhigt. Der Bühnenzauber ist vorbei, und was die Etiketten betrifft, die man sich in den gegnerischen Lagern umhängte, mehr und mehr verblaßt lagern diese im Fundus der Theoriegeschichte. Die Diskussion um Foucaults Werk hat sich seit Anfang der 90er Jahre zunehmend versachlicht, ist auch akademischer geworden, und dies nicht unbedingt zum Schaden des Foucaultschen Œuvres. Im Blick auf das Thema 'Foucault und die Aufklärung' wird daher auch im folgenden nicht noch einmal der Streit der 80er Jahre bilanziert, zumal insbesondere die für die deutsche Rezeption bedeutsame Habermas-Foucault-Debatte inzwischen als hinreichend gut dokumentiert gelten darf.[2] Daneben gibt es allerdings auch einen sachlichen Grund, der es nahelegt, einen anderen Weg einzuschlagen. In der das Thema Aufklärungs- *qua* Subjekt-Kritik dominierenden Diskussion Habermas'scher Provenienz wird häufig noch ein Foucault-Bild favorisiert, das bei genauerer Betrachtung nicht oder nur selten mit der Entwicklung des Foucaultschen Denkens im Beginn der 80er Jahre Schritt zu halten vermochte. Gerade diese Entwicklung im Blick zu halten ist aber unerläßlich für ein zureichendes Verständnis von Foucaults Verhältnis zur Aufklärung.

---

[1] Vgl. Le Rider (1997).

[2] Vgl. dazu u.a. die Beiträge von Dreyfus und Rabinow (1990), Schäfer (1990), Menke (1990); weiterhin Kelly (1994).

Da das wahrlich weite Feld der Aufklärung ohne Zweifel Beschränkung auferlegt, modifiziere ich im folgenden die Frage nach Foucaults Aufklärungskritik in Richtung des Themas: *Foucault und Kant*, wobei auch hier Selbstbeschränkung vonnöten ist. Trotz der signifikanten Hinweise von Deleuze ist die herausragende Rolle, die Kant für Foucaults Philosophie spielt, noch immer nicht hinreichend aufgearbeitet. Dabei spielt sich auf seiten der klassischen Philosophie neben Nietzsche und Heidegger insbesondere Kant durchgehend und immer wieder produktiv in die Weichenstellung des Foucaultschen Gedankenzuges ein. Und sofern die Auseinandersetzung mit Kant wie ein Leitmotiv einmal mehr, einmal weniger deutlich vernehmbar anklingt, im Hintergrund aber immer irgendwie gegenwärtig mitschwingt, ist es im Rahmen eines Vortrages strategisch wie ökonomisch sinnvoll, auch hier noch einmal im voraus die Akzente klar zu gewichten. Konkret heißt das, daß im folgenden der Schwerpunkt auf Foucaults Kant-Lektüre liegt, wie sie in dem genannten Vortrag "Was ist Aufklärung?" thematisch wird.

Für diese spezielle Wahl lassen sich exo- wie auch esoterische, also programmatische, Gründe angeben. Exoterisch ist es der Rahmen der Ringvorlesung, dem der Vortrag sich insofern einfügen möchte, als er die Ausgangsfrage nach der Möglichkeit einer neuen Betrachtungsweise des 18. Jahrhunderts aufnimmt, und zwar in Form eines aktuellen philosophischen Blickes auf das 18. Jahrhundert, das ja (mit leichten Unschärfen an den Rändern) durch die Ära der sogenannten Aufklärung abgedeckt ist. Es gilt weithin als 'philosophisches Jahrhundert', das von daher auch Namen trägt wie 'Zeitalter der Vernunft' oder 'Zeitalter der Kritik'. Es wird sich noch zeigen, daß die mit diesem anlaßbezogenen Ansatz des Vortrages methodologisch verbundenen hermeneutischen Implikationen selbst aufs engste mit dem esoterischen Anliegen Foucaults verknüpft sind. Dieses Anliegen besteht darin, daß Foucault in der Auseinandersetzung mit Kant die Möglichkeit zu eröffnen sucht, die Geschichte des Vernunftbegriffes, und mithin die Vernunft selbst, in ihrem Geltungsanspruch als *Gegenstand einer historischen Reflexion* zu entdecken.

Vorweg und in Form einer These gesagt, ergibt sich für Foucault damit die Chance, von einem der Aufklärung eingeschriebenen Ethos aus die Vernunftgeschichte als Form einer Beziehung zu unserer Gegenwart im *Projekt einer historisch-kritischen Ontologie der Aktualität* zu fassen. Was sich vorgreifend in diesem formal anzeigenden Sinne so als These formulieren läßt, bedeutet aber, daß Foucaults späte Auseinandersetzung mit Kant in sich selbst eine weitere und letzte theoretische Verschiebung seiner Position anzeigt. In ihr wird im Ausgang von dem hermeneutischen Konzept der Selbstsorge, wie es insbesondere die 1984 kurz vor Foucaults Tod erschienenen Bände 2 und 3 von *Sexualität und Wahrheit* entfalten, der ganze Ansatz gleichsam ontologisiert. Diese Ontologisierung erfolgt nun aber nicht in Richtung einer metaphysizierenden Wesenslehre des menschlichen Seins in der Welt. Vielmehr geschieht sie – und das ist der eigentliche Impuls der späten Kant-Lektüre Foucaults – als Ausbildung einer, wie er es nennt, "historischen Ontologie unserer selbst" (Foucault 1990a: 48). Die damit verbundene theoretische Verschiebung in Richtung einer Ontologiebildung erlaubt es, sofern sie die menschliche Existenz in ihren konkreten Handlungsbezügen denkt, sie im Wechsel ihrer auf- und ineinander verschränkten Perspektiven als eine existentiale und darin, in einem dem Kantischen verwandten Sinne pragmatische, zu indizieren.

Diese Ontologie noch in ihren vollen Zügen weiter zu entfalten, war Foucault nicht mehr vergönnt. Was er in dieser Richtung hinterläßt, ähnelt, soweit man dies derzeit überschauen kann, mehr einem Programmentwurf. In ihm wird kein anderer Foucault sichtbar, aber vielleicht doch Foucault ein wenig anders. In dieser Richtung läßt sich denn auch vermuten, daß durch die im Frühjahr 1997 gestartete Veröffentlichungsreihe der Foucaultschen Vorlesungen am Collège de France in den nächsten Jahren das Bild seines späten Denkens im ganzen schärfere Konturen annehmen wird.

Was sich so im Initial der Foucaultschen Kant-Lektüre als These präsentiert, nämlich die Ontologisierung der Hermeneutik der Selbstsorge, welche mit der existential pragmatischen Indizierung als theoretische Verschiebung gekennzeichnet und pragmatisch indiziert ist, fungiert natürlich zunächst nur im Status einer Arbeitshypothese, die es im folgenden plausibel zu machen gilt. Allerdings stabilisiert sie sich, und zwar operativ für Wahl und Ansatz der Untersuchungsperspektive, durch den Rückgriff auf eine Selbstinterpretation Foucaults aus dem Jahre 1983 (Foucault 1994a: 265-92). Dort nämlich kennzeichnet Foucault seinen eigenen philosophischen Weg dadurch, daß er die von ihm so bezeichneten drei genealogischen Achsen seiner Forschung, nämlich Wissen, Macht und Ethik, in das offene Programm einer 'historischen Ontologie unserer selbst' einschreibt.

Von hier aus läßt sich der Weg der nachfolgenden Ausführungen in zwei Schritten vorzeichnen. In einem ersten Schritt soll zunächst das im Vorblick geknüpfte Thesengeflecht wieder entzerrt werden. Das geschieht mittels eines orientierenden Überblickes über jene Stationen von Foucaults Denkweg, die für die Frage seiner Aufklärungskritik erhellend sind. Der nächste Schritt thematisiert dann Foucaults Behandlung der Kantischen Frage "Was ist Aufklärung?". Im Blick auf die angesprochene theoretische Verschiebung ist Foucaults Auseinandersetzung mit Kants Aufsatz auch darum so ergiebig, weil Foucault dem Kantischen Text zwei eigenständige Vorträge gewidmet hat, einen von 1978 (Foucault 1992) und den ungleich bekannteren aus dem Jahre 1983. Bemerkenswert ist dieser Umstand deshalb, weil der erste Vortrag in unmittelbarer Nähe zum Abbruch der ersten Projektierung von *Sexualität und Wahrheit*, gehalten wurde, genauer gesagt nach Veröffentlichung des ersten Bandes. Dieser war noch aus der Konzeption einer Genealogie der Macht her verfaßt worden, die ja bekanntermaßen das zentrale Arbeitsgebiet Foucaults in den 70er Jahren ausmacht. Der Vortrag von 1978 artikuliert von daher gleichsam als Dokument auf der Schwelle zur Spätphilosophie eine Art Zwischentonlage. Hier kündigen sich die Veränderungen des Foucaultschen Denkens in Richtung seiner Ethik der Selbstsorge im Rahmen seiner Auseinandersetzung mit dem Kantischen Text an, ja werden mit vorbereitet. Zudem ist dieser frühere Vortrag von Interesse, da hier Strukturen der Aufklärungskritik herausgearbeitet werden, die noch für die zweite, spätere Kant-Lesung von 1983 Gültigkeit besitzen, ohne daß hier darum bereits eine Ontologisierung erfolgte. Allerdings ist es bereits auch hier Foucaults zugegeben provokantes Ziel, mit Kant gegen Kant die Ahistorizität der Vernunftprinzipien zu bestreiten, also die Möglichkeit eines im Begriff der Autonomie entworfenen, einen aus apriorischen Prinzipien herzuleitenden legitimen Gebrauchs der Vernunft anzuzweifeln. Erstaunlicherweise ist der Sachverhalt, daß Foucault zwei Vorträge über denselben Kant-Text hielt, in der Forschung noch immer ohne hinreichende Resonanz geblieben. Mag sein, daß dies auch daran liegt, daß der frühe Vortrag erst 1990 und dann unter dem Titel "Was ist Kritik?" publiziert wurde. Foucault selbst hatte bewußt gar keinen Titel gewählt. Er läßt seinen ersten Vortrag enden mit einer Exponierung des Problems des Ethos, das für die Frage der Aufklärung in der zweiten Kant-Lektüre zentral ist. Allerdings bindet er dieses Problem 1978 noch in eine Analyse der Machtbeziehung ein. Angesichts der von Foucault intendierten "Verschickung der Frage der *Aufklärung* in die Kritik" (Foucault 1992: 41) und der darin gleichwohl ungelösten Aufgabe "einer individuellen und zugleich kollektiven Haltung, aus seiner Unmündigkeit herauszutreten" (Foucault 1992: 41), betont Foucault, daß er es von daher nicht gewagt habe, seinen Ausführungen den der Sache nach geforderten Titel zu geben: "Was ist Aufklärung?".

II

In der angezeigten Reihe folgt als erstes nun der themenbezogene Überblick. Es hat sich in der Forschung inzwischen nahezu ein Konsens ergeben, die Philosophie Foucaults in einem Jahrzehnterhythmus zu behandeln. So sind die *50er Jahre* bestimmt von einer an der Phänomenologie und insbesondere Heidegger orientierten "Philosophie freier Subjektivität, deren potentiell selbstbestimmte Existenzentwürfe gesellschaftlichen Repressionen unterliegen, vor allem dann, wenn sie 'abnorm' sind" (Fink-Eitel 1989: 103). Abschluß und Höhepunkt dieser Periode bildet das Foucaults Ruhm begründende Werk *Wahnsinn und Gesellschaft*. Die hier angelegte Aufklärungskritik[3] zielt darauf ab, daß der als Vernunftsubjekt sich begreifende Mensch durch die völlige Negation des zur Vernunft Anderen die ihn allererst als rationales Subjekt konstituierende Selbstvergewisserung erlangt. So wird der Wahnsinn nicht mehr als eine eigene Erfahrungsweise menschlichen Seins bestimmt, sondern nur noch als Unvernunft definiert und in diesem Sinne von vornherein aus dem Bereich des Wahrheitsfähigen ausgeschlossen. Demgemäß ist es jetzt allein noch die Vernunft, die den Zugang zur Wahrheit besitzt. Nach Foucault ist dies ein folgenträchtiger Strukturwandel, denn das Vernunftsubjekt der Aufklärung entfaltet in seinen Rationalitätsformen von daher seine Herrschaft über Denken und Handeln durch Ausgrenzung der Nichtvernunft und also durch Ausschluß der im Wahnsinn als Möglichkeit aufscheinenden tragischen Wahrheit menschlichen Seins in der Welt. In seiner Schrift *Archäologie des Wissens* kritisiert Foucault allerdings am Ende der 60er Jahre den Ansatz von *Wahnsinn und Gesellschaft* mit dem Hinweis darauf, "in welchem Maße man noch bereit war, ein anonymes und allgemeines Subjekt der Geschichte zuzugestehen" (Foucault 1986: 29).

In eben der Überwindung dieser Position entfaltet Foucault in der zweiten Phase, d.h. den *60er Jahren,* seinen wissenschaftsgeschichtlich orientierten Entwurf einer 'Archäologie des Wissens'. Ihr Untersuchungsfeld sind die Ordnungen der Episteme, die definiert werden als das Ganze der Relationen, die die diskursiven Praktiken zu einer bestimmten Zeit in sich verbinden. In einer gewissen Nähe zu strukturalistischen Theorien entwickelt Foucault darin eine "Philosophie objektiver, autonomer und

---

[3] Vgl. Kögler (1994: 10-26).

anonymer Diskurs- und Wissensformationen" (Fink-Eitel 1989: 103). Mittels ihrer kritisiert er die Subjektphilosophie samt ihrer auf vorgeblich universal behaupteten menschlichen Erkenntnisbedingungen aufbauenden Erkenntnistheorie, indem er den Nachweis für deren kulturelle Bedingtheit erbringt. So betrachtet, ist es nach Foucault ein epistemischer Paradigmenwechsel, wenn zu Ende des 18. Jahrhunderts durch Kant die Auffassung vom Menschen sich dahingehend radikal wandelt, daß der Mensch als transzendentales Subjekt nun selbst zur Bedingung der Möglichkeit der Erkenntnis wird. Ist Erkenntnis zudem dabei eingeschränkt auf den endlich empirischen Menschen, so wird, wie Foucault es nennt, der Mensch nun zur "empirisch-transzendentale[n] Dublette, weil er ein solches Wesen ist, in dem man Kenntnis von dem nimmt, was jede Erkenntnis möglich macht" (Foucault 1993b: 384). So unterscheidet das seit Kant übliche vernunftmetaphysische Denken, etwa auch bei Fichte oder Hegel, zwischen absolutem Ich respektive absolutem Geist und dem empirischen Subjekt. Ihrem ontologischen Status nach erscheint von daher die Welt und mithin das geschichtliche Subjekt als etwas Empirisches. Dies aber bedeutet, daß das geschichtliche Subjekt entsprechend dem genannten Ansatz einer Subjektverdoppelung durch die absolute Subjektivität gesetzt erscheint.

Die absolute und als solche ahistorische Subjektivität rückt damit selbst in die Funktion eines ursprünglich Konstituierenden, mit Bezug worauf wir *qua* empirisches Subjekt als dessen Geleistetes erscheinen, das als solches darin allerdings selbst wieder Teil der absoluten Subjektivität ist. Aus dieser erkenntnisbegründenden Mächtigkeit und Funktion heraus und in ihrem Bannkreis wird der Mensch im 19. Jahrhundert selbst dann zum zentralen Objekt der sich konstituierenden Humanwissenschaften Psychologie, Soziologie und Literaturwissenschaft. Erst die sogenannten strukturalen Gegenwissenschaften des 20. Jahrhundert, nämlich Psychoanalyse, Ethnologie und Linguistik, eröffnen nach Foucaults damals strukturalistisch gefärbter Hoffnung die Möglichkeit, den Menschen aus dieser zentralen Position herauszulösen, um ihn statt dessen von den ihn bestimmenden unbewußten Strukturen her zu fassen. In diesem Sinne charakterisiert Foucault seine eigene Absicht als ein Unterfangen, das versucht, "die letzten anthropologischen Zwänge aufzulösen. Ein Unterfangen [also], das im Gegenzug erscheinen lassen will, wie diese Zwänge sich haben bilden können" (Foucault 1986a: 27). Mit dem Aufweis dieses 'Wie' als dem, was er auch als das jeweilige *'Historische Apriori'* bezeichnet, entzieht Foucault den durch die Aufklärung tradierten Vorstellungen von Fortschritt, historischer Kontinuität, vom Wesen des Menschen, sowie von Wahrheit und Freiheit den Boden.[4]

Im Kontext dieser Überlegungen steht auch die berühmt-berüchtigte Wendung vom baldigen Verschwinden bzw. Tod des Menschen,[5] die Foucault, wenn man etwa

---

4 Der Terminus 'Aufweis' bezeichnet die phänomenologisch-deskriptive Einstellung, die im methodischen Anspruch nicht schon das zu beschreibende Phänomen im Vorfeld unter ein 'Begriffsraster' ordnet bzw. es nach einem bestimmten Argumentationsschema determiniert, sondern es offen aus seinen eigenen Bedingungen her zu erfassen versucht. (Anm. d. Hgg.)

5 Die Begründung für diese Redeweise bietet Foucault im Aufweis der zum Ende des 18. Jahrhundert erfolgten Ablösung der klassischen Episteme der Repräsentation, wodurch im Sinne eines neuen historischen Apriori qua historischem Strukturwandel überhaupt erst der Mensch als neue epistemologische Kategorie etabliert wird, d.i. "als dichte und ursprüngliche Realität, als schwieriges Objekt und souveränes Subjekt jeder möglichen Erkenntnis" (Foucault 1993b: 375).

an Jean Améry denkt, in den Ruf eines gefährlichen Gegenaufklärers gebracht hat. Dagegen ist mit Nachdruck festzuhalten, daß 'Mensch' wie auch 'Subjekt' von Foucault als erkenntniskritische Begriffe eingeführt und so auch verwendet werden. Was demnach verschwinden wird, und nach Foucault auch verschwinden soll, ist das Menschenbild im Sinne jener erkenntnisbegründenden 'transzendental-empirischen Dublette'. Und verschwinden wird dieser Mensch, "wie am Meeresufer ein Gesicht im Sand" (Foucault 1993b: 412), im Zuge der durch die strukturalistischen Gegenwissenschaften initiierten Transformation der Humanwissenschaften. Die Formel vom Tod des Menschen läßt sich, wie schon Nietzsches Wort vom Tode Gottes, programmatisch also in einem durchaus undramatischen, d.i. wissenschaftshistorischen Sinne lesen, der sich motiviert aus der erkenntnistheoretischen Konfiguration, wie sie sich am Ende des 18. Jahrhunderts in der philosophischen, insbesondere Kantischen Theoriebildung der transzendentalen Subjektivität herausbildet, und zwar als – mit einem Wort Husserls gesprochen – "Urstätte aller objektiven Sinnbildungen und Seinsgeltungen" (Husserl 1976: 102).

Mittels dieser in groben Strichen jetzt nur entworfenen Skizze zeichnet sich in Umrissen das Koordinatennetz ab, innerhalb dessen Foucault das Projekt der Aufklärung ortet. Als eigentliches Ziel seiner Arbeit bezeichnet es Foucault, die von hier sich herschreibenden Weisen der Objektivierung zu analysieren, durch die die Menschen unserer Kultur in Subjekte verwandelt werden. Dieser genealogische Ansatz steht bekanntlich zugleich im Zentrum der Arbeit der *70er Jahre*, als Foucault die Entwicklung der modernen Gesellschaften als die Formierung von Disziplinargesellschaften diagnostiziert und sie im Aufweis ihrer 'dunklen Kehrseiten' analysiert, nachgezeichnet vor allem in der Geschichte des Gefängnisses. An diesem in Sozial-, Geschichts- und Literaturwissenschaft meistrezipierten Teil des Foucaultschen Werkes sei jetzt nur ein Punkt herausgehoben. Als aufklärungskritisches Moment erweist sich nämlich, daß Foucault mit dem Aufweis dieser Disziplinartechniken gerade jene elementaren Strukturen und historischen Voraussetzungen sichtbar macht, die für die Konstitution des modernen Subjekts im Vergleich zur formalrechtlichen Gleichstellung eine entscheidendere Bedeutung besitzen. Wenn man so will, rückt die aufklärungsoptimistische Geschichtsauffassung einer zu sich selbst fortschreitenden Idee der Freiheit in der Analyse der Disziplinarpraktiken in ein sie dekonstruierendes Gegenlicht. In ihm werden strukturell zugleich die Beziehungen zwischen den Diskursen der Macht und jenem der Wahrheit sichtbar, wobei sich letzterer in der Vernunft als Bestimmtheit des modernen Subjekts manifestiert. In diesem Sinne betont Foucault 1982 in einem Aufsatz mit dem programmatischen Titel "Warum ich die Macht untersuche: Die Frage des Subjekts" (Foucault 1994a: 243-50), daß eben nicht die Macht, sondern durchgehend das Subjekt das Hauptthema seiner ganzen Forschung sei.

Von daher aber ist die für die *80er Jahre* so bezeichnete 'Rückkehr zum Subjekt' in Wahrheit gerade keine schlichte Rückkehr, geschweige denn ein Rückfall hinter bereits Erreichtes. Es bleibt auch in der sogenannten hermeneutischen Wende Foucaults, in der er eine "Existenzphilosophie souveräner, individueller Selbstverhältnisse" (Fink-Eitel 1989: 103)[6] entfaltet, bei der erkenntnisfundierenden Einsicht, die Foucault in seiner Analyse der Formierung des Wissens in *Die Ordnung der Dinge* (*Les mots et les choses*) herausgearbeitet hatte, nämlich "daß uns das Selbst nicht gegeben ist" (Foucault 1994b: 274). Von diesem Essential seiner früheren Aufklärungskritik her stellt sich Foucault konstruktiv der Aufgabe, die "Art der Beziehung, die man zu sich haben sollte" (Foucault 1994b: 275) als einen Selbstbezug freizulegen, den er nun Ethik nennt. Und entsprechend der Nichtvorgegebenheit des Selbst erschließt sich dieser Bezug für Foucault in Gestalt jener Sorge um sich, die in praktischer Konsequenz bedeutet, daß wir uns selbst, also unser Leben, als ein Kunstwerk schaffen müssen. Ethik wird damit zur Ästhetik der Existenz.[7] Und die damit verbundene τεχνή του βίου, die Lebenskunst also, ist es, was Foucault an den antiken Philosophen von Sokrates bis Seneca oder Plinius interessiert. Die für so viele damals überraschende Wende zur Antike ist aber keine Abkehr von der Moderne, kein Ausstieg aus der Gegenwart. Die sokratische oder stoische Ethik zu rekonstruieren, bedeutet ferner auch nicht, das Vorbild eines 'Goldenen Zeitalters' an die Wand zu malen, dem es einfach nachzueifern gelte. Unzweideutig heißt es bei Foucault: "Eine Periode, die nicht die unsere ist, besitzt keinen exemplarischen Wert [...] nichts, zu dem man zurückgehen könnte" (Foucault 1994b: 271). Was die Auseinandersetzung mit der Antike vielmehr anregt, ist der Sachverhalt, daß das, was wir im Verhältnis zu uns selbst sind oder sein könnten, sich genealogisch nur in der Erforschung historischer Ereignisse zum Bewußtsein bringt. Was sich hermeneutisch gefaßt als Verhältnis von Wirkungsgeschichte und wirkungsgeschichtlichem Bewußtsein darin zeigt, bedeutet allerdings weder die Tradition als Kontinuität zu lesen noch sie gar autoritativ zu überhöhen. Im wirkungsgeschichtlichen Bewußtsein die Gegenwart als Ort der Reflexion zu fassen, heißt für Foucault, gleichsam den Gang in die Geschichtlichkeit unserer Existenz anzutreten. Es ist also ein nachhaltig existentielles Interesse, das den späten Foucault umtreibt, wenn er auf dem Wege der interpretativen Analytik im Umriß eine Ethik-Konzeption sichtbar werden läßt, die nicht, wie Hermann Kocyba in seinem Nachwort zu Foucaults Vorlesung "Das Wahrsprechen des Anderen" aus dem Winter 1983/84 aufgezeigt hat, in juridischen Codes von Geboten und Regeln argumentiert, sich auch nicht an universalisierbaren Gerechtigkeitsproblemen orientiert, sondern sich im praktischen Selbstbezug eines handelnden Subjekts als ästhetische Stilisierung der eigenen Existenz formiert (Foucault 1988: 51).

Das menschliche Subjekt, sofern es sich je schon innerhalb von Produktions- und Sinnverhältnissen hält, die zugleich immer auch Machtverhältnisse sind (Foucault 1994a: 243), ist und bleibt also das Leitthema seines Denkens. Drei Wochen vor seinem Tod gibt Foucault in seinem letzten Interview auf die Frage nach dem Zusammenhalt seines Werkes eine bezeichnende Antwort. Es sei ihm durchgehend um "drei große Problemtypen" (Foucault 1990b: 134) zu tun gewesen: dem der Wahrheit, dem der Macht und dem des individuellen Verhaltens. An anderer Stelle spricht er auch von den bereits erwähnten drei genealogischen Achsen (Foucault 1994b: 275), die in

---

6 Vgl. dazu auch u.a. die unter dem Stichwort der 'Hermeneutischen Kehre' geführte Diskussion dieser neuerlichen Wende mit Blick auf Foucaults Kant-Lektüre bei Seibert (1996: 372-411, bes. 387-98).

7 Vgl. Schmid (1991).

unterschiedlicher Aspektierung sein Denken in *Wahnsinn und Gesellschaft, Ordnung der Dinge, Überwachen und Strafen* und in *Sexualität und Wahrheit* bestimmen. Entscheidend ist nun allerdings, weil Foucault damit den Raum in Richtung einer neuerlichen theoretischen Verschiebung öffnet, daß die drei Erfahrungsbereiche nur im Verhältnis zueinander verstanden werden können. In dieses Verhältnis zueinander werden sie von Foucault gesetzt im *Entwurf einer historischen Ontologie*, die in seinen eigenen Worten: "Erstens eine historische Ontologie unserer selbst [ist] im Verhältnis zur Wahrheit, durch das wir uns als Subjekte des Wissens konstituieren. Zweitens eine historische Ontologie unserer selbst im Verhältnis zu einem Machtfeld, durch das wir uns als Subjekte konstituieren, die auf andere einwirken; drittens eine historische Ontologie im Verhältnis zur Ethik, durch das wir uns als moralisch Handelnde konstituieren" (Foucault 1994b: 275).

Die Integration der drei Formationsachsen 'Wahrheit' – 'Macht' – 'Subjektivität' in das Programm einer "dreistrahligen Ontologie" (Seibert 1996: 386) bestimmt deren Verhältnis zueinander in der Balance eines freien Spieles, innerhalb dessen nicht eines auf das andere reduziert werden kann. Methodologisch gesehen aber ist diese Ontologie allererst zu entwerfen, und zwar ermöglicht von der Neubestimmung des Selbstbezuges, weshalb der Schritt in diese 'Ontologie unserer selbst' folgerichtig erst mit der hermeneutischen Wende erfolgen kann. In der Sache entscheidend ist allerdings, wie Seibert (ibid.) betont, daß nun die Konstitution des Subjektes nicht mehr nur heteronom bedingt ist von den Archiven des Wissens, den Dispositiven der Macht oder den ethisch qualifizierten individuellen Lebensführungsweisen. Indem nämlich – und das ist der entscheidende Punkt – Foucault im Entwurf einer 'Ontologie unserer selbst' den Verhältnis-Charakter als Struktur im Prozeß der Subjektivierung des Menschen begreift, öffnet er die geschichtliche Existenz auf eine ihr wesentlich zugehörige Freiheit hin. Im Zeichen der Freiheit, die nicht im Geltungsanspruch universal gültiger Wahrheit auftritt, vollzieht sich die Selbstintegration Foucaults in den Prozeß der Aufklärung als "Vertreter der zweiten gegenwartsbezogenen Philosophie" (Kögler 1994: 3),[8] weshalb er dann auch seine Kritik an der transzendentalen Begründungsleistung des Subjekts nicht widerrufen muß. Kronzeuge und Eideshelfer für diese Selbsteinbindung ist Kant, und zwar nicht Kant überhaupt, sondern Kant dort, wo er auf die Frage antwortet: "Was ist Aufklärung?"

III

In Deutschland stand zum Ende des 18. Jahrhunderts der Begriff der Aufklärung weithin in Gefahr, zusehends die Schärfe seiner programmatischen Konturen einzubüßen. In dieser Situation suchten prominente Vertreter der Aufklärung, wie u.a. Moses Mendelsohn, in einem Akt von Selbstvergewisserung der Aufklärung und ihren Ideen den Boden aufs neue zu sichern. Sie taten dies mittels des Organs der aus der Mitte der preußischen Aufklärung heraus Anfang 1783 gegründeten "Berlinischen Monatszeitschrift", die hernach zu einem zentralen Organ der Spätaufklärung avancierte. Auf die Frage "Was ist Aufklärung?" erschien hier 1784 Kants vielzitierte Antwort, die kurz

---

[8] Bei Foucault (1994a: 250) selbst heißt es: "die Aufgabe der Philosophie, kritische Analyse unserer Welt zu betreiben, wird immer wichtiger. Das zentrale philosophische Problem ist wohl das der Gegenwart und dessen, was wir in eben diesem Moment sind."

und bündig lautet: "Aufklärung ist der Ausgang des Menschen aus seiner selbst verschuldeten Unmündigkeit" (Kant 1968a: 53). Ausgehend von dieser ohne Zweifel berühmtesten Definition der Aufklärung entfaltet Foucault *einen zweiten Sinn der Aufklärung*, der er sich, wie wir gesehen haben, mit seinem Projekt einer Ontologie der Gegenwart verpflichtet sieht.[9] Da Foucaults Text in sich außerordentlich komplex strukturiert ist, bedeutet das für den gegebenen Zusammenhang, daß ähnlich der Überschau über Foucaults Weg auch im Blick auf dieses Problemfeld nun die Interpretation zum Mittel der Skizze greift, wobei hier gegenüber den genetischen nunmehr systematische Aspekte ins Blickfeld gerückt werden.

Foucault formuliert die Frage der Aufklärung um – zur Frage nach dem positiven Inhalt dessen, "was ein philosophisches *Ethos* sein kann, das in einer Kritik dessen besteht, was wir sagen, denken und tun, mittels einer historischen Ontologie unserer selbst" (Foucault 1990a: 48). Im Begriff des Ethos grenzt sich Foucault positiv von der Auffassung ab, die die Aufklärung und mithin die Moderne als einen Epochenbegriff faßt. Damit schließt sich Foucault unmittelbar Kant an, der die Frage nach der Aufklärung ja selbst im Sinne einer Haltung bzw. Einstellung begreift, und zwar nach der Weise des 'Sapere aude!' als dem oft zitierten Mut, sich des eigenen Verstandes zu bedienen. Aufklärung wird so zu jener Bewegung, in der das Denken aus seinem Bezug auf die Gegenwart sich im Verhältnis zu sich selbst bestimmen muß. Ethos wird von daher, als Haltung der Moderne gedacht, durch Foucault bestimmt als "eine Form der Beziehung zur Aktualität" (Foucault 1990a: 42)[10], die in der Reaktivierung der aufklärerischen Haltung "als permanente Kritik unseres historischen Seins beschrieben werden könnte" (Foucault 1990a: 45).

Damit ist zugleich der Aufgabenbereich der ontologischen Analyse der Gegenwart umrissen. Für dieses Projekt ist entscheidend, daß es die Gegenwart nicht mehr unter der Hinsicht einer für sie geltend zu machenden Allgemeingültigkeit untersucht. Die die kritische Ontologie leitende Frage ist vielmehr: "Welchen Ort nimmt in dem, was uns als universal, notwendig und verpflichtend gegeben ist, das ein, was einzig kontingent und das Produkt willkürlicher Beschränkung ist?" (Foucault 1990a: 48). Der Anschein, als käme hier neben dem Universal-Notwendigen nun auch noch das Zufällig-Kontingente zu seinem Recht, trügt allerdings. Denn Foucaults ontologisch kritischer Analysearbeit geht es darum, das allgemeingültig Anerkannte als Illusion zu entlarven, d.h. unseren Blick auf die Gegenwart so umzulenken, daß sich hinter der Maske der allgemeinen Erfahrung das darin Kontingente als ihr Wesen enttarnen läßt. Die Geschichte der Gegenwart ist also eine von historischen Ereignissen, die sich in

9 Daß für Foucault dieser Kantische Text so außerordentlich bedeutsam ist, begründet sich für ihn dadurch, weil es "das erste Mal zu sein [scheint], daß ein Philosoph so eng und von innen die Bedeutung seines Werkes hinsichtlich der Erkenntnis mit einer Reflexion der Geschichte und einer besonderen Analyse des einzigartigen Moments verbindet" (Foucault 1990a: 41). Seine These lautet daher, daß "dieser kleine Text gleichsam am Schnittpunkt von kritischer Reflexion und der Reflexion der Geschichte lokalisiert ist" (ebd.).

10 Um diesen Bezug zur Aktualität nun gerade auch im Blick auf die ihm programmatisch so bedeutsame Ästhetik der Existenz zu verdeutlichen, geht Foucault in einem Zwischenschritt über Kant hinaus und thematisiert hier Charles Baudelaires Bestimmungen des Flaneurs und des Dandys. Vgl. dazu die unter dem Stichwort 'perfektionsästhetische Ethik' vorgelegten gedankenreichen Ausführungen von Früchtl (1996: 177-90).

ihrer Singularität durch Differenz und Diskontinuität bestimmen. In dieser Akzentuierung der Differenz sieht er sich Kant verbunden, sofern Kant in seinem Text über Aufklärung durch den Umstand, daß er diese als Ausgang rein negativ definiert, den Bezug zur Gegenwart als reine Aktualität denkt. Wie Foucault nachdrücklich betont, versuche Kant hier nicht, "die Gegenwart von einer Totalität oder einer zukünftigen Vollendung aus zu verstehen" (Foucault 1990a: 37). Kriterium ist also die Differenz, die sich bestimmt durch die Frage: "Welche Differenz führt das Heute im Unterschied zu dem Gestern ein?" (ibid.).

Diese starke These schwächt Foucault dann aber wieder ab, indem er zugibt, daß in anderen Texten eben doch gelegentlich von einer inneren Teleologie die Rede sei. Wenn man sich nun allerdings Kants Texte genauer ansieht, wird man eher umgekehrt sagen müssen, daß Kant nur bisweilen auf sie zu verzichten scheint, in Wahrheit aber den teleologischen Grundzug nicht aufhebt. Dieser zeigt sich insbesondere auch in seinem zentralen Begriff der Menschheit, von dem dann Foucault – aus seinem Ansatz heraus auch schlüssig – zugeben muß, daß er mit dem Kantischen Gebrauch dieses Wortes durchaus seine Schwierigkeiten habe (vgl. Foucault 1990a: 38). So gesehen läßt sich aber abkürzend feststellen, daß Foucaults Versuch, in Kants Geschichtsauffassung ein in seinem Sinne gedachtes Differenz- und Diskontinuitätsprinzip auszumachen, nicht gelingt. Über dieses Mißlingen belehrt ebenso rasch wie einsichtig ein Blick in Kants bekannte Schrift von der *Idee zu einer allgemeinen Geschichte in weltbürgerlicher Absicht* (Kant 1968b). Hier nämlich wird von Kant Geschichte auf der Ebene zweckmäßigen menschlichen Handelns situiert. Geschichte fungiert demnach in ihrer Grundintention nach der Art einer Erfüllungsgeschichte eines Planes, der zunächst im Prozeß der Selbstaufklärung der Menschheit als menschliche Naturzweckanlage verstanden, wenn auch nicht völlig durchschaut, wird und immer weiter schrittweise enthüllt werden kann. Auch wenn dieser Prozeß im Grad seiner Verwirklichung noch nicht zum Abschluß gelangt ist, so verbürgt die Geschichte für Kant allein durch ihr faktisches Sein bereits schon das Faktum der angesprochenen inneren Teleologie als Prozeß der Menschheit. Sie tut dies eben als Zeugnis des Fortschreitens in der Selbstaufklärung des Menschen über seine eigentliche Natur. Und sofern der Mensch nicht reines Vernunftwesen ist, hat nach Kant die Vernunft als regulative Idee ihre Realität in der *Geschichte*. Das aber bedeutet doch, daß für Kant Geschichte als die Wirklichkeit des Menschen im Hinblick auf die Idee der Vernunft *qua* Menschennatur einen deprivativen Status besitzt, weshalb diese positiv gefaßt bekanntlich dann auch einzig im Rang eines Postulats fungiert.

Aus der Kantischen Position her gesehen besagt das aber, daß nur die finale und darin nicht mehr qualitativ wandelbare, d.i. geschichtliche Wirklichkeit zum Selbstbesitz des Vernunftwesens Mensch führt. Das, wenn auch nur im Range einer Hypothese, wäre dann aber im individuellen Lebensvollzug gleichbedeutend mit einem Sein in vollkommener Übereinstimmung mit der ahistorischen Gattungsidee, die ihm seine Wahrheit als Vernunftwesen in theoretischer wie praktischer Hinsicht absolut verbürgte. Fungiert demgegenüber nun dieses Telos in der menschenmöglichen Wirklichkeit als ein Postulat, das darin zugleich die sich aus dieser Konsequenz ergebende Notwendigkeit zur faktisch historischen Konkretisierung der Vernunftidee als eben ihre Geschichte offenlegt, so ist für eine transzendental strukturelle Einsicht in das teleologische Apriori des menschlichen Lebens gefordert, die Geschichte im Verlauf ihrer teleologisch bestimmten Sinnhaftigkeit zu erkennen. Wichtig ist dabei allerdings, klar zu sehen, daß die für die individuierte Menschheit faktisch zu konstatierende Konkretion im Historischen nicht etwas bezeichnet, was als Geschichtlichkeit nun selbst eine Wesensstruktur der Vernunft wäre, sofern nämlich Geschichte eben nur die Vernunft in der Defizienz ihrer konkreten Wirklichkeitsmodi charakterisiert. So gesehen erfolgt bei Kant dann auch keine Historisierung der Vernunft, die den Gedanken einer Differenz und Diskontinuität im Sinne Foucaults stützte. Das bedeutet aber nicht, daß damit überhaupt Foucaults eigener Ansatz durchkreuzt wäre. Denn sein Projekt, die Geschichte der Gegenwart als eine der Differenzierungen, Individualisierungen, der Brüche und Diskontinuitäten zu schreiben, hat ihren Referenzpunkt nämlich in Wahrheit nicht in Kant, sondern primär in Nietzsches Genealogiekonzept.

Die für Foucaults Zuwendung zum Kantischen Aufklärungsverständnis konzeptionell letztlich doch zentrale Frage ist und bleibt allerdings die des Ethos. Dieses charakterisiert er näher als *"Grenzhaltung"* (Foucault 1990a: 48), d.h. als eine Haltung, in der wir desillusioniert die Hoffnungen aufgeben müssen, daß wir zu einer "vollständigen und definitiven Erkenntnis darüber [...] [gelangen können], was unsere historischen Grenzen konstituiert" (Foucault 1990a: 50). Formal durchaus in einer Nähe zu der Kantischen Einsicht in die faktische Grenze unseres Erkenntnisvermögens setzt sich Foucault konstitutiv damit auseinander, wie wir, ohne daß sich dies völlig transparent machen ließe, den Prozessen der Subjektivierung unterworfen sind. Allerdings kennt Kant in seinem monistischen Vernunftansatz sehr wohl im Prinzip dann doch so etwas wie eine Logik der Entwicklung zur Eigentransparenz. Das nun aber lehnt Foucault entschieden ab. Für ihn geht es im Vollzug der Grenzhaltung als Haltung der "Kritik nicht länger mehr [um die] Suche nach formalen Strukturen mit universaler Geltung [...], sondern eher [um eine] historische Untersuchung der Ereignisse, die uns dazu geführt haben, uns als Subjekte dessen, was wir tun, denken und sagen, zu konstituieren und anzuerkennen" (Foucault 1990a: 49). In diesem Sinne ist "Kritik nicht transzendental, und ihr Ziel ist nicht die Ermöglichung einer Metaphysik" (Foucault 1990a: 49). Das bedeutet, die ontologische kritische Analyse der Gegenwart als Hermeneutik der Situation ist und bleibt für Foucault als Ethos der Moderne ihrer Intention nach genealogisch und ihrer Methode nach archäologisch. Die von daher im Programm der Ontologie der Gegenwart erfolgte Bezugnahme auf Kant gleicht also mehr einer interpretatorischen Aktivierung als einem bruchlosen Anschluß. Foucault charakterisiert daher "das philosophische *Ethos*, das der kritischen Ontologie unserer selbst eigen ist, als historisch-praktischen Test der Grenzen, die wir überschreiten können, und damit als eine Arbeit von uns selbst an uns selbst als freie Wesen" (Foucault 1990a: 50).

Eng mit der Bestimmung des Ethos verbunden, ist der Begriff der *Kritik*, den Foucault dezidiert in die Auseinandersetzung um die Aufklärung einspielt. Einerseits erweist sich rasch eine formale Übereinstimmung mit Kant, insofern Kritik in der "Analyse der Grenzen und ihrer Reflexion" (Foucault 1990a: 48) besteht. Ebenso rasch trennen sich zunächst allerdings wieder die Wege, wenn Foucault den genealogischen Kritikbegriff positiv als unverträglich mit dem transzendentalen Verständnis von Kritik aufzeigt. Für den genealogischen Ansatz der Kritik nämlich gilt, daß das im Denken und Handeln sich Zeigende Ausdrucksform einer Machtkonstellation ist. Sie in ihrem ontologischen Status aufzudecken, ist Aufgabe der genealogischen Kritik. Damit aber öffnet sich nun doch wieder die Tür zum Kantischen Kritikverständnis, wie er es im Aufklärungsaufsatz in der Frage der einzufordernden Mündigkeit darlegt. In Foucaults Vortrag von 1978 greift diese Parallele am weitesten. Hier nämlich entfaltet er eine genealogische Lesart des in Anlehnung an Kant geforderten kritischen Mündigwerdens. Der "Entstehungsherd der Kritik [sagt Foucault hier] [ist] im wesentlichen das Bündel der Beziehungen zwischen der Macht, der Wahrheit und dem Subjekt" (Foucault 1992: 15).

Die damit angezeigten drei Achsen der Ontologie der Gegenwart deuten nun in sich selbst auf etwas hin, was die negative Bestimmung als Ausgang aus der Unmündigkeit, wie Kant sie in seiner berühmten Definition gibt, positiv erweitert. Foucault formuliert nämlich als Aufgabenstellung der genealogischen Kritik, "in der Kontingenz, die uns zu dem gemacht hat, was wir sind, die Möglichkeit auf[zu]finden, nicht länger das zu sein, zu tun oder zu denken, was wir sind, tun oder denken" (Foucault 1990a: 49). Was so aus der reinen Kritik in eine praktische Kritik umschlägt, öffnet sich damit Weisen der möglichen Überschreitung. Die kritische Ontologie unserer selbst, betont Foucault, "darf beileibe nicht als eine Doktrin betrachtet werden, auch nicht als ständiger akkumulierender Korpus von Wissen; sie muß als eine Haltung vorgestellt werden, ein *Ethos*, ein philosophisches Leben, in dem die Kritik dessen, was wir sind, zugleich die historische Analyse der uns gegebenen Grenzen ist und ein Experiment der Möglichkeit ihrer Überschreitung" (Foucault 1990a: 53).[11] Zunächst geschieht dies in der kritischen Zurückweisung all der Positionen, die über die Jahrhunderte die Individualität in den Vorstellungen von den Subjektivierungen geprägt haben. In eins damit weist Foucault aber auch die Meinung nachdrücklich zurück, daß diese Überschreitungspraxis nun eine neue Identität stiften solle. Jegliche Idee eines kritischen Fortschrittes im Sinne eines wie immer gearteten Humanismus lehnt Foucault entschieden ab. Ihm setzt er "das Prinzip einer Kritik und einer permanenten Kreation unserer selbst in unserer Autonomie" (Foucault 1990a: 47) entgegen als der "unbestimmten Arbeit der Freiheit" (Foucault 1990a: 49).[12]

Die kritische 'Ontologie unserer selbst' entfaltet also ihre Aktivität im Zeichen von Autonomie und Freiheit. Damit aber verbindet Foucault sich einem Herzstück der Kantischen Philosophie. So emphatisch Foucault an diese Begriffe anschließt und im Kontext seiner Selbsteinbindung in die Aufklärung auch die Nähe zu Kant betont, in genau diesem Punkt findet sich aber keine wirkliche Verbindung. Wie Thomas Schäfer in der Herausarbeitung der antinormativistischen Grundposition des Foucaultschen Denkens gezeigt hat, verbindet Foucault von Kant her gesehen in seinem Anschluß an den Königsberger Aufklärer mit Blick auf Autonomie und Freiheit "eine nur oberflächliche Ähnlichkeit" (Schäfer 1995: 47-50, hier 47). Für Kant nämlich ist Autonomie "der Grund der Würde der menschlichen und jeder vernünftigen Natur" (Kant 1968c: 69), so zwar, daß ich mich selbst als universales Subjekt erkennen muß, das darin, wie er des öfteren betont, die 'Würde der Menschheit' in der eigenen Person proklamiert (vgl. Kant 1968b: 74f.). Wie Foucaults eigene ethischen Untersuchungen

11 Vgl. dazu auch Foucault (1994a: 245).

12 Vgl. dazu auch Foucault (1994a: 255ff).

der 80er Jahre deutlich belegen, baut sich demgegenüber aber zwischen dem individual-ethischen Ansatz und dem universalistischen keine tragfähige Brücke. Wo Foucault sich also im gegebenen Aufsatz auf Kants Begriffe von Autonomie und Freiheit beziehen möchte, geschieht dies nicht auf dem Wege möglicher direkter Anschlußfähigkeit. Was für ihn das anhaltende Interesse an Kant initiiert, ist, daß Kant "unsere Tradition um eine weitere Weise, das Selbst nicht bloß als etwas Gegebenes anzusehen, sondern als etwas, das in Beziehung zu sich konstituiert wird" (Foucault 1994b: 292), erweitert hat. Im Blick auf die drängende Frage der Selbstbeziehung, und zwar in Gestalt des Problems, wie der Mensch sich als ethisches Subjekt konstituieren und erkennen kann, wird m.a.W. dadurch, daß Kant die Ethik als Anwendung praktischer, nämlich handelnder Vernunft in Ansatz bringt, für Foucault Kant zum ebenso unumgänglichen wie produktiven Gesprächspartner. Die Frage, ob wir im Kantischen aufklärungs- und vernunftoptimistischen Sinne dabei jemals mündig werden können, muß Foucault aus seiner tiefgreifenden Skepsis gegenüber dem universalistischen Glauben, der diese Fortschrittshoffnung trägt, in der Tat rätselhaft bleiben. Zweifel sind nicht nur erlaubt, sondern im Foucaultschen Sinne sicher auch erwünscht.

Foucault und Kant – nach diesen Ausführungen könnte das jetzt nach einem gescheiterten Dialog klingen. Allerdings will es mir erscheinen, daß Foucault sich diese Bürde ein Stück weit unnötig aufgeladen hat. Das teleologische Moment der Menschennatur wird immer unvermittelbar zwischen beiden Positionen stehen. Aber dort, wo Kant im System seiner Transzendentalphilosophie anstelle einer transzendental gegründeten Handlungstheorie mit der Konzeption seiner "Anthropologie in pragmatischer Hinsicht" aufwartet (Prauss 1983: 151f) und damit zugleich den Entwurf einer Lebensweltphilosophie präsentiert, hätte sich eine Möglichkeit zum produktiven Dialog eröffnet. Daß dieser Dialog nicht wie im Falle der Frankfurter Schule nach Foucaults Eingeständnis durch zu späte Kenntnis der Texte verhindert wurde, sofern nämlich seine eigene noch immer unveröffentlichte *thèse complémentaire* doch nichts anderes als die erste französische und mit einer umfänglichen Kommentierung versehene Übersetzung der *Anthropologie* war, so gibt das der Frage nach dem Ungenutzten dieser Möglichkeit ein eigenes und zudem rätselhaftes Gewicht. Eine Veröffentlichung dieses Textes könnte hier hilfreich sein und wäre zudem Anstoß und Beitrag, die noch lange nicht erschöpfend bedachte Frage des Verhältnisses von Foucault und der Aufklärung weiterzuführen, und zwar im Sinne der 'historischen Ontologie unserer selbst', für deren Ausarbeitung und im Foucaultschen Sinne Weiterführung die Impulse der Kantischen Anthropologie nicht unerheblich wären.

Literatur

Dreyfus, Hubert L. und Paul Rabinow. 1990. "Was ist Mündigkeit? Habermas und Foucault über *Was ist Aufklärung?*" In: Erdmann, Forst und Honneth. 55-69.

---, Hgg. 1994. *Michel Foucault. Jenseits von Strukturalismus und Hermeneutik.* Weinheim: Beltz.

Ferry, Luc und Alain Renault. 1987. *Antihumanistisches Denken. Gegen die französischen Meisterphilosophen.* München/Wien: Hanser.

Erdmann, Eva, Rainer Forst und Axel Honneth, Hgg. *Ethos der Moderne. Foucaults Kritik der Aufklärung.* Frankfurt/M.: Campus.

Fink-Eitel, Hinrich. 1989. *Foucault zur Einführung.* Hamburg: Junius.

Foucault, Michel. 1977 [1976]. *Sexualität und Wahrheit 1: Der Wille zum Wissen.* Frankfurt/M.: Suhrkamp.

---. 1986a [1969]. *Archäologie des Wissens.* Frankfurt/M.: Suhrkamp.

---. 1986b [1984]. *Sexualität und Wahrheit 2: Der Gebrauch der Lüste.* Frankfurt/M.: Suhrkamp.

---. 1986c [1984]. *Sexualität und Wahrheit 3: Die Sorge um sich.* Frankfurt/M.: Suhrkamp.

---. 1988. *Das Wahrsprechen des Anderen.* Frankfurt/M.: Materialis.

---. 1990a [1984]. "Was ist Aufklärung?" In: Erdmann, Forst und Honneth. 35-54.

---. 1990b. *Die Rückkehr der Moral.* In: Erdmann, Forst und Honneth. 133-45.

---. 1992 [1990]. *Was ist Kritik?* Berlin: Merve.

---. 1993a [1961]. *Wahnsinn und Gesellschaft.* Eine Geschichte des Wahns im Zeitalter der Vernunft. Frankfurt/M.: Suhrkamp.

---. 1993b [1966]. *Die Ordnung der Dinge. Eine Archäologie der Humanwissenschaften.* Frankfurt/M.: Suhrkamp.

---. 1994a [1983]. "Warum ich die Macht untersuche: Die Frage des Subjekts." In: Dreyfus und Rabinow. 243-50.

---. 1994b [1983]. "Zur Genealogie der Ethik: Ein Überblick über laufende Arbeiten." In: Dreyfus und Rabinow. 265-92.

Früchtl, Josef. 1996. *Ästhetische Erfahrung und moralisches Urteil. Eine Rehabilitierung.* Frankfurt/M.: Suhrkamp.

Husserl, Edmund. 1976. *Die Krisis der europäischen Wissenschaften und die transzendentale Phänomenologie. Gesammelte Werke,* Bd. VI. Hg. von W. Biemel. Den Haag: Martinus Nijhoff.

Kant, Immanuel 1968a [1784]. *Was ist Aufklärung?* In: Immanuel Kant. *Werke in zwölf Bänden.* Hg. von W. Weischedel. Bd. XI. Frankfurt/M.: Insel. 51-61.

---. 1968b [1784]. *Idee zu einer allgemeinen Geschichte in weltbürgerlicher Absicht.* In: Immanuel Kant. *Werke in zwölf Bänden.* Hg. von W. Weischedel. Bd. XI. Frankfurt/M.: Insel. 31-50.

---. 1968c. *Grundlegung zur Metaphysik der Sitten.* In: Immanuel Kant: *Werke in zwölf Bänden.* Hg. von W. Weischedel. Bd.VII. Frankfurt/M.: Insel.

---. 1968d [1798]. *Anthropologie in pragmatischer Hinsicht.* In: Immanuel Kant: *Werke in zwölf Bänden.* Hg. von W. Weischedel. Bd. XII. Frankfurt/M.: Insel.

Kelly, Michael, Hg. 1994. *Critique and Power. Recasting the Foucault/Habermas Debate.* Cambridge, Massachusetts: MIT Press.

Kocyba, Hermann. 1988. "Nach dem Tod des Menschen: Eine Genealogie des Subjekts." In: *Michel Foucault. Das Wahrsprechen des Anderen.* Frankfurt/M.: Materialis. 43-51.

Kögler, Hans-Herbert. 1994. *Michel Foucault.* Stuttgart: Metzler.

Menke, Christoph. 1990. "Zur Kritik der hermeneutischen Utopie. Habermas und Foucault." In: Erdmann, Forst und Honneth. 101-29.

Prauss, Gerold. 1983. *Kant über Freiheit als Autonomie.* Frankfurt/ M. : Klostermann.

Schäfer, Thomas. 1990. "Aufklärung und Kritik. Foucaults Geschichte des Denkens als Alternative zur Dialektik der Aufklärung." In: Erdmann, Forst und Honneth. 70-86.

---. 1995. *Reflektierte Vernunft. Michel Foucaults philosophisches Projekt einer antitotalitären Macht- und Wahrheitskritik.* Frankfurt/M.: Suhrkamp.

Schmid, Wilhelm 1991. *Auf der Suche nach einer neuen Lebenskunst. Die Frage nach dem Grund und die Neubegründung der Ethik bei Foucault.* Frankfurt/M.: Suhrkamp.

Seibert, Thomas. 1996. *Geschichtlichkeit, Nihilismus, Autonomie. Philosophie(n) der Existenz.* Stuttgart: M und P Verlag für Wissenschaft und Bildung.

Ästhetik und Rhetorik im 18. Jahrhundert: Edmund Burke, das Erhabene und die Französische Revolution

Monika Fludernik (Freiburg)

Die Poetik des 18. Jahrhunderts unterscheidet zwischen der ästhetischen Kategorie des Schönen (*the beautiful*) und des Erhabenen (*the sublime*). Das Schöne, Wohlproportionierte, Regelmäßige wird traditionell der neoklassizistischen Regel-Poetik zugeordnet, während das Erhabene – seit der Schrift *Peri Hypsous* des Pseudo-Longinus[1] (englische Übersetzung[2] durch John Hall, 1652) – mit seiner Ästhetisierung der Naturgewalten (vgl. die Ausführungen von Erzgräber oben) als 'vorromantisch' (und antiklassizistisch) gilt. Die beiden ästhetischen Schulen befinden sich zueinander im Widerspruch:

> Thus when we view some well-proportion'd Dome,
> (The *World's* just Wonder, and ev'n *thine* O *Rome*!)
> No single Parts unequally surprize;
> All comes *united* to th' admiring Eyes;
> No monstrous Height, or Breadth, or Length appear;
> The *Whole* at once is *Bold*, and *Regular*.
>
> (Pope, *An Essay on Criticism*, II, ll. 247-52)

Siehe bereits bei Boileau, *L'Art Poétique*:

> J'aime mieux un ruisseau qui sur la molle arène
> Dans un pré plein de fleurs lentement se promène,
> Qu'un torrent débordé qui, d'un cours orageux,
> Roule, plein de gravier, sur un terrain fangeux. (zit. Nicolson 1959: 32)

Das Erhabene leitet sich in der englischen Dichtungspoetik jedoch nicht nur vom Beispiel der Naturgewalten ab – typische Szenarien sind Bergmassive, Schluchten und Abgründe, die tobende See, die Weite der Wüste oder das ewige Eis der arktischen Zonen – sondern konstituiert sich auch als *stilistische* Kategorie, gemäß derer das Unebene und Bewegende auch *sprachlich* den *Effekt* des Erhabenen (re)produziert.[3] Demgemäß wird in der englischen Poetik des frühen 18. Jahrhunderts eine Linie von

[1] Der Verfasser von *Peri Hypsous* ist unbekannt. Lange Zeit wurde angenommen, daß es sich um Longinus von Palmyra aus dem dritten vorchristlichen Jahrhundert handle (vgl. Aristoteles 1982: xxi.). Der Name Pseudo-Longinus ist aus diesem Grunde geläufig.

[2] Die maßgebliche Übersetzung des erst 1554 in Basel von Robortello gedruckten Originals war die französische Übersetzung von Boileau aus dem Jahre 1674.

[3] Bereits bei Longinus werden fünf Quellen des Erhabenen unterschieden: (a) thematische Erhabenheit ('grand matter'); (b) erhabene Emotionen (ἐνθουσιαστικὸν πάθος); (c) stilistische Erhabenheit (ἡ γενναία φράσις); (d) Erhabenheit in den Metaphern; und (e) der allgemeine Effekt von Würde und Erhabenheit (ἡ ἐν ἀξιώματι καὶ διάρσει σύνθεσις). Vgl. Aristoteles (1982: 140-1).

Shakespeare zu Milton gezogen, auf der die Regelwidrigkeiten der großen englischen Nationaldichter, die als Exponenten der Rhetorik des Erhabenen gelten, gleichberechtigt dem neoklassizistischen Kanon gegenüberstehen und so die Befugnisse der *poetic diction*, des stilistischen Dekorums, einschränken.

Die poetologische Übertragung der Kategorie des Erhabenen von ihrem ursprünglich naturbezogenen Prototyp (der Betrachter von Naturgewalten ist überwältigt von der Allmacht Gottes[4]) auf die Stilistik und deren Affektivität bereitet den Weg zu Edmund Burkes bahnbrechenden Formulierungen in seiner Abhandlung über das Erhabene, *A Philosophical Enquiry into the Origin of Our Ideas of the Sublime and Beautiful* (1757, vgl. Burke 1990), die das *Sublime* mit der Gattung der *Tragödie* in Beziehung setzen und wesentliche Impulse für die Verwässerung des Erhabenen im sentimentalen Diskurs liefern. Im vorliegenden Aufsatz sollen, ausgehend vom Diskurs über das Erhabene und von Burkes Ausführungen über die Französische Revolution, *Reflections on the Revolution in France* (1790, vgl. Burke 1993), die Verhältnisstrukturen von Ästhetik, Macht und Affekt betrachtet werden, wie sie in den Szenarien des Sehens (*the gaze*[5]) und der Bühne (des sogenannten *spectacle*) zum Vorschein treten.

Burkes zentrale Position innerhalb meiner Ausführungen ergibt sich nicht nur auf Grund seiner Schlüsselstellung innerhalb der Poetik des Erhabenen; sie wird zudem durch Burkes historische Bedeutung für das 18. Jahrhundert gestützt. Edmund Burke (1729-1797) vereinigt in seiner Lebensgeschichte Kontakte mit einigen der wesentlichsten Strömungen und Ereignisse des 18. Jahrhunderts. Er ist zwar als Literat eine zentrale Figur bezüglich der Poetik des Erhabenen; seine wahre Reputation stammt jedoch von seiner langjährigen Parlamentskarriere, in deren Rahmen er in drei epochemachende Ereignisse involviert wurde: den amerikanischen Unabhängigkeitskrieg (vgl. insbesondere Burkes Rede "On Conciliation with the Colonies", 22. 3. 1775), die Französische Revolution, und das Anklageverfahren (*impeachment*) gegen Warren Hastings. Burke erwarb sich seine parlamentarischen Meriten durch überdurchschnittlichen Fleiß und große Kompetenz; er war der bestinformierte Abgeordnete des Unterhauses.[6] Seine Wortgewalt war lange Jahre ausschlaggebend im britischen Parlament. Burke, oft als angeblicher Krypto-Jesuit bzw. als Geheimagent der Katholiken verschrieen, kann stellvertretend für das 'andere' England stehen – das Großbritannien der Iren, der Kolonisierten, der Gottesfürchtigen. Bekannt ist Burke dementsprechend für seinen Einsatz zugunsten der amerikanischen Kolonisten, für seine Anklage gegen Warren Hastings und das britische Kolonialsystem in Indien, sowie für seine Verdammung der atheistischen Revolutionäre in Paris.

Burkes Schlüsselstellung innerhalb des 18. Jahrhunderts war lange in der Forschung etabliert. So hieß die wichtigste literaturwissenschaftliche Zeitschrift zum 18. Jahrhundert ursprünglich *Studies in Burke and His Time*, bis sie nach Band 19 (1978) in *The Eighteenth Century: Theory and Interpretation* (*ECTI*) umbenannt wurde. Dieser zwischenzeitliche Popularitätsverlust Burkes ist jedoch in den letzten fünfzehn Jahren durch eine intensive Beschäftigung mit Burke in der Forschung ausgeglichen

---

4 Der Begriff *the sublime* wird in Johnsons *Dictionary* (1755) mit Verweis auf zwei rein religiöse Textstellen erläutert: "divine sublimity" (Hooker) und "God's incomprehensible sublimity" (Raleigh).

5 Zu diesem neuen Schlagwort der Literaturkritik siehe Bender (1995).

6 Siehe die Ausführungen in Fennessy (1963: 50), Macpherson (1980) und Ritchie (1990: 21-22).

worden, so daß eine Rückbenennung der Zeitschrift in ihren ursprünglichen Titel wieder angebracht erscheinen könnte. Wie viele der kürzlichen Studien[7] zu Burke beschäftige auch ich mich vorrangig mit Burkes Rhetorik und ihren poetologischen Auswirkungen, wobei es um die Anwendung der ästhetischen Kategorie des Erhabenen auf die Darstellung der Französischen Revolution in Burkes politischer Schrift geht. Burke ist, nachdem er in den 70er Jahren als Reaktionär und Patriarch verdammt worden war (besonders in seiner ritterlichen und sentimentalen Einstellung Frauen gegenüber verhielt sich Burke keineswegs 'politically correct'[8]), inzwischen vom konservativen Lager auch politisch rehabilitiert worden (Ritchie 1990), während seine traditionalistischen Auffassungen Material für dekonstruktivistische Demontagen seiner Rhetorik lieferten und so das allzu einseitig negative Burke-Bild in wesentlichen Punkten modifizieren halfen.

Im folgenden präsentiere ich in Abschnitt I einen Überblick über die poetologischen Grundvoraussetzungen für die Korrelation von dem Erhabenen und der Tragödie, stelle vier zentrale 'Szenarien' vor, die in prototypischer Weise anhand des Blicks eines Beobachters Diskurse über Macht und Körper mit ästhetischen Kategorien in Beziehung setzen, und ordne diese Diskurse in sozialpolitische Gegebenheiten des 18. Jahrhunderts ein. Abschnitt I schließt mit einem kurzen Ausblick auf weitere Entwicklungen ins 19. Jahrhundert hinein. In Abschnitt II betrachte ich ausführlich die Relevanz der in Abschnitt I vorgestellten Kategorien für die Charakterisierung von Burkes Schrift zur Französischen Revolution und beziehe auch Paines und Wollstonecrafts Burke-Kritik in meine Überlegungen mit ein. Hier geht es insbesondere um die von Burke und seinen Kontrahenten gebrauchten Metaphern und Vergleiche, die sich als sehr zweideutig und vielseitig interpretierbar erweisen. In einem letzten zusammenfassenden Abschnitt (III) folgt eine poetologisch-politische Schlußbetrachtung über die Verhältnisse von Macht und Blick, und von Bestrafung, Inszenierung und Rhetorik als zweischneidige Medien, die sich sowohl als Instrumente der Politik wie auch als Werkzeuge ihrer Subversion eignen. Der Aufsatz schließt mit einer Anbindung dieser Überlegungen an die analogen Debatten innerhalb des *New Historicism*, in dessen Rahmen ähnliche Fragestellungen, ebenfalls von Foucault ausgehend, an Renaissance-Texten thematisiert wurden. Die ästhetische Kategorie des Erhabenen eignet sich insbesondere für eine politische Appropriation, da sie im Gegensatz zur Regelpoetik des Neoklassizismus konzipiert wurde, gemäß der das Pope'sche Diktum gilt, daß der *status quo* die gottgewollte und unumstößliche 'Ordnung der Dinge' repräsentiere:

> All nature is but art unknown to thee;
> All chance, direction which thou canst not see;
> All discord, harmony not understood;

---

[7] Siehe insbesondere Hughes (1976), Paulson (1983), Bernsen (1986), Mitchell (1986), de Bruyn (1987a, 1987b, 1992), Blakemore (1988, 1992), Cresap (1990), Reid (1992), Zerilli (1992), Furniss (1992, 1993).

[8] Vgl. Zerilli (1992), die besonders auf Burkes traditionelle Sicht der Stellung der Frau abhebt. Mit Marie Antoinettes Vergötterung wollte Burke von den Furien des Versailler Frauen-Mob ablenken, so Zerilli.

All partial evil, universal good;
And, spite of pride, in erring reason's spite,
One truth is clear, 'Whatever is, is right.' (Pope, *Essay on Man*, I, ll. 289-94)

I. Die Tragödie als erhabenes Schauspiel
I.1. Einführung

Als die Longinus zugeschriebene Schrift über das Erhabene bekannt wurde, veränderte sie schlagartig die Rezeption literarischer Texte und verhalf den Emotionen zu ihrem Recht. Gibbon beschrieb das wie folgt in seinem Tagebuch:

> Till now [...] I was acquainted only with two ways of criticizing a beautiful passage, the one to show by an exact anatomy of it the distinct beauties of it and whence they sprung; the other an idle exclamation or a general encomium, which leaves nothing behind it. Longinus has shown me that there is a third. He tells me his own feelings upon reading it, and tells them with such energy that he communicates them. (zit. Aristoteles 1982: xxi)

Das Erhabene konstituierte sich als eine zentrale poetologische Kategorie, die in den Schriften von John Dennis, Joseph Addison, John Baillie und Robert Lowth eingeführt wurde und in Burkes *Philosophical Enquiry* von 1757 ihre wohl wirkungsvollste Ausformung fand. Nach Burke sind noch wesentliche Schriften zur Ästhetik des Erhabenen von Adam Smith, Hugh Blair und Henry Home, Lord Kames nennenswert.

Wie W.P. Albrecht (1975) überzeugend dargelegt hat, verknüpft Edmund Burke in seiner Abhandlung über das Erhabene als erster explizit die Kategorien des Erhabenen (*the sublime*) und des Mitleiderregenden (*the pathetic*). Albrecht weist auch nach, wie diese Gleichsetzung Burkes sich folgerichtig aus der immer größeren Betonung der affektiven Qualität der Dichtung herleitet, welche bereits bei John Dennis – ebenso wie die von den Naturgewalten inspirierten religiösen Affekte ("religious ideas") – als 'Enthusiasmus' (*enthusiasm*) kategorisiert wird (Albrecht 1975: 13-17). Unter den *enthusiastic passions* versteht Dennis u.a. staunende Bewunderung (*admiration*), Furcht (*horror, terror*), Glückseligkeit (*joy*), Trauer (*sadness*) und Begehren (*desire*).[9] Während bei Longinus, und noch bei Addison, der Betrachter der Naturgewalten von ihrer Größe, Macht und göttlichen Offenbarung überwältigt wird und so die menschliche Nichtigkeit im Anblick der göttlichen Allmacht sozusagen am eigenen Leibe erfährt, wird bereits bei Dennis die Aufmerksamkeit auf die emotionale *und rationale* Reaktion des Betrachters gelenkt, der staunend beim Anblick des *natural sublime* die allgemeingültige *ordo naturalis* (*universal order*) erkennt und so in einen Dialog mit Gott eintritt (*communion with God*). Von dem vor Furcht und Verwunderung (*amazement*) schreckerstarrten Beobachter des Naturschauspiels, das ihn niederzuschmettern droht, verlegt sich der Akzent auf den philosophierenden Poeten, der Gottes Allmacht im Anblick der Natur mit starker Gefühlsaufwallung (*enthusiasm*) erlebt und im Betrachten der Natur Kontakt mit dem Religiösen aufnimmt.

9 Zitiert Ashfield und de Bolla (1996: 35).

In der poetologischen Anwendung des Erhabenen auf die Dichtung sprechen in der Folge Addison von den "sublime ideas" des Homer, und Alexander Gerard von der Erhabenheit des Gefühls: "sublimity of sentiments" (Albrecht 1976: 33, 59). Damit ist die Kategorie des Mitleidens, wie sie Baillie in der Opposition von *the sublime* und *the pathetic* einführte, mit dem Effekt, oder besser: Affekt, des Erhabenen ineins gesetzt. Die Gefühle des Betrachters und, im Falle von Dichtung, des Lesers, erfahren eine markante Aufwertung gegenüber der ursprünglich nichtdialogischen Konzeption. Während der von der Allmacht der Natur quasi 'erschlagene' Beobachter die Erhabenheit und Allmacht Gottes über sich hereinbrechen fühlt und so wie Hiob im Angesicht Gottes in völlige Demut verfällt, gewinnt der Betrachter nun zunehmend eine geistige und ästhetische Distanz zum Natur*schauspiel*, das ihm – ganz analog zur antiken Tragödienpoetik – mittels der 'enthusiastischen' Gefühle von Furcht und Mitleid (*fear, pity*) Lehren über das Göttliche ('religious ideas') einflößt.[10] Es vollzieht sich also ein Wandel von einer autoritären Gottesauffassung (Hiob) zu jener so typisch romantischen Gottesbetrachtung, in der der menschliche Betrachter der Natur sich in das Göttliche hineinprojiziert, in eine *communion with God* eintritt. Diese Distanzierung, die eine Grundvoraussetzung für die Gleichsetzung von *sublime* und *pathetic* darstellt, wird bei Burke zum Grundprinzip für die ästhetische Erfahrung erhoben:

> But as pain is stronger in its operation than pleasure, so death is in general a much more affecting idea than pain; because there are very few pains, however exquisite, which are not preferred to death; nay, what generally makes pain itself, if I may say so, more painful, is, that it is considered as an emissary of this king of terrors. When danger or pain press too nearly, they are incapable of giving any delight, and are simply terrible; but ***at certain distances, and with certain modifications***, they may be, and they are delightful, as we every day experience. (Burke 1990: I, vii, 36-37)[11]

Nur insofern, als die Schrecken des Erhabenen einem nicht zu naheträten, könne das Erhabene auch *delight* hervorrufen,[12] das Erhabene also vom essentiellen *Attribut* des Erfahrungsobjekts zur *Qualität der Erfahrung* selbst lavieren. Nicht nur die romantische Konzeption des Erhabenen, sondern bereits Kants Analyse verlangt eine solche Distanzierung, mit Hilfe derer der Mensch angesichts der Unbegrenztheit, Unendlichkeit und Maßlosigkeit der Natur in der ruhigen Kontemplation über die Vorstellung des Erhabenen seinen eigenen Widerstand gegen die Naturgewalt zum Ausdruck bringt und die "Überlegenheit der Vernunftbestimmung unserer Erkenntnisvermögen über das größte Vermögen der Sinnlichkeit gleichsam anschaulich macht" (Kant 1989: II § 27, 180). Daher geht es bei Kant auch immer um ein "*Gefühl des Erhabenen*" (165) bzw. um die "Vorstellung des Erhabenen" (181). Unsere "*physische* Ohnmacht" im

[10] Vgl. den hervorragenden Aufsatz von de Bruyn (1987b) zur Dramakonzeption der Tragödie als 'sublime'. Siehe auch Hindson und Gray (1988).

[11] Hervorhebungen in Fettkursiv von mir.

[12] Vgl. "[...] for terror is a passion which always produces delight when it does not press too close [.]" (Burke 1990: I, xiv, 42). Daß "delight" nicht nur positiv gesehen werden kann, läßt sich in Goldsmiths pointierter Frage ablesen, "whether the Exhibition of Human Distress is likely to afford the mind more Entertainment than that of Human Absurdity?" (zit. Hume 1972: 239).

Anblick der Naturgewalten dient also ausschließlich dazu, dem Menschen eine Lehre bezüglich seiner "Überlegenheit über die Natur" zu erteilen (§ 28, 185-6). Wie schon Burke (1990: I, vii, 36-7) betont daher Kant die sichere Distanz zum Naturschauspiel, das einem nicht mehr gefährlich werden kann.

> Kühne überhängende gleichsam drohende Felsen, am Himmel sich auftürmende Donnerwolken, mit Blitzen und Krachen einherziehend, Vulkane in ihrer ganzen zerstörenden Gewalt, Orkane mit ihrer zurückgelassenen Verwüstung, der grenzenlose Ozean, in Empörung gesetzt, ein hoher Wasserfall eines mächtigen Flusses u.d.gl. machen unser Vermögen zu widerstehen, in Vergleichung mit ihrer Macht, zur unbedeutenden Kleinigkeit. Aber ihr Anblick wird nur um desto anziehender, je furchtbarer er ist, wenn wir uns nur in Sicherheit befinden; und wir nennen diese Gegenstände gern erhaben, weil sie die Seelenstärke über ihr gewöhnliches Mittelmaß erhöhen, und ein Vermögen zu widerstehen von ganz anderer Art in uns entdecken lassen, welches uns Mut macht, uns mit der scheinbaren Allgewalt der Natur messen zu können. (Kant 1989: II § 28, 185)

Die letztendgültige Gleichsetzung des Erhabenen mit dem Tragischen[13] erfolgt dann bei Richard Payne Knight auf der Basis einer Kritik an Burke: es sei nicht tatsächliche Furcht oder tatsächlicher Schmerz, der in Zusehern kathartisch überwunden werde; der angenehme Effekt der Tragödie stamme im Gegenteil daher, daß wir die Vorgänge auf der Bühne als Fiktion betrachteten und daher keine Furcht und keinen Schmerz verspürten:

> *Men fit to disturb the peace of all the world, and rule it when 'tis wildest,* are the proper materials of tragedy; since, how much soever we may dread, or abhor them in reality, we are always delighted with them in fiction. (*Analytical Inquiry into the Principles of Text* [1805]; zit. Albrecht 1975: 87)

Knight zitiert hier fast wortwörtlich Burkes Hinweis, daß die Nichtfaktualität der Tragödie wesentlich zu ihrem ästhetischen Effekt beitrage.[14] Damit trennt Knight die Debatte über das Erhabene aber auch von der Analogie mit der Natur-Allmacht ab und stellt seine Tragödienkonzeption in den Zusammenhang des 'Heroischen' und 'Großen' – zwei Begriffe, die im 18. Jahrhundert insbesondere ironisch im Genre des *mock-heroic* anvisiert wurden. Was Knight über Feldherren und Machthaber sagt, bildet den Ausgangspunkt von Fieldings Satire *Jonathan Wild* (1743), in der (heroische) 'Größe' mit dem Verüben von Freveltaten gleichgesetzt wird, die dem Normalmenschen Furcht und Schrecken einflößen. Die Größe der Kunst im Erhabenen der Tragödie ist also auch eine fiktive und daher sublimierte Variante des Schreckens vor politischer Macht

---

13 Bereits Shaftesbury hatte die Tragödie als sublim gekennzeichnet (1981: I,1, 156).

14 Vgl. Burke (1990: I, xiii, 41): "The satisfaction [with "wretchedness, misery, and death itself"] has been commonly attributed, first, to the comfort we receive in considering that so melancholy a story is no more than a fiction; and next, to the contemplation of our own freedom from the evils we see represented." Vgl. bereits in Rousseaus *Lettre à d'Alembert*, wo er die Rührseligkeit von Theaterszenen auf ihr Nicht-Betreffen des Zusehers zurückführt: "qu'elles soient pures et sans mélange d'inquiétude pour nous-mêmes" (1987: 169).

und Gewalt. Das Erhabene 'vergewaltigt' den Leser, wie dies z.B. John Dennis metaphorisch darstellte:

> For he [Longinus] tells us in [sic!] the beginning of the treatise, that the sublime does not so properly persuade us, as it ***ravishes and transports*** us, and produces in us a certain ***admiration***, mingled with ***astonishment*** and with ***surprise***, which is quite another thing than the barely pleasing, or the barely persuading; that it gives a noble vigour to a discourse, an invincible force, which ***commits a pleasing rape upon the very soul of the reader***; that whenever it breaks out where it ought to do, like the artillery of Jove, it thunders, blazes and strikes at once, and shows all the united force of a writer. (John Dennis, *The Grounds of Criticism in Poetry* [1704]; Ashfield und de Bolla 1996: 37)

Mit diesem Exkurs zu Knight wird nun auch die bereits poetologisch vorgegebene *politische* Bedeutung des Erhabenen und der Tragödie offenbar. In allen bisher genannten Kontexten dient das Erhabene der Zurechtweisung oder Belehrung des Betrachters bzw. Zuschauers, und in allen Fällen geht es um die Betonung des *status quo*. Burkes mitleidsbetonte Darstellung erlaubt hingegen eine aktivere Reaktion des Zusehers und eröffnet so die Möglichkeit auch oppositionellen Handelns:

> The prosperity of no empire, nor the grandeur of no king, can so agreeably affect in the reading, as the ruin of the state of Macedon, and the distress of its unhappy prince. Such a catastrophe touches us in history as much as the destruction of Troy does in fable. Our delight in cases of this kind, is very greatly heightened, if the sufferer be some excellent person who sinks under an unworthy fortune. [...] for terror is a passion which always produces delight when it does not press too close, and pity is a passion accompanied with pleasure, because it arises from love and social affection. [...] and as our Creator has designed we should be united by the bond of sympathy, he has strengthened that bond by a proportionable delight; and there most where our sympathy is most wanted, in the distresses of others. If this passion was simply painful, we would shun with the greatest care all persons and places that could excite such a passion; as, some who are so far gone in indolence as not to endure any strong impression actually do. But, the case is widely different with the greater part of mankind; there is no spectacle we so eagerly pursue, as that of some uncommon and grievous calamity; so that whether the misfortune is before our eyes, or whether they are turned back to it in history, it always touches with delight. This is not an unmixed delight, but blended with no small uneasiness. The delight we have in such things, hinders us from shunning scenes of misery; and the pain we feel, prompts us to relieve ourselves in relieving those who suffer [...]. (Burke 1990: I, xiv, 42-3)

Burke eröffnet hier einen Blick auf das Tragische, das den Betrachter nicht mehr mit erhabener Größe niederschmettert und in seine Schranken weist, sondern ganz im Gegenteil das Große vermenschlicht und der gegenseitigen Sympathie und Nächstenliebe zuträglich macht. Damit zeichnet Burke nicht nur eine Linie von der klassischen

Tragödie zum empfindsamen Drama (*sentimental drama*) vor, schwenkt also von der klassizistischen Tragödienkonzeption zur Poetik des Sentimentalismus über; er hebt des weiteren die Gegenseitigkeit der Gefühle, den imaginären Aspekt (um mit Lacan zu sprechen) der spekulären Konstellation hervor, die im romantischen Zwiegespräch mit der Natur, und hier für die Hilfestellung an den leidenden Mitmenschen, konstitutiv sind.

Diese wechselseitige Sympathie und Gefühlsübertragung läßt sich im Zusammenhang mit dem Assoziationismus sehen, der im frühen 18. Jahrhundert als naturwissenschaftliche Theorie Furore machte und bis zu Rousseau und Adam Smith auch den philosophisch-moralischen Diskurs bestimmte.[15] Bei Smith ist die Empfindung von Mitleid (*sympathy*[16]) zentral:

> How selfish soever man may be supposed, there are evidently some principles in his nature, which interest him in the fortune of others, and render their happiness necessary to him, though he derives nothing from it except the pleasure of seeing it. [...] That we often derive sorrow from the sorrow of others, is a matter of fact too obvious to require any instances to prove it; for this sentiment, like all the other original passions of human nature, is by no means confined to the virtuous and humane, though they perhaps may feel it with the most exquisite sensibility. The greatest ruffian, the most hardened violator of the laws of society, is not altogether without it.
>
> As we have no immediate experience of what other men feel, we can form no idea of the manner in which they are affected, but by conceiving what we ourselves should feel in the like situation. Though our brother is upon the rack, as long as we ourselves are at our ease, our senses will never inform us of what he suffers. [...] By the imagination we place ourselves in his situation, we conceive ourselves enduring all the same torments, we enter as it were into his body, and become in some measure the same person with him, and thence form some idea of his sensations, and even feel something which, though weaker in degree, is not altogether unlike them. His agonies, when they are thus brought home to ourselves, when we have thus adopted and made them our own, begin at last to affect us, and we then tremble and shudder at the thought of what he feels.
>
> (Smith 1976: 9)

Übertragen auf die bewundernde Betrachtung des Erhabenen, beschreibt Alexander Gerard wie folgt das spekuläre Verhältnis von Ursache und Wirkung:

> The greatness, for instance, of the works of nature, is considered as a striking indication of the omnipotence of their author. A vast fleet or army suggests an high opinion of the sovereign or the nation by whom they are provided or em-

---

15 Zum *associationism* siehe David Hartley, *Observations on Man* (1749); Joseph Priestley, *A course of lectures on oratory and criticism* (1777), sowie Adam Smiths *The Theory of Moral Sentiments* (1759/1976).

16 Vgl. auch bei Shaftesbury: "So insinuating are these Pleasures of Sympathy, and so widely diffus'd thro our whole Lives, that there is hardly such a thing as Satisfaction or Contentment, of which they make not an essential part" (1984: II,2, 194-6).

ployed. In such cases, our admiration of the cause is excited by the view of the effect, and, being reflected back on the effect, heightens the sentiments of sublimity which it inspires. (*Essay on Taste*, 1759; zit. Albrecht 1976: 59)

Man vermerke auch die Parallele zwischen der göttlichen Allmacht und der durch politische Gewalt indizierten 'Größe' eines (menschlichen) Herrschers: Der Schrecken der Naturgewalten kann in kleinerem Rahmen von den angsterregenden Insignien herrschaftlicher Machtausübung auf den Beobachter/Untertanen reflektiert werden.

Ich komme unten noch weiter auf Adam Smith zu sprechen und verweise dort auch auf die Verschiebung der spekulären Gleichung in Richtung auf das Opfer am Ende des 18. Jahrhunderts, wo, wie im 'gothischen' Schauerroman und in den pornographischen Szenarien von de Sade, dieses Opfer selbst zu Wort kommt bzw. das Leiden aus seiner/ihrer Sicht beschrieben wird. Mit dieser Verschiebung kommt auch die ästhetische Kategorie des Erhabenen abhanden, es sei denn in der Beschreibung der Gefühle, welche die Protagonistin des Schauerromans im Anblick des Naturschauspiels verspürt (wie Ellena in Radcliffes Roman *The Italian*, 1797).

I.2. Szenarien des Sehens im 18. Jahrhundert

Im folgenden möchte ich ansatzweise vier Szenarien vorstellen, die im 18. Jahrhundert eine Ästhetik und Ökonomie (im poststrukturalistischen Sinne) des Blicks bezeichnen und die zentral mit der Frage nach den im Blick involvierten Machtverhältnissen verbunden sind. Die vier Szenarien sind insofern prototypisch, als sie in reiner Ausformung zum Teil nicht in den Texten lokalisiert werden können: Die meisten Texte, wie auch der Burkes zur Französischen Revolution, operieren mit Anspielungen auf mehr als ein Szenarium. Zusätzlich zu den vier Szenarien gehe ich abschließend kurz auf Adam Smith und den Marquis de Sade ein, die beide meiner Meinung nach aus dem Grundschema herausfallen, dieses aber auf interessante Weise abwandeln und umkehren.

Die vier Szenarien des Sehens sind:

(1) Das Erhabene

(2) Die Tragödie bzw. das 'Schauspiel' der Exekution

(3) Die naturwissenschaftliche (besonders anatomische) Untersuchung

(4) Benthams Panoptikon

In der Grundsituation (1) steht der quasi gelähmte Betrachter der überwältigenden Naturmacht gegenüber, die symbolisch die Allmacht Gottes repräsentiert. In der zweiten Situation sieht der Betrachter auf eine Bühne und wird von dem dort stattfindenden Ereignis emotional überwältigt. Allerdings besteht ein grundlegender Unterschied zwischen dem Richtplatz einerseits, um den herum sich die Zuseher plazieren und zu dem sie *hinauf*blicken, und andererseits der Guckkasten-Bühne, auf die das Publikum im 18. Jahrhundert *hinab*schaut. Im zweiten Fall hat der Zuseher noch mehr Bewegungsfreiheit bzw. Macht *über* das Schauspiel. In den dichtungstheoretischen Abhandlungen wird jedoch auch bezüglich des Schauspiels hervorgehoben, daß die Größe des tragischen Helden den Zuschauer in Ehrfurcht versetzt, ebenso wie der Anblick des Erhabenen bereits bei Pseudo-Longinus die Seele quasi kathartisch 'erhebt' (ὑπὸ τ'ἀληθοῦς ὕψους ἐπαίρεταί τε ἡμῶν ἡ ψυχὴ – Aristoteles 1982: 138). Die hier vorgenommene Ineinssetzung von Exekution und Tragödie, Richtplatz und Bühne stützt sich auf die von Burke explizit gezogene Parallele in seiner Abhandlung über das Erhabene:

> Chuse a day on which to represent the most sublime and affecting tragedy we have [...] unite the greatest efforts of poetry, painting and music; and when you have collected your audience, just at the moment when their minds are erect with expectation, let it be reported that a state criminal of high rank is on the point of being executed in the adjoining square; in a moment the emptiness of the theatre would demonstrate the comparative weakness of the imitative arts, and proclaim the triumph of real sympathy. (Burke 1990: I, xv, 43)

Das dritte Szenarium, die anatomische Untersuchung unter dem Mikroskop, scheint zunächst mit dem Drama oder dem Erhabenen wenig gemein zu haben. Hier übt der Beobachter in seiner Funktion als Arzt quasi göttliche Allmacht aus und fokussiert den menschlichen Körper als Materie. Allerdings wird die Betrachtung durch das Mikroskop hier noch als Vorstoßen an die Quellen des Lebens, an die Wahrheit des Körpers, verstanden. Was sich unter dem Mikroskop auftut, ist die Konstruktion Gottes, die in der anatomischen Analyse offenbar wird. Das dritte Szenarium ist daher sowohl mit dem Erhabenen vergleichbar (dort wird die Allmacht Gottes aber direkt von oben herab erfahren) als auch mit dem Exekutions-Schauspiel, das – wie Michel Foucault so eindringlich am Beginn von *Surveiller et punir* (1975) dargestellt hat – die Allmacht des Königs/Herrschers demonstrieren soll und insbesondere in der gerichtlichen Folter die Wahrheitsfindung in und durch den Körper voraussetzt.

Das vierte Szenarium meiner Analyse ist das von Jeremy Bentham erfundene Observatorium der Überwachung. Benthams *Panoptikon* aus dem Jahre 1787 (Bentham 1995) stellt ein Modell der Disziplinierung, wie Foucault es nennt, vor. Ob als Gefängnis, Fabrik, Schule oder Hospital konzipiert, das Panoptikon bietet eine totale Überwachung an, in der von einem Turm aus die im Kreis um diesen Turm gelagerten Zellen im Blickfeld des Wärters bleiben. Hier hat nun der Wärter, der die Beobachterfunktion wahrnimmt, kompletten Zugriff auf das Observations-Objekt, das den Blick nicht erwidern kann. Im Gegensatz zu Szenarium 3 wird der Gefangene / Arbeiter / Schüler quasi zu einem Objekt degradiert; göttliche Allmacht liegt einzig und allein beim Wärter auf dem Überwachungsturm, der nun wie die gottgegebene Naturgewalt im ersten Szenarium auf die Opfer der Überwachung wirkt. Szenarium 4 stellt also sozusagen eine Inversion der Machtverhältnisse von Szenarium 1 dar: der Gefangene erfährt die Allgegenwart des strafenden Wärters als erhaben; zumindest soll diese die didaktische Funktion haben, im Strafgefangenen Reue und Läuterung hervorzurufen. Szenarium 4 stellt auch eine geometrische Inversion von Szenarium 2 dar: am Richtplatz standen die zahlreichen Beobachter um das Schafott herum; im Panoptikon beobachtet ein einziger Beobachter die um ihn herum positionierten Missetäter.

Im Vergleich der vier Szenarien ist insbesondere die Gewichtung der Subjektivität bzw. der Emotionen von Bedeutung. In Szenarium 3 und 4 wird Subjektivität überhaupt ausgeklammert – der Wärter und seine Schutzbefohlenen stehen in einer funktionalen Überwachungs-Relation, bei der die im Gefangenen auszulösenden Gefühle eher sekundärer Natur sind; der Anatom beschäftigt sich mit einer Leiche,[17] und seine Gott-Erkenntnis kann gleichermaßen als sehr reduzierte Subjektivitätsfunktion gesehen werden. An diesen Befund schließt Szenarium 1 an: die Naturgewalt – außer in romantischer Umbewertung – regt keinesfalls zu einer 'Antwort' an; der Beobachter wird zunächst in die Knie gezwungen. Einzig in Szenarium 2 ist Subjektivität und Gegenseitigkeit konstitutiv angelegt, nämlich insofern, als der tragische Held im Zuseher Mitleid erregt und es zu einem implizierten Blickaustausch kommt, welcher spekuläre Übertragungen ermöglicht. Empathie ist sowohl gegenüber dem Verurteilten als auch gegenüber den *dramatis personae* der Tragödie möglich. Es ist eine vielzitierte Tatsache, daß es im 18. Jahrhundert bei Hinrichtungen immer öfter zu Volksaufständen kam. Teilweise wurden diese durch die Ansprache (*last words*) des Opfers angefacht, der mit seinem Diskurs den Mob zu Tränen rühren oder zu Handgreiflichkeiten aufwiegeln konnte.[18] Die Parallele zum Theater wird auch hier ganz deutlich.

An dieser Stelle möchte ich noch kurz auf zwei weitere Konstellationen eingehen, die sich von den vier vorgestellten Szenarien deutlich unterscheiden, aber auch viel mit ihnen gemein haben. Es handelt sich einerseits um die Ausführungen des Nationalökonomen Adam Smith (bekannt durch *The Wealth of Nations*, 1776) und andererseits um die Fiktionen des Marquis de Sade. Smith präsentiert in *A Theory of Moral Sentiments* (1759) eine assoziationistische Beschreibung der Konstitution von Identität durch den wohlwollenden Blick des anderen. Wie Vivienne Brown in einem kürzlich erschienenen Aufsatz (Brown 1997) dargelegt hat, funktionalisiert Smith den moralischen Blick ("the moral gaze" – Brown 1997: 700) als quasi-wissenschaftliches Observationswerkzeug und kontrastiert ihn mit der Vorliebe der Masse, die als Publikum das Schauspiel von Reichtum und Größe verehrt bzw. gar anbetet ("spectators to the ambition and display of the rich and famous"; "the mob [who are] admirers and worshippers .. of wealth and greatness"[19]). Der "social gaze" ist vom moralischen Blick zu trennen, aber der unparteiische Betrachter des moralischen Blicks macht sich dennoch das menschliche Bedürfnis zunutze, das Wohlwollen der anderen auf sich zu ziehen (701; Smith 1976: 62). Während das Gaffen auf die Eitelkeiten der Reichen und Mächtigen, die sich in ihrer Zur-Schaustellung gefallen, eine gewisse Anleihe an Szenarien 1 und 2 macht, wird der unparteiische Beobachter wie in Benthams Panoptikon in eine gottähnliche Rolle ("[a] more human version of the divine Being" – Brown 1997: 705) mit markant 'erhabener' Funktion gesetzt: "[...] the impartial spectator 'might be a good deal affected by those reasonings, and .. might be taught by them to attempt to overawe all our private, partial, and selfish affections into a more or less perfect tranquillity'" (Brown 1997: 705; Smith 1976: 293). Wie

---

17 Eine Verbindung von Szenarium 2 und 3 besteht u.a. darin, daß die Leichen Hingerichteter im 18. Jahrhundert dem Anatomen überantwortet wurden. Hogarths Druckserie über die Stadien der Grausamkeit endet mit der Darstellung einer vor einem Ärztegremium sezierten Leiche, wobei die Ärzte wie Götter im Kreis um den Leichnam herum angeordnet sind, auf diesen herabblicken und sozusagen über diesen zu Gericht sitzen. Damit ist hier rein visuell eine Verbindung sowohl zu Szenarium 4 als auch zu Szenarium 2 geschaffen.

18 Vgl. z.B. Hay et al. (1975), Spierenburg (1985), McGowan (1987), sowie Linebaugh (1991).

19 Zitiert Brown (1997: 700; Smith 1976: 62).

Brown auch noch interessanterweise hinzufügt, werden das Schauspiel und der sympathische Blick in Smiths *Wealth of Nations* überflüssig – dort stehen Menschen in reinem Tauschverhältnis zueinander und spiegeln sich ineinander, ohne daß die Gefühle involviert wären. Smith konstituiert daher in seiner Konzeption des moralischen Blicks eine Kombination von Belehrung und Machtausübung, und er gründet sie auf dem *Bedürfnis* des Menschen, Blicke auf sich zu ziehen. Während also alle anderen Szenarien einen menschlichen Blick *auf* ein (menschliches) Objekt bzw. Naturschauspiel inszenieren, geht Smith vom Menschen als *Betrachteten* aus, obwohl er gleichzeitig die Beobachter oder Gaffer mit einbezieht. Smith übernimmt also das Schema des Schauspiels, setzt aber seine Linse *nicht* beim Publikum an, sondern beim (tragischen) Helden, der dem moralischen Blick des wertenden Publikums standhalten muß.[20] Es muß aber ergänzend hinzugefügt werden, daß Smith an vielen anderen Stellen seiner Abhandlung sehr wohl den Blick des Publikums auf den tragischen Helden und seine Anteilnahme an dessen heroischem Leiden im Auge hat.[21]

Mit dieser Verlagerung in die Perspektive des leidenden Subjekts befinden wir uns bereits bei de Sade. Es ist Justine, die die Geschichte ihrer Leiden erzählt (nicht von ungefähr auf dem Weg zu ihrer Hinrichtung!), so daß die Vorgänge, die ja auch aus der pornographischen Perspektive ihrer Peiniger hätten geschrieben werden können, das sadistische Schauspiel durch die Linse des Opfers brechen. Sade gibt jedoch der Geschichte einen weiteren Rahmen – und diese Rahmenfunktion wird uns bei Burke noch interessieren –, nämlich den des moralisierenden Erzählers, der *seinem* Publikum ostentativ die Belehrung von wahrer Tugend (vgl. *Pamela; or, Virtue Rewarded*, 1741) vorexerzieren möchte. Während der Romanerzähler also einen expliziten moralischen Appell an die Leser richtet, mimt der pornographische Leser die Einstellung der textinternen Sadisten, mit denen er sich identifiziert, und weidet sich wie diese an den Torturen Justines. Justines sprachlich gestaltetes Martyrium ersetzt so den visuellen Reiz des textinternen Blicks, der auf das Leiden der Opfer gerade keinen psychologischen, sondern nur einen physiologischen Zugriff erlaubt. Im sentimentalen Diskurs bleibt es dem Erzähler überlassen, mit dem Opfer und seinen Qualen mitzuleiden. Justine ist es jedoch auferlegt (vergönnt), ihr Leiden verbal zu inszenieren und damit ihre Zuhörer zu beeinflussen. Diese Taktik schlägt in der Handlung fehl, weil ihre Geschichte die Zuhörer (z.B. die Mönche, welche sich später als Libertins entpuppen) dazu ermuntert, sie wiederum in die Opferrolle zu drängen; erst plot-extern, als sie in der Rahmenhandlung ihre Geschichte ihrer Schwester erzählt, hat die sentimentale Eigenrhetorik den gewünschten Erfolg: sie wird vor dem Galgen gerettet. Dieser rhetorische Erfolg wird jedoch durch die pornographische Rezeption des Romans als ganzem wieder aufgelöst.

Smiths und de Sades Konstellationen stellen daher, wie ich glaube, interessante Weiterentwicklungen und noch subtilere Kombinationen der von mir vorgestellten vier Grund-Szenarien dar. Im folgenden schreite ich nun zur Applikation dieser Modelle auf Burkes politische Schrift über die Französische Revolution.

---

[20] Vgl. besonders Smith (1976: 58-62), wo er die Ehrenhaftigkeit einer Hinrichtung mit der Schmach einer öffentlichen Züchtigung bzw. Zur-Schaustellung am Schandpfahl (*pillory*) vergleicht.

[21] Vgl. insbesondere Smith (1976: 47-9).

II. Edmund Burkes politische Rhetorik des Erhabenen

Bei Edmund Burkes einflußreicher Schrift *Reflections on the Revolution in France* (Erscheinungsdatum: 1. November 1790) handelt es sich wohl um Burkes umstrittenstes Buch, das bei seinen Zeitgenossen wie auch noch heute sowohl große Ablehnung als große Zustimmung findet. Burke hatte bereits im November 1789 einen Brief von einem jungen Franzosen erhalten, in dem dieser Burke zu seinen Ansichten über die Ereignisse in Paris befragte; am 9. Februar 1790 gab Burke im britischen Unterhaus eine für alle Zuhörer überraschend negative und emotionsgeladene Stellungnahme zu Frankreich ab, womit er sich gegen die Abgeordneten seiner eigenen Partei stellte[22]; Fox, Rockingham und Grey, die persönlich mit Mirabeau, Talleyrand und Lafayette bekannt waren, waren voll liberalem Enthusiasmus für die Ziele der Französischen Revolution und konnten Burkes kritische Haltung nicht verstehen. Burkes Schrift schlug wie eine Bombe ein: Sowohl die 'Radicals' Thomas Paine und Mary Wollstonecraft wie auch Burkes Parteigenossen waren von der Abhandlung entsetzt. Fox fand, die *Reflections* seien eine geschmacklose Geste ("in very bad taste" – L.G. Mitchell 1993: viii); Pitt kritisierte Burkes Schrift als stilistisch erhaben aber inhaltlich widersinnig ("rhapsodies in which there is much to admire and nothing to agree with" – ibid.). Die zwei schwerwiegendsten Vorwürfe gegen Burkes *Reflections*, auch seitens der Radikalen, betrafen seine Darstellung der Ereignisse – er habe angeblich die Fakten verdreht, ja sogar einige Tatsachenfehler begangen – und vor allem seinen Stil (der von seiner *Wertung* der Ereignisse nicht getrennt werden kann). Das Hauptaugenmerk der Literaturwissenschaft aber auch der Historie in den letzten Jahren hat sich auf diese stilistische Frage gerichtet und versucht, Burkes pompösen, wortgewaltigen Text mit den ästhetischen Prinzipien des Erhabenen aus seiner Jugendschrift von 1757 in Verbindung zu bringen. Meine eigenen Ausführungen schließen an diese Debatte an.

Burkes *Reflections* sind vielfach in ihrer Intention mißverstanden worden. Sie stellen keine Attacke auf das revolutionäre Frankreich dar, sondern beschäftigen sich vorrangig mit der Situation *in England* und mit den Gefahren *für England*, sollten die Ereignisse in Frankreich als Vorbild für ähnliche Aktionen in England genommen werden. Burkes Analyse der französischen Verhältnisse ist also *präventiv* als Reaktion auf den englischen Enthusiasmus, auch unter seinen Parteigenossen, konzipiert. Burke versucht, die Gefahren des französischen Modells deutlich vor Augen zu führen. Nur so erklärt sich die Tatsache, daß beinahe ein Drittel der Schrift der Rede des Geistlichen Richard Price vor der London Revolutionary Society am 4. November 1789 und deren, wie Burke es sieht, fatalen Konsequenzen gewidmet ist. Dabei muß Burke trotz der übertriebenen Formulierungen im Werk rechtgegeben werden: mit klarem Kopf hatte er die Exekution des Königs und den finanziellen Ruin Frankreichs unter dem Revolutionsregime vorhergesehen und auch die Gewaltausübung der Revolutionsregierung als notwendige Konsequenz der Zerstörung aller sozialen und moralischen Bindungen vorhergesagt. Daß Burke *recht hatte*, wird allzu häufig in der Literatur unter den Teppich gekehrt; die eigentliche Frage ist jedoch, ob seine Analyse der

---

[22] Die Auseinandersetzung erfolgte während der *Debate on the Army Estimates*. Vgl. Fennessy (1963: 5-6).

Ursachen für die späteren Ereignisse nicht durch alternative Erklärungsmodelle ersetzt werden kann, bzw. ob man trotz der richtigen Vorhersage notwendig dem konservativen, patriarchalischen Welt- und Gesellschaftsbild Burkes zustimmen muß.

Eine weitere Frage dazu ist auch, ob man Burkes Konservatismus so plakativ lesen muß, wie es eine naive Interpretation seiner Metaphorik nahelegt. Die zwischenzeitlich sehr eingehende Beschäftigung mit Burkes Stil hat zwar Burkes Prätentionen dekonstruiert und ihn so von feministischer und liberaler Seite, wie es scheinen mag, total desavouiert; es läßt sich jedoch eine Dekonstruktion von Burkes Rhetorik vollziehen, die ihn nicht als reaktionäres Monstrum darstellt, sondern – wie wohl biographisch eher zulässig – als Konservativen erkennt, dessen eigener Liberalismus die Extreme seiner politischen Auffassungen zersetzt. Danach wäre Burke nicht, wie häufig dargelegt, ein Pseudo-Liberaler, der hinter seiner menschenfreundlichen Fassade heuchlerisch reaktionäre Positionen bezieht; im Gegenteil: die Zweischneidigkeit (oder – wie böse Zungen behaupten – Doppelbödigkeit) von Burkes Rhetorik kann auch positiv (als 'politically correct') gedeutet werden. Dabei soll hier nachgewiesen werden – und das steht in Zusammenhang mit Abschnitt I –, daß Burkes schillernde und in sich widersprüchliche Rhetorik und ihre inhaltlichen Ambiguitäten sich insbesondere aus den ästhetischen Modellen herleiten lassen, die er im Rahmen seiner Theorie des Erhabenen in die Kritik eingeführt hatte. Diese Ästhetisierung des politischen Diskurses braucht nicht als Taktik der Verschleierung gedeutet werden; im Gegenteil, Burkes Wahl ästhetischer Muster dient einem markant rhetorischen und vor allem politischen Zweck.

Burkes Ablehnung der Französischen Revolution erfolgt auf mehreren Ebenen. Zunächst kritisiert er die französische Finanzpolitik ausführlich – hier erweist sich Burke seiner Reputation gemäß als einer der am besten informierten Finanzpolitiker seiner Zeit. Neben dieser ersten faktisch-politischen Ebene konzentriert sich Burke zweitens auf gewisse Ereignisketten, unter denen seine Darstellung der Ereignisse vom 5.-6. Oktober 1789 in Versailles zusammen mit seiner Vignette von Marie Antoinette als bemitleidenswertem Opfer den Kern beinahe aller Burke-Kritiken bilden. Auf dieser Ebene wird Burke Verstellung der Tatsachen vorgeworfen, wobei einige Fehler bereits in Burkes Zeitungsquellen zitiert waren. Wahr ist allerdings, daß Burke die Ereignisse aus dem Blickwinkel der Königsfamilie schildert und den Ursachen für den Zug nach Versailles in den Intrigen des Abgeordnetenhauses nicht nachgeht. Während also Burkes Gegner die Ereignisse des 5.-6. Oktobers als berechtigte Protestaktion der Revolutionäre deuten, sieht Burke sie von Anfang an als eine bedrohliche Rebellion gegen die religiös fundierte Staatsgewalt des Königs. Wie wir sehen werden, stützen sich die Gegner Burkes auch rhetorisch auf genau dieselben Metaphern, welche sie aber konträr interpretieren bzw. zu genau entgegengesetzten Deutungen einsetzen. Diese zweite ereignis- und geschichtsbezogene Argumentationsebene ist stark emotiv aufgeladen und daher auch sprachlich sehr markant gestaltet.

Auf einer dritten Ebene schließlich pontifiziert Burke gegen die Ethik und Philosophie der französischen Aufklärung, wobei er einerseits den Atheismus der *philosophes* angreift, andererseits die Naturrechtstheorie der Aufklärer als widersinnig charakterisiert. Statt dem Individuum naturgegebene Rechte zuzugestehen, sieht Burke den einzelnen als Teil eines gesellschaftlichen Verbandes, der durch Einbindung in historische Traditionen (diachrone Ebene) und persönliche Abhängigkeitsverhältnisse (synchrone Ebene) als Teil eines (Sozial-)Gefüges und nicht als loser Zusammenschluß von Individuen fungiert. Gott und die christliche Moral stellen synchron die oberste Instanz dieses Geflechts von Pflichten und Obligationen dar, wie sie auch diachron die Thronfolge von Gottes Gnaden garantieren. Somit ist Burkes Idealvorstellung des englischen Staates monarchistisch und anti-progressistisch und scheint Naturrecht und Fortschrittsglauben nur unter patriarchalischer Billigung und Aufsicht vorzusehen. Burkes liberale Äußerungen stellen sich so, wie auch seine Verherrlichung von Marie Antoinette als einem nahezu göttlichen Wesen, negativ besetzt dar und sind als typisch patriarchalische Gesten gedeutet worden – Burke erscheint in der Rolle des wohlwollenden Gutsherren oder Sklavenhalters bzw. in der Rolle des herablassenden Gentleman-Ritters. Burkes Liberalismus wird also von seinen Gegnern in heuchlerischen Sentimentalismus 'umgemünzt' – eine Metapher, die Burke auch gegen die Revolutionäre einsetzt.[23] Andererseits ermöglicht Burkes Engagement für die unterdrückten Inder im Prozeß gegen Warren Hastings jedoch auch eine neuerliche Umbewertung seines Standpunktes.

Im folgenden konzentriere ich mich auf die poetologische Relevanz von Burkes tragischer Konzeption Marie Antoinettes und auf die Analyse von zwei Metaphernfeldern in Burkes Schrift zur Französischen Revolution und den Repliken von Paine und Wollstonecraft: der Gefängnismetaphorik und der Gewand-(Schein/Sein-)Metaphorik.

II.1. Marie Antoinette als Ikone im Diskurs über Burke: Tragödie und Farce

In der folgenden berühmten Sequenz beschreibt Burke das 'Martyrium' der französischen Königin am 5.-6. Oktober 1789:

> After they [the royal family] had been made to taste, drop by drop, more than the bitterness of death, in the slow torture of a journey of twelve miles, protracted to six hours, they were, under a guard, composed of those very soldiers who had thus conducted them through this famous triumph, lodged in one of the old palaces of Paris, now converted into a Bastille for kings. (Burke 1993: 72)

Diese Schilderung von Marie Antoinette beschließt Burkes Darstellung der Ereignisfolge vom 5.-6. Oktober 1789, die er mit dem berühmten Auftakt "History will record [...]" (71) versehen hatte. Ludwig XVI. und seine Königin werden implizit mit Jesus verglichen ("taste, drop by drop, more than the bitterness of death"). Ihr Martyrium ("slow torture"; "triumph") endet mit der Gefangensetzung in den Tuilerien, die Burke als schändliche Einkerkerung ("Bastille for kings") hinstellt. Diese Ikone ist im Rückblick auf die weiteren, Burke noch unbekannten, Ereignisse der Hinrichtung des Königspaares umso eindringlicher und verliert dann einiges an Lächerlichkeit. Mit diesem Szenarium ordnet Burke das Königspaar in die Reihe der Heiligen ein, die von

---

[23] Vgl. "When the peasants give you back that coin of sophistic reason, on which you have set your image and superscription, you cry it down as base money, and tell them you will pay for the future with French guards, and dragoons, and hussars" (Burke 1993: 225).

Barbaren im Triumphzug ihrer Schande bzw. Schändung zugeführt werden. Diese Vignette des Triumphzugs stellt die Opfer als verfolgte Christen dar und setzt sie einem grausamen und schmachvollen Spektakel aus, das genau dem eines Todes in der römischen Arena entsprechen würde. So ein Tod ist christlich-heroisch, aber nicht tragisch.

Burke fährt jedoch fort, dieses Szenarium – gemäß der empfindsamen Lesart des Tragischen in seiner *Philosophical Enquiry* – auszugestalten:

> But I cannot stop here. Influenced by the inborn feelings of my nature, and not being illuminated by a single ray of this new-sprung modern light, I confess to you, Sir, that the exalted rank of the persons suffering, and particularly the sex, the beauty, and the amiable qualities of the descendant of so many kings and emperors, with the tender age of royal infants, insensible only through infancy and innocence of the cruel outrages to which their parents were exposed, instead of being a subject of exultation, adds not a little to my sensibility on that most melancholy occasion. (1993: 74-5)

Burke, wie vielfach in seiner Abhandlung, kontrastiert das blendende Licht des Zeitalters der Vernunft mit den menschlichen Empfindungen des Herzens, die *angeboren* ("inborn") seien. Anstatt Triumph und Schadenfreude beim Anblick der königlichen Familie zu empfinden, spricht Burkes Herz, seine "sensibility". Für diese Regungen ist – wie die Satzstruktur genau zeigt – *zunächst* der hohe Rang ("exalted rank") der Leidenden verantwortlich, und in nächster Linie insbesondere das Geschlecht sowie die Schönheit und der Charakter der Königin, deren sozialer Rang wiederum durch ihre Abstammung von Königen und Kaisern hervorgehoben wird. Nach diesem Hinweis auf die erhabenen Akteure des Dramas drückt Burke auf die Tränendrüse, indem er nun die Kinder des königlichen Paares als Kleinkinder ("infants") bezeichnet (tatsächlich waren die Kinder Marie Antoinettes bei ihrer Verhaftung im Alter von 11 bzw. 4 Jahren) und ihre Unschuld sowie das 'grausame' Vergehen der Rebellen hervorhebt. Wie im klassischen Drama beschreibt Burke also eine Konstellation von hohem Rang und bemitleidenswertem Schicksal.

Diese Anlehnungen an das Szenarium des tragischen Schauspiels (Typus 2 von oben) werden in der Folge noch erhärtet und mit Hinweisen auf die sentimentale Tragödie ausgestattet:

> I am very sorry to say it, very sorry indeed, that such personages are in a situation in which it is not unbecoming in us to praise the virtues of the great.
>
> I hear, and I rejoice to hear, that the great lady, the other object of the triumph, has borne that day (one is interested that beings made for suffering should suffer well) and that she bears all the succeeding days, that she bears the imprisonment of her husband, and her own captivity, and the exile of her friends, and the insulting adulation of addresses, and the whole weight of her accumulated wrongs, with a serene patience, in a manner suited to her rank and race, and becoming the offspring of a sovereign distinguished for her piety and her courage; that like her she has lofty sentiments; that she feels with the dignity of a Roman

> matron; that in the last extremity she will save herself from the last disgrace, and that if she must fall, she will fall by no ignoble hand.
>
> It is now sixteen or seventeen years since I saw the queen of France, then the dauphiness, at Versailles; and surely never lighted on this orb, which she hardly seemed to touch, a more delightful vision. I saw her just above the horizon, decorating and cheering the elevated sphere she just began to move in, – glittering like the morning-star, full of life, and splendor, and joy. Oh! what a revolution! and what an heart must I have, to contemplate without emotion that elevation and that fall! Little did I dream when she added titles of veneration to those of enthusiastic, distant, respectful love, that she should ever be obliged to carry the sharp antidote against disgrace concealed in that bosom; little did I dream that I should have lived to see such disasters fallen upon her in a nation of gallant men, in a nation of men of honour and of cavaliers. I thought ten thousand swords must have leaped from their scabbards to avenge even a look that threatened her with insult. – But the age of chivalry is gone. (1993: 75-6)

Zunächst wird Marie Antoinette für ihren stoischen Gleichmut und ihre Würde gelobt, und Burke mutmaßt (offensichtlich falsch), daß sie den Freitod einer schmählichen Hinrichtung durch die Rebellen vorziehen würde. Auf diese dem sentimentalen Drama (man denke an Nicholas Rowes *The Fair Penitent* [1703] und Joseph Addisons *Cato* [1713]) nachempfundene Spekulation erfolgt nun Burkes vielgerühmte und berüchtigte Beschreibung der göttlichen Marie Antoinette, deren tragischer Fall aus der Sphäre der Gestirne wahrhaft tragische Größe erfordert. Daß gerade die ritterlichen Franzosen ihr nicht zu Hilfe eilen, erfüllt Burkes rhetorische *persona* mit Empörung und elegischem Wehmut: Das Zeitalter der Ehre und Ritterlichkeit sei durch die Epoche der Kritikaster und Pedanten abgelöst worden.

Burkes Schilderung der französischen Königin präsentiert diese als Opfer, Märtyrerin und Heilige. Dieses Zerrbild wurde von Burke, der erwiesenermaßen privat nichts von Marie Antoinette hielt, absichtlich inszeniert, da dieses Schauspiel des Leidens für ihn den Inbegriff des Tragischen darstellte und sich durch seine moralische Wirkung besonders zur Läuterung des Beobachters eignete:

> [...] we are so made as to be affected at such ***spectacles*** with melancholy sentiments upon the unstable condition of mortal prosperity, and the tremendous uncertainty of human greatness; because in those natural feelings we learn great lessons; because in events like these our passions instruct our reason; because when kings are hurl'd from their thrones by the Supreme Director of this great ***drama, and become the objects of insult to the base, and of pity to the good***, we behold such disasters in the moral, as we should behold a miracle in the physical order of things. We are alarmed into reflection; our minds [...] are ***purified by terror and pity***; our weak unthinking pride is humbled, under the dispensations of a mysterious wisdom. (Burke 1993: 80)

In diesem Zitat erweist sich deutlich, daß menschliches Leid von Gott inszeniert wird, um dem Zeugen zur Besinnung zu verhelfen, ihn moralisch mit Hilfe von Schrecken und Mitleid zu läutern und in eine bescheidene Unterwerfung unter Gottes Willen zu nötigen. Man beachte besonders den Ausdruck "melancholy sentiments", der auf "the most melancholy occasion" im vorletzten Zitat rückverweist.

Burkes Kritiker haben diese Stelle aufgegriffen, um ihn nicht nur herablassender Einstellungen Frauen gegenüber zu zeihen, sondern auch insbesondere, um seine Übergewichtung des einen königlichen Opfers gegenüber den anderen, für Burke anscheinend unbedeutenden, nicht-königlichen Opfern des *ancien régime* zu verdammen. Burkes tragische Inszenierung wird verächtlich als nichtssagendes Schauspiel abgetan:

> Misery, to reach your heart, I perceive, must have its cap and bells; your tears are reserved, very naturally considering your character, for the declamations of the theatre, or the downfall of queens, whose rank alters the nature of folly, and ***throws a graceful veil*** over vices that degrade humanity; whilst the distress of many industrious mothers, whose helpmates have been torn from them [by press gangs], and the hungry cry of helpless babes, were vulgar sorrows that could not move your commiseration, though they might ***extort an alms***. (Wollstonecraft 14-15)

Paine geht sogar noch weiter, indem er Burkes Mitleidheischerei für die französische Königin als unverantwortliche Beschönigung der Verbrechen des *ancien régime* darstellt:

> I cannot consider Mr Burke's book in scarcely any other light than a dramatic performance; and he must, I think, have considered it in the same light himself, by the poetical liberties he has taken of omitting some facts, distorting others, and making the whole machinery bend to produce a stage effect. [...] If the crimes of men were exhibited with their sufferings, stage effect would sometimes be lost, and the audience would be inclined to approve where it was intended they should commiserate. (Paine 1995: 110-11)

Paine erkennt die sozialpolitischen Motive[24] von Burkes Tragödienspiel und dreht geschickt den Spieß zugunsten des Volkes um. Mit diesen Worten geht Paine allerdings an der Burkeschen Theorie des Tragischen vorbei. Burkes Ansicht war es doch, daß eine Hinrichtung eines *hochrangigen* Staatsverbrechers geradezu idealtypisch für den Effekt des Erhabenen sei, daß – wie wir oben gesehen hatten – jedes Theater sich leeren würde, sobald es mit einer Hinrichtung konkurrieren müßte. Trotzdem unterscheidet Burke – was in seiner hypothetischen Parabel nicht zum Ausdruck kommt – zwischen zwei Kategorien von Zuschauern: den Guten, die Mitleid mit dem Opfer haben, und den niedrigen Elementen, die sich am Leid des anderen ergötzen und das Opfer noch beflegeln ("become the objects of insult to the base, and of pity to the good"[25]). In der Fortsetzung des Textes unterscheidet Burke sogar zwischen Theater

---

24 Vgl. dazu Shaftesburys Anmerkungen (zit. Wolff 1960: 79-80): "The genius of [tragedy] consists in the lively representation of the disorders and misery of the great; to the end that people and those of the lower condition may be taught the better to content themselves with privacy, enjoying their safer state and price the equality and justice of their guardian laws".

25 Man vergleiche Adam Smiths ausführliche Verurteilung derer, die bei einer Hinrichtung applaudieren ("if we saw any man shouting with admiration and applause at a barbarous and unmerited

und wahrem Leben. Während eine tragische Darstellung auf der Bühne zu Tränen rühre, ermögliche die Betrachtung des tragischen Geschicks in der Welt eine emotional-religiöse Bewältigung der Tragik. Im Gegensatz zu denen, die sich am Leiden anderer ergötzten, im Theater aber in Tränen zerflössen, erklärt Burke seine eigenen (potentiellen) Tränen zu reiner 'sentimentaler' Narretei – sie seien nicht ernst zu nehmen:

> Some tears might be drawn from me, if such a spectacle were exhibited on the stage. I should be truly ashamed of finding in myself that superficial, theatric sense of painted distress, whilst I could exult over it in real life. With such a perverted mind, I could never venture to shew my face at a tragedy. People would think the tears that Garrick formerly, or that Siddons not long since, have extorted from me, were tears of hypocrisy; I should know them to be the tears of folly. (1993: 80-81)

Diese Passage ist äußerst komplex. Burke scheint seiner eigenen Theorie des Tragischen zu widersprechen, wenn er Tränen im Theater als lächerlich abtut. Andererseits ist der Abschnitt stimmig mit seiner Behauptung, daß eine Hinrichtung sämtliche literarische Ergüsse hinfällig macht. Trotzdem fährt Burke im darauffolgenden Absatz fort:

> Indeed the theatre is a better school of moral sentiments than churches, where the feelings of humanity are thus outraged. Poets, who have to deal with an audience not yet graduated in the school of the rights of men, and who must apply themselves to the moral constitution of the heart, would not dare to produce such a triumph as a matter of exultation. (81)

Im Theater werden die Emotionen der Zuseher durch das Erhabene geschult, damit sie die skandalösen Vorgänge in ihren Herzen zu verurteilen lernen, anstatt sich am Anblick der Opfer zu weiden. Burkes wahre Intention in diesem Absatz ist es, die Lehranstalt des Theaters zu verteidigen. Sein Versuch, das Gegenargument der falschen Tränen der Rührung aus dem Weg zu räumen, scheitert an der Involviertheit der Standpunkte. Burke nimmt an dieser Stelle seine Kritiker Paine und Wollstonecraft vorweg. Sein Satz versucht zu erklären, daß sowohl auf der Bühne wie im Leben die Guten Tragik als Läuterung erfahren, während die Unehrenhaften im Theater vor Rührung verschmelzen, in Wirklichkeit aber das Leid anderer schadenfroh genießen. Von dieser Heuchelei will sich Burke lossprechen. Der widersprüchliche letzte Satz ("People would think the tears [.] were tears of hypocrisy; I should know them to be the tears of folly") muß, glaube ich, so gelesen werden, daß, *wäre* Burke jemand, der

---

execution"), und seine Klassifizierung dieser Einstellung als "the very last and most dreadful stage of moral depravity" (1976: 323). So ein Verhalten wäre "vicious or morally evil": "There is no perversion of sentiment or affection which our heart should be more averse to enter into, or which it would reject with greater hatred and indignation, than one of this kind" (1976: 323). Siehe auch Shaftesbury (1984: II, 2, 292-4) zu den "unnatural passions" – "that unnatural and inhuman delight in beholding torments and in viewing distress, calamity, blood, massacre and destruction, with a peculiar joy and pleasure."

sich am Leid anderer ergötzte und dann im Theater weinte, dann wären seine Tränen nicht heuchlerisch, sondern einfach dumm, denn eigentlich – so meine Lesart – müßte das Schauspiel in ihm Gefühle der Hochachtung vor dem göttlichen Willen hervorrufen.[26]

Während also der direkte Zuseher, sofern er 'gut' ist, Mitleid mit dem Opfer verspürt, muß der Betrachter des Schauspiels (sowohl im Theater wie auf der Bühne des Lebens) eine Läuterung erfahren, die gerade nicht zu Tränen rührt. Theoretisch ist also Burkes Diskurs zur Französischen Revolution eine Inszenierung der tragischen Ereignisse, die innerhalb dieses Diskurses als Tragödie mit moralisch-didaktischem Effekt konzipiert sind. Burke präsentiert die Ereignisse seinen Lesern, die diese genau wie er aus der Distanz beobachten, *als erhabenes Schauspiel*, das sie lehren soll, die gottgegebene Ordnung in England nicht zu gefährden. Dabei sollen sie am Beispiel der Ereignisse in Frankreich die Gefahren erkennen, die ihnen selbst drohen. Diese Deutung von Burkes Text erlaubt auch, ihm eine weniger einseitige Charakterisierung des Königspaares zuzuschreiben. Die 'Verbrechen' des tragischen Helden fallen angesichts seiner moralischen Größe, die er im Leiden beweist, nicht ins Gewicht – auch wenn Marie Antoinette noch so schuldig wäre, sie ist wegen ihres Ranges trotzdem tragisches Opfer der Revolution. Die moralische Lehre der Tragödie zielt *nicht* auf die Bestrafung des Schurken ab (eine Hinrichtung wäre nur die machtpolitische Lehre für die niedrigen Untertanen, aus deren Gruppe der Hinzurichtende meist stammt); die Tragödie zeigt indes das bemitleidenswerte Schicksal der von großer Höhe Gefallenen und inszeniert symbolisch unsere Nichtigkeit gegenüber der Allmacht Gottes. Insofern erlaubt die Tragödie einen Rekurs auf Szenarium 1 – der Zuseher ist überwältigt.

Daß das moralische Element keine Kalkulation zuläßt, zeigt sich auch an Burkes kurzer Charakterisierung von Cromwell, den er als Whig nicht verdammen kann. Im Gegensatz zum 'Tyrannen' Heinrich VIII.[27] reiht Burke Cromwell in die Reihe der Tyrannenmörder ein, deren Verbrechen eine Großzügigkeit bewiesen, welche sie von den berechnenden Revolutionären in Paris positiv abhebe:

> They were men of great civil, and great military talents, and if the terror, the ornament of their age. They were not like Jew brokers[28] contending with each other who could best remedy with fraudulent circulation and depreciated paper the wretchedness and ruin brought on their country by their degenerate councils.

---

[26] In einem Brief an Philip Francis beteuerte Burke die Echtheit seiner Gefühle für Marie Antoinette in der strittigen Passage: "I tell you again that the recollection of the manner in which I saw the Queen of France in the year [1773] and the contrast between that brilliancy [...] compared with the abominable Scene of 1789 [...] did draw Tears from me and wetted my Paper. These Tears came again into my Eyes almost as often as I looked at the description" (zit. O'Brien 1993: 409).

[27] Vgl. die Passage auf S. 116, wo die Schandtaten Heinrichs VIII. als Akte eines Tyrannen bezeichnet werden. Burke bemerkt, daß Heinrich alle möglichen Spitzfindigkeiten zu Hilfe nehmen mußte, um seine Iniquitäten durchzusetzen – genügt hätte jedoch, so Burke, ein Aufruf zu Philosophie, Licht, Freiheit und den Menschenrechten, denn diese Taktik hätte Heinrich alles mit einem Schlag verschafft.

[28] Burkes abfällige Charakterisierung der französischen Regierung als "Jew brokers" ist natürlich antisemitisch und mit ähnlichen Stellen in seinem Werke zu vergleichen.

The compliment made to one of the great bad men of the old stamp (Cromwell) by his kinsman, a favourite poet of that time, shews what it was he proposed, and what indeed to a great degree he accomplished in the success of his ambition:

Still as *you* rise, the *state*, exalted too,
Finds no distemper whilst 'tis chang'd by *you*;
Chang'd like the world's great scene, when without noise
The rising sun night's *vulgar* lights destroys. [Waller]

These disturbers were not so much like men usurping power, as asserting their natural place in society. Their rising was to illuminate and beautify the world. Their conquest over their competitors was by outshining them. The hand that, like a destroying angel, smote the country, communicated to it the force and energy under which it suffered. I do not say (God forbid) I do not say, that the virtues of such men were to be taken as a balance to their crimes; but they were some corrective to their effects. Such was, as I said, our Cromwell. (1993: 48)

Burke präsentiert Größe hier in der fatalen Art, die Fielding in *Jonathan Wild* (1743) karikiert hatte.

Zusammenfassend läßt sich sagen, daß Burke die Tragödie, die er in seinen *Reflections* dem Leser präsentiert, als rhetorisches und didaktisches Mittel einsetzt, um unter Zuhilfenahme der Affekte des Erhabenen die englische Leserschaft in ihrer Gottesfürchtigkeit zu festigen und sie vor Infektion mit dem französischen Virus des Atheismus, der Vernunft und der Menschenrechte zu schützen. Burke entstellt daher nicht die Ereignisse, indem er sie ungerechtfertigt dramatisiert; im Gegenteil: Die Dramatisierung der Ereignisse ist eine rhetorische Strategie, um die wahre Brisanz der französischen 'Krankheit' den Engländern vor Augen zu führen. Meine These zur affektiven Bedeutung von Burkes sublimem Diskurs stellt sich als Komplementierung der These dar, daß die Französische Revolution für Burke ein Beispiel des 'falschen' Sublimen darstelle (Paulson 1980: 249). Daß Burkes Schauspiel seinen Effekt verfehlte, auch wenn er die Gefahren richtig erkannte, mag an der politischen Rahmung seiner Tragödie liegen. Vielleicht hätte er ein Schauspiel verfassen müssen und es der London Revolutionary Society vorführen sollen. Da Burke die Ereignisse nur rhetorisch beeinflussen konnte, war er, wie beim Anklageverfahren gegen Warren Hastings, auf rhetorische Methoden und die emotionale Überzeugung seiner Zuhörer angewiesen.

II.2. Metaphorik und Evaluation: Die Zweischneidigkeit des Diskurses um die Französische Revolution

Ich beginne mit einem Zitat aus Burkes *Reflections*, das an seine Beschreibung von Marie Antoinette anschließt:

But now all is to be changed. All ***the pleasing illusions***, which made power gentle, and obedience liberal, which harmonized the different shades of life, and which, by a bland assimilation, incorporated into politics the sentiments which beautify and soften private society, are to be dissolved by this new conquering

> empire of light and reason. ***All the decent drapery of life is to be rudely torn off.*** All the superadded ideas, furnished from ***the wardrobe of a moral imagination***, which the heart owns, and the understanding ratifies, as necessary to ***cover the defects of our naked shivering nature***, and to raise it to dignity in our own estimation, are to be exploded as ridiculous, absurd, and antiquated fashion. (1993: 77)

Im darauffolgenden Absatz bewertet Burke die totale Gleichstellung des Königs und der Königin mit dem Pöbel als deren Enthumanisierung ("On his scheme of things, a king is but a man; a queen is but a woman; a woman is but an animal; and an animal not of the highest order"), und er sagt den leichtfertigen Umgang mit dem Leben des Königspaares voraus ("Regicide, and parricide, and sacrilege, are but fictions of superstition [...] The murder of a king, or a queen, or a bishop, or a father, are only common homicide; and if the people are by any chance [...] gainers by it, a sort of homicide much the most pardonable" – 77). Der Wandel vom Zeitalter der Ritterlichkeit ("age of chivalry" – 76) zur Epoche der Vernunft wird als Entkleidung und Schändung dargestellt. Das ideale monarchische System, das Burke am Beginn des zitierten Absatzes als Familienbund darstellt ("power gentle and obedience liberal") und in dem seiner Meinung nach die Umgangsformen des privaten Lebens in die Politik übertragen wurden (das persönliche Verhältnis der Untertanen zur Obrigkeit), wird von der Vernunft mit Waffengewalt ("conquering") niedergeschlagen und seiner zivilisierenden Reize beraubt. Während in Burkes Darstellung der Mensch im Rohzustand der schützenden Umhüllung durch das Gewand der Moral bedarf, wie auch die Nacktheit seines Körpers aus Anstandsgründen zu bedecken sei, sind die Revolutionäre der Auffassung, daß der Mensch im Naturzustand unverdorben wäre und aus dem korrumpierenden Gewand der Zivilisation befreit werden müsse. Burke benutzt die Gewand-Metapher nicht nur, um die Handlungen der Aufklärer als Entblößung, ja Schändung, zu deklarieren, sondern auch, um diese als Sakrileg am monarchischen hierarchischen System anzuklagen. Der durch Kleidung und Zivilisation (die Burke mit Moral gleichsetzt) verbesserte Mensch ist somit in eine inner-humane 'chain of being' (Seinskette) eingebunden, in der die nackte, ungeschützte Natur am einen Ende der Hierarchie steht, die würdevolle und mächtige Person des Königs am anderen.[29] Der nackte Mensch ist nicht verachtenswert, sondern ein Objekt des Mitleids; seine zivilisatorische Einkleidung soll ihm zu Würde und Anstand verhelfen.

Im Gegensatz dazu sehen Paine und Wollstonecraft die Kleidermetapher. Wollstonecraft kehrt in dem oben auf Seite 226 zitierten Absatz die Bewertung der bei Burke schützenden Hülle ins Gegenteil: Das anmutige Gewand von Burke wird zu einem Schleier ("graceful veil"), der das darunter verborgene Laster (*vice*) 'verschleiern' soll. Die Kleidung schützt also nicht vor dem deflorierenden Zugriff der Revolutionäre, sondern vor dem entlarvenden Auge der aufklärerischen Wahrheitsfin-

---

29 Vgl. auch "Each contract of each particular state is but a clause in the great primaeval contract of eternal society, linking the lower with the higher natures, connecting the visible and invisible world, according to a fixed compact sanctioned by the inviolable oath which holds all physical and all moral natures, each in their appointed place" (1993: 97). Der Hinweis auf die "visible and invisible world" bezieht sich direkt auf die große Seinskette (Lovejoy 1964).

dung. Wollstonecraft bedient sich somit eines *locus classicus* der antiken Philosophie, gemäß dem die Wahrheit unter dem Schein als Sein gesucht und ans Tageslicht ("light") gezerrt werden müsse. (Dieser philosophische Gemeinplatz wurde erst von Nietzsche gründlich aus dem Wege geräumt.) Während bei Burke die Entwürdigung des Menschen durch den Verlust des zivilisatorischen Gewandes erfolgt, sieht Wollstonecraft die unter dem Schleier des Dekorums verborgenen Laster als degradierend für die Menschenwürde, und sie transformiert daher Burkes Szene der geschändeten Unschuld in eine Enttarnung heuchlerischer Unmoral. Diese Verschleierung von Missetaten, die im Privatbereich reine Narretei wären, aber durch den Rang der Königin zu Staatsverbrechen werden – die Anspielung zielt auf Marie Antoinettes vorgebliche Liebesabenteuer –, kann auch herablassend als Jahrmarktsverkleidung betrachtet werden, womit Wollstonecraft eine ähnlich verletzende Geste gebraucht, wie Burke sie von seinem patriarchalischen Standpunkt aus den unteren Gesellschaftsschichten gegenüber inszenierte. Die "cap and bells" des Clowns lassen sich auch mit jenen "tears of folly" in Beziehung bringen, die wir oben ausführlich besprachen: Für Wollstonecraft ist Burke lächerlich, ein Narr.

Im letzten Abschnitt ihres Satzes ist Wollstonecraft jedoch in ihrer *ad-hominem*-Invektive etwas ungerecht: Burke war erwiesenermaßen einer der großzügigsten Menschen, der sein nicht allzu reichlich bemessenes Vermögen an Bedürftige weiterreichte – ihm hätte man Hilfeleistungen nicht abpressen müssen, und schon gar nicht hätte er eine solche Unterstützung als 'Almosen' betrachtet ("extort an alms"). Daß Burke als sozialer Aufsteiger die Schwächen des Adels gut kannte, zeigt sich z.B. in seinem notorischen "Letter to a Noble Lord" (1796), in dem er Francis Russell, den Herzog von Bedford, wegen seiner Indolenz als typischen adeligen Nichtsnutz herausstellte. Obwohl Burke *in der Sache*, im konkreten Fall, mit Wollstonecraft durchaus gleichgezogen hätte, war er aber im Prinzip ein Mitläufer des herrschenden Systems. Es fehlte ihm durchaus der Blick für die vernichtenden sozialen Konsequenzen des Patriarchalismus. Zu erwähnen wäre auch die Tatsache, daß Wollstonecraft in ihrer späteren Schrift *An Historical and Moral View of the French Revolution* (1794) Burke grundsätzlich recht gibt. Im fünften Buch, 2. Kapitel, dieses Werkes schildert Wollstonecraft auf einmal die Frauen, die nach Versailles zogen, als "mostly [...] market women, and the lowest refuse of the streets" (1993: 358) – ganz im Gegenteil zur früheren Charakterisierung ("women who gained a livelihood by selling vegetables or fish" – 1993: 30). Noch markanter ist ihre nun viel 'sentimentalere' Schilderung von Marie Antoinette: "But she had been alarmed by the tumult, though the miscreants were not long in making their way good, and, throwing a wrapping-gown around her, ran, by a private passage, to the king's apartment, where she found the dauphin; but the king was gone in quest of her: he, however, quickly returning, they waited together in a horrid state of suspence" (1993: 368). Nach dem *terror* ist es auch für Wollstonecraft möglich, Marie Antoinette als Opfer zu sehen und ihr die schützende Hülle eines Schlafrocks zuzubilligen.

Wie wir gesehen haben, verwenden Burke und Wollstonecraft dieselbe Metapher – nur setzen sie die Funktion der Kleidung in entgegengesetzter Weise ein und kehren auch die Situation um, so daß sich die Termini Entwürdigung, Rang, Anmut jeweils auf andere Referenten beziehen oder diametral umgewertet werden. Ähnliches geschieht in der Verwendung der Hinweise auf Gefängnisse und Kerker, die in Paines und Wollstonecrafts Schriften gegen Burke wie auch in seinem Text an markanten Stellen eingesetzt werden. In der oben zitierten Replik von Wollstonecraft wurde Marie Antoinette das Schicksal der alleinerziehenden Mutter, die sich als Gemüse- oder Fischverkäuferin verdingen muß (1993: 30), gegenübergestellt; Paine kontrastiert Burkes Überbewertung des Martyriums von Marie Antoinette mit dem Schicksal der unter dem *ancien régime* Inhaftierten. Paines hypothetisches Vergleichsbild greift auf ein wiederkehrendes Stereotyp zurück, das sich bereits bei Lawrence Sterne in der *Sentimental Journey* von 1766 findet und im Schauerroman sowie in der romantischen Dichtung Blüten treibt.[30]

> Not one glance of compassion, not one commiserating reflection, that I can find throughout his book, has he bestowed on those who lingered out the most wretched of lives, a life without hope, in the most miserable of prisons. [...] He is not affected by the reality of distress touching his heart, but by the showy resemblance of it striking his imagination. He pities the plumage, but forgets the dying bird. [...] His hero or his heroine must be a tragedy-victim expiring in show, and not the real prisoner of misery, sliding into death in the silence of a dungeon. (Paine 1995: 102)

Eingebettet in die Schein/Sein-Opposition und den wiederkehrenden Vorwurf der Theatralität ("pities the plumage"; "tragedy-victim expiring in show"), stellt Paine Burkes totales Schweigen zu den Verbrechen des *ancien régime* an den Pranger. Daß die so pathetisch geschilderten Opfer der Bastille und insbesondere die durch *lettres de cachet* Inhaftierten meist auch Adelige waren, läßt nun wiederum Paine unter den Tisch fallen. Inzwischen ist auch der Bastille-Mythos als reine Phantasie entlarvt worden: Die (bei ihrer Befreiung nur mehr sieben!) Inhaftierten der Bastille schmachteten nicht in unterirdischen Verliesen, sondern genossen geradezu luxuriöse Haftbedingungen (Lüsebrink und Reichardt 1990: 39-40). Auffällig ist auch, daß Paine in Übereinstimmung mit Wollstonecraft das Licht der Wahrheit an verborgene Orte trägt, also Licht in die Aufdeckung des wahren Leidens ("reality of distress") in den prototypisch dunklen Kerker trägt. Während Burke den Vertretern der oberen Gesellschaftsschichten in der Figur der Tragödienheldin Marie Antoinette sozusagen 'das Wort erteilt' – an ihrer Stelle deklamiert –, läßt er, laut Paine, die Opfer der französischen Monarchie, die im Kerker schmachten,[31] nicht zu Wort kommen – diese sind im Verlies wie im Grab mundtot gemacht worden.

Burkes Verweise auf Gefängnisse und Kerker[32] bestätigen Paines und Wollstonecrafts Invektiven: Tatsächlich wird Burke nur bei der Gefangennahme ("captivity") von Marie Antoinette elegisch. An zwei charakteristischen Stellen sieht er das

---

30 Man vergleiche das Schicksal von Agnes in Lewis' *The Monk* (1796), die in einem unterirdischen Kerker angekettet bei Wasser und Brot mit dem Kadaver ihres Babys langsam dahinsiecht; oder die Gedichte auf den Freiheitskämpfer Bonnivard bei Byron ("The Prisoner of Chillon"; "Sonnet on Chillon") oder Emily Brontës Fragment "The Prisoner".

31 In Paines Szenarium befinden sich die Opfer noch immer in der Bastille, während Burkes Darstellung sich auf den Oktober 1789 konzentriert, als die Bastille schon längst gefallen war.

32 Vgl. die erhellende Darstellung in Blakemore (1991).

Gefängnis hingegen als einen Verwahrungsort für soziale Störenfriede, die durch ein Entkommen aus den Gefängnismauern Angst und Schrecken verbreiten.

> Can I now congratulate the same nation upon its freedom? Is it because liberty in the abstract may be classed amongst the blessings of mankind, that I am seriously to felicitate a madman, who has escaped from the protecting restraint and wholesome darkness of his cell, on his restoration to the enjoyment of light and liberty? Am I to congratulate an highwayman and murderer, who has broke prison, upon the recovery of his natural right? This would be to act over again the scene of the criminals condemned to the gallies, and their heroic deliverer, the metaphysic Knight of the Sorrowful Countenance. (1993: 8)

In direktem Bezug auf die Erstürmung der Bastille und die Befreiung ihrer Insassen vergleicht Burke die Befreiung der französischen Nation von den Fesseln der Monarchie mit der Freisetzung eines Irren, der nun Tageslicht und Freiheit (also *lumière et liberté*) genießen soll. Damit wird auf die vielgerühmte Vernunft der französischen Aufklärer verwiesen – Vernunft geht dem Irren natürlich ab –, und die Französische Revolution als Akt eines Verrückten hingestellt. Wie Don Quijote wollen die Aufklärer die zu Recht Verurteilten ("highwayman", "murderer") befreien, damit diese – so wird impliziert – ihr 'natürliches Recht' in Anspruch nehmen können, weiter zu rauben oder zu morden. Wie Blakemore (1991: 2) auch erinnert, wird Don Quijote von seinen Freunden übel zugerichtet ("beaten and robbed by the prisoners he liberates").

An der folgenden zweiten Stelle vergleicht Burke die Französischen Revolutionäre gar mit ausgebrochenen Sklaven, die ihre ungewohnte Freiheit mißbrauchen, da sie für ein freies Leben nicht geschaffen seien:

> In order to furnish, at the expence of your honour, an excuse to your apologists here for several enormities of yours [addressed to the French], you would not have been content to be represented as a gang of Maroon slaves, suddenly broke loose from the house of bondage, and therefore to be pardoned for your abuse of the liberty to which you were not accustomed and ill fitted. (1993: 36)

Obwohl die Sklaven aus der biblisch konnotierten Gefangenschaft ("house of bondage") fliehen, also eigentlich positiv als Volk Gottes bewertet werden müßten, kehrt Burke dieses Bild hier in differenzierter Weise um, indem er die Sklaven als Schwarze kennzeichnet und die Revolutionäre hypothetisch mit ihnen vergleicht. Die Aufklärer werden so einerseits in die Rolle von subhumanen Sklaven gedrängt, die für ihr tierisches Verhalten zu entschuldigen seien, da sie es nicht besser wüßten und könnten. Andererseits – und dies ist noch spitzer – setzt Burke die Revolutionäre mit dem nach landläufigem Klischee aufmüpfigen Volk Israel gleich,[33] das sich der ihm bestimmten, gottgewollten babylonischen Gefangenschaft widersetzt. Die Aufklärer,

---

33 Vgl. Drydens Beschreibung der Israeliten am Beginn von *Absalom and Achitophel* (1681): "The Jews, a headstrong, moody, murmuring race, / As ever tried the extent and stretch of grace; / God's pampered people, whom, debauched with ease, / No king could govern, nor no God could please" (ll. 45-48).

per definitionem Atheisten, werden also als Volk Gottes klassifiziert – ein starker Hieb Burkes – und *gleichzeitig* der Rebellion gegen Gottes Willen, nämlich gegen die von Gott installierte gesellschaftliche Ordnung, angeklagt.

Nun ist es ein leichtes, Burke hier eines ultrareaktionären *Law-and-Order*-Denkens zu zeihen. Auch seine Rolle als Ankläger im Fall Warren Hastings läßt in ihm einen unbarmherzigen Vertreter der Staatsgewalt vermuten. Tatsächlich muß jedoch zu Burkes Verteidigung angeführt werden, daß der Fall der Bastille sich relativ knapp nach dem Aufruhr der Anhänger Lord Gordons in London (1780) ereignete, in dessen Verlauf das Newgate-Gefängnis niedergebrannt wurde.[34] Es liegt also in Burkes aktuellem *britischen* Interesse, Volksaufruhr und Rebellion als Gefahren für die Allgemeinheit zu brandmarken. Daß Burke sich der Ungerechtigkeiten des *ancien régime* sehr wohl bewußt war, klingt an der folgenden Stelle an, wo er die Freiheit der Revolutionäre vor Bestrafung mit ihrer Zügellosigkeit kontrastiert, die nun ungeahndet bleibt:

> The sophistick tyrants of Paris are loud in their declamations against the departed regal tyrants who in former ages have vexed the world. They are thus bold, because they are safe from the dungeons and iron cages of their old masters. Shall we be more tender of the tyrants of our own time, when we see them acting worse tragedies under our eyes? (1993: 107)

Die Revolutionäre sind die eigentlichen Tyrannen, und das, was sie dem Volk antun, stellt die wahre Tragödie dar. Des weiteren benützt Burke *in anderem Kontext* selbst die Gefängnismetapher, um die Vergehen der Briten in Irland zu charakterisieren: "The word Protestant is the charm that locks up in the dungeon of servitude three millions of your people" (Burke 1991: 647).

Wiederum zeigt sich hier, wie Burke und Paine dasselbe Bild innerhalb ihres Diskurses umfunktionieren. Die Rhetorik erweist sich in beiden Fällen als äußerst zweischneidig. Burkes Deutung der Gewandmetapher läßt sich von seinen Gegnern mühelos in ihr Gegenteil kehren, und auch Paines und Wollstonecrafts Klischees von sozialem Elend lassen sich 'gegen den Strich' lesen, und zwar dann, wenn man sie wieder auf die historischen Ereignisse rückbezieht und ihre Auslassungen und Verstellungen aufdeckt. Wo bei Burke sein monarchistischer Dünkel bloßgestellt wird, kann man bei Paine und Wollstonecraft genau jene Verachtung der Obrigkeit konstatieren, die Burke den Revolutionären unterstellt hatte:

> It was not against Louis the XVIth, but against the despotic principles of the government, that the nation revolted. These principles had not their origin in him, but in the original establishment, many centuries back; and they were become too deeply rooted to be removed, and the augean stable of parasites and plunderers too abominably filthy to be cleansed, by any thing short of a complete and universal revolution. (Paine 1995: 97)

---

[34] Eine ebenso kritische Stellungnahme zu den *Gordon Riots* findet sich in Dickens' Roman *Barnaby Rudge* (1861). Burke selbst war von den Ausschreitungen persönlich betroffen (O'Brian 3).

Wie Burke vorhergesagt hatte, identifiziert Paine den König mit dem Mist im Stall des Königs Augeas von Elis, den der heroische Herkules säubert. Obwohl Paine bemüht ist, dieses Ausmisten als Wohltat für das (Volks-)Vieh darzustellen, kann der Abschnitt jedoch auch umgekehrt verdeutlichen, daß die Revolutionäre, wie von Burke vermutet, alles von oben zuunterst kehren wollen und nichts als eine Vernichtungspolitik gegen den Adel betreiben.

Ganz besonders hervorzuheben ist auch die Tatsache, daß Paine und Wollstonecraft, *genau wie Burke*, an die Gefühle der Leser appellieren, auch wenn sie Burke Gefühlsduselei und heuchlerische Mitleidmache vorwerfen. Burke hatte wiederholt das Herz und die Tradition gegen den Verstand und die Revolution gesetzt. Der gleichen Gegenüberstellung bedienen sich Paine und Wollstonecraft, wenn sie Burke *Herzlosigkeit* vorwerfen, diese aber mit leerer Rhetorik und nicht mit revolutionärem Handeln gleichsetzen. So spricht Paine von "Mr Burke's periods, with music in the ear, and nothing in the heart" (96), und Wollstonecraft behauptet, daß nur die Tragödien von Königinnen Burke rühren könnten, während das Elend der Armen für ihn nur "vulgar sorrows" darstellte, die nicht sein Mitleid erregen könnten. Gerade die von Paine und Wollstonecraft so insistent satirisierte Dramatik Burkes findet sich ironischerweise auch in Paines und Wollstonecrafts eigenen Texten wieder; nur daß hier – im Gegensatz zu Burkes Tragödienmodell – das Schema des sentimentalen Dramas (und mehr noch des sentimentalen Romans) bemüht wird. Auch Paine und Wollstonecraft inszenieren unentwegt, aber sie inszenieren mitleidheischende Szenen des sozialen Elends und der Opfer des monarchischen Systems. Sie beklagen lautstark die Ungerechtigkeit, daß die Poetik es verbietet, solches Elend als tragisch zu gestalten. Selbst das bürgerliche Trauerspiel im 18. Jahrhundert greift nicht so tief hinunter auf die untersten Bevölkerungsschichten, die Paine und Wollstonecraft ins Licht der Bühnenrampe zerren möchten, aber nach (noch) gültigem Dekorum nicht dürfen, außer in ihrem politischen Text. Es ist daher völlig legitim, Paine und Wollstonecraft genau jene Taktiken vorzuwerfen, die sie selbst bei Burke kritisieren. Die rhetorischen Waffen, mit denen sich Paine/Wollstonecraft und Burke messen, sind genau dieselben, und Burke ist in ihrem Gebrauch durch die Poetik des Tragischen und Erhabenen im Vorteil. Paine und Wollstonecraft müssen die Waffen umfunktionieren, sie gegen ihre ursprüngliche Bestimmung subversiv einsetzen. Burke hat das politische System und dessen Macht (noch) hinter sich; Paine und Wollstonecraft leben (im englischen Kontext) von der Rhetorik und dem Effekt ihrer rührseligen Szenen auf ihre Zuhörer. Kein Wunder, daß sie genau diese ihre Schwäche im Text des allmächtigen Gegners erkennen und bloßstellen.

Es ist klar, daß aus der heutigen Perspektive Burkes Ansichten nicht viel Sympathie für ihn vermitteln können; andererseits wissen wir trotz des sozialen, ja sozialistischen, Engagements Paines und Wollstonecrafts um die Folgen nicht nur der französischen, sondern auch der russischen Revolution und haben die Tyrannei des Totalitarismus miterlebt, die manche Verfehlungen des *ancien régime* gehörig in den Schatten stellt. Wie ich in der Einleitung zu diesem Band vermerke, ist es gerade das ironische Schicksal der Aufklärung bzw. des 'Zeitalters der Vernunft', zu einer Brutstätte von Praktiken geworden zu sein, die selbst im 20. Jahrhundert das tiefste Mittelalter und die barbarischeste Unmenschlichkeit nähren sollten. Burke hat, trotz seiner offensichtlichen Schwächen und ideologischen Beschränkungen, gerade aus seiner einseitigen Perspektive diese Gefahren vorzeitig erkannt und an den Pranger gestellt.

Die tragische Bühne und der Richtplatz sind die Insignien der traditionellen Ordnung; es ist aus Burkescher Sicht sowohl politisch als auch poetologisch bedenklich, wenn sie vom Pöbel vereinnahmt werden. Dann sieht man melodramatisch-sentimentale Rührstücke, die keinen Anspruch auf Kunst erheben können, bzw. dann werden barbarische Riten im Triumphschrei um das Opfer auf dem Scheiterhaufen vollführt. Die Bewertung von Bühne und Richtplatz durch Burke und Paine / Wollstonecraft ist diametral entgegengesetzt; die Struktur der Szenarien bleibt jedoch im wesentlichen dieselbe. Ebenso wie für Burke die traditionellen Machtverhältnisse durch die sorgliche Inhaftierung Krimineller und Irrer gewährleistet[35] werden sollen, erklärt er auch das Schafott für den moralischen Schauplatz königlicher Gewalt. In Unkenntnis der Rolle, die die Guillotine noch in der Französischen Revolution spielen sollte, stellten Paine und Wollstonecraft die verrohende Auswirkung von öffentlichen Hinrichtungen heraus, die sie als 'tyrannische' Machtausübung verurteilten und denen sie jeden moralischen bzw. erzieherischen Wert absprachen. Die Nationalversammlung, so Paine, habe niemanden zum Tode verurteilt[36]; die von Burke beklagten Ausschreitungen seien vom Pöbel begangen worden, der in der Schule der öffentlichen Hinrichtungen seine Grausamkeiten gelernt hätte:

> They learn it from the governments they live under, and retaliate the punishments they have been accustomed to behold. [...] [I]t instructs them how to punish when power falls into their hands. (1993: 108)
>
> The effect of those cruel spectacles exhibited to the populace, is to destroy tenderness, or excite revenge; and by the base and false idea of governing men by terror, instead of reason, they become precedents. It is over the lowest class of mankind that government by terror is intended to operate, and it is on them that it operates to the worst effect. They have sense enough to feel they are the objects aimed at; and they inflict in their turn the examples of terror they have been instructed to practise. (1993: 108-9)

Die Schuld an der Gewalttätigkeit des "mob" ist also in der Grausamkeit der legitimen Staatsgewalt zu suchen, die eine Verrohung der natürlichen menschlichen Gefühle hervorgebracht hätte. Auch hier gelingt Paine wieder eine geschickte Umkehr der Burkeschen argumentativen Stoßrichtung.

---

35 In dieser Hinsicht ist Burke im Rahmen der Foucault'schen Thesen 'fortschrittlich': gesellschaftsschädigende Elemente sollen 'weggesperrt' werden.

36 "Whom has the National Assembly brought to the scaffold? None. They were themselves the devoted victims of this plot, and they have not retaliated [...]" (107).

III. Im Angesicht des Todes: Die politische Macht des Erhabenen und die Erhabenheit der Macht

Wie die bisherigen Ausführungen deutlich gezeigt haben, greift Burke in seiner traditionalistischen Argumentation machtpolitische Konnotationen des Erhabenen auf, die schon von Anfang an den Begriff des Sublimen kennzeichneten. Der niederschmetternde Effekt der Naturgewalten hatte schon immer einen 'politischen' Counterpart in der Figur Hiobs; die Furcht, die den Untertanen von Regenten durch ihre Armeen oder ihre Bestrafungs-Schauspiele eingeflößt wird, ist immer schon machtpolitisch relevant; und der moralisch-didaktische Affekt der Tragödie dehnt diese Ideologie auf die Erziehung der Zuseher aus, die Ehrfurcht, Gehorsam und Unterwürfigkeit lernen sollen.

Diese Korrelationen sind jedoch zu stark vereinfacht dargelegt, wobei möglicherweise Burkes Studie zum Erhabenen mit ihrer Insistenz auf ästhetischem Vergnügen ("delight") selbst schuld an simplifizierenden Vereinnahmungen sein mag. Was Burke nicht genügend herausstreicht, was in der Tradition des Erhabenen jedoch zentral ist, betrifft dessen *erhebende* Funktion: die Naturgewalt *erschlägt* nicht nur; sie erhebt den Betrachter auch in ein Zwiegespräch mit Gott. Auch auf dem Theater soll die Tragödie nicht nur ästhetisches Vergnügen oder belehrende *Katharsis* produzieren; der Effekt des Trauerspiels liegt auch in einer emotionalen *Reinigung*, in einem Durchleben von *enthusiastic passions*, die den Zuseher nicht nur moralisch, sondern auch emotional geläutert und 'erhoben' in den Alltag entlassen. Das Erhabene besitzt also ein durchaus *positives* Potential; es darf nicht nur mit implizit negativer Machtausübung gleichgesetzt werden.

Während Wollstonecraft in ihrer Darstellung der Französischen Revolution *à la* Burke der karikierenden Kritik des Erhabenen nicht entkommt (sie verwendet den Begriff *sublime* wiederholt ironisch[37]), hat sie doch auch die Ästhetik des Erhabenen für ihre eigenen Zwecke zu nutzen gewußt, und zwar indem sie dessen positive Aspekte herausgekehrt, seine inspirative Qualität: "[...] for truth, in morals, has ever appeared to me the essence of the ***sublime***" (5). Wollstonecraft, so verächtlich sie Burkes angeblich 'sublime' Perioden als rein sentimental abtut, bedient sich desselben Begriffs, um ihre Hochachtung moralischer Wahrheit zu charakterisieren. Dr. Prices Predigt sei, so Wollstonecraft, von erhabener Moral erfüllt ("a sublime system of morality" – 18). Wahres Mitleid und Vernunft als oberstes Prinzip bestimmen eine utopische Zukunft:

> [...] a new spirit has gone forth, to organise the body-politic; and where is the criterion to be found, to estimate the means, by which the influence of this spirit can be confined, now enthroned in the hearts of half the inhabitants of the globe? Reason has, at last, shown her captivating face, beaming with benevolence; and it will be impossible for the dark hand of despotism again to obscure it's radiance, or the lurking dagger of subordinate tyrants to reach her bosom. The image of God implanted in our nature is now more rapidly

---

37 Vgl. z.B. "the sublime reveries and dignified sentiments [...] it is all a cheat, a lying vision" (1993: 34).

> expanding; and, as it opens, liberty with maternal wing seems to be soaring to regions far above vulgar annoyance, promising to shelter all mankind. (*Vindication of the Rights of Woman*, 1993: 307)

Gott wird hier nicht als strafende und Schrecken verbreitende Macht, sondern als im Menschen personifizierte Benevolenz dargestellt. An einer anderen Stelle identifiziert Wollstonecraft das Religiöse mit dem hehren Reich der Vernunft – nicht Schrecken, sondern göttliche Liebe und menschliche Vernunft sollen die Ehrfurcht vor dem Erhabenen erzeugen:

> [...] in my eye all feelings are false and spurious, that do not rest on justice as their foundation, and are not concentrated by universal love. [...] my heart is human, beats quick with human sympathies – and I FEAR God! I bend with awful reverence when I enquire on what my fear is built. – I fear that sublime power, whose motive for creating me must have been wise and good; and I submit to the moral laws which my reason deduces from this view of my dependence on him. – It is not his power that I fear – it is not to an arbitrary will, but to unerring *reason* I submit. [...] This fear of God makes me reverence myself. (34)

Die Ehrfurcht, die Gott dem Gläubigen einflößt, ist – so Wollstonecraft – *nicht* eine Folge seiner (tyrannischen) Macht, sondern des Respekts seiner Güte und Weisheit, die auf seiner Vernunft ("unerring reason") beruhen. Wollstonecraft gelingt es hier also, eine Weiterentwicklung des Sublimen in Richtung romantischer Gottvergessenheit zu skizzieren, deren utopische Züge wiederum markant aufklärerisch sind.

Burke, und mit ihm die Tradition des Erhabenen im 18. Jahrhundert, bleiben jedoch innerhalb der Kategorie der *Furcht* (*terror*) befangen, die das Erhabene auslöst, sowohl in der Naturbetrachtung als auch auf der Bühne und am Richtplatz. Diese Furcht, wie Burke es auch explizit herausstellt, ist wiederholt auf die Konfrontation des Menschen mit dem Tode zurückzuführen. Dies trifft bereits auf die Naturgewalten zu, welche den Betrachter zu vereinnahmen drohen. Auch in der Tragödie geht es um die menschliche Sterblichkeit, um das hereinbrechende Schicksal, dem auch der Held nicht zu widerstehen vermag, dem er aber die Stirn bietet und an dem er nicht zerbricht, sondern über das er in seinem Tod triumphiert.

Um den Tod geht es schließlich auch auf dem Richtplatz. Wir erinnern uns an Burkes Szenarium des "state criminal of high rank", dessen bevorstehende Hinrichtung das Theater leeren soll (1990: I, xv, 43), und an Adam Smiths Bemerkungen zur Ehrenhaftigkeit eines würdevollen Todes auf dem Schafott (Smith 1976: 58-62). Im tugendhaften Publikum entfaltet der tragische Tod des Hingerichteten eine ähnliche Wirkung wie der des tragischen Helden auf der Bühne. Burkes Hinweis auf die gehobene soziale Stellung des Staatsverbrechers hat nicht nur eine poetologische Funktion (die Tragödienfiguren sind allesamt adelig, ja königlichen Geblüts); er impliziert auch, daß es sich bei der Hinrichtung um eine *Enthauptung* handelt – jener 'ehrenvollen' Exekutionsmethode, die Adeligen vorbehalten war. Damit eröffnet Burkes hypothetisches Szenarium aber noch eine weitere Linie zur historischen Entwicklung der Französischen Revolution, nämlich zur Institutionalisierung der Guillotine unter dem *Terreur*.

Die Guillotine kann als das sublime Machtinstrument der französischen 'Vernunfts'-Regierung betrachtet werden. Der Tod sollte schnell und effizient und nicht spektakulär erfolgen (Janes 1991). Die Massenhinrichtungen unter der Schreckensherrschaft zeigten jedoch, daß das Volk sehr wohl ein Schauspiel wünschte und es bedauerte, daß nicht "mehr" zu sehen sei (Janes 34). Die Erwartungshaltung war, daß die Opfer sich heroisch verhielten und so genau jene Tragödienkonzeption vorlebten, die Burke in seinem hypothetischen Szenarium angesprochen hatte. Während die Revolutionsregierung das Spektakel als Abschreckungs- und Rache-Inszenierung betrachtete, sahen die potentiellen Opfer in den Hinrichtungsszenen Modelle für ihr eigenes Verhalten im Angesicht des Todes. Wie auch bei Adam Smith ist das Publikum in mordlüsterne Barbaren (den rachsüchtigen 'Pöbel') und in 'gute', mitleidvolle Krypto-Royalisten gespalten. Das Schauspiel regt die Sinne an und 'erhebt' sie im traditionell-kathartischen Sinn.[38] Die Guillotine ist und wirkt *sublim*, und sie tut dies umso nachhaltiger in den Erzählungen und Beschreibungen des Todes ihrer Opfer, die ikonographische Prägnanz erlangen (so noch in Dickens' *A Tale of Two Cities*).

Im Gegensatz zum rein Göttlichen im Erhabenen des Naturschauspiels sind politische Formen des Erhabenen jedoch inhärent zwiespältig und erlauben subversive Gegeninterpretationen. Dasselbe gilt für politische Vereinnahmungen des Tragischen, die genau dort eingesetzt werden, wo es um Tod und damit um Mord, Hinrichtung bzw. Massaker geht – also um politisch verursachtes Sterben. Die tragischen Ereignisse der Schreckensherrschaft können für das englische Publikum als moralische Lektion im Sinne einer erhabenen Ästhetik der Tragödie aufbereitet werden; eine politisch motivierte Analyse derselben Ereignisse und der sie umspannenden Diskurse zersetzt jedoch die faktische wie auch diskursive Repräsentation von Macht beinahe notwendigerweise. So wie Hinrichtungen im 18. Jahrhundert häufig von Volksaufständen begleitet waren, der 'erhabene Diskurs' der Exekution also in sein Gegenteil – in Farce – umschlug; ebenso kann man im politischen Diskurs der Revolutionsepoche beobachten, wie die Klischees des Erhabenen und Tragischen von der revolutionären Kritik zersetzt und lächerlich gemacht werden.

Damit wird vor allem die Legitimation der Macht in ihrem Kleid der gottgegebenen Erhabenheit untergraben; ihre hehre Umhüllung erscheint nunmehr als reine Staffage, die heuchlerisch die Tyrannei der Macht verhülle oder ihre Nacktheit verschleiere. Macht weiß nur Furcht zu vermitteln, und wenn der Deckmantel der Ehrfurcht gelüftet worden ist, steht sie entblößt und lächerlich da. Die wahre Katharsis liegt im Göttlichen, und Macht hat sich nur vergeblich die Legitimation des Göttlichen zu leihen versucht. Stephen Greenblatt hat diese Verhältnisse sehr deutlich in seinem berühmten Aufsatz "Invisible Bullets" charakterisiert. Der Rekurs auf die göttliche Autorität zur Legitimierung der Gesetze ist schon bei Machiavelli deutlich herausgestellt (Greenblatt 1988: 24), und dieser politische Zugriff auf die Religion wird bereits von Calvin mit Kategorien des Erhabenen definiert: "in order to hold men's minds in greater ***subjection***, clever men have devised very many things in religion by which to

---

[38] Hier läßt sich bei Smith und Burke eine binäre Opposition zwischen *exultation* und *exaltation* erkennen, zwischen sensationslüsternem Sadismus und sublimierender Tragik.

inspire the common folk with ***reverence*** and strike them with ***terror***" (ibid., 34).[39] Die Inkonsistenzen, ja groben Widersprüchlichkeiten, im Diskurs der Legitimation königlicher Macht und Gewalt lassen ihre Subvertierung leicht erkennen – die Heuchelei und das Eigeninteresse der Machthaber sind allzu deutlich. Wie Greenblatt jedoch vermerkt, ist der Legitimationsdiskurs gleichzeitig "dismayingly moral and logically coherent; or, rather, what is unsettling is [...] the nasty sense that [these] are at once irrefutable ethical propositions and pious humbug" (38). Ein ähnliches Gefühl beschleicht den Leser bei der Lektüre von Burkes Rhetorik: Einerseits ist die Verteidigung altehrwürdiger Traditionen pietätsvoll und logisch schlüssig; andererseits reizt gerade die allzu perfekte Konstruktion des harmonischen *status quo* zur Dekonstruktion, die dann in den geschickten Taktiken Paines und Wollstonecrafts das ganze Gebäude zum Einsturz bringt. "Pious humbug" trifft genau das Resumee, das Paine und Wollstonecraft aus Burkes Rhetorik ziehen.

Burke scheitert an der inhärenten Zwiespältigkeit der politischen Tragik, die er rhetorisch inszeniert. Aber auch Paine und Wollstonecraft entkommen der Subversivität dieses Diskurses nicht: Die Ereignisse der Schreckensherrschaft lassen das Erhabene wiederaufleben, und dieses untergräbt nun seinerseits die revolutionäre Legitimation der Massenhinrichtungen. Es ist also nicht das Schema des Erhabenen an sich, das notwendigerweise destabilisiert werden muß; das Erhabene kann seinerseits destabilisierend wirken. Macht ist nie gottgegeben, und ihre Dekonstruktion ist daher vorhersehbar. Diskurse hingegen perpetuieren sich in den verschiedensten Machtpositionen. Sie sind letztlich zäher und ausdauernder, flexibler und manipulierbarer als die blanke Gewalt, welche sie zieren, legitimieren, verschleiern oder auch unterminieren sollen. Selbst im Angesicht des Todes bleibt der Blick des Beobachters spekulär an die Macht gefesselt, deren visuelle Ikonographie imstande ist, die Widersprüchlichkeiten ihrer Legitimationsdiskurse auf Greenblattsche Weise zur eigenen Konsolidierung zu vereinnahmen.

Literatur

Albrecht, W.P. 1975. *The Sublime Pleasures of Tragedy. A Study of Critical Theory from Dennis to Keats*. Lawrence: Univ. Press of Kansas.

[Aristoteles] Aristotle. 1982. *Aristotle XXIII: The Poetics; 'Longinus', On the Sublime; Demetrius, On Style*. Loeb Classical Library, 199. Cambridge, MA: Harvard Univ. Press/London: Heinemann.

Ashfield, Andrew and Peter de Bolla, Hgg. 1996. *The Sublime: A Reader in British Eighteenth-Century Aesthetic Theory*. Cambridge: Cambridge Univ. Press.

Beattie, James. 1970 [1783]. *Dissertations Moral and Critical*. Facsimile Reprint. Philosophical Works, 3. Stuttgart-Bad Cannstatt: Friedrich Frommann.

Bender, John. 1995. "Impersonal Violence: The Penetrating Gaze and the Field of Narration in *Caleb Williams*." *Vision and Textuality*. Hgg. Stephen Melville and Bill Readings. Durham, NC: Duke Univ. Press. 256-81.

[39] Die von Greenblatt zitierte Stelle stammt aus dem ersten Band von Calvins *Institutiones religionis Christianae*.

Bentham, Jeremy. 1791. *Panopticon; or, The Inspection-House*. Dublin: T. Payne.
Bermingham, Ann. 1986. *Landscape and Ideology. The English Rustic Tradition, 1740-1860*. Univ. of California Press.
Bernsen, Michael. 1986. "Die Revolution des Stils: Stil und Stilbegriff in Edmund Burkes *Reflections on the Revolution in France*." *Poetica* 18: 117-39.
Blakemore, Steven. 1988. *Burke and the Fall of Language. The French Revolution as Linguistic Event*. Hanover, NH: Univ. Press of New England.
---. 1991. "Revolution in Representation: Burke's *Reflections on the Revolution in France*." *Eighteenth-Century Life* 15.3: 1-18.
---. Hg. 1992. *Burke and the French Revolution. Bicentennial Essays*. Athens, GA: Univ. of Georgia Press.
Brown, Vivienne. 1997. "Dialogism, the Gaze, and the Emergence of Economic Discourse." *New Literary History* 28: 697-710.
Bruyn, Frans de. 1987a. "Edmund Burke's Gothic Romance: The Portrayal of Warren Hastings in Burke's Writings and Speeches on India." *Criticism* 29: 415-38.
---. 1987b. "Hooking the Leviathan: The Eclipse of the Heroic and the Emergence of the Sublime in Eighteenth-Century British Literature." *The Eighteenth Century* 28.3: 195-215.
---. 1992. "Theater and Countertheatre in Burke's *Reflections on the Revolution in France*." In: Blakemore (1992): 28-68.
Burke, Edmund. 1908. "On Conciliation with the Colonies" [March 22, 1775]. *Burke's Speeches and Letters on American Affairs*. London: Dent, 76-141.
---. 1981a. "Speech on American Taxation." *The Writings and Speeches of Edmund Burke*. Hg. Paul Langford. Volume II: Party, Parliament, and the American Crisis. 1766-1774. Oxford: Clarendon Press.
---. 1981b. "Speech on Fox's India Bill." *The Writings and Speeches of Edmund Burke*. Hg. Paul Langford. Volume V: India: Madras and Bengal, 1774-1785. Hg. P.J. Marshall. Oxford: Clarendon.
---. 1990 [1757]. *A Philosophical Enquiry into the Origin of Our Ideas of the Sublime and Beautiful*. The World's Classics. Oxford: Oxford Univ. Press.
---. 1991. "Letter to Richard Burke, Esq." *The Writings and Speeches of Edmund Burke*. Hg. Paul Langford. Volumee IX: (*I. The Revolutionary War, 1794-1797; II: Ireland*). Hg. R.B. McDowell. Oxford: Clarendon Press. 640-58.
---. 1993 [1790]. *Reflections on the Revolution in France*. The World's Classics. Oxford: Oxford Univ. Press.
Butler, Marilyn. 1995 [1982]. "Godwin, Burke, and Caleb Williams." *Romanticism. A Critical Reader*. Hg. Duncan Wu. Oxford: Blackwell. 343-58.
Choi, Julie. 1996. "Feminine Authority? Common Sense in the Question of Voice in the Novel." *New Literary History* 27.4: 641-62.
Clarke, Bruce. 1987. "Artifice and Oscillation in the Eighteenth-Century Sublime. Rev. of Steven Knapp, *Personification and the Sublime: Milton to Coleridge*. Cambridge: Harvard Univ. Press, 1985." *The Eighteenth Century* 28.3: 271-77.
Cohen, Ralph, Hg. 1985. *Studies in Eighteenth-Century British Art and Aesthetics*. Berkeley: Univ. of California Press.

Cresap, Steven. 1990. "Sublime Politics: On the Uses of an Aesthetics of Terror." *CLIO* 19.2: 111-25.

Damrosch, Leopold. 1989. *Fictions of Reality in the Age of Hume and Johnson.* Madison, WI: Univ. of Wisconsin Press.

Eagleton, Terry. 1990. *The Ideology of the Aesthetic*. Oxford: Blackwell.

Ellis, Markman. 1996. *The Politics of Sensibility. Race, Gender and Commerce in the Sentimental Novel*. Cambridge: Cambridge Univ. Press.

Fennessy, R.R. 1963. *Burke, Paine and the Rights of Man: A Difference of Political Opinion*. The Hague: Nijhoff.

Ferguson, Frances. 1992. *Solitude and the Sublime*. London: Routledge.

Foucault, Michel. 1979 [1975]. *Discipline and Punish. The Birth of the Prison.* New York: Vintage.

Freeman, Michael. 1980. *Edmund Burke and the Critique of Political Radicalism.* Chicago: Univ. of Chicago Press.

Furniss, Tom. 1992. "Stripping the Queen: Edmund Burke's Magic Lantern Show." In Blakemore (1992): 69-96.

---. 1993. *Edmund Burke's Aesthetic Ideology. Language, Gender, and Political Economy in Revolution*. Cambridge: Cambridge Univ. Press.

Greene, Donald. 1977. "Latitudinarianism and Sensibility: The Genealogy of the 'Man of Feeling' Reconsidered." *Modern Philology* 75.2: 159-83.

Greenblatt, Stephen. 1988. "Invisible Bullets." *Shakespearean Negotiations. The Circulation of Social Energy in Renaissance England.* Berkeley/Los Angeles: The University of California Press. 21-65.

Halttunen, Karen. 1995. "Humanitarianism and the Pornography of Pain in Anglo-American Culture." *The American Historical Review* 100.2: 303-34.

Hansen, Klaus P. 1990. *Empfindsamkeiten*. PINK, 2. Passau: Rothe.

Hay, Douglas, Peter Linebaugh und E.P. Thompson. 1975. *Albion's Fatal Tree. Crime and Society in Eighteenth-Century England.* London: Allen Lane.

Herrlinger, Wolfgang. 1987. *Sentimentalismus und Postsentimentalismus. Studien zum englischen Roman bis zur Mitte des 19. Jahrhunderts*. Tübingen: Niemeyer.

Hertz, Neil. 1985. *The End of the Line. Essays on Psychoanalysis and the Sublime.* New York: Columbia Univ. Press.

Hindson, Paul und Tim Gray. 1988. *Burke's Dramatic Theory of Politics*. Avebury: Gower.

Hipple, Walter John, Jr. 1957. *The Beautiful, the Sublime, and the Picturesque in Eighteenth-Century British Aesthetic Theory.* Carbondale, IL: The Southern Illinois Univ. Press.

Hughes, Peter. 1976. "Originality and Allusion in the Writings of Edmund Burke" *Centrum* 4.1: 32-43.

Hume, Robert D. 1972. "Goldsmith and Sheridan and the Supposed Revolution of 'Laughing' against 'Sentimental' Comedy." *Studies in Change and Revolution. Aspects of English Intellectual History, 1640-1800.* Hg. Paul J. Korshin. New York: Scholar Press. 237-76.

Janes, Regina. 1991. "Beheadings." *Representations* 35: 21-51.

Johnson, Claudia L. 1995. *Equivocal Beings. Politics, Gender, and Sentimentality in the 1790s. Wollstonecraft, Radcliffe, Burney, Austen*. Chicago: Univ. of Chicago Press.

Kames, Henry Home of. 1866 [1761]. *Elements of Criticism*. Hg. James R. Boyd. New York: Barnes & Co.

Kant, Immanuel. 1989 [1790]. *Kritik der Urteilskraft*. Werkausgabe. vol.10. Frankfurt: Suhrkamp.

Kay, Carol. 1988. *Political Constructions. Defoe, Richardson, and Sterne in Relation to Hobbes, Hume, and Burke*. Ithaca, NY: Cornell Univ. Press.

Kennedy, Deborah. 1994. "Spectacle of the Guillotine: Helen Maria Williams and the Reign of Terror." *Philological Quarterly* 73: 95-113.

Linebaugh, Peter. 1991. *The London Hanged. Crime and Civil Society in the Eighteenth Century*. London: Allen Lane/Penguin.

'Longinus'. 1982. *Peri Hypsous*. In: Aristotle, XXIII, *The Poetics*. Loeb Classical Library, 199. London: Heinemann.

Lovejoy, Arthur O. 1964. *The Great Chain of Being. A Study of the History of an Idea. The William James Lectures Delivered at Harvard University, 1933*. Cambridge, MA: Harvard Univ. Press.

Lüsebrink, Hans-Jürgen, und Rolf Reichardt. Hgg. 1990. *Die Bastille. Zur Symbolgeschichte von Herrschaft und Freiheit*. Frankfurt: Fischer.

Lyotard, Jean-François. 1994 [1991]. *Lessons on the Analytic of the Sublime*. Stanford, CA: Stanford Univ. Press.

McGowan, Randall. 1987. "The Body and Punishment in Eighteenth-Century England." *Journal of Modern History* 59: 651-79.

McKenzie, Alan T. 1994. "'I Have Before Me the Idea of a Dove': Bringing Motion to Mind in Burke's *A Philosophical Enquiry into the Origin of Our Ideas of the Sublime and the Beautiful*." *1650-1850: Aesthetics and Inquiries into the Early Modern Era* 1: 267-94.

Macpherson, C.B. 1980. *Burke*. Oxford: Oxford Univ. Press.

Markley, Robert. 1987. "Sentimentality as Performance: Shaftesbury, Sterne, and the Theatrics of Virtue." *The New 18th Century. Theory, Politics, English Literature*. Hg. Felicity Nussbaum and Laura Brown. London: Methuen. 210-30.

---. 1990. "The Rise of Nothing: Revisionist Historiography and the Narrative Structure of Eighteenth-Century Studies." *Genre* 23.2-3: 77-99.

Marshall, David. 1988. *The Surprising Effects of Sympathy. Marivaux, Diderot, Rousseau, and Mary Shelley*. Chicago: Univ. of Chicago Press.

Marshall, P.J. 1965. *The Impeachment of Warren Hastings*. Oxford: Oxford Univ. Press.

Mitchell, L.G. 1993. "Introduction." In: Burke (1993): vii-xix.

Mitchell, W.J.T. 1986. "Eye and Ear: Edmund Burke and the Politics of Sensibility." *Iconology: Image, Text, Ideology*. Chicago: Univ. of Chicago Press. 116-49.

Monk, Samuel H. 1935. *The Sublime. A Study of Critical Theories in 18th-Century England*. New York: Modern Language Association of America.

Morris, David B. 1991. *The Culture of Pain*. Berkeley: Univ. of California Press.

Mullan, John. 1988. *Sentiment and Sociability. The Language of Feeling in the Eighteenth Century*. Oxford: Clarendon Press.

Murdoch, Iris. 1960. "The Sublime and the Beautiful Revisited." *The Yale Review* 49 (1959-60): 247-71.

Nicolson, Marjorie Hope. 1959. *Mountain Gloom and Mountain Glory. The Development of the Aesthetics of the Infinite*. Ithaca, NY: Cornell Univ. Press.

Nuttall, A.D. 1996. *Why Does Tragedy Give Pleasure*? Oxford: Clarendon Press.

O'Brien, Conor Cruise. 1993 [1992]. *The Great Melody: A Thematic Biography and Commented Anthology of Edmund Burke*. London: Sinclair-Stevenson.

Paine, Thomas. 1995. *Rights of Man/Common Sense/and Other Political Writings*. World's Classics. Oxford: Oxford Univ. Press.

Paulson, Ronald. 1980. "Burke's Sublime and the Representation of Revolution." *Culture and Politics. From Puritanism to the Enlightenment*. Berkeley: Univ. of California Press. 241-69.

---. 1983. "Burke, Paine, and Wollstonecraft: The Sublime and the Beautiful." *Representations of Revolution (1789-1820)*. New Haven, CT: Yale Univ. Press. 57-87.

---. 1996. *The Beautiful, Novel, and Strange. Aesthetics and Heterodoxy*. Baltimore, MD: Johns Hopkins Univ. Press.

Pope, Alexander. 1958 [1733]. *An Essay on Man*. Hg. Maynard Mack. London: Methuen.

---. 1961 [1711]. *An Essay on Criticism. Pastoral Poetry and An Essay on Criticism*. Hg. E. Audra und Aubrey Williams. London: Methuen.

Reid, Christopher. 1977. "Language and Practice in Burke's Political Writing." *Literature and History* 6: 203-18.

---. 1992. "Burke's Tragic Muse: Sarah Siddons and the 'Feminization' of the *Reflections*." In: Blakemore (1992): 1-27.

Ritchie, Daniel E. 1990. Hg. *Edmund Burke. Appraisals and Applications*. New Brunswick, NJ: Transaction Publ.

---. 1992. "Desire and Sympathy, Passion and Providence: The Moral Imaginations of Burke and Rousseau." In: Blakemore (1992): 120-43.

Robinson, Nicholas K. 1996. *Edmund Burke. A Life in Caricature*. New Haven: Yale Univ. Press.

Rousseau, Jean-Jacques. 1987. *Discours sur les sciences et les arts. Lettre à d'Alembert sur les spectacles*. Paris: Gallimard.

Sauder, Gerhard. 1974. *Empfindsamkeit*. Band I: Voraussetzungen und Elemente. Stuttgart: Metzler.

Schier, Flint. 1983. "Tragedy and the Community of Sentiment." *Philosophy and Fiction: Essays in Literary Aesthetics*. Hg. Peter Lamarque. Aberdeen: Aberdeen Univ. Press. 73-92.

Shaftesbury, Third Earl of [Anthony Ashley Cooper]. 1930. *A Letter Concerning Enthusiasm*. Paris: Presses Univ. de France.

---. 1977. *An Inquiry Concerning Virtue, or Merit*. Hg. David Walford. Manchester: Manchester University Press.

---. 1981. *Standard Edition. Complete Works, Selected Letters and Posthumous Writings.* Vol. I, 1. Aesthetics. Hg. Gerd Hemmerich und Wolfram Benda. Stuttgart-Bad Cannstatt: Frommann-Holzboog.

---. 1984. *Standard Edition. Complete Works, Selected Letters and Posthumous Writings.* Vol. II, 2. Moral and Political Philosophy. Hg. Gerd Hemmerich, Wolfram Benda und Ulrich Schödlbauer. Stuttgart-Bad Cannstatt: Frommann-Holzboog.

Sheriff, John K. 1982. *The Good-Natured Man. The Evolution of a Moral Ideal, 1660-1800.* University, Alabama: The University of Alabama Press.

Smith, Adam. 1976 [1759]. *The Theory of Moral Sentiments.* Hgg. D.D. Raphael and A.L. Macfie. Oxford: Clarendon Press.

Spierenburg, Peter. 1985. *The Spectacle of Suffering. Executions and the Evolution of Repression: From a Preindustrial Metropolis to the European Experience.* Cambridge: Cambridge Univ. Press.

Todd, Janet. 1986. *Sensibility. An Introduction.* London: Methuen.

Townsend, Dabney. 1987. "From Shaftesbury to Kant: The Development of the Concept of Aesthetic Experience." *Journal of the History of Ideas* 48.2: 287-305.

Van Sant, Ann Jessie. 1993. *Eighteenth-Century Sensibility and the Novel. The Senses in Social Context.* Cambridge: Cambridge Univ. Press.

Wolff, Erwin. 1960. *Shaftesbury und seine Bedeutung für die englische Literatur des 18. Jahrhunderts. Der Moralist und die literarische Form.* Tübingen: Niemeyer.

Wollstonecraft, Mary. 1993. *Political Writings. Rights of Men, Rights of Woman, French Revolution.* Hg. Janet Todd. Toronto: Univ. of Toronto Press.

Wood, Neal. 1964. "The Aesthetic Dimension of Burke's Political Thought." *Journal of British Studies* 4: 41-64.

Youngren, William H. 1982. "Addison and the Birth of Eighteenth-Century Aesthetics." *Modern Philology* 79.3: 267-83.

Zerilli, Linda M.G. 1992. "Text/Woman as Spectacle: Edmund Burke's *French Revolution.*" *The Eighteenth Century* 33.1: 47-72.

Nationales Bewußtsein und Wahrnehmungsstereotype in Frankreich und England am Ende des 18. Jahrhunderts[1]

Erich Pelzer (Freiburg)

Franzosen, die sich für London als Reiseziel entschieden haben, brauchen heute nicht mehr die wacklige Schiffspassage in Kauf zu nehmen; sie erreichen die englische Hauptstadt in einem supermodernen schnellen Zug auf direktem Weg. Ihr Zielpunkt ist die Waterloo Station, und in der Regel findet sich der Besucher noch am Nachmittag auf dem verkehrsumfluteten Trafalgar Square ein. Spätestens dort wird der arglose, nachgeborene 'Neufranke' mit seiner eigenen leidvollen Geschichte konfrontiert. Unvermittelt fragt er sich, warum die große britische Nation ihre bedeutendsten repräsentativen Monumente mit den Namen empfindlicher französischer Niederlagen, und zwar zu Land und zu Wasser, belegt hat. Und, er wird vielleicht ähnlichen Gedanken nachhängen, die bereits in Jules Michelets Erinnerung anläßlich seiner Englandreise 1834 haften blieben:

> Malgré les efforts qu'il [Michelet] fait pour rendre justice aux Anglais, malgré son admiration pour cette grandeur orientale dans les brumes du Nord [...] la révolte du souvenir que tous les monuments de Londres réveillent: Waterloo, Waterloo, partout!" (Kohn 1948: 204)[2]

Wir haben diese kleine Anekdote vorangestellt, um zu verdeutlichen, daß in der langen europäischen Geschichte nicht nur Deutschland und Frankreich etwas auszukämpfen hatten. Doch scheint völlig in Vergessenheit geraten zu sein, bei der nahezu erdrückenden Fülle an wissenschaftlicher Literatur und publizistischer Grübelei nach den wechselvollen Problemlagen der deutsch-französischen Beziehungen, daß England und Frankreich eine ebenso publikumswirksame, in schwierigen Zeiten stets aktivierbare Erbfeindschaft miteinander verband. "Der Krieg aller Kriege, der Kampf aller Kämpfe", schrieb Michelet ultimativ 1847 in einer zusammen mit Edgar Quinet an den König von Preußen gerichteten Petition, "ist der zwischen England und Frankreich; alles andere sind Episoden" (Kohn 1948: 85). Es war England und nicht Deutschland, dem der Nestor der französischen Geschichtswissenschaft sogar eine wachsende Sympathie entgegenbrachte, das ihm als das "Anti-Frankreich" erschien.[3] Michelet hatte bei seinem Verdikt wohl die jahrhundertealte Geschichte des englisch-französischen Gegensatzes vor Augen, ein Gegensatz, der älter ist als der deutsch-französische und mit weitaus größerer

[1] Dieser Aufsatz entwickelt im Rahmen der Ringvorlesung den Vortrag meiner Freiburger Antrittsvorlesung vom 24. Mai 1995 weiter.

[2] "Trotz der Versuche, die er [Michelet] unternimmt, um den Engländern Gerechtigkeit widerfahren zu lassen, trotz seiner Bewunderung für diese orientalische Größe in den Nebeln des Nordens [...] empört sich die Erinnerung, die beim Anblick der Monumente Londons geweckt wird: Waterloo, Waterloo, überall!" (Übers. von S. Hestermann).

[3] Vgl. "[S]'en va copier ce qu'on peut appeler l'anti-France, Angleterre?" Michelet (1946: 240).

Ausdauer und verbissenerem Einsatz geführt wurde: Crécy (1346), Azincourt (1415), Blenheim (1704), Fontenoy (1745), die bereits erwähnten Trafalgar und Waterloo, Faschoda (1898/99) und Mers el Kebir (1940) – diese alle markieren blutige Eckpunkte dieses militärisch dominierten Konflikts. Ja, manche Historiker sprechen sogar in Bezug auf die englisch-französischen Beziehungen in der Zeitspanne von 1689 bis 1815 von einem "Zweiten Hundertjährigen Krieg".[4]

Aber es wäre gewiß einseitig, nur die kriegerischen Momente herauszustellen. Engländer und Franzosen verband und verbindet eine Art Haß-Liebe miteinander. Phasen gegenseitiger Sympathie wechselten sich ab mit denen feindseliger Zurückweisung. Zwar sind die zwei Nationen nur durch den Kanal getrennt, aber vom Charakter her gänzlich verschieden. Aufgrund ihrer Nachbarschaft haben sie Angst voreinander oder aber bewundern sich. In den Reiseberichten des 18. Jahrhunderts werden die Franzosen meist als höflich, kultiviert und modisch charakterisiert, die Engländer dagegen als puritanisch, fleißig und handelsorientiert. Überhaupt stand das Zeitalter der Aufklärung eher unter dem Zeichen einer friedlichen Koexistenz. Der Geist der Toleranz ermöglichte den Austausch und trug letztlich zu einem intimen gegenseitigen Wissen bei. Durch Montesquieu und Voltaire wurde Anglomanie zu einem Leitmotiv der französischen Aufklärung.[5] Dieses Bild änderte sich schlagartig im Jahre 1793. Während in Frankreich Thomas Paines *Rights of Man* in aller Munde war, zerhackten englische Cartoonisten die sogenannten "Freiheitsmenschen". Im Gegensatz zur vorherigen Offenheit bestimmten nun eigensinnige Fehlinterpretationen und ignorante Grundhaltungen das bilaterale Verhältnis.

Wie konnte es zu diesem Umschwung der Meinungen und Gefühle in beiden Ländern kommen? Zwar gab es keine ideologische Maginot-Linie, aber die Distanz zwischen Paris und London war nun größer als je zuvor. Was mit dem patriotischen Elan in Frankreich einherging, war eine lärmende Spur von Anglophobie, die sich auf Engstirnigkeiten und Verdrehungen gründete. Napoleon Bonapartes Beschwörung des "perfiden Albions" ist älteren Datums, der Begriff selbst kam bereits während der französischen Revolution auf.[6]

In den nachfolgenden Ausführungen werde ich auf die Hintergründe und Ausprägungen nationalen Bewußtseins in Frankreich und England eingehen sowie nach den jeweiligen Wahrnehmungsstereotypen fragen.[7] Mein Untersuchungszeitraum umfaßt die epochale Wendezeit vom 18. zum 19. Jahrhundert, die durch die Französische Revolution und die napoleonische Ära entscheidend geprägt wurde.

Wir müssen jedoch an dieser Stelle eine kurze, begriffliche Klarstellung voranschicken, denn der Begriff "Nationalismus" ist kein Wort der Revolution.[8] Der Abbé Barruel benutzt den Terminus erstmals 1797 in seinem gegenrevolutionären Werk *Mémoire pour servir à l'histoire du Jacobinisme* (Godechot 1973: 26), allerdings ohne

---

4 Vgl. Meyer und Bromley (1980) sowie die Sammelrezension von Scott (1992).

5 Vgl. Jones (1983: 4), Green (1964) und Grieder (1985). Über nationale Stereotypen im 18. Jahrhundert s. Porter (1982).

6 Zur Entstehung und Verbreitung des Schlagworts s. Feldmann (1909; 1911), Bowski (1915) Schmidt (1953), Schulze (1995: 660f).

7 Vgl. dazu allgemein: Giesen (1991) und Berding (1994).

8 Vgl. dazu Fehrenbach (1986) sowie den informativen Forschungsbericht von Langewiesche (1995).

den Bedeutungsinhalt, den der Begriff in der späteren Entwicklung der modernen Nationen im 19. Jahrhundert einnehmen sollte. Auch wäre es falsch, für die fragliche Zeit bereits von nationalen Feindbildern zu sprechen, wie sie das 20. Jahrhundert kennt. Darauf hat jüngst Michael Jeismann in seinem Buch *Das Vaterland der Feinde* zu Recht hingewiesen. Die Kollektivsubjekte "nation" und "patrie" sind statt dessen zentrale Begriffe innerhalb des revolutionären Diskurses, und sie existieren in der jeweiligen Wahrnehmung der eigenen wie auch der fremden Nation als ein historisches Konstrukt. Was die französischen Revolutionäre mit Herder oder der italienischen Einigungsbewegung des 19. Jahrhunderts verbindet, ist der Konsens über die gegenseitige Achtung der Völker. Dieser bezog seine Gültigkeit aus dem weitverbreiteten Glauben, daß allein Könige und ihre Kabinette den Krieg wünschen und auch herbeiführen, während die Völker in Frieden und Eintracht miteinander leben wollen. In der Realität aber geht sehr oft Feindschaft mit nationaler Selbstbestimmung einher. Denn, um es mit den Worten von Michael Jeismann zu sagen, "dem nationalen Selbstverständnis wohnt implizit eine Abgrenzung, eine Entgegensetzung inne" (1992: 16).[9]

Mit welchen nationalen Bewußtseinsformen haben wir es also in Frankreich und England zu tun, nachdem die Bastille geschleift, der Bruch mit dem alten Staat vollzogen und der Absolutismus der Bourbonen retrospektiv zum Ancien Régime erklärt worden ist? Wie es sich der Abbé Sieyès als maßgeblicher politisch-intellektueller Ideenlieferant erhoffte, erschufen sich die Revolutionäre ab dem Herbst 1789 eine eigene, gänzlich neuartige Nation. Für die Selbstkonstitution galten zwei grundsätzliche Bedingungen: die Nation erhielt erstens eine neue Legitimität und zweitens eine neue Souveränität. Frankreich war nun eine konstitutionelle Monarchie, der König nicht mehr oberster Souverän, sondern das Volk. Die nationale Vergangenheit der absoluten Monarchie wurde in eine neue, auf einheitlichen Gesetzen beruhende, durch Volksrepräsentanten vertretene, universalistisch begründete Nation umgewandelt. Der Kollektivsingular "Nation" verstand sich zugleich als handelnde Kollektividentität. Der Einheitsgedanke wurde also zur tragenden Säule der Nation, die sich in der Folgezeit von allen anderen durch die "grundlegende Radikalität ihrer Prinzipien und ihre Expansionsfähigkeit" unterschied (Furet und Ozouf 1996: 1232). Die Einheit manifestierte sich in allen Bereichen des öffentlichen Lebens: einheitliche Verwaltungseinteilungen, Nationalerziehung, Zivilkonstitution des Klerus, Nationalisierung der Regionalsprachen. Schließlich bündelten und verdichteten kollektive Reinigungs- und Wiedergeburtsfeiern, wie die einzelnen Föderationsfeste oder das Fest des Höchsten Wesens, diesen epochalen Nationalisierungsprozeß.

Anders die Situation in Großbritannien, wo im ausgehenden 18. Jahrhundert einige Unterscheidungen gemacht werden müssen. In Irland gewann die nationale Bewegung zunehmend an Boden und in Schottland und Wales verband man kulturelle Inhalte mit nationalen Gedanken. England selbst hatte früher als die anderen europäischen Staaten gewisse grundlegende Bedingungen für das Wachsen einer modernen Nation erfüllt.[10] Als sich hier im Zuge der Französischen Revolution ebenfalls ein nationales Bewußtsein entfaltete, wurden davon besonders liberale und radikale Kreise beeinflußt.

---

[9] Der theoretische und methodische Ansatz ist grundlegend behandelt bei Koselleck (1979: 211-59).

[10] Vgl. dazu vor allem Kohn (1940), Colley (1986; 1992) und Newman (1987).

Wie in Frankreich, so gehörte auch in England der Terminus "Nationalismus" im 18. Jahrhundert nicht zum Vokabular. Verbreitet war vielmehr der Begriff "Patriotismus", womit man die nationale Wohlfahrt implizierte. Unter Patrioten verstand man politische Dissidenten und Reformer, die sich in der berühmten "London Corresponding Society" eine organisatorische Plattform gegeben hatten. Bei den Radikalen wiederum stießen proklamierte Ideale wie Freiheit, Gleichheit und Brüderlichkeit auf fruchtbaren Boden. Analog zu ihren geistigen Brüdern jenseits des Kanals verbanden sie, zumindestens in der Frühphase der Revolution, mit Patriotismus Kosmopolitismus (vgl. Dann und Dinwiddy 1988: 54-57). Ähnlich durchdrungen von optimistischem Internationalismus war Thomas Paine in seinen *Rights of Man* (1791). Aus seiner Sicht müßten Staaten, die nach republikanischen Prinzipien organisiert waren, den Krieg aufheben, weil dieser lediglich für die *ruling class* Vorteile einbrächte. Er ging davon aus, daß zunächst das englische Regierungssystem reformiert werden müsse, bevor es zu brüderlichen Beziehungen zum revolutionären Frankreich kommen könne. Paines Ideen fanden in England einen großen Widerhall (Butler 1984). Auf der Ebene der patriotischen Gesellschaften wurden Grußadressen mit französischen Klubs ausgetauscht und gegenseitige Besuche veranstaltet. Am 27. September 1792 erklärte der Präsident der "London Corresponding Society", Maurice Margarot, in einer Grußadresse seiner Gesellschaft an den französischen Nationalkonvent: "Frenchmen, you are already free, and Britons are preparing to become so. Casting far from us the criminal prejudices artfully inculcated by evil-minded men and wily Courtiers, we, instead of natural enemies, at length discover in Frenchmen our Fellow Citizens of the World, and our Brethren by the same heavenly Father, who created us for the purposes of loving, and mutually assisting each other" (Goodwin 1979: 502).

In der Summe der Äußerungen, deren Aufzählung hier zu weit führen würde, wird deutlich, daß für Briten und Franzosen die ersten drei Jahre der Revolution zu den ruhigsten seit langer Zeit gehörten. Es bestanden zwar nach wie vor alte Antipathien, aber sie führten nicht notwendigerweise zum militärischen Konflikt. So betrachteten beispielsweise viele Engländer den Ausbruch der Revolution mit großer Schadenfreude. Für den Premierminister William Pitt den Jüngeren war Frankreich nun erst recht ein "Objekt des Mitleids" (Blanning 1986: 132). In Frankreich war, trotz gelegentlicher Ausbrüche von Anglophobie in der Nationalversammlung, das Hauptaugenmerk der kriegswilligen Deputierten auf Österreich gerichtet. Als Brissot im Herbst 1791 seinen propagandistischen Kriegsfeldzug startete, war er klug genug, England davon auszunehmen. Die Regierung Pitt sekundierte mit einer strikten Neutralitätspolitik gegenüber Frankreich und erteilte allen kontinentalen Drohungen und Aufmarschplänen eine Abfuhr. England waren die eigene Wohlfahrt und der Friede wichtiger als das Ansinnen, mit Waffengewalt gegen das revolutionäre Frankreich vorzugehen.

Was waren die Gründe für die Änderung dieser auf friedlicher Koexistenz angelegten Politik? Es waren der Krieg und der ihm kohärente Geist einer Nationalisierung der Revolution und ihrer Prinzipien, die Frankreich im Herbst 1792 zu einer fatalen Änderung seiner Außenpolitik veranlaßten (Blanning 1986: 131-59). Die ersten militärischen Erfolge, errungen mit einer nur unzulänglich ausgerüsteten, aber hochmotivierten Revolutionsarmee über die feldzugserfahrenen, strategisch gedrillten alliierten Heeresverbände der Preußen und Österreicher, hatten Frankreich in eine Art nationalen Siegesrausch versetzt. Nichts schien mehr unmöglich, und der Optimismus regte den Appetit an. In zwei einfachen Schritten gelangte der Nationalkonvent von einem "Krieg der Vorsicht" zu einem "Propaganda-Krieg" und schließlich zu einem "imperialen Expansionskrieg". Binnen weniger Wochen war Freiheit nicht mehr gleichbedeutend mit Respekt vor den Rechten und Wünschen anderer Völker, sondern mit dem Recht, ja der Pflicht, eigene Vorteile zu erlangen.

Was war geschehen? Der Chronologie ist zu entnehmen, daß es Ende 1792/ Anfang 1793 zu einer Ballung eklatanter Mißverständnisse und hybrider nationaler Phantasmagorien kam. Der erste Sieg der Revolution, die legendäre Kanonade von Valmy, wirkte auf die französischen Truppen wie eine Art Vorwärtsverteidigung. In schneller Folge wurden Savoyen und Nizza erobert, das rechte Rheinufer einschließlich der Stadt Frankfurt am Main besetzt, und der spätere Deserteur, General Dumouriez, marschierte sogar in Belgien ein. Durch die militärischen Erfolge angespornt, entwickelte sich bei der Mehrheit der Konventsabgeordneten ein Verantwortungsbewußtsein gegenüber den sogenannten 'unterdrückten' Völkern. In einem Exzeß an Rhetorik und einem Defizit an Beratung und Bedächtigkeit bot der Konvent am 19. November 1792 "au nom de la nation française" allen freiheitsliebenden Nationen Europas seine Brüderschaft und Unterstützung gegen Tyrannei an (AP 53: 474).[11] Zuvor hatte der radikale Deputierte Pierre Gaspard Chaumette in der Versammlung der Pariser Commune ausgerufen: "Mais rassurons-nous, le terrain qui sépare Paris de Pétersbourg et de Moscou sera bientôt francisé, munipalisé, jacobinisé" (zit. Braesch 1911: 841).[12] Dieses rhetorische Delirium komplettierte der Anführer der girondistischen Kriegspartei Brissot kurze Zeit später. Am 26. November 1792 schrieb er an den Kriegsminister Servan: "Nous ne pouvons être tranquilles que lorsque l'Europe, et toute l'Europe, sera en feu" (Brissot 1912: 313).[13]

Der zweite Schritt, nun in Richtung Expansion, war das Dekret vom 15. Dezember 1792 (AP 55: 70-73), das genaue Handlungsanweisungen für die kommandierenden Generäle in den eroberten Territorien enthielt.[14] Hierin wurde auf die Notwendigkeit verwiesen, die Einwohner in den befreiten Gebieten auf die "Réunion" vorzubereiten. Dieses Dekret ist eine meisterliche Kombination von universalistischer Ideologie und nationalistischer *raison d'état*. Es sah einerseits die Zerstörung der alten Ordnungen vor. Andererseits gab es genaue Anweisungen für die Ausbeutung lokaler Ressourcen, um die vorrückenden französischen Truppen zu versorgen. Einerseits sprach es sich für Wahlen aus, die den befreiten Völkern erlauben sollten, ihre Zukunft selbst zu bestimmen; andererseits traf es vorbeugende Maßnahmen, die sicherstellen sollten, daß die Zukunft dieser Territorien mit französischen Wünschen korrespondierte. Robespierre war einer der wenigen, der diesen Sachverhalt weitsichtig durchschaute und erkannte, daß die Befreiung fremder Völker unter französischem Schutz lediglich den Widerstand

---

[11] Archives Parlementaires, im folgenden als AP zitiert.

[12] "Seien wir jedoch vergewissert; das Gebiet, welches Paris von Petersburg und Moskau trennt, wird bald schon französisiert, communisiert und jakobinisiert sein" (Übers. von S. Hestermann).

[13] "Wir können nicht ruhig sein bis Europa, und zwar ganz Europa, in Flammen steht" (Übers. von S. Hestermann).

[14] AP 55: 70-73; Buchez und Roux XXI: 339-47; Guiomar (1974: 264-70), sowie in deutscher Übersetzung Markov (1982: II 332-40).

der Konterrevolution stärken würde. Die von ihm Anfang 1792 geäußerte einsichtsvolle Mahnung: "Niemand liebt die bewaffneten Missionare", hatte auch ein Jahr später seine Gültigkeit nicht verloren.[15] Doch den meisten Konventsmitgliedern erschien ihre Vision von der Gleichzeitigkeit von revolutionärer Ideologie und französischen nationalen Interessen realisierbar. Aber war Frankreich nicht immer ein Land der Reunionen, die Propaganda meist ein Vehikel der Politik, und das Freiheitsversprechen eine allseits verzückende, aber rhetorische Floskel?

Dieser Hintergrund ist wichtig. Er ist konstitutiv für den sich nun anbahnenden französisch-englischen Gegensatz.[16] Die beiden erwähnten Propagandadekrete, die einseitig vorgenommene Öffnung der Scheldemündung für die internationale Handelsschiffahrt und der französische Einmarsch in Belgien bewirkten in England eine Änderung der bisherigen Neutralitätspolitik. Aus britischer Sicht marschierte der Konvent in den Fußstapfen Ludwigs XIV.: Die politische und ökonomische Unabhängigkeit der Vereinigten Niederlande waren bedroht. In Holland wie in England wuchs der Eindruck, daß eine universale Monarchie durch eine universale Republik abgelöst werden sollte.

Vergleichbar der ersten Kriegsdebatte im Herbst 1791, wurde 1793 im Konvent, und nicht im Volk, das semantische Waffenarsenal für die anglo-französische Auseinandersetzung geschmiedet.[17] Die Analyse einzelner Englandreden vermittelt konkrete Aufschlüsse über alte Klischees und neue Wahrnehmungsstereotypen. Im Nationalkonvent bliesen der bretonische Adlige Kersaint am 1. und Brissot am 12. Januar 1793 die ersten Töne gegen England mit Blick auf eine endgültige Konfrontation. Die Reden waren kürzer als anläßlich der Kriegserklärung an Österreich: Frankreich hatte alle Hände voll zu tun. Es setzte gerade an, Belgien und Deutschland zu erobern, und machte dem eigenen König den Prozeß. Das Gefühl eines *déjà vu* erfüllte dennoch den vollbesetzten Saal. Anglophobie nahm die Stelle von Austrophobie ein, und die meisten Argumente waren ähnlich. So argumentierte Kersaint: Die Engländer sind dabei, uns überall anzugreifen, deshalb müssen wir zuerst zuschlagen; sie behandeln uns und unsere Revolution mit Abscheu und Zufriedenheit, unser nationaler Stolz ruft nach Rache; das gemeine Volk in Irland und Schottland wird sich durch unsere Unterstützung erheben; die Revolution wird allein durch Adlige, Priester und Plutokraten bekämpft, aber sie sind es nicht, die die englischen Kriegsschiffe bemannen; wir brauchen keine Angst vor dem Krieg zu haben, also laßt ihn uns erklären. Kersaint erinnerte am Schluß seiner Rede an Hernán Cortés, der seine Schiffe bei der Landung in Mexiko verbrannte.[18] Es war eine große Portion Nihilismus notwendig, um die Abgeordneten zu überzeugen.

Brissot versuchte seiner Rede vom 12.1.1793 Nachdruck zu verleihen, indem er in demagogischer Absicht behauptete, daß alle mit englischem Geld gekauft seien: die Abgeordneten, die Preußen und andere europäische Fürsten. England habe die Ausfuhr von Getreide gestoppt, um Frankreich auszuhungern, spekuliere es doch in Wirklichkeit

---

15 Vgl. Robespierres Rede "Gegen den Krieg" vom 2. Januar 1792 in Fischer (1974: 145-52, bes. 147).

16 Vgl. dazu allgemein Emsley (1979), Christie (1982), Jones (1983), Dickinson (1989) und Gibson (1995: 124ff).

17 Vgl. dazu Ozouf (1984) und Wahnich (1997: 170ff).

18 Zu diesen Ausführungen vgl. AP 56: 110-17 sowie Buchez und Roux 22: 364-78. In deutscher Übersetzung erschien die Rede in Johann Wilhelm von Archenholz, *Minerva*, April 1793, 6: 52-80.

auf Zeit, um aufzurüsten. Mit diesem Argument schürte er die existentielle Angst vieler Deputierten. Gleichzeitig aber machte er ihnen Mut, indem er ihnen die Vorteile des zukünftigen Waffengangs in den strahlendsten Farben zeichnete: England sei hoch verschuldet, habe weniger Ressourcen, ziehe aus Indien keinen Nutzen, und stehe überdies im Krieg allein. Frankreich dagegen habe das größere Menschenpotential und die besseren Prinzipien auf seiner Seite.[19] Brissots zweite Rede führte unmittelbar zur Kriegserklärung, aber dennoch waren sowohl Kersaint wie auch der englanderfahrende Brissot letztlich doch zu anglophil, um nationalen Haß anzufachen.[20]

Anders dagegen der Südfranzose Barère, der sich als umtriebiger, arbeitswütiger Deputierter allseits Repekt erworben hatte und in wichtigen Abstimmungsdebatten, wie etwa beim Königsprozeß, mit seiner Rede die Entscheidung herbeiführte. Die Sprache seines Berichts vom 1. August 1793 ist militaristischer und nationalistischer als alle anderen. Darin entwickelte er eine Komplott-Theorie, nach der England für alle Verbrechen, Brände, Attentate, Korruption und Verrat die Schuld trage. Barère fuchtelte stets mit Aktenbündeln und Briefpapieren in der Hand, wobei er geschickt historische Bezüge mit aktuellen Belegstellen zu kombinieren verstand. Danach war England für die Handelstyrannei in ganz Europa verantwortlich, das Land des politischen Despotismus und einer korrupten Regierung.[21]

Der alte Konflikt erhielt nun eine neue Rechtfertigung. Es war nicht länger ein Machtkampf zwischen königlichen Häusern und Kabinetten. Die Revolution nahm den Kampf der Monarchie gegen England mit einem moralistischen und nationalistischen Geist neu auf. Frankreich wollte die maritime und kommerzielle Vorherrschaft Englands brechen, im Interesse der Freiheit der Meere und der Freiheit aller Völker. Barère schlug zu diesem Zweck eine französische Navigations-Akte vor, die gänzlich verschieden von der englischen (1651) war. Der amerikanische Historiker Robert R. Palmer bemerkte dazu: "The English Navigation Act was the work of tyrants; the French, 'decreed in the midst of a democratic revolution,' was a step toward liberty and equality" (Palmer 1970: 229).[22]

Im Anschluß an Barères Bericht erließ der Konvent eine Erklärung an alle Völker der Erde, in der "die schwankende, treulose und abscheuliche Haltung der britischen Regierung" gegeißelt wurde (AP 70:107). Die aggressive, anti-englische Stimmungsmache, die der Südfranzose Barère im Nationalkonvent entfachte, blieb nicht lange auf die Hauptstadt beschränkt, sondern stieß an der Peripherie auf bereitwillige Nachahmer. Am 18. Februar 1794 rief Adrien Boy in Straßburg, in dem zum 'Tempel der Vernunft' umgetauften Münster, ebenfalls zum "ewigen Krieg" gegen die "Erzfeinde" auf:

> Seriez-vous assez imbécilles, assez perfides, pour compter sur les secours des puissances étrangères? Mais un million de républicains armés est là pour les anéantir. Je vous l'ai dit déjà, point d'espérance, point de bonheur pour vous que

---

19 Vgl. AP 57: 16-25, Buchez und Roux 22: 63-90; deutsche Übersetzung 1793, in: *Der Patriot*, 1793, H. 12: 1-32.

20 Vgl. AP 58: 112-23; Buchez und Roux 24: 194-257.

21 AP 70: 90-103; Buchez und Roux 28: 396-424. Die Rede erschien 1793 in Straßburg in deutscher Übersetzung.

22 Vgl. dazu die Schrift des preußischen Diplomaten und französischen Geheimagenten Karl Wilhelm Théremin (1795).

dans la liberté. Écoutez donc la voix de la raison, celle de la patrie. Jurez avec nous: *Protection à l'innocence; amour à la liberté, à l'égalité; haine éternelle à tous les prêtres; punition exemplaire aux égoistes, aux agioteurs; mort aux traîtres et au dernier des rois; guerre éternelle aux Anglais*! (Boy 1794: 15)[23]

Elf Monate nach seiner ersten anglophoben Rede legte Barère am 26. Mai 1794 dem Konvent erneut einen längeren England-Bericht vor, der eine Litanei weiterer Stereotypen enthielt, allerdings nunmehr ohne die übliche Unterscheidung Volk-Regierung: Die Engländer insgesamt werden als Spekulanten, Verräter und Sklavenhändler gebrandmarkt und für alle konterrevolutionären Pläne und Aktionen im Innern Frankreichs und an seinen Grenzen verantwortlich gemacht. Doch Barère beschränkte seine Invektiven nicht auf eine Aufzählung aller "Verbrechen Englands" gegen die "Soldaten der Freyheit" beziehungsweise aller "gegen die Republik begangenen Freveln", sondern erklärte den "Großmut" der anderen Mächte gegenüber England zum "Verbrechen gegen die Menschheit".[24] Von der Notwendigkeit und Richtigkeit seiner Ausführungen derart überzeugt, nannte Barère seinen Zuhörern auch den Grund für seinen England-Haß:

O mon pays! si au seul nom des anglais mon sang s'échauffe et mon âme s'irrite, c'est qu'étant né dans cette partie de la Guyenne où les anglais, du temps de Charles VII, ravagèrent tout et regnèrent avec un sceptre de fer, mes oreilles ont entendu dès l'enfance cette tradition de haine qui, pour sauver la liberté en Europe et affermir la République en France, doit devenir nationale.[25]

Demgegenüber fielen die Englandreden von Saint-Just und Robespierre differenzierter und wenig fremdenfeindlich aus. Am 16. Oktober 1793 enthüllte Saint-Just in seinem Bericht die "perfidie anglaise". Er warf den Engländern vor, daß sie die Korruption in Frankreich verbreiteten, um die "république naissante", der sie im offenen Krieg nichts anhaben konnten, zu vernichten. Auch betonte er den Unterschied zwischen

---

23 Zu den anti-englischen Ressentiments an der französischen Westküste vgl. Jessenne und Wartelle (1990). "Seid Ihr denn wirklich so dumm und perfide, um mit der Hilfe der ausländischen Mächte zu rechnen? Aber hier wartet eine Million bewaffneter Republikaner, um sie zu vernichten. Ich habe Euch bereits gesagt, daß es für Euch keinerlei Hoffnung, keinerlei Glück als in der Freiheit geben wird. Hört nun auf die Stimme der Vernunft, auf die Stimme des Vaterlandes. Schwört mit uns: Schutz der Unschuld, Liebe zur Freiheit, zur Gleichheit, ewiger Haß allen Priestern, exemplarische Bestrafung der Egoisten, der Aufwiegler; Tod den Verrätern und dem letzten der Könige; ewiger Krieg den Engländern!" (Übers. von S. Hestermann)

24 AP 91: 32-41, zit. 38. Vgl. dazu Wahnich und Belissa (1995: 242ff); Wahnich (1997: 237ff).

25 AP 91, S. 37. Die Hamburger Zeitschrift *Minerva* druckte eine Übersetzung der Rede ab (August 1794, XI: 214-67). "O mein Vaterland, wenn mein Blut schon beim bloßen Namen - Engländer, aufwallt, und mein Geist sich empört, so geschieht es, weil ich in jenem Teil des ehemaligen Guyenne geboren, wo die Engländer, zu den Zeiten Karls VII alles verheerten und mit eisernem Szepter regierten, seit meiner Kindheit vieles von jenem fortgepflanzten Hasse sprechen hörte, der zur festen Gründung der Freiheit Europas, zur festen Gründung der Republik Frankreichs, zum National-Haß werden muß" (dt. Übers., Straßburg 1794: 29). In Straßburg, dem Zentrum der französischen Auslandspropaganda, erschienen neben dieser Rede noch zehn weitere Reden Barères in deutscher Übersetzung, vgl. Pelzer (1998: 369).

der englischen Regierung und dem englischen Volk: "La cour de Londres est Carthage pour nous, et non pas l'Angleterre" (AP 76: 640).[26]

Im Mittelpunkt der Argumention Robespierres standen innenpolitische Aspekte, wie die Gefahr der wirtschaftlichen Erstickung, die Versuche zur Föderalisierung der Republik mit englischer Hilfe sowie die Strategie Pitts, das südliche Frankreich (Toulon) von seinem nördlichen Teil (Dünkirchen) zu trennen.[27] Gleichzeitig appellierte Robespierre, man müsse das eigene auf revolutionärem Weg Erreichte, ins Bewußtsein zurückrufen. Seiner Meinung nach war das englische Volk zwei Jahrhunderte hinter der französischen Moral und Aufklärung zurückgeblieben. Die Verantwortung für den Krieg schob er dagegen dem Gegner zu:

> "Il [gemeint ist das englische Volk] vous haït parce qu'il ne vous connaît pas, parce que la politique de son gouvernement a toujours intercepté la vérité; il vous haït parce que depuis plusieurs siècles la politique du ministère a été d'armer les Anglais contre les Français, et que la guerre a toujours été un moyen pour se soutenir contre le parti de l'opposition."[28]

Bleibt die Frage nach der Wirkung der verbalen England-Attacken in der Öffentlichkeit. Um es vorwegzunehmen: sie war verheerend. Seit Oktober 1793 erfreute sich die publizistische Anglophobie einer breiten, anhaltenden Popularität. Den Beginn der anti-englischen Gefühle markierte die englische Seeoperation in Toulon, wobei die Bezeichnung "perfides Albion" wachsende Bedeutung erlangte.[29] Der Dichter Ximinèz benutzte den Ausdruck im Oktober 1793 erstmals in einer Ode auf die republikanische Ära als Schlachtruf: "Attaquons dans ses eaux la perfide Albion."[30]

Der Haß gegen "Albion" kam natürlich besonders in den Triumphgesängen auf die Zurückeroberung von Toulon durch die Truppen der Republik zum Ausdruck (Pierre 1904: 299-301, 643). So verspottete Marie-Joseph Chéniers Siegeshymne das "Albion fugitive", und Thomas Rousseaus Ode für das Siegesfest vom 30. Dezember 1793 beginnt mit dem Vers: "Te voilà donc stupéfait, Lâche et féroce Albion."[31] Dutzendfach variiert erklomm das denunziatorische Schlagwort in den Liedern und Gedichten von Le Brun und Chénier immer neue Höhen. "Ils ont payé leur perfidie! Ils ont fui, ces Anglais

26 "Für uns ist der Hof von London Karthago, und nicht England selbst" (Übers. von S. Hestermann).

27 Vgl. Robespierres berühmte Rede "Über die politische Lage der Republik" vom 17. November 1793, die in Deutschland 13 Mal übersetzt wurde.

28 *Moniteur* 19: 348. Robespierre hielt diese Rede am 28. Januar 1794 im Jakobinerklub. "Es [das englische Volk] haßt Euch, weil es Euch nicht kennt, weil seine Regierungspolitik stets die Wahrheit unterschlagen hat; es haßt Euch, weil es seit mehreren Jahrhunderten die Politik des Minsteriums war, die Engländer gegen die Franzosen aufzuhetzen und weil der Krieg seit jeher ein Mittel gewesen ist, um die Macht gegen die Oppositionspartei zu erhalten" (Übers. von S. Hestermann).

29 Vgl. Kohn (1967: 71) und Schmidt (1953: 609).

30 *Poésies révolutionnaires* (1821: I 160). "Greifen wir das perfide Albion in seinen Gewässern an" (Übers. von S. Hestermann).

31 *Poésies révolutionnaires* (1821: I 205) und Damade (1892: 308). "Nun stehst du da ganz erstaunt, feiges und grausames Albion" (Übers. von Sandra Hestermann).

pervers!"[32] intonierte das Volk im März 1794 im Theater der Republik in Paris (Feldmann 1909: 1).

Bis in die Zeit des Direktoriums und der Konsularregierung tauchte der Vorwurf der Perfidität immer wieder auf, stets in Verbindung mit Gefühlen wie "feige", "grausam", "stolz", "hochmütig", "geizig", "habgierig" und "machiavellistisch". In der Nationalisierung des Hasses gegen England meinte der Begriff "perfide" nicht länger ein Beiwort für Königsmörder, sondern hatte nun eine neue revolutionäre Interpretation: Es stand für konspirative Aktivitäten und selbstsüchtige Interessen von Gegnern der freien Franken und später, unter Napoleon, für die freien Nationen Europas. Es ist interessant zu sehen, daß der französische Slogan von der "perfidie anglaise" (Wahnich und Belissa 1995), der in der Vergangenheit stets erklang, wenn ein königliches Haupt fiel (in Erinnerung an die Hinrichtung Karls I. von England), jetzt unmittelbar nach der Hinrichtung Ludwigs XVI. auf den Nachbarn angewandt wurde. Er offenbart ein unterbewußtes Gefühl von Schuld. Sollte der Hinweis auf das perfide Albion etwa die Tat der perfiden Francia verschleiern? Einen letztlich schlüssigen Beweis dafür gibt es nicht. Wahrscheinlicher ist, daß den Revolutionären die in Kontinentaleuropa weit verbreitete Anglophilie ein Dorn im Auge war, und die sollte nun durch eine anti-britische Kampagne niedergetreten werden. Unter dem Direktorium wurde der Perfiditätsvorwurf um eine zusätzliche Assoziation erweitert: In Anlehnung an die klassische Antike wurde England mit Karthago in Zusammenhang gebracht, womit ein durch Gier und Laster verkommenes, korruptes Volk gemeint war. In der Pose des antiken Cato rief der Abgeordnete Gauran 1798 im *Corps Législatif* aus:

> Nationalisons la haine contre ce gouvernement qui a osé concevoir une guerre *d'extermination* contre un peuple devenu libre; imitons, pour y parvenir, ce que l'inflexible Caton fit dans le sénat de Rome. Cet austère censeur terminait toutes ses opinions par ces mots long-temps et si utilement répétés: *Que Carthage soit détruite*. Et nous, en levant nos séances, ne cessons de répéter: *Vengeance contre le gouvernement anglais, oppresseur de toutes les nations*! (1870: 193)[33]

Die Franzosen identifizierten sich mit den Römern, die kurz vor ihrem finalen Triumph über Karthago, dh. England, standen. Überhaupt war das Karthago-Cliché populär und weit verbreitet. Lacombe nannte 1797 seine beiden Opern *Scipio* und *Der Fall Carthagos*. In den Straßen von Paris intonierte man nach der Melodie der Marseillaise: "Aux armes citoyens, que le perfide anglais/ Bientôt, Bientôt, n'ait qu'à choisir sa ruine ou la Paix" (Schmidt 1953: 611).[34]

---

[32] "Sie haben für ihre Perfidie bezahlt! Sie sind geflohen, diese perversen Engländer!" (Übers. von S. Hestermann).

[33] "Laßt uns den Haß gegen diese Regierung zum nationalen Anliegen machen, eine Regierung, die es gewagt hat, einen Ausrottungskrieg gegen ein nun mehr freies Volk zu planen, laßt uns daher nachahmen was der unbeugsame Cato im Senat von Rom tat. Dieser strenge Censor schloß alle seine Meinungsäußerungen mit den schon so oft und nützlich wiederholten Worten: Ceterum censeo Carthaginem esse delendam. Und da wir nun unsere Sitzung schließen, laßt uns nicht aufhören zu wiederholen: Rache der englischen Regierung, der Unterdrückerin aller Nationen" (Übers. von S. Hestermann).

[34] "Zu den Waffen, Bürger, denn bald schon wird dem perfiden Engländer nur die Wahl bleiben zwischen seinem Niedergang oder dem Frieden" (Übers. von S. Hestermann).

Es liegt auf der Hand, daß die englische Wahrnehmung Frankreichs nach der Kriegserklärung 1793 nicht bei den latent vorhandenen anti-französischen Ressentiments stehen bleiben konnte. Der Ton wurde situationsbedingt aggressiver, die politischen Fronten verhärteten sich zusehends. Die Regierung unter Pitt entfachte eine beispiellose politische Propaganda.[35] Durch anti-französische Pamphlete und vor allem durch Karikaturen sollte die Bevölkerung mobilisiert werden. In geradezu genialer Weise nahmen James Gillray, Thomas Rowlandson und später, unter Napoleon, Isaac Cruikshank in ihren Karikaturen alte Gallostereotypen auf und verbanden sie mit aktuellen.[36] Die britischen Karikaturisten griffen dabei auf die Rüstkammer gut etablierter Klischees über die Franzosen zurück, die von Hogarth stammten und sogar ins 17. Jahrhundert zurückreichten und beeinflußt waren vom Krieg und der Handelsrivalität zwischen Frankreich und England. Meist wurden beide Nationen durch ihre Gegensätze stereotypisiert: der glückliche, gedeihliche Engländer und der sich stützende, affige, verweichlichte Franzose (Abb. 1 und 2). Rowlandsons Druck von 1793 mit dem Titel "The Contrast" bestand aus zwei Medaillons, die die britische und die französische Freiheit symbolisierten. In dem ersten britischen Medaillon sitzt Britannia majestätisch zu Gericht, und es werden die britischen Qualitäten wie Religion, Moral, Loyalität, Gehorsam gegenüber den Gesetzen, Unabhängigkeit, Gerechtigkeit, Sicherung des Eigentums, nationale Prosperität und Glück aufgelistet. Das französische Medaillon dagegen zeigt eine alte schlampige Frau mit Schlangen im Haar, in der einen Hand den Degen gezückt und in der anderen mit der Pike drohend; unter ihren Füßen ein bereits enthaupteter Leib, im Hintergrund, an einer Straßenlaterne, ein Gehängter. Darunter die Wörter: "Atheismus, Meineid, Rebellion, Verrat, Anarchie, Plünderung, Wahnsinn, Grausamheit, Ungerechtigkeit, Treulosigkeit, Undankbarkeit, Trägheit, Hunger, nationaler und privater Ruin, Elend" (Abb. 3).[37]

Einher mit der Verunglimpfung der Franzosen gingen oft Verweise auf die englischen Erfolge bei Crécy, Azincourt und Blenheim. Charles Burney brachte 1804 die zeitgenössische Rhetorik in ein grobes einfaches Couplet: "Your stake is England! Britons rise! / Your foes are Gauls! Those foes chastise!" (Dann und Dinwiddy 1988: 63). Die den Franzosen unterstellte Absicht, in England zu landen, wurde ebenso in zahlreichen Karikaturen thematisiert. Gillray präsentierte phantastische Visionen eines Englands nach der französischen Invasion: Die Franzosen kommen nicht, um die Macht an sich zu reißen, sondern um sie in die Hände der Whig-Opposition zu legen, die ihren eigenen Terror errichtet. So beispielsweise in der Radierung "Patriotic Regeneration, – viz. – Parliament Reform'd, à la Françoise" von 1795" (Abb. 4).[38]

---

35 Vgl. Newman (1975), Emsley (1988), Schofield (1986 1992) und Vincent (1993).

36 Vgl. dazu George (1967), Heusinger von Waldegg (1971), Hill (1966), Paulson (1972), Jouve (1983, 1988), Koenig, Ohrt und Tröster (1980), Krumbhaar (1984) und Gruner (1989).

37 Vgl. dazu Hole (1983: 54) und Schilling (1950: 222f).

38 George (1978: VII, No. 8624) und Gillray (1986: 208f).

Abb. 1: "French Liberty. British Slavery". 1792

Abb. 2: "French Happiness – British Misery". 1793

Abb. 3: "The Contrast". 1793. (Nach Thomas Rowlandson).

Abb. 4: "Patriotic Regeneration, – viz. – Parliament Reform'd"

Die Angst vor der Aggression der Franzosen war in England ein wirksames Stereotyp von mächtiger ideologischer Kraft. Zum verzerrten Bild vom revolutionären Frankreich gehörten ebenso intellektuelle Komponenten wie das abstrakte Denken der Franzosen, der Atheismus und die ungläubige Spöttelei. Auf vielen Drucken erscheint die schrumpelige und triumphierende Grimasse Voltaires, eine Anspielung auf dessen Spott über die Christenheit, oder das Gesicht eines Affen, der stellvertretend die Zerstörung und die absolute Verantwortungslosigkeit symbolisiert. Eine zentrale Bildmetapher ist das hämische Grinsen, ein Element, daß die furchterregenden Wirkungen einer universalen Konspiration verkörpern soll. Burkes *Reflections on the French Revolution* von 1790 halfen mit, dieses Stereotyp in das nationale Bewußtsein zu überführen. Bei ihm findet sich ein Abschnitt über die "quadrimanous activity", die "violent haste" der Gesetzgeber in der Nationalversammlung, aufgeladen mit Unterstellungen über ihre maliziöse Zerstörungswut, ihre Veranlagung, "to pull everything in pieces", ihre moralische Verantwortungslosigkeit, und sie stellt ihre Verpflichtetheit gegenüber den Deklamationen und Satiren der Gesetzgeber heraus (vgl. Burke 1955: 166f).[39] Burke sah in den Letztgenannten die Drahtzieher der Zerstörung der christlichen Religion. Rousseau maß er mehr Verantwortung zu als Voltaire, obwohl auch dessen Äußerungen zum Christentum bekannt waren. Ein Unterschied war hier wohl entscheidend: Rousseau war Schweizer, Voltaire nicht.

Angst und Reaktion machten – wie wir gesehen haben – das Gallostereotyp aus: Ein mächtiges nationales Instrument für Exorzismus und politisch-soziale Repression. Zu den ersten Opfern der anti-französischen Propaganda zählten die liberalen Whigs. Niemand behauptete, daß sie die Autorität stürzen wollten, aber wie Coleridge es ausdrückte, "ihr feines Gewinsel, ihr französisierter Slang" machten sie verdächtig. "Der Gallikanismus von Fox", stellte er fest, "war die Waffenkammer für Pitt" (Newman 1987: 391f). Die Sicht über die auswärtige Politik war entscheidend, das Volk wurde auf seine "Französelei" hin überprüft. Die anti-französischen Breitseiten wurden auch nach der Wiederaufnahme des Krieges gegen Napoleon wieder gedruckt. Zwar waren sie Ausdruck eines spontanen populären Gefühls, aber sie haben auch etwas damit zu tun, daß die höheren Gesellschaftsklassen aus Angst den niederen Bevölkerungsschichten dieses Gefühl einflößten. In diese Breitseiten waren stets Sätze eingestreut, die auf die "Grausamkeit des korsischen Usurpators" Bezug nahmen. Während die französische Presse unter der Ägide des Konsuls Napoleon Bonaparte durch einen historischen Rückgriff das Schlagwort vom "perfiden Albion" reaktivierte, begann Gillray englischerseits Anfang 1803 das geringschätzige Bild des künftigen Kaisers der Franzosen als "little Boney" zu zeichnen (Gillray 1985).[40]

Ich komme zum Schluß und fasse in zwei Punkten zusammen. Erstens, der Krieg zwischen England und Frankreich konnte während der Lütticher Krise 1787 vermieden werden, weil der französische Staat bankrott war. 1793 war er möglich, weil jede Seite glaubte, ihn gewinnen zu können. Dem lagen wechselseitige Fehleinschätzungen der jeweiligen Machtbeziehungen zugrunde. Jeder überschätzte seine eigenen Möglichkeiten und unterschätzte die des Gegners. Nationales Überlegenheitsgefühl und Fremdenhaß

---

39 Vgl. Burke (1991: 176ff).

40 Vgl. Eggs und Fischer (1985) und Burrows (1997).

waren daher zunächst in Frankreich ein Reflex auf die angespannte innenpolitische Lage. Daß England in ähnlicher Weise an dieser Entwicklung partizipierte, kann als Reaktion auf diese die eigene Existenz bedrohende Herausforderung gedeutet werden, sowohl außenpolitisch, vor allem aber innenpolitisch. Zwar wurde der Samen für nationalen Haß von den politisch Verantwortlichen gesät, aber der Kropf des Hasses und der nationalen Vorurteile war größer, als es sich Barère und seine Kollegen vorgestellt hatten. Die antibritische Propaganda, im Nationalkonvent initiiert und von Napoleon perfektioniert, überlebte ihre Anstifter um 150 Jahre.

Zweitens, das nationale englische Bewußtsein wurde an der Wende vom 18. zum 19. Jahrhundert von einer überwältigenden konservativen Kraft gespeist. Die Verteidiger der bestehenden politischen und sozialen Ordnung erhielten zusätzliche Unterstützung dadurch, daß die einflußreiche pro-französische Grundströmung im eigenen Land mit Anti-Gallikanismus bekämpft und schließlich niedergerungen werden konnte. Die Umstände des Krieges und die effiziente loyalistische Propaganda verstärkten diese Politik. Bei der Bekämpfung des republikanischen Frankreich und des frankophilen Stils im englischen Radikalismus waren der König und die Regierung zusammen mit der gesellschaftlichen *upper class* in der Lage, sich als Hüter nationaler Werte und Institutionen zu profilieren. Gleichzeitig konnten sie den Angriff parieren, sie seien eine Elite, die sich der Korruption verschrieben und das nationale politische Erbe unterminiert hätte. Die Not des Krieges erzeugte, auch unter der politischen Oberfläche, eine nationale Empfindlichkeit, die die Radikalen zwang, ihre kosmopolitischen Ideale und ihre reformerischen Projekte ruhen zu lassen. Der Blick für notwendige Reformen ging dennoch nicht gänzlich verloren. Er öffnete sich in dem Moment, als der Druck aufgrund der abnehmenden Invasionsgefahr nachließ. Lord Russell hatte vielleicht daher 1823 gar nicht so unrecht, als er rückblickend feststellte, daß die große Steuerlast während des englisch-französischen Krieges mehr bewirkt hätte, in England ein Potential an Unzufriedenheit zu produzieren, als die Ideen der Französischen Revolution (s. Dann und Dinwiddy 1988: 70).

Literatur

Archives parlementaires de 1787 à 1860. Recueil complet des débats législatifs et politiques des chambres françaises. 1867-1994. 98 Bde. Paris: Centre national de la Recherche Scientifique.

Barère de Vieuzac, Bertrand. 1793a. *Rapport fait le 1er août 1793. - Texte et nouvelle traduction des lettres et notes anglaises trouvés dans un portefeuille anglais, déposé au Comité du salut public.* Paris: Imprimerie Nationale.

---. 1793b. *Rapport sur l'Acte de Navigation avec les deux décrets rendus dans la séance du 21 septembre de l'an II. Rapport sur un projet d'acte de navigation de la République française, présenté le 3 juillet 1793 par Pierre Marec.* Paris: Imprimerie Nationale.

---. 1793c. *Rapport sur la situation de la République, et les différentes pièces qui constatent la grande conjuration dont la France est enveloppée par les puissances étrangères, notamment par le gouvernement anglais.* Paris. Übers.: *Rapport, welchen Barère den 1. August 1793 im Namen des Ausschusses der öffentlichen Wohlfahrt abgestattet hat.* Straßburg: F.G. Levrault.

---. 1794. *Rapport sur les crimes de l'Angleterre envers le peuple français, et sur ses attentats contre la liberté des nations. Séance du 7 prairial an II.* Paris: Imprimerie Nationale. Übers.: *Bericht Ueber die Verbrechen Engellands gegen das fränkische Volk und über die gegen die Freyheit der Völker verübte Frevel desselben, In der Sitzung vom 7ten Prairial [26. Mai 1794], im zweyten Jahre der in Einheit und Unzertrennlichkeit bestehenden fränkischen Republik, im Namen des Ausschusses der öffentlichen Wohlfahrt, abgestattet von Barère.* Straßburg: F.G. Levrault. Übers.: "Rede des Barrere im Namen des Heilsausschusses über die Verbrechen Englands gegen das französische Volk und gegen die Freyheit der Nationen. Gehalten im Convent am 7ten des Monats Prairial, im 2ten Jahr der Republik [26. Mai 1794]." *Minerva* 11(August 1794): 214-67.

Berding, Helmut. Hg. 1994. *Nationales Bewußtsein und kollektive Identität. Studien zur Entwicklung des kollektiven Bewußtseins in der Neuzeit* 2. Frankfurt/M: Suhrkamp.

Blanning, Timothy Charles William. 1986. *The Origins of the French Revolutionary Wars*. London: Longman.

Boney ou, Napoleon vu par les Anglais. Catalogue d'une exposition à la Bibliothèque municipale de Caen, septembre-octobre 1985. Caen: Association des amis de la Bibliothèque Municipale de Caen.

Bowski, Adolf. 1915. "Le perfide royaume. England in der Tradition der französischen Literatur." *Frankfurter Zeitung*, 5. Februar 1915, Abendblatt, Nr. 36: 1.

Boy, Adrien. 1794. *Discours prononcé dans le temple de la raison à Strasbourg, le décadi 30 pluviôse, 2e année de la République françoise, une et indivisible; par le citoyen Boy, membre de la Societé populaire régénérée de Strasbourg.* Strasbourg: Levrault.

Braesch, Frédéric. 1978 [1911]. *La Commune du Dix Aout 1792. Étude sur l'histoire de Paris de 20 Juin au 2 Décembre 1792.* Genf: Mégariotis.

Brissot, Jean-Pierre. 1793. *Rapport sur les hostilités du roi d'Angleterre et du stathouder des Provinces-Unies, et sur la nécessité de déclarer que la République française est en guerre avec eux.* Paris: Imprimerie Nationale.

---. 1912. *Correspondance et papiers précédés d'un avertissement et d'une notice sur la vie par C[laude Marie] Perroud.* Paris: Librairie Alphonse Picard (= *Mémoires et documents relatifs aux XVIIIe et XIXe siècles* 4).

Buchez, Philippe Joseph Benjamin und Pierre Célestin Roux. Hgg. 1834-38. *Histoire parlementaire de la Révolution française, ou Journal des assemblées nationales depuis 1789 jusqu'en 1815, contenant la narration des événemens, les débats des assemblées.* 40 Bde. Paris: Paulin.

Burke, Edmund. 1955 [1790]. *Reflections on the French Revolution*. London: Dent.

Burrows, Simon. 1997. "The Struggle for European Opinion in the Napoleonic Wars: British Francophone Propaganda, 1803-1814." *French History* 11: 29-53.

Butler, Marilyn. 1984. *Burke, Paine, Godwin and the Revolution Controversy.* Cambridge: Cambridge Univ. Press.

Christie, Ian Ralph. 1982. *Wars and Revolutions: Britain 1760-1815*. Cambridge Mass.: Harvard Univ. Press. (= *The New History of England* 7).

Claeys, Gregory. 1990. "The French Revolution Debate and British Political Thought." *History of Political Thought* 11: 59-80.

Colley, Linda. 1986. "Whose Nation? Class and National Consciousness in Britain 1750-1830." *Past and Present* 113: 97-117.

---. 1992. *Britons. Forging the Nation 1707-1837*. New Haven/London: Yale Univ. Press.

Damade, Louis, Hg. 1892. *Histoire chantée de la première République, 1789 à 1799. Chants patriotiques, révolutionnaires et populaires recueillis par Louis Damade.* Paris: Paul Schmidt.

Dann, Otto und John Dinwiddy, Hgg. 1988. *Nationalism in the Age of the French Revolution*. London/Ronceverte: The Hambledon Press.

Derry, John. 1989. "The Opposition Whigs and the French Revolution 1789-1815." In: Dickinson. 39-59.

Dickinson, Harry Thomas. 1985. *British Radicalism and the French Revolution 1789-1815*. Oxford: Blackwell. (= *Historical Association Studies*).

---, Hg. 1989. *Britain and French Revolution, 1789-1815*. Houndsmills / Basingstoke / London: Macmillan Education.

Duffy, Michael. 1983. "British Policy in the War against Revolutionary France." In: Jones. 11-26.

---. 1989. "British Diplomacy and the French Wars 1789-1815." In: Dickinson. 127-45.

Eggs, Ekkehard und Hubertus Fischer, Hgg. 1985. *"Die Kehrseite der Medaille". Napoleon-Karikaturen aus Deutschland, Frankreich und England.* Hannover: Institut Français de Hanover.

Elliott, Marianne. 1983. "French Subversion in Britain in the French Revolution." In: Jones. 40-52.

Emsley, Clive. 1979. *British Society and the French Wars 1793-1815.* London/Basingstoke: Macmillan.

---. 1988. "Nationalist Rhetoric and Nationalist Sentiment in Revolutionary France." In: Otto Dann und John Dinwiddy Hgg. *Nationalism in the Age of the French Revolution.* London/Ronceverte: The Hambledon Press. 39-52.

---. 1991. "Revolution, war and the nation state: the British and French experiences 1789-1801." In: Mark Philp Hg. *The French Revolution and British Popular Politics.* Cambridge et al.: Cambridge Univ. Press. 99-117.

Fehrenbach, Elisabeth. 1986. "Nation." In: *Handbuch politisch-sozialer Grundbegriffe in Frankreich 1680-1820,* Heft 7. München: R. Oldenbourg. 57-107.

Feldmann, Wilhelm. 1911. "Büchmanniana und Ladendorfiana." In: *Zeitschrift für Deutsche Wortforschung* 13: 96.

---. 1909. "Der Ursprung des Schlagworts vom 'perfiden Albion'." *Frankfurter Zeitung*, 5. Mai 1909, Abendblatt, No. 124: 1.

Fischer, Peter, Hg. 1974. *Reden der Französischen Revolution.* München: dtv.

Furet, François und Mona Ozouf. Hgg. 1996. *Kritisches Wörterbuch der Französischen Revolution.* 2 Bde. Frankfurt/M.: Suhrkamp.

Gauran, 1798. "Guerre au gouvernement britannique." In: *Moniteur* 29. Paris: Henri Plon. 192-3.

George Cruikshank. Karikaturist. Ausstellungskatalog Wilhelm-Busch-Museum, Hannover und der Kunstsammlung der Universität Göttingen. 1984. Stuttgart: Gerd Hatje.

George, Mary Dorothy. 1959. *English Political Caricature. A Study of Opinion and Propaganda*. Oxford: Clarendon.

---. 1967. *Hogarth to Cruikshank: Social Change in Graphic Satire. From Hogarth to Cruikshank*. Harmondsworth: Penguin Press.

---, Hg. 1978 [1938-42]. *Catalogue of Political and Personal Satires Preserved in the Department of Prints and Drawings in the British Museum.* Bde. 6&7. London: Trustees.

Gibson, Robert. 1995. *Best of Enemies. Anglo-French Relations since the Norman Conquest.* London: Sinclair-Stevenson.

Giesen, Bernhard, Hg. 1991. *Nationale und kulturelle Identität. Studien zur Entwicklung des kollektiven Bewußtseins in der Neuzeit* 1. Frankfurt/M: Suhrkamp.

Gillray, James. 1986. *1757-1815. Meisterwerke der Karikatur*. Stuttgart: Gerd Hatje.

Godechot, Jacques. 1973. "Nation, Patrie, Nationalisme et Patriotisme en France au XVIIIe siècle." *Actes du Colloque Patriotisme et nationalisme en Europe à l'époque de la Révolution française et de Napoléon.* Paris: Société des Études Robespierristes. 7-27.

Goodwin, Albert. 1979. *The Friends of Liberty: The English Democratic Movement in the Age of the French Revolution.* London/Melbourne/Sydney/Auckland: Hutchinson & Co.

Green, Frederick Charles. 1964. [1929]. "Anglomaniacs and Francophiles." *Eighteenth-Century France: Six Essays.* New York: Ungar. 29-69.

Grieder, Josephine. 1985. *Anglomania in France 1740-1789. Fact, Fiction, and Political Discourse.* Genf: Droz.

Gruner, Wolf D. 1989. "French Liberty and British Slavery? Aspekte des britischen Frankreichbildes zwischen Revolution und "Reconstruction" (1789-1815)." In: Heiner Timmermann, Hg. *Die Französische Revolution und Europa 1789-1799.* Saarbrücken-Scheidt: Rita Dadder. 455-79.

Guiomar, Jean-Yves. 1974. *L'idéologie nationale. Nation, Représentation, Propriété.* Paris: Ed. Champ Libre.

Harvey, Arnold D. 1978. "European Attitudes to Britain during the French Revolutionary and Napoleonic Era." *History* 63: 356-65.

Heusinger von Waldegg, Joachim. 1971. "Zeitkritik in England 1730-1830. Die englische Karikatur von Hogarth bis Cruikshank." *Philobiblon* 15: 237-61.

Hill, Draper. 1965. *Mr. Gillray. The Caricaturist. A Biography.* London: Phaidon Press.

---. 1966. *Fashionable contrasts. Caricatures by James Gillray.* London: Phaidon Press.

---, Hg. 1976. *The Satirical Etchings of James Gillray.* New York: Dover Publ.

Hole, Robert. 1983. "British Counter-Revolutionary Popular Propaganda in the 1790s." In: Jones. 53-69.

Jeismann, Michael. 1992. *Das Vaterland der Feinde. Studien zum nationalen Feindbegriff und Selbstverständnis in Deutschland und Frankreich 1792-1918.* Stuttgart: Klett-Cotta.

Jessenne, Jean-Pierre und François Wartelle. 1990. "France Angleterre: conflits d'images et influences sur l'engagement révolutionnaire en France septentrionale." In: Vovelle. 607-20.

Jones, Colin. Hg. 1983. *Britain and Revolutionary France. Conflict, Subversion and Propaganda.* Exeter: Wheaton & Co.

Jouve, Michel. 1983. *L'âge d'or de la caricature anglaise.* Paris: Presse de la Fondation des Sciences Politiques.

---. 1988. "L'image de la Révolution dans la caricature anglaise (stéréotypes et archétypes)." In: Vovelle. 185-92.

Kersaint, Armand Guy Simon de Coet-Nempren, Comte de. 1793. "Discours sur l'état d'Angleterre et les conséquences de la guerre maritime avec ce pays, prononcé à la séance du 1er janvier 1793." Paris [1793].

---. "Ueber die Aussicht eines Krieges zwischen Frankreich und England. Eine Rede von Kersaint, gehalten im französischen National-Convent am 1sten Januar 1793." *Minerva* 6 (April 1793): 52-80.

Koenig, Thilo; Ohrt, Roberto & Tröster, Christian. 1980. "Die Stecher von London. Englische politische Karikaturisten unter dem Einfluß der Französischen Revolution." In: Klaus Herding und Gunter Otto. Hgg. *"Nervöse Auffangorgane des inneren und äußeren Lebens". Karikaturen.* Gießen: Anabas-Verlag Kämpf. 58-86.

Kohn, Hans. 1940. "The Genesis and Character of English Nationalism." *Journal of the History of Ideas* 1: 69-94.

---. 1948. *Propheten ihrer Völker. Mill, Michelet, Mazzini, Treitschke, Dostojewski. Studien zum Nationalismus des 19. Jahrhunderts.* Bern: Francke.

---. 1963. *Reflections on Modern History. The Historian and Human Responsibility.* Princeton, N.J.: Van Nostrand.

---. 1967. *Prelude to Nation-States. The French and German Experience, 1789-1815.* Princeton, N.J.: Van Nostrand.

Koselleck, Reinhart. 1979. "Zur historisch-politischen Semantik asymmetrischer Gegenbegriffe." In: *Vergangene Zukunft. Zur Semantik geschichtlicher Zeiten.* Frankfurt/ M.: Suhrkamp. 211-59.

Krumbhaar, Edward Bell. 1984 [1966]. *Isaac Cruikshank. A Catalogue Raisonné with a Sketch of his Life and Work.* Philadelphia: Univ. of Philadelphia Press.

Langewiesche, Dieter. 1995. "Nation, Nationalismus, Nationalstaat: Forschungsstand und Forschungsperspektiven." *Neue Politische Literatur* 40: 190-236.

Markov, Walter. 1982. *Revolution im Zeugenstand. Frankreich 1789-1799.* Leipzig: Reclam.

Meyer, Jean & Bromley, John. 1980. "The Second Hundred Years' War (1689-1815)." In: Douglas Johnson, François Crouzet und François Bédarida. Hgg. *Britain and France. Ten Centuries.* Folkestone, Kent: Dawson & Son. 139-63.

Michelet, Jules. 1946. *Le Peuple. Édition originale [Paris 1846], publiée avec notes et variantes par Lucien Refort.* Paris: Marcel Didier.

Michon, Georges. 1925. "Le Jacobinisme dans les débats du Parlement anglais en 1793 et 1794." *Annales historiques de la Révolution française* 2: 365-73.

Newman, Gerald. 1975. "Anti-French Propaganda and British Liberal Nationalism in the Early Nineteenth Century: Suggestions toward a General Interpretation." *Victorian Studies* 18. 4: 385-418.

---. 1987. *The Rise of English Nationalism. A Cultural History 1740-1830*. London: Weidenfeld & Nicholson.

Ozouf, Mona. 1984. "War and Terror in French Revolutionary Discourse (1792-1794)." *Journal of Modern History* 56: 579-97.

Palmer, Robert Roswell. 1970. *Twelwe Who Ruled. The Year of the Terror in the French Revolution.* Princeton, N.J.: Princeton Univ. Press.

Paulson, Ronald. 1972. *Rowlandson: A New Interpretation*. London/New Haven: Yale Univ. Press.

---. 1983. *Representations of Revolutions (1788-1820)*. London/New Haven: Yale Univ. Press.

Pelzer, Erich. 1998. *Die Wiederkehr des girondistischen Helden. Deutsche Intellektuelle als kulturelle Mittler zwischen Frankreich und Deutschland während der Französischen Revolution.* Bonn: Bouvier. (*Pariser historische Studien* 43).

Philp, Mark, Hg. 1991. *The French Revolution and British Popular Politics.* Cambridge/ New York/Melbourne: Cambridge Univ. Press.

Pierre, Constant. 1904. *Les Hymnes et chansons de la Révolution française. Aperçu général et catalogue avec notices historiques, analytiques et bibliographiques.* Paris: Imprimerie Nationale.

Poésies révolutionnaires et contre-révolutionnaires, ou recueil, classé par époques, des hymnes, chants guerriers, chansons républicaines, odes, satires, chantiques des missionaires. 1821. 2 Bde. Paris: La librairie historique. (zit. *Poésies révolutionnaires*).

Porter, Roy. 1982. *English Society in the Eighteenth Century.* Harmondsworth: Penguin (= *The Pelican Social History of Britain*).

Prickett, Stephen. 1989. *England and the French Revolution*. London: Macmillan.

Saint-Just, Antoine Louis Léon de. 1793. *Rapport sur la loi contre les Anglais [16.10. 1793]*. Paris: Imprimerie Nationale.

Schilling, Bernard Nicholas. 1950. *Conservative England and the Case against Voltaire.* New York: Columbia Univ. Press.

Schmidt, H.D. 1953. "The Idea and Slogan of 'Perfidious Albion'." *Journal of the History of Ideas* 14: 604-16.

Schofield, Thomas Philip. 1986. "Conservative Political Thought in Britain in Response to the French Revolution." *Historical Journal* 29: 601-22.

---. 1991. "British Politicans and French Arms: The Ideological War of 1793-1795." *History* 77: 183-201.

Schulze, Winfried. 1995. "Die Entstehung des nationalen Vorurteils. Zur Kultur der Wahrnehmung fremder Nationen in der europäischen Frühen Neuzeit." *Geschichte in Wissenschaft und Unterricht* 46: 642-65.

Scott, H.M. 1992. "Review Articles: The Second "Hundred Years War", 1689-1815." *Historical Journal* 35: 443-69.

Théremin, Karl Wilhelm. 1795. *Von dem Interesse der Mächte des festen Landes in Bezug auf England.* Paris: ohne Verlagsangabe.

Vincent, Emma. 1993. "The Real Grounds of the Present War: John Bowles and the French Revolutionary Wars, 1792-1802." *History* 78: 393-420.

Vovelle, Michel, Hg. *L'image de la Révolution française.* Paris: Pergamon.

Wagner, Michael. 1994. *England und die Französische Gegenrevolution 1789-1802.* München: R. Oldenbourg.

Wahnich, Sophie. 1988. "L'étranger dans la lutte des factions. Usage d'un mot dans une crise politique (5 nivôse an II - 9 Thermidor an II." *Langages de la Révolution française.* Paris: Presse de la Fondation Nationale des Sciences Politiques. 111-30 (Numéro spécial *Mots* 16).

---. 1989. "Anglais: Des ennemies extraordinaires, nivôse-thermidor an II (janvier-juillet 1794)." *Dictionnaire des usages socio-politiques (1770-1815),* facs. 4: 35-61.

---. 1990. "La notion d'étranger en l'an II: les constructions d'un dialogue Paris-Province dans les Archives parlementaires." *Annales historiques de la Révolution française* 62: 379-403.

---. 1997. *L'impossible citoyen. L'étranger dans le discours de la Révolution française.* Paris: Albin Michel.

Wahnich, Sophie und Marc Belissa. 1995. "Les crimes des Anglais: trahir le droit." *Annales historiques de la Révolution* 67: 233-49.

Abbildungen:

Abb. 1:
"French Liberty. British Slavery". 1792. (James Gillray). Hg.: George (1959: I 219); Hill (1965: 54); Jouve (1983: 51); Paulson (1983: 185); Gillray (1986: 203); Bindman (1989: 127).

Abb. 2:
"French Happiness – British Misery". 1793 (Isaac Cruikshank). Hg. Koenig (1980: 64).

Abb. 3:
"The Contrast". 1793. (Nach Thomas Rowlandson). Hg.: George 1959, II, plate 1; Bindman (1989: 119).

Abb. 4:
"Patriotic Regeneration, – viz. – Parliament Reform'd, à la Françoise, – that is, – Honest Men (i.e. – Opposition) in the Seat of Justice", 1795 (James Gillray). Hg.: Gillray (1986: 88, 208-09); Hill (1966 No. 10); Hill (1976: 107f).

Hogarthian Frames:
The 'New' Eighteenth-Century Aesthetics

Peter Wagner (Koblenz-Landau)

Ever since he first came to public attention with *A Harlot's Progess* in 1732, William Hogarth's stature as an artist and theorist of aesthetics has been a matter of debate. Any survey of Hogarth commentaries, from his late eighteenth-century admirers (Nichols, Ireland, and Lichtenberg) to postmodern critics (e.g., David Bindman and Ronald Paulson), proves that the reputation of England's foremost artist of the Enlightenment is the result of critical, 'ekphrastic', constructions claiming Hogarth for their own conservative or radical views.[1] If 'Hogarth', then, 'is' a text, a product as it were of critical commentary on his prints and paintings, what we need most urgently in the wake of the tricentennial celebrations of his birthday is not further (biographical) partisan exploration but a closer look at the ambiguities of his visual statements and, ultimately, at the problems of representation.[2]

Hogarth's historical environment was an England that saw the rapid emergence of both a consumer culture and a dominant middle class, a society that continually redrew the boundaries between social strata, between public and private life, between high and low in art and aesthetics, and between men and women.[3] The social institutions and ideological apparatuses of this culture engendered what Jürgen Habermas aptly termed a bourgeois public sphere informed by and reacting to print and printmaking. In a sociological respect, one could analyse this culture in terms of the "systems" it produced and explore the ways in which these, in turn, harnassed individuals, including such artists as William Hogarth.[4]

---

1 My use of the term ekphrasis in this article draws on the most recent definitions in the sense of a verbal (including, critical) representation of a visual representation. See my articles on "Ekphrasis" and "Representation" in *Lexikon Literatur- und Kulturtheorie*, Nünning, ed. (1998). For recent assessments of the commentary on Hogarth, see especially Wagner (1996a) and Bindman (1997). As we celebrate Hogarth's tricentennial birthday (1997), Paulson, the nonpareil of contemporary Hogarth critics, continues to propagate his view of an ingenious and subversive artist while the highbrow press seems to be of two minds about Hogarth the painter; see the totally contradictory articles by Hulse (1997), who argues that Hogarth was a bad painter, and Cork (1997), who praises him as an allegedly outstanding artist.

2 For a magisterial, exemplary attempt of the kind of interdisciplinary art criticism urgently required in Hogarth studies see Bal (1991), in which she deconstructs the idea of the god-like genius (hence the inverted commas) while providing close readings of Rembrandt's works from a viewpoint inspired by semiotics and feminism. Given the present state of art history, it is hardly surprising that this pioneering monograph has been stonewalled by traditional art historians.

3 For insightful studies of these important socio-political changes that produced new mentalities, see Birmingham and Brewer (1995); Brewer and Porter (1994); and Brewer (1997).

4 Luhmann's work comes to mind. See especially his recent *Die Kunst der Gesellschaft* (1997). For a recent study placing Hogarth's art at the crossroads of political and economic systems, thus challenging Paulson's construction of a Hogarth who stood above and beyond these constrictions, see Solkin (1992).

In what follows I will join forces with David Bindman, proceeding from the basic assumption that Hogarth "worked, however uncomfortably, *with* the grain of society rather than against it" when he produced satirical visual representations that "did more to reassure those in power than perturb them" (Bindman 1995: 28). While I would add as a caveat that Hogarth's art, especially that produced after 1745, definitely contains (in the double sense of the term) subversive aspects, to some extent these were absorbed by the English society of his day and age – much in the way that we absorb them today. Apart from the powerful effects of early eighteenth-century discursive practices and mentalities on Hogarth that were largely beyond his control,[5] the fact that Hogarth was working within the ideological confines of his society can nowhere be better documented than in his use of what I prefer to call 'frames'. By this term I mean models of representation that draw on visual and verbal prototypes. Hogarth in his work reshaped these models by subjecting them to his particular form of iconoclasm that was far less radical (precisely because it was part of Augustan satire) than critics like Paulson would have it. It is not my aim here to discuss Hogarth's sophisticated handling of the virtual frames he devised for some of his prints which play with the real (wooden) frames of paintings and the idea of framing. This ironical use of 'real' picture frames demonstrates that he seems to have been fully aware of the subversive power of the marginal, of the containment and determination of the visual sign by its allegedly less important liminal area.[6] Two examples will suffice. In the first plate of the series *Industry and Idleness* (1747), which has an elaborate framework consisting of texts and objects (fig. 1), one notices that the master's cane, at right, seems to extend accidentally into the Lord Mayor's mace in the brick-like frame, thus establishing ironic links between the outside and the inside of the picture (and by implication between the central and the marginal), commenting on the present and future of the apprentices and their success (through hard work) and failure (through sloth: see the objects of torture and punishment in the left part of the frame/margin). The same kind of subversive play with seemingly unimportant marginal signs is at work in Hogarth's second plate for his treatise, *The Analysis of Beauty* (1753), in which the liminal representations surrounding the scene of the country dance comment visually on his ideas formulated in the text (fig. 2). Much could be said about the subversive functions, including the aesthetic dimensions, of the two human figures witnessing the dance from the outside as it were – Sancho Panza, at right, and the Samaritan Woman, at left (fig. 3). Introducing the texts from which they have sprung (Cervantes's *Don Quixote* and the Bible), they urge the observer to make comparisons and look more closely, thus casting doubt on the moral rectitude not only of the people in the right foreground (where an adulterous tête-à-tête is being arranged with the help of a "billet doux") but also on the seemingly innocent couple embodying grace beneath

---

5 For case studies of the impact of discourse and mentalities on Hogarth's works see Chapter 4 in Wagner (1995: 101-38), and Wagner (1997b: 65-79).

6 For a persuasive discussion of the theoretical issues of this problem (the marginal and liminal in visual representations), see Derrida (1987). For case studies of the importance of frames and framing in Hogarth's prints see Wagner (1995: 92-97) and my article, "The Artist at Work: A (De)Constructive View of Hogarth's *Beer Street*" (Wagner 1995c: 100-27).

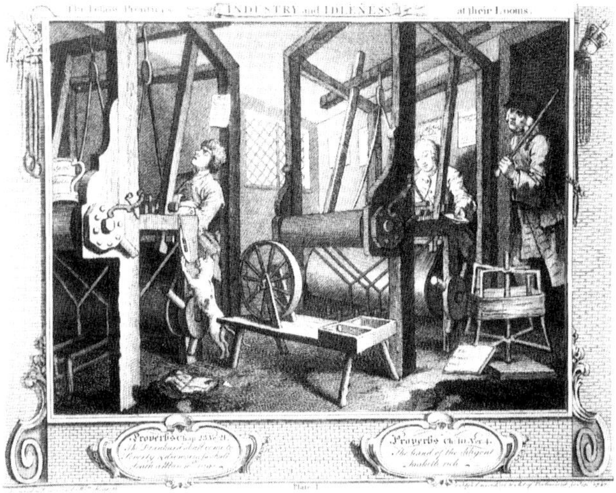

Figure 1: *Industry and Idleness*; Figure 2: *The Analysis of Beauty*

the picture of a murderous adulterer, Henry VIII, and immediately beside the bigamous woman in the frame. The marginal figures introduce an ironical comment while strengthening the effects of deviation from ideal beauty expressed in the genteel figures on the far left, who contrast with the clodhopping rustics and bourgeoisie around them.[7] In this article, then, I do not want to focus on these "real" (virtual) Hogarthian frames, though I will readily admit that they are part and parcel of his iconoclastic Georgic-pastoral aesthetics. Instead, I intend to explore some of the important conceptual frames, i.e., the major aesthetic models, which he adopted, and adapted, in his prints.

I

Hogarth made his new aesthetics explicit in the surprising context of his subscription ticket (fig. 4) for *A Harlot's Progress* which is entitled *Boys Peeping at Nature*. Acting as a kind of framework, or parergon, for our understanding of the first example of his iconoclastic "modern moral subjects", *Boys Peeping at Nature* was "an announcement, a come-on, an elaborate joke, and a statement of theory" (Paulson 1991: 275).[8] As we will see it places the *Harlot* series in the context of Renaissance art even while satirizing artistic practices in the imitation of "Nature"[9]; and it provides a paradoxical textual frame (beneath the picture and on the wall) by introducing classical writings and satirical models.

Three putti and a youthful faun (in fig. 4) surround an antique sculpture with its arms missing. This is Nature as represented by the *Diana multimammia* of Ephesus who had appeared in the illustrations of various art treatises, e.g., in Gérard de Lairesse's frontispiece to his *Art of Painting* (1707) and in Roger de Piles's *Cours de peinture par principes* (1708). Hogarth alters the number of breasts of the female figure, thus turning her into the new idol and subject of art. This is supported by the mock-portentious quote behind the sculpture: *Antiquam exquirite Matrem* is a learned epigraph lifted from Virgil's *Aeneid* (III, 96) in which Apollo suggests to Aeneas, "Seek out your ancient mother" (i.e., go back to your roots). Applied to English art, the suggestion for early eighteenth-century artists is for a return to unadorned nature and for them to seek inspiration beneath and beyond conventions, in the shocking reality of low life.

If the ticket suggests new approaches and fields for English art, it also critiques artistic conventions in the putti which represent specific arts. The one on the left, a mock-allegory of (history) painting, obviously attempts to copy Nature but has cut off her lower parts and reduced the number of breasts to a chaste three. His colleague at right, who represents printmaking, appears to engrave a copper plate. He has literally turned his back on Nature and produces ideal forms from his imagination. The satirical

---

7 For an explication of the details of this print, including the texts introduced by the marginal figures, see Paulson (1989): 160-61.

8 In the following discussion of the subscription ticket (*Boys Peeping at Nature*) I have drawn on Paulson's detailed analysis (1991: 274-80), (1989b: 75-76) and on Bindman (1997: 38-39); and Hinz and Krug (1986: 173-74).

9 On the history of the "imitatio" concept and its function in Hogarth's *Analyis of Beauty*, see Busch (1977: 46-65).

Figure 3: *The Analysis of Beauty*, detail

Figure 4: *Boys Peeping at Nature*

message of Hogarth's ticket implies that such traditions in art (producing embellished, aestheticized forms of Nature and working solely from imagination) are to be rejected. A new, "low", terrain is being dis/uncovered by a faun seeking to peep under Nature's skirts. He stands for both satire and animal sexuality (cf. the word *satyra*, an alternative Greek origin for satire[10]). In his *Harlot* series Hogarth raised the shift as it were to reveal low, indecent, nature by basing his work on the story of a contemporary prostitute, *The Harlot's Progress*. However, the cheeky satyr in *Boys Peeping at Nature* is fended off by another, more respectable, putto. The implication – in view of Hogarth's own work after 1732 – seems to be that decorum will be maintained, even though the veil is lifted from Nature so that one may see her true beauties normally concealed by conventions. Thus the central group in the subscription ticket embodies some of Hogarth's new ideas, the *concordia discors* of faun and putto visualizing the struggle between artistic convention and iconoclastic innovation. Hogarth gives us a parody of allegorical representation, for the (attempted) unveiling of Mother Nature's private parts alludes to *nuda veritas* as opposed to the allegorical image of veiled truth traditionally used in literature and art.

Boys Peeping at Nature is not only a programmatic, satirical, declaration of allegedly new artistic aims, it is also a true iconotext, a visual representation in which word and image mingle and cross to such an extent that neither can be said to dominate.[11] What makes it fascinating as an enunciation communicating a message is, for one, the fact that Hogarth works with highly ambiguous signs, thus demonstrating the notion of *différance* in a concrete if still iconotextual way (see, for example, the necklace of the statue to which I shall return below). Moreover, we also find representations of texts (in addition to the art historical treatises to which the work of the putti alludes) both inside the engraving (located on the wall) and outside the print. These texts must be considered in the process of meaning-making. Like the epigraph behind the statue noted above, the quotation beneath the design also imports classical authors and classical learning into the verbal-visual message. The parergetical text ("necesse est / Indiciis monstrare recentibus abdita rerum, / – dabiturque Licentia Sumpta pudenter"), which has been lifted from Horace's *Ars poetica* (ll. 48-49, 51), could be translated as "It is necessary to present a difficult subject in new terms – and license will be allowed if it is used with care." Applied to Hogarth's immediate concerns in his works published after 1732, the Latin tag implies that a difficult, abstruse (or concealed) subject (e.g., the lives of a whore and a rake; or the careers of lower-class apprentices in the series *Industry and Idleness*) will be unveiled, and that the licentious will be allowed if it is undertaken with modesty. The modest putto in the print, then, is present in order to obstruct (but not preclude) the unveiling of the

---

10 Bindman (1997: 39) explains that the modern usage of the term 'satire' comes "not from the Greek but from the Latin word *satura*, meaning a mixture of foods or salad on a platter."

11 For a detailed discussion and explication of the term iconotext, see the introduction in Wagner 1996b: 1-40, especially 15-17. By iconotext I generally mean the use of an image in a text or vice versa (by way of reference or allusion, in an explicit or implicit way). Hogarth's prints are prime examples of iconotexts in that they visually represent discourse, either by showing real texts in or outside the picture or by alluding to writing (e.g., the Bible, laws, newspapers) in iconic signs. For case studies of such iconotexts that play with the semantics of the verbal and visual and the mingling of both in hybrid signs, see Wagner (1995, Chapters 1, 3, 4 and 6).

potentially improper subject. Together with Virgil's text on the wall, the passage from Horace's well-known treatise is meant to cement Hogarth's attempt in the *Harlot's Progress* to try something new while borrowing from traditional sources. Contrasting the putti with the faun, and by implication their actions with his, he juxtaposes the high art of the Renaissance and the canon of classical texts with the realistic subject matter and the bawdy innuendoes of his subscription ticket. The ticket to *A Harlot's Progress,* then, declares that the newness of the series requires new artistic and aesthetic methods. At the same time, it asks to be trusted not to go beyond discretion or Horatian moderation in putting these methods into practice. Both verbally and visually, the highly playful ticket explains to the buyer that *A Harlot's Progress* will be about a low subject, grounded in sexual desire, but that it will be executed in a parody of classical styles (e.g., history painting and church painting) while focusing on the consequences of imitation – in life and in art.

This (Paulsonian) reading of Hogarth's first subscription ticket makes sense by aligning the verbal and visual signs along the hermeneutic axis in such a way that they supplement each other in the critical production of ekphrasis. But critics like Norman Bryson and Mieke Bal (both with a strong interdisciplinary perspective), inspired by the pioneering work of Roland Barthes and Jacques Derrida, have taught us that an image can be as contradictory and obstreperous as a text.[12] Images can be paradoxical precisely because they are always mute and need explanatory words – a title, an epigraph as with Hogarth's ticket, or an art-historical ekphrasis – to express the ostensible meaning they contain. It is a hallmark of traditional ekphrasis that it either ignores or forcefully aligns polyvalent signifiers which, at first glance, do not fit the framework established by the critic; yet pictures always contain an excess of meaning that cannot be expressed in words. Michel Foucault summarised the problem from a more philosophical standpoint when he argued that "it is not that words are imperfect or that, when confronted by the visible, they prove insuperably inadequate. Neither can be reduced to the other's terms: it is in vain that we say what we see; what we see never resides in what we say" (1973: 9). In Hogarth's subscription ticket, such ambiguous signifiers defying the arresting of meaning include: (a) the putto on the right (is he writing, or drawing or "clearly [...] applying a burin to a copper plate"?);[13] (b) the central figure of Diana (an object and subject of art, as in Rubens's *Nature Adorned by the Graces;* a figure of natural and female fecundity; and much else[14]), or, for that matter, even (c) the wall and the small shrub in the foreground which have been judged to be unimportant details. The most fascinating example, however, is the necklace and

---

[12] I have elsewhere paid homage to the critical, pioneering work of Bal, Barthes, Bryson, Derrida, Foucault, and others (Wagner 1996b). In addition to the works by Bal and Derrida quoted above, essential studies that should be consulted by anyone doing research in word-image relations include Barthes (1977, 1982, 1970), most now collected in Marry (1993-1995); Bryson (1991: 61-74; 1988: 87-115; 1988: 183-93); and Foucault (1973; 1982). For a detailed bibliography of critical word and image studies see Wagner (1996b: 347-82).

[13] Bindman (1997: 97) argues that the putto represents an engraver. Cf., however, Paulson (1989b: 75), who believes the figure to be drawing or writing, a view he repeats in Paulson (1991: 275).

[14] For an interesting discussion of Diana of the Ephesians, which is by no means exhaustive and – this is typical of Paulson's approach – arrests meaning to subject it to a critical-biographical reading, see Paulson (1991: 292-300), where Paulson introduces Deism as a subtext.

cross we see on the neck of the statue; they seem to have completely escaped critical attention (neither Paulson nor Bindman have commented on this detail). Significantly, the necklace (a rosary of sorts) is retained (re-presented) in the artistic copy of the putto-painter who leaves out the more realistic aspects (the breasts and the lower part of the body). It may very well be that Hogarth's depiction of the adoration of the statue by putti artists introduces a biblical context. This connection seems to be reinforced by Charles Blount's *Great is Diana of the Ephesians: The Original of Idolatry,* a treatise published in 1680. Hogarth would then implicitly be contrasting the pagan goddess with the contemporary Harlot (thus the joke about the nothing that in fact lies under the veil), and himself with St. Paul (not for the last time) as an iconoclast of the goddess. Hogarth therefore represents himself as being in opposition to contemporary artists.[15] I would, however, read the necklace *cum* attached cross on a more fundamental level and within a related framework, namely iconoclastic Protestantism, which Hogarth shared with the leading intellectuals of his time. To begin with, the necklace/rosary alludes to pagan art Christianized by the Renaissance, and by implication to the danger of Catholic idolatry (e.g., in Church art). William Hogarth was a Protestant highly aware of the Calvinist iconoclastic tradition.[16] Staying within the frame of Augustan Protestant satire, he never tired in his attacks on popery, Catholicism, and religious mysteries. His attitude is perhaps best exemplified in one of his final prints, *Credulity, Superstition, and Fanaticism* (1762), in which religious "enthusiasms" of all sorts (Methodist and Catholic) and the belief in "miracles" are the objects of satire. Hogarth juxtaposed what he was taught to see as great dangers, especially Catholicism, with their opposites: Protestantism, the Bible, and Reason. The frame of Calvinism even entered his aesthetics on a concrete level, as we notice in his representation of the S-curve, his "Line of Beauty", in the title-page vignette to his *Analysis of Beauty* (fig. 5) – it clearly shows a serpent's head, suggesting the conflation of (female) beauty and the (Protestant notion of the) danger of sinning best exemplified in Eve's Fall in Paradise. If the cross and necklace adorning the statue of Diana also suggest a rosary, the visual allusion is to Catholic idolatry as seen by Protestantism (pictures and statues representing saints). Hogarth's ticket implies that such religious aberration also applies to contemporary art, for the statue (turned into an idol through the necklace/rosary) is being imitated by the putti artists who do not represent the Hogarthian aesthetic ideal.

---

[15] Paulson (1991: 293). Further on, (1991: 295), Paulson maintains that Hogarth "clearly *knew* the assertions and counterassertions [of Deist tracts]. He can be seen demystifying the Scriptures, ejecting or reinterpreting the Virgin Birth, the Annunciation, and the Visitation in ways that removed their supernatural implications" (Paulson's italics). Although I have my doubts about Hogarth's so-called knowledge and intentions (and even more about Paulson's hermeneutic deployment of them in his constructions of the meaning of Hogarth's prints), I would agree with Paulson that the visual allusions he has in mind are certainly open to such interpretations. More recently, Paulson has expanded his theory of Hogarth's reaction to Deist ideas in *The Beautiful, Novel, and Strange: Aesthetics and Heterodoxy* (Paulson 1996: 11-23).

[16] For an insightful exploration of this tradition and its consequences in Augustan art and literature, with particular consideration of Hogarth, see Paulson, *Breaking and Remaking. Aesthetic Practice in England, 1700-1820* (1989a: 1-48; 149-203).

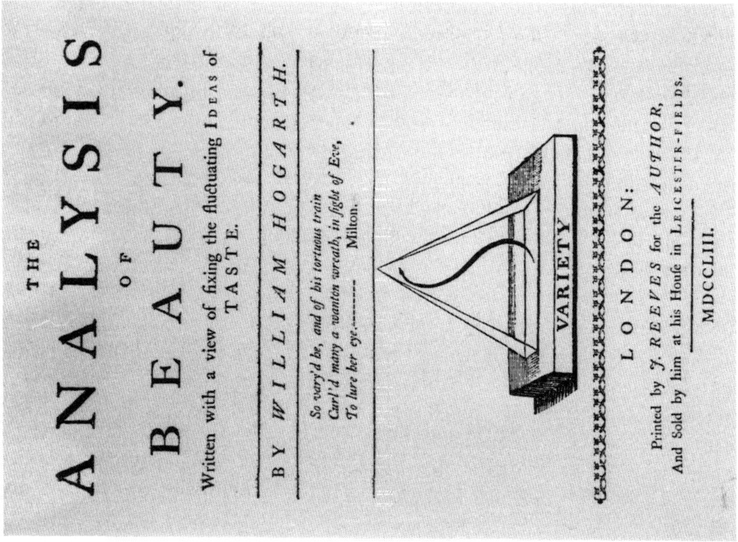

THE
ANALYSIS
OF
BEAUTY.
Written with a view of fixing the fluctuating IDEAS of TASTE.

BY WILLIAM HOGARTH.

So vary'd he, and of his tortuous train
Curl'd many a wanton wreath, in sight of Eve,
To lure her eye.——— Milton.

VARIETY

LONDON:
Printed by J. REEVES for the AUTHOR,
And Sold by him at his House in LEICESTER-FIELDS.
MDCCLIII.

Figure 5: "Variety": *The Analysis of Beauty*, detail
Figure 6: *Boys Peeping at Nature*

That ideal is a compromise between the faun, who ignores the necklace (and hence Catholic Renaissance art) in his search for the veiled and the obscene, and the putto (whose sex is concealed by the conventional cloth of baroque paintings) fending him off. The necklace is merely one of several signifiers introducing texts and subtexts which, upon closer analysis, lead the observer towards the endless horizons of intertextuality and intermediality. It is a signifier that demonstrates in its visual and verbal dimensions how meaning is deferred and how dissemination works in art. As an ironic, parodic, declaration of aesthetic aims Hogarth's *Boys Peeping at Nature*, then, critiques both artistic practice and aesthetic theories in the early Augustan period. By way of visual and verbal allusions, it implies that the arts may be aware of the hidden side of nature but do not approach it realistically or lustfully. Since the ticket is a preface of sorts to *A Harlot's Progress,* it argues that the series should be seen as a work which faces up to nature but not with prurient intent.

Hogarth subsequently used the print as a subscription ticket for *Strolling Actresses Dressing in a Barn* (1738) and the series *The Four Times of the Day* (1738), where it introduces a pastoral-georgic mode, and then reworked it substantially around 1750 (fig. 6). The changes in the new version reflect not only the subject of the works for which it served as subscription ticket (the engravings based on his religious history paintings, *Moses Brought Before Pharao's Daughter* and *Paul Before Felix*, both produced in 1751-52) but also a new orientation in the choice of aesthetic frames. The Latin motto from Virgil and the passage from Horace in the caption are both omitted, which means that classical satire is not required anymore. The necklace has disappeared too; but Nature's face, headdress and drapery have been altered in such a way – the remaining breasts notwithstanding – as to suggest the (Catholic) figure of a female saint or a nun. The faun has also been removed. The point is to draw attention to the erasure – what is absent (classical satire and gross contemporary English reality) is no longer of importance for art. The pose of the modest putto has been slightly changed (cf. the left hand with that of the first version); he now supports a panel showing a representation of Nature's head and shoulders (in the frame or shape of a typical baroque oval) which is remarkably different from the painting produced by the putto on the left. The new Diana is distinguished by curving lines in an attempt to express simplicity and abstractness. Replacing the faun trying to look under Nature's skirts, this classical Diana is an allusion to Hogarth's understanding of history painting in the 1750s.[17] Whereas the original ticket from 1731 (fig. 4) tried to exemplify and visualize Hogarth's ideas concerning "modern moral subjects" or "comic history-painting", as Hogarth's friend Henry Fielding termed it,[18] the later version announces

---

[17] On the alterations of the subscription ticket see Paulson (1991: 155; 1993: 43-47) and Hinz and Krug (1986: 174).

[18] See Henry Fielding's remarks on the art of the "ingenious Hogarth" in *Joseph Andrews* (Fielding 1977: 25-28), where he compares his fictional art, "comic epic poems in prose", to Hogarth's attempts on canvas to produce a similar effect. In *Tom Jones* (1749) Fielding was to praise his friend again when he referred the reader to Hogarth's "Morning" scene (in *The Four Times of the Day*) for a description of Bridget Allworthy. See Fielding (1996: I, xi, 58). I refrain from launching into a comparison of Hogarth's art with the fiction of his time for two reasons. For one, several studies, with the basic assumptions of the *ut pictura poesis* theory and the alleged correspondences of the arts, have already explored this field. See especially Reiter (1930), Moore (1949/ 79), de Voogd (1981), Paulson

sublime histories based on religious subjects. By this time, Hogarth was aspiring to the position of Serjeant Painter (which he obtained in 1757), and his ideals and aesthetics had undergone a change. The ideal nature copied here is that of Raphael and antique sculpture, an ideal to which he was shortly to return in his *Analysis of Beauty* (1753).

II

Hogarth's deletion around 1750 of the Latin quotations from the revised version of his first subscription ticket does not necessarily imply that he completely abandoned his earlier attempts to frame his satire in classical terms. Indeed, a brief look at his published prints indicates that he rarely abandoned the confines of Augustan satire as inspired by classical authors. Hogarth adopted this approach from his contemporaries (notably Addison, Pope, and Swift) in order to fashion it for the specific purposes of his own visual art. His use of classical authors and forms of satire reaches from conventional figures in art to quotations; more often than not, both appear in his engravings. *Masquerades and Operas* (1724), for instance, Hogarth's first independent satire sub-titled "The Bad Taste of the Town" (fig. 7), mounts an attack on "foreign" art and entertainment (i.e., Italian architecture and operas) and shows the failings of the leaders of taste. The classics of English literature appear in the centre of the engraving, but they have lost their central place in culture, being carted away as waste paper, while the ignorant crowd is roped in by a satyr (at left) who leads revellers towards the masquerade. As David Bindman explains, "satyrs, as followers of Dionysus, took a sardonic pleasure in human and especially sexual weakness; they are nature, not as Mother, but as unrestrained appetite" (1997: 40).[19]

Hogarth's further handling of the satyr figure – in the subscription ticket discussed above, but also in the complex allegorical frontispiece to his series of 12 plates illustrating Samuel Butler's *Hudibras* (1726)[20] – indicates his sophisticated knowledge of the meanings and origins of satire. As late as 1761 he produced another subscription ticket (for an engraving of his *Sigismunda* painting) entitled *Time Smoking a Picture* (fig. 8). His most consciously learned image,[21] it integrates quotations from various sources in a visual and semantic play with framing and naming. Beneath the design, we find a line ("As Statues moulder into Worth") which has been attributed to Hogarth himself, and an anonymous couplet appealing to the observer to rely on her judgment rather than on the advice of self-appointed "connoisseurs." The dark ("smoked") picture does not benefit from Father Time's activity – it is being destroyed by his scythe. Its frame bears a Greek motto and a reference to a number of Addison's *Spectator* (no. 83, 1711). Borrowed from Crates, a

---

(1982); and, most recently, the essays by Paulson, Cowley, Klinger, Welcher, and Möller, in Möller (1996). Secondly, I have recently pronounced a caveat vis-à-vis such studies in "Swift, Hogarth and the End(s) of Biographical Studies", in the forthcoming *Festschrift for Hermann Josef Real*, hg. Rudolf Freiburg et al. (Wagner forthcoming).

19 For a more detailed analysis of this print in the context of Hogarth's (conservative) reaction to popular culture, see Wagner (1991: 329-47).

20 See Bindman's persuasive discussion of the satyrs in this engraving (1997: 39).

21 Detailed information about the various verbal and visual allusions crossing in this picture can be found in Leach (1955); and in Klotz's fine article "Hogarth und Addison: 'Time Smoking a Picture' und 'The Spectator'" (1959), which are the sources for Paulson's ekphrasis (1989 b: 173-4).

Figure 7: "The Bad Taste of the Town"; Figure 8: *Time Smoking a Picture*

Greek comic dramatist, the quotation has been slightly changed to meet Hogarth's needs for an attack on the adoration of "old" paintings: "For Time is not a great artist but weakens all he touches." In the *Spectator* article referred to in the frame we are presented with a vision of a picture gallery in which Father Time[22] touches up the paintings to "make them appear more perfect than when [they] came fresh from the Master's Pencil." Considering (Father) Time as a destructive force that confers an artificial, false, value on art, Hogarth adapts both verbal sources to his iconoclastic purpose. Reading the Greek in the margin and noticing the subtle changes made in the satirical appropriation of the classical source, one wonders of course whether Hogarth (whose father taught Latin) achieved a level of learning enabling him to construct his visual satires with a conscious regard to classical and other traditions, as practiced by his contemporaries Pope and Swift.

It is certainly not implausible that Hogarth might have read Horace in one of the innumerable translations available in the early decades of the eighteenth century and that he read Juvenal, perhaps in Dryden's popular translation.[23] Yet the evidence of *Time Smoking a Picture* suggests that Hogarth relied on the opinion-makers of his day and age, above all on Addison. One can assume that much of his classical knowledge was mediated by contemporary journalism and those *literati* who catered to, and formed, the taste of the rising middle class. If Hogarth's satirical enterprise was Addisonian and bourgeois in the sense that it strengthened the ideological frame of advocating a middle way between vice and excessive virtue, his vision was derived from a wide range of popular and literary sources.[24] As *Boys Peeping at Nature* (fig. 4) clearly shows, Horace, and hence Roman satire, was one of Hogarth's chief inspirations. Addison and the propagators of the new bourgeois mentality relied on Roman thought while advocating a middle way in their attempt to distinguish the "new" taste (a distinction in Bourdieu's sense of the term) from aristocratic and vulgar models.[25] They saw analogies between the cities of London and Rome, juxtaposing the corruptness of Roman senators and the crookedness of English politicians, and they found their precedents above all in the works of Horace and Juvenal, who were usually seen to represent the poles of Roman satire.

Whereas Horace was interpreted as emphasizing compromise and balancing human conduct between extremes, Juvenal was always called for in times of particular moral decay, for he seemed to offer a bleaker view of humanity. Hogarth joined the revival of Horatian satire, and it is obvious that his advocacy of the middle way

---

[22] This is one of the conventional figures (cf. also the satyrs, Mother Nature, and the dog) which Hogarth borrows from the history of art, casting them into his eighteenth-century English contexts. For discussions of Father Time (who makes frequent appearances in Hogarth's graphic works), see Panofsky (1972: 69-95, plates 21-40). With respect to Hogarth, see especially Macey (1976).

[23] In the following passage I have relied on Bindman's discussion of "Politeness and Roman satire" (1997: 33-40).

[24] On the background of Hogarth's visual satires see Klingender (1944), Paulson (1979), and Wagner (1994: 223-41; 1996c: 411-50).

[25] See Bourdieu (1979/87). It seems to me that the role of journalists and other opinion-makers in the crucial period of the early decades of the eighteenth century, when a new taste and mentality were being shaped, has not been sufficiently analyzed. Important studies of the phenomena include Böker (1990: 139-61), Stallybrass and White (1986), and Pears (1988).

between extremes in his "Progresses" and other series is consciously Horatian. Nevertheless, it was not Horace who produced the most imitated of all Roman satires but Juvenal whose Third Satire, with its attacks on false Roman values and the bigoted Greek in Rome, provided a model which was eagerly applied in early eighteenth-century England to Italian and French émigrés and visitors. Hogarth cast Juvenal's Greeks into his stock French types (cf. the dancing master in plate 2 of *A Rake's Progress,* and the Huguenots in the second plate, "Noon", of *The Four Times of the Day*), and the influence of the Roman satirist can be observed in much of Hogarth's later work, especially in the precise delineation of place, always imbued with symbolic meaning, and character, as we are given stereotypes of professions and social classes. In his satirical depiction of the urban culture of London as a *theatrum mundi* (see, for instance, *Southwark Fair* or *The March to Finchley*, and especially *The Four Times of the Day*), Hogarth obviously engaged with Juvenal as one of his literary models to be broken and reshaped, sharing with him a sense of the inevitability of class confrontation in the urban sphere but rejecting the utter bleakness and cynicism of the Roman's vision. Like Horace and Juvenal, Hogarth framed his vision in satire, and although his contents were new and English, his frames were to some extent still Roman, thus really justifying the term Augustan which is often applied as an epithet to the period when Hogarth flourished.

III

Equally important for Hogarth's aesthetics were the literary frames provided by some of his contemporaries. The year 1745 saw the death of one of the greatest satirists in the English language, Jonathan Swift, whom Hogarth had admired from the very beginning of his own career. When Swift's *Gulliver's Travels* came out in 1726, Hogarth responded immediately with what he jokingly termed the frontispiece to Swift's satire (fig. 9). *The Punishment Inflicted on Lemuel Gulliver* is indeed 'authorized' by Swift's name, in the caption; it appears in reverse as inventor together with Hogarth's as engraver, with the explanation, "The Punishment inflicted on Lemuel Gulliver by applying a Lilypucian fire Engine to his Posteriors for his Urinal Profanation of the Royal Palace at Mildendo which was intended as a Frontispiece to his first Volume but Omitted." Hogarth's visual response to Swift is a truly scatological satire[26] in the Dean's spirit. It plays with English politics in a Swiftean manner, as the benevolent and gullible John Bull alias Gulliver, exploited by the Lilliputians (the Government people in the foreground), is repaid for preserving the Hanoverian

---

[26] Both Swift's and Hogarth's scatological satires, especially Swift's poems concerned with the repulsive aspects of female bodies, have been the subjects of critical misreadings precisely because the nature and function of scatology in satire have changed and because modern and post-modern critics have failed to see its importance in what was still a largely rural English culture. For discussions of the forms and the abundance of scatological humour in the eighteenth century, see Wagner (1990: 182-91), and the chapter on "Obscenity and Body Language in the French Revolution", in Wagner (1995: 139-60).

Figure 9: *The Punishment Inflicted on Lemuel Gulliver*;
Figure 10: *Self-Portrait with Pug*

dynasty. At right, Pan, a pagan idol of sexuality, is being adored, suggesting toleration of immorality.[27]

In the year of Swift's death, Hogarth painted a portrait of himself which was to celebrate English art by setting it off from Continental (French) models; it was one of those Hogarthian paradoxical attempts to define Englishness without realizing that this could not be achieved without the "other", especially the French, being present in the background. The *Self-Portrait with Pug* (fig. 10; the illustration reproduced here is the engraving, published in 1749, based on the painting from 1745) is an almost jingoistic image that needs all sorts of allusions to things English in order to make its essential points about the difference from central European art. If one were to deconstruct the image, one could show how it must integrate what it pretends to attack and that it can make sense only by pretending to be essentially different from the hated baroque models (Wagner 1995: 56-58; 1997c: 100-27). Hogarth asserts the Englishness of his "new", non-academic, art (and aesthetics) with a number of distinct visual allusions. These include a twofold reference to his famous "Line of Beauty", which is represented in writing and engraved on the palette in the foreground, his English dog Pug,[28] and his clothing. Instead of a wig, which appears in an ealier version and in another self-portrait, he wears his Montero cap, showing himself in 'undress' rather than the formal clothes one is accustomed to seeing in such portraits. What is important for my context is that, as so often, Hogarth's visual representation cannot function and make sense without implicit or explicit allusions to the great authorities for English painters. In the painting that served as the model for his engraving, Hogarth's palette and, through a visual illusion, the upper part of his body are supported by a pile of books which can be identified as the works of Shakespeare, Milton and Swift. By visually introducing the literary giants as role models for English artists[29] – writers supporting a bluff Englishman – Hogarth denies foreign and even classical influence on his work. This is a rhetorical and visual argument which, as David Bindman has noted, is counterbalanced by the "mastery of pictorial illusion in setting his head within a fictive, unframed canvas" (1997: 83).[30] The portrait claims that the foundations of Hogarth's art can be found in the satire of his great literary contemporary, Swift, and in the works of two masters of the canon of English literature.

It would indeed be absurd to deny the influence upon Hogarth of the so-called great writers of his age, from Defoe and Swift to Fielding and Sterne. On the one hand, Hogarth acknowledged this influence indirectly, for example when in plate 3 of *A*

---

27 For further details concerning the background of the engraving, see Paulson (1989b: 70). I have discussed other Hogarthian visual responses to Swift in Wagner (forthcoming).

28 Paulson notes that the artist "compares himself physically and iconographically with his dog, as if to say that he and his art are the necessary doggish element in an over-refined society" (1982: 73). On the English dog as a sub-culture type, and Hogarth's deliberate iconoclastic and irreverent use of it, see Paulson (1979: 49-64).

29 Paradoxically, the role models were writers, not artists. For a study of this paradox see Paulson (1982).

30 One might add to this the Latinized version of his name, "Gulielmus Hogarth", another marginal text that contradicts the alleged English simplicity represented inside the frame.

Harlot's Progress he alludes with a pocket watch to Defoe's notorious *Moll Flanders.*[31] On the other hand, explicit acknowledgment is provided, for instance, in the painted version of his *Self-Portrait*, with its homage to Swift, or in *Characters and Caricaturas* (1743), in which the heads of Hogarth and Fielding smile at each other: this was Hogarth's answer to Fielding's flattering description of him in the preface to *Joseph Andrews* (1742). While I do not underestimate Hogarth's response to Swift, Defoe, Fielding, and Sterne, for instance in the way he novelizes and moralizes his serial tales about the harlot, the rake, and the apprentices, I think we first need more information about the epistemological and aesthetic frames shared by artists and writers alike. When Claude Rawson reminds us that "Swift's profound affinity with the great masters of Renaissance Humanism – Erasmus, More, Rabelais, Montaigne – an affinity all the deeper for being only infrequently acknowledged in explicit terms" (1995: 15) remains an underrecognized topic, or when Hogarth's hagiographer, Ronald Paulson, argues persuasively that (Hogarth's) "Irony was an early eighteenth-century mode" (1996: 255), we should perhaps pause for a while to consider the usefulness of traditional 'influence studies.' If Hogarth and his contemporaries worked within the frames established by the discursive universe of their day and age and were thus affected by what Michel Foucault termed the "foyers locaux de pouvoir",[32] the result must have been a certain constriction, much in the way a real picture frame necessarily limits the semantics of what it contains. In this respect, Hogarth's appropriation of texts (already framed in their ideological and aesthetic dimensions) was a highly sophisticated process. Trying to describe just one of multifarious dimensions, Jacques Derrida has argued:

> Il n'y a pas de réappropriation totale, mais il n'y a pas non plus, pour cette raison même, de renoncement à la réappropriation. Le fait qu'il n'y ait pas de fin possible à la réappropriation, cela ne signifie pas qu'il soit possible ou souhaitable d'y renoncer. C'est en tout cas ce qui ouvre le champ au désir de *se* reápproprier, et à la guerre des appropriations.[33]

Hogarth appropriated both texts and images circulating in the culture of his time and, simultaneously, and perhaps largely unconsciously, the frames within which they had originated.

---

31 Additional Hogarth prints inspired by Defoe's pickpocket heroine are plate 1 of the *Harlot* series; plate 9 of *Industry and Idleness* (1747); and *The Cockpit* (1759).

32 This is Foucault's description of the institutional power of discursive practices reaching all the way into personal relationships, families, and, ultimately, ways of behaviour and thinking. (1976), and for recent studies of Foucault's diagnosing of a "dispositif de sexualité" see Bové, *In the Wake of Theory* (1992), and Kirchhofer, *Strategie und Wahrheit* (1995).

33 "Es gibt keine totale 'Wieder-An-Eignung' (*ré-appropriation*), jedoch gibt es eben aus diesem Grunde auch keinen Verzicht auf die Wieder-An-Eignung (*ré-appropriation)*. Die Tatsache, daß eine Beendigung der Wieder-An-Eigung (*ré-appropriation)* unmöglich ist, bedeutet nicht, daß es möglich oder wünschenswert sei, auf sie zu verzichten. All dieses läßt jedenfalls den Wunsch erwachen, sich selbst wieder-an-zueignen (*se ré-appropier)* und eröffnet den Kampf um die An-Eignungen (*appropriations*)" (transl. by S. Hestermann).

IV

After the successful marketing of his "modern moral subjects" in the 1730s and 1740s (the series on the harlot, the rake, modern marriage, and the apprentices), Hogarth produced a written justification of what he saw as his major aesthetic frames. Entitled *The Analysis of Beauty* (1753), this was as much an attack on the Shaftesburian idea of the gentlemanly connoisseur with its taste for the art of antiquity and the Italian Renaissance, as it was a spirited defense of Hogarth's own notions and innovations. Among these, one should note the "Line of Beauty", Hogarth's emphasis on the importance of, and the demand for a subject matter not in the Bible or in epic literature, but in real life as it went on in the streets of London. Even though these ideas contradicted his own practice (for he hardly ever worked without allusions to the Bible and literary works), Hogarth produced a treatise which was essentially a Lockean statement, since it argues on the basis of observation and a rational enquiry into the psychology of perception.[34] One concept emerging forcefully from his programmatic book and from his graphic work as such, is that of his "Line of Beauty" which he exemplified with the human figure as a primary focus. This concept could be characterized as the feminization of the hero. Like the aesthetic frames discussed above, it was again adopted from previous or contemporary models, for the eighteenth century saw a progressive shift away from defining beauty in relation to the male figure and towards associating beauty with the female. Significantly, Hogarth (in plate 1 of his *Analysis*) mocks classical Roman ideas of male beauty when the sculpture of Antinous is being approached and propositioned by a French dancing master: the macho and xenophobic irony works against Frenchmen, homosexuals and the received ideas of beauty (fig. 11). Adopted from other sources, Hogarth's idea that female beauty is superior to the antique culminated in the rhetorical question he asked in the *Analysis*: "Who but a bigot, even to the antiques, will say that he has not seen faces and necks, hands and arms in living women, that even the Grecian Venus doth but coarsely imitate?" (1955: 66).[35] He had previously and visually exemplified his idea in the 'central' female figures (more often than not these are young plebeian women) mediating between high culture and low life, beauty and stark reality. Taking the place of the classical epic hero, these pretty young women appear, for example, in the chaotic crowds represented in *Southwark Fair* and *The Enraged Musician,* or as Moll in the *Harlot* and Sarah Young in the *Rake*. A truly outstanding if ambiguous example is the poor, dishevelled, actress from the seamy side of life who plays Diana and is allotted an ironical central place in *Strolling Actresses Dressing in a Barn* (fig. 12).

Hogarth's aesthetic theory in his *Analysis of Beauty* was both iconoclastic (we see iconoclasm visually represented as it were in the broken statues in plate 1 of his treatise; see fig. 11) and innovative in that it made a claim for beauty in the world of the common, the corrupt, and the subculture. The treatise demonstrates how illicit and

---

[34] There is not sufficient space in this article to discuss the artistic and philosophical theories informing Hogarth's contentious *Analysis,* which was highly anti-Academic. For brief discussions of its aesthetic background, see Bindman (1997: 53-57), on which I have relied in this passage, and Paulson (1989a: 192-202, 1993: 56-152).

[35] On the history of the beauty ideal and Hogarth's borrowing, see Feyertag-Hodgson (1973).

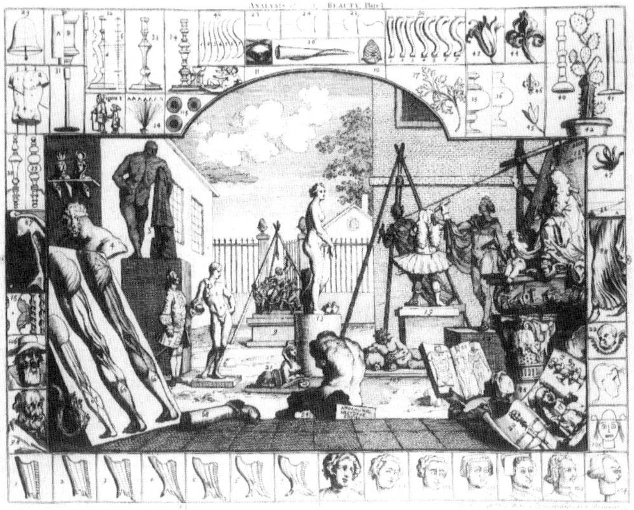

Figure 11: *The Analysis of Beauty,* plate 1; Figure 13: *Tail Piece, or The Bathos*

Figure 12: *Strolling Actresses Dressing in a Barn*

stigmatized subject matter, such as the plebeian young female, may become aestheticized. One must not forget, however, that although Hogarth accelerated the development towards the near-exclusive association of beauty with the female body, he borrowed the aesthetic frame of feminizing the hero from others. This borrowing shows, for example, in the fact that Hogarth's visualizations of beauty can never do without the typically Protestant conjunction of (female) beauty and the dangers of illicit sex and idolatry.[36] Hence the serpent's head in the frontispiece to his *Analysis of Beauty,* suggesting that in the depiction of grace a moral and an aesthetic are to be considered (fig. 5). Hence, perhaps, the presence of Milton, that outstanding defender of Protestantism in literature, among the books supporting Hogarth's self-portrait (fig. 10).

One of the most important frames for the evolution of Hogarthian aesthetics was the one provided by the (popular) theatricals of his time.[37] Seminal among these, and certainly not exclusively for Hogarth, was John Gay's vastly successful *Beggar's Opera* (1728).[38] Discussing its impact on an artist who was trying to find his bearings in the early 1730s, John Bender (1987: 87-139) has argued that Hogarth took up Gay's challenge of social and generic (literary) order and made contradiction itself a generic principle; casting existing forms into a new mode of visual narrative that owed a great deal to the rising novel, Hogarth created causally comprehensive narratives. In this article I have tried to show that the Hogarthian adoption of narrative and aesthetic models from the art and literature of his time went much further than the refabrication and eventual resolving of genre conflict as described by Bender. Working within the discursive systems of a culture increasingly dominated by bourgeois ideas and mentalities, Hogarth was a great formal and artistic innovator and iconoclast. Yet his innovations were also limited because the very frames he appropriated were those used by such opinion-makers as Addison, Defoe, Swift, and Gay; their concepts proved much too strong to be completey broken. They were part of what Pierre Bourdieu has described as the "habitus", i.e., categories of thinking and understanding that become institutionalized and which we, from today's vantage point, can perceive much better in their limiting, framing, dimensions.[39] The Hogarthian frames discussed above outline, among many other things, the extent to which the artist was ignorant of some powerful forces to which he succumbed (e.g., xenophobism; Protestantism, sexism). This is what constitutes the conservative aspect of Hogarth's graphic art. He may occasionally allude to, and even play with, the ideological and aesthetic concepts imposed upon him (e.g., visually and symbolically in the real frames of the series *Industry and Idlenss*), but he hardly ever breaks them. The paradox of the new Hogarthian aesthetics may be said to consist in the recasting of previous models of verbal and visual narrative, a recasting that had iconoclastic dimensions but eventually helped cement a new bourgeois aesthetics. It was only towards the end of his life, when he must have been

---

36 For a more detailed elaboration of this theory, see Wagner (1991a: 53-75; 1992: 87-99).

37 See Wagner (1991b) and Wagner and Ogée (1997), which focuses on the importance of the theatre for Hogarth's prints.

38 See Böker (1990).

39 See Bourdieu's insightful remarks on "La genèse sociale de l'oeil" in *Les règles de l'art. Genèse et structure du champ littéraire* (1992: 431-41).

painfully aware of the suffocating power of the frames which had determined his artistic production, that he tackled aesthetics and representation as such in a more serious manner. *Tail Piece: The Bathos* (1764; fig. 13) appeared shortly before his death and is concerned not only with the breaking of emblems (in order to strip them of all intimations of afterlife) but also with the destruction of aesthetic models in a fashion that is still Hogarthian in that it combines iconoclasm with allegory. It also visually summarizes the paradoxical aspect of his 'new' aesthetics; whereas the image itself provides an iconoclastic, apocalyptic view of the end of aesthetics and the shattering of ist physical forms, the very view is again framed by Hogarthian texts and the line of beauty. Summing up the breakdown of life, time, and art, it is once again a highly sophisticated iconotext which deserves the space of at least another article.[40]

Works Cited

Bal, Mieke. 1991. *Reading 'Rembrandt'. Beyond the Word-Image Opposition.* Cambridge: Cambridge Univ. Press.

Barthes, Roland. 1970. *S/Z.* Paris: Seuil.

---. 1977. *Image, Music, Text.* New York: Hill & Wang.

---. 1982. *L'Obvie et l'obtus.* Paris: Seuil.

---. 1993-1995. *Oeuvres complètes.* Ed. Eric Marry. 3 vols. Paris: Seuil.

Bender, John. 1987. *Imagining the Penitentiary. Fiction and the Architecture of the Mind in Eighteenth-Century England.* Chicago: Univ. of Chicago Press.

Bindman, David. 1997. *Hogarth and His Times: Serious Comedy.* London: British Museum Press.

Birmingham, Ann, and John Brewer, eds. 1995. *The Consumption of Culture 1660-1800. Image, Object, Text.* London: Routledge.

Böker, Uwe. 1990a. "Die Institutionalisierung literarischer Produktions- und Rezeptionsnormen: Überlegungen zur Erforschung der Unterhaltungsliteratur um 1800." *Unterhaltungsliteratur. Ziele und Methoden ihrer Erforschung.* Ed. Dieter Petzold and Eberhard Späth. Erlangen: Universitätsverlag.

---. 1990b. "John Gay: *The Beggar's Opera* und die Kommerzialisierung der Kunst zu Beginn des 18. Jahrhunderts." *Hauptwerke der Literatur. Vortragsreihe der Universität* [Schriftenreihe der Universität Regensburg 17]: 121-45.

Bourdieu, Pierre. 1979. *La Distinction. Critique sociale du jugement.* Paris. Trans. R. Nice. *Distinction. A Social Critique of Judgment.* Cambridge: Cambridge Univ. Press, 1987.

---. 1992. *Les Règles de l'art. Genèse et structure du champ littéraire.* Paris: Seuil.

Bové, Paul. 1992. *In the Wake of Theory.* London.

Brewer, John, and Roy Porter, Eds. 1994. *Consumption and the World of Goods.* London: Routledge.

Brewer, John. 1997. *The Pleasures of the Imagination.* London: Fontana.

40 For explications of some details, see Bindman (1997: 201); Paulson (1989b: 185-86); and Paulson (1993: III 413-40).

Bryson, Norman. 1988a. "The Gaze in the Expanded Field." *Vision and Visuality*. Ed. Hal Foster. Seattle: Bay Press.

---. 1988b. "Intertextuality and Visual Poetics." *Style* 22: 183-193.

---, et al., Eds. 1991. "Semiology and Visual Interpretation." *Visual Theory. Painting and Interpretation*. Cambridge: Polity Press. 61-74.

Busch, Werner. 1977. *Nachahmung als bürgerliches Kunstprinzip: Ikonographische Zitate bei Hogarth und in seiner Nachfolge*. Hildesheim: Olms.

Cork, Richard. 1997. "The Patients Charter." *The Times Magazine* 15 March: 30-35.

Derrida. Jacques. 1978. *La Vérité en peinture*. Paris. Trans. Geoff Bennington and Ian McLeod. *The Truth in Painting*. Chicago: Univ. of Chicago Press: 1987.

Derrida, Jacques,and Bernard Stiegler. 1996. *Echographies de la télévision*. Paris: Galilée.

De Voogd, Peter Jan. 1981. *Henry Fielding and William Hogarth. The Correspondences of the Arts*. Amsterdam: Rodopi.

Feyertag-Hodgson, Judith. 1973. "Human Beauty in Eighteenth-Century Aesthetics." Diss. Univ. of Pennsylvania Press.

Fielding, Henry. 1977. *Joseph Adams*. Ed. R.F. Brissenden. London: Penguin.

---. 1996. *Tom Jones*. Ed. John Bender and Simon Stern. Oxford: Oxford Univ. Press.

Foucault, Michel. 1973. *The Order of Things*. New York: Vintage.

---. 1976. *Histoire de la sexualité I: La volonté de savoir*. Paris: Gallimard.

---. 1982. *This is Not a Pipe*. Berkeley: Univ. of California Press.

Hinz, Berthold, and Hartmut Krug, comp. 1986 *William Hogarth: 1697-1764*. Gießen: Anabas.

Hogarth, William. 1955. *The Analysis of Beauty*. Ed. Joseph Burke. Oxford: Clarendon.

Hulse, Tim. 1997. "Just a Load of John Bull." *The Independent on Sunday* 16 Feb.: 15-16.

Kirchhofer, Anton. 1995. *Strategie und Wahrheit. Zum Einsatz von Wissen über Leidenschaften und Geschlecht im Roman der englischen Empfindsamkeit*. München: Fink.

Klingender, Francis D. 1944. *Hogarth and English Caricature*. London and New York: Transatlantic Arts.

Klotz, Günter. 1959. "Hogarth und Addison: 'Time Smoking a Picture' und 'The Spectator'." *Zeitschrift für Kunstgeschichte* 22: 102-07.

Leach, F.D. 1955. "William Hogarth's Subscription Tickets: A Vehicle for Eighteenth-Century Satire on Contemporary Taste." Diss. State University of Ohio.

Luhmann, Niklas. 1997. *Die Kunst der Gesellschaft*. Frankfurt: Suhrkamp.

Macey, Samuel L. 1976. "Hogarth and the Iconography of Time." *Studies in Eighteenth-Century Culture* 5: 41-53.

Möller, Joachim, Ed. 1996. *Hogarth in Context. Ten Essays and a Bibliography*. Marburg: Jonas.

Moore, Robert E. 1949. *Hogarth's Literary Relationships*. Minneapolis: Univ. of Minnesota Press. Repr. New York: Octagon, 1979.

Panofsky, Erwin. 1972 [1939]. *Studies in Iconology*. New York: Harper & Row.

Paulson, Ronald. 1979. *Popular and Polite Art in the Age of Hogarth and Fielding.* Notre Dame: Univ. of Notre Dame Press.
---. 1982. *Book and Painting. Shakespeare, Milton and the Bible. Literary Texts and the Emergence of English Painting.* Knoxville: Univ. of Tennessee Press.
---. 1989a. *Breaking and Remaking. Aesthetic Practice in England, 1700-1820.* New Brunswick: Rutgers Univ. Press.
---, comp. 1989b. *Hogarth's Graphic Works.* London: The Print Room.
---. 1991. *Hogarth.* Vol. 1. *The 'Modern Moral Subject', 1697-1732.* New Brunswick: Rutgers Univ. Press.
---. 1992. *Hogarth.* Vol. 2. *High Art and Low, 1732-1750.* New Brunswick: Rutgers Univ. Press.
---. 1993. *Hogarth.* Vol. 3. *Art and Politics, 1750-1764.*
---. 1996. *The Beautiful, Novel, and Strange: Aesthetics and Heterodoxy.* Baltimore: Johns Hopkins Univ. Press.
Pears, Iain. 1988. *The Discovery of Painting: The Growth of the Interest in the Arts in England, 1680-1789.* London: Yale Univ. Press.
Rawson, Claude, Ed. 1995. *Jonathan Swift. A Collection of Critical Essays.* Englewood Cliffs: Prentice Hall.
Reiter, Hildegard. 1930. *Hogarth und die Literatur seiner Zeit. Ein Vergleich zwischen malerischer und didaktischer Gestaltung.* Breslau: Priebatsch.
Solkin, David H. 1992. *Painting for Money. The Visual Arts and the Public Sphere in Eighteenth-Century England.* New Haven and London: Yale Univ. Press.
Stallybrass, Peter, and Allon White. 1986. *The Politics and Poetics of Transgression.* London: Routledge.
Wagner, Peter. 1990. *Eros Revived. Erotica of the Enlightenment in England and America.* London: Paladin.
---. 1991a. "Eroticism in Graphic Art: The Case of William Hogarth." *Studies in Eighteenth-Century Culture* 21: 53-75.
---. 1991b. "Hogarth's Graphic Palimpsests: Intermedial Adaptation of Popular Literature." *Word and Image* 7:4: 329-47.
---.1992. "Hogarth and Rowlandson." *L'Erotisme en Angleterre. XVIIe-XVIIIe siècles.* Ed. Jean-François Gournay. Lille: Presses universitaires. 87-99.
---. 1994. "Der Leser und Lesestoffe im graphischen Werk William Hogarths." *Lesen und Schreiben im 17. und 18. Jahrhundert: Studien zu ihrer Bewertung in England, Deutschland, Frankreich.* Ed. Paul Goetsch. Tübingen: Narr. 223-41.
---. 1995. *Reading Iconotexts. From Swift to the French Revolution.* London: Reaktion Books.
---. 1996a. "How to (Mis)Read Hogarth: or, Ekphrasis Galore." *1650-1850. Ideas, Aesthetics, and Inquiries in the Early Modern Era* 2: 203-40.
---. Ed. 1996b. *Icons-Texts-Iconotexts. Essays on Ekphrasis and Intermediality.* Berlin: de Gruyter.
---. 1996c. "Repressive Diskurse in der Graphik William Hogarths." In: *Ich und der Andere. Aspekte menschlicher Beziehungen.* Ed. Reiner Marx and Gerhard Stebner. St. Ingbert: Röhrig Universitätsverlag. 411-50.

---. 1997a. "The Artist at Work: A (De)Constructive View of Hogarth's *Beer Street.*" *The Dumb Show: Image and Society in the Works of William Hogarth.* Ed. Frédéric Ogée. Oxford: The Voltaire Foundation. 100-27.

---. 1997b. "The Discourse on Crime in Hogarth's Graphic Works." *The Dumb Show: Image and Society in the Works of William Hogarth.* Ed. Frédéric Ogée. Oxford: The Voltatire Foundation. 65-79.

---. Ed. (with Frédéric Ogée). 1997c. *William Hogarth. Theatre and the Theatre of Life*. Los Angeles: William Andrews Clark Memorial Library.

---. 1998. "Swift, Hogarth, and the End(s) of Biographical Studies." *Festschrift for Hermann Real.* Ed. Rudolf Freiburg et al. München: Fink.

---. 1998. Entries on "Ekphrasis" and "Representation" in *Lexikon Literatur- und Kulturtheorie: Ansätze - Personen - Grundbegriffe.* Ed. Ansgar Nünning. Stuttgart: Metzler.

ILLUSTRATIONS

Engravings by or authorized by William Hogarth

Figure 1: *Industry and Idleness*, Plate 1: "The Fellow 'Prentices at their Looms". Second State. 1747.

Figure 2: *The Analysis of Beauty*. Plate 2. First State. 1753.

Figure 3: *The Analysis of Beauty*. Plate 2. Detail. First State. 1753.

Figure 4: *Boys Peeping at Nature*. Second State (First Subscription Ticket). 1731.

Figure 5: "Variety" (title-page vignette): *The Analysis of Beauty.* 1753

Figure 6: *Boys Peeping at Nature.* Fourth State (Third Subscription Ticket). 1751

Figure 7: *Masquerades and Operas.* ("The Bad Taste of the Town"). First State. 1724.

Figure 8: *Time Smoking a Picture.* First State. 1761

Figure 9: *The Punishment Inflicted on Lemuel Gulliver*. First State. 1726.

Figure 10: *Self-Portrait with Pug: "Gulielmus Hogarth"*. Fourth State. 1749.

Figure 11: *The Analysis of Beauty*. Plate 1. Third State. 1753.

Figure 12: *Strolling Actresses Dressing in a Barn*. 1738. Detail.

Figure 13: *Tail Piece, or The Bathos*. 1764.

Zu den Beiträgern

Willi Erzgräber, geb. 1926, studierte Anglistik, Romanistik, Germanistik und Philosophie an der Johann Wolfgang Goethe-Universität Frankfurt am Main. 1956-61: Privatdozent und apl. Professor an der Universität Frankfurt. Ordinarius für Englische Literaturwissenschaft 1962-66 in Saarbrücken, 1966-70 in Frankfurt, 1970-94 in Freiburg. 1978 Gastprofessur in Amherst, MA, 1980-83 Präsident des deutschen Anglistentags. 1995: Ehrendoktor der University of Massachusetts; 1995: Korrespondierendes Mitglied der Österreichischen Akademie der Wissenschaften, Wien. Veröffentlichungen: *William Langlands 'Piers Plowman': Eine Interpretation des C-Textes* (1957); *Utopie und Anti-Utopie in der englischen Literatur* (1980, 1985); *Virginia Woolf* (1982, 1993); *Von Thomas Hardy bis Ted Hughes: Studien zur modernen englischen und anglo-irischen Literatur* (1995); *Mittelalter und Renaissance in England: Von der altenglischen Elegie bis Shakespeares Tragödien* (1997); *James Joyce: Mündlichkeit und Schriftlichkeit im Spiegel experimentellen Erzählens* (1998). Co-Autor von *Die englische Literatur*, hg. Bernd Fabian, 2 Bde. (1991, 1997). Hg. von *Europäisches Mittelalter. Neues Handbuch der Literaturwissenschaft*, Bd. 8 (Wiebaden: 1978, 1983). Aufsätze über Langland, Chaucer, Morus, Shakespeare, Swift, Fielding, Hopkins, Hardy, Yeats, Eliot, Fry, Synge, Conrad, Joyce, Woolf, Tomlinson, Ted Hughes.

Monika Fludernik, geb. 1957, studierte Anglistik, Indogermanistik, Geschichte, Mathematik und Französisch an der Universität Graz; seit 1994 Professorin für Englische Philologie an der Universität Freiburg. Veröffentlichungen: *The Fictions of Language and the Languages of Fiction* (London/NY: Routledge, 1993); *Second Person Narrative*, Hg. (Special Issue *Style* 28:3, 1994); *Towards a 'Natural' Narratology* (London/NY: Routledge, 1996; *Hybridity and Postcolonialism*, Hg. (Tübingen: Stauffenburg, 1998). Aufsätze über erzähltheoretische Fragestellungen, Historiographie, linguistische Analysen von Literatur und über einzelne Autoren bzw. Werke (James Joyce, Sherwood Anderson, Eugene O'Neill, Thomas Pynchon, George Eliot).

Hans-Helmuth Gander, geb. 1954, studierte Philosophie, Germanistik, Kunstgeschichte, Theater-, Film- und Fernsehwissenschaften an den Universitäten Köln, Saarbrücken, Freiburg; 1987-93 wissenschaftlicher Mitarbeiter an der Martin-Heidegger-Gesamtausgabe; Lehrbeauftragter für Philosophie an den Universitäten Freiburg (seit 1989) und Stuttgart (1990-96); Associate Editor der Heidegger-Studies; Mithg. der Schriftenreihe der Martin-Heidegger-Gesellschaft. Veröffentlichungen: *Positivismus als Metaphysik. Voraussetzungen und Grundstrukturen von Diltheys Grundlegung der Geisteswissenschaften* (Freiburg: Alber, 1988). Hg. der folgenden Bände: *Martin-Heidegger-Gesamtausgabe* Bd. 58 (Frankfurt: Klostermann, 1993); *Von Heidegger her. Wirkungen in Philosophie, Kunst, Medizin* (Frankfurt: Klostermann, 1991); *Europa und die Philosophie* (Frankfurt: Klostermann, 1993); *"Verwechselt mich vor Allem nicht!" Heidegger und Nietzsche* (Frankfurt: Klostermann, 1994); Aufsätze, Lexikonartikel zu Hermeneutik und Phänomenologie.

Walter Göbel, geb. 1952, studierte Anglistik und Germanistik an den Universitäten in Bochum, Marburg und North Manchester, Indiana. Seit 1997 ist er Professor für Anglistik an der Universität Saarbrücken. Veröffentlichungen: *Sherwood Anderson, Ästhetizismus als Kulturphilosophie* (Heidelberg: Winter, 1982); *Edward Bulwer-Lytton: Systemreferenz, Funktion, literarischer Wert in seinem Erzählwerk* (Heidelberg: Winter, 1993). Aufsätze zum englischen Roman des 18. Jahrhunderts, postkolonialer Literatur, afro-amerikanischer Literatur, Literaturtheorie, literarischer Wertung.

Joseph Jurt, geb. 1940, studierte Romanistik, Geschichte und Philosophie an der Universität Fribourg und an der Sorbonne; seit 1981 Professor für französische Literaturwissenschaft an der Universität Freiburg im Breisgau. Veröffentlichungen: *Les attitudes politiques de Georges Bernanos jusqu'en 1931* (Fribourg: Editions universitaires, 1968); *Georges Bernanos. 1. Essai de bibliographie des études en langue française* (Paris: Lettres Modernes, 3 Bände, 1972, 1975, 1976); *Bernanos et Jouve. 'Sous le soleil de Satan' et 'Paulina 1880'* (Paris: Lettres Modernes, 1978); *La réception de la littérature par la critique journalistique* (Paris: Editions Jean-Michel Place, 1980); [zusammen mit Martin Ebel und Ursula Erzgräber] *Französischsprachige Gegenwartsliteratur 1918-1986/87: Eine Bibliographische Bestandsaufnahme der Originaltexte und der deutschen Übersetzungen* (Tübingen: Niemeyer, 1989); *Das literarische Feld. Das Konzept Pierre Bourdieus in Theorie und Praxis* (Darmstadt: Wissenschaftliche Buchgesellschaft, 1995); *Bernanos, Essais et écrits de combat* (Paris: Bibliohèque de la Pléiade, 2 Bände, 1972, 1995); (Hg.): *Die 'Franzosenzeit' im Lande Baden von 1945 bis heute* (Freiburg: Rombach, 1992); (Hg.): *Von der Besatzungszeit zur deutsch-französischen Kooperation* (Freiburg: Rombach, 1993); (Hg.): *Algérie France Islam* (Paris: L'Harmattan, 1997).

Christa Karpenstein-Eßbach, geb. 1951, studierte Germanistik, Soziologie, Philosophie und Politikwissenschaft an der Universität Göttingen; seit 1994 Privatdozentin für Neuere deutsche Literaturwissenschaft an der Universität Mannheim. Veröffentlichungen: *Einschluß und Imagination. Über den literarischen Umgang mit Gefangenen* (Tübingen: edition diskord//Konkursbuch, 1985); *Anschlüsse. Versuche nach Michel Foucault*, Hg. (Tübingen: edition diskord/Konkursbuch, 1985); *Medien - Wörterwelten - Lebenszusammenhang. Prosa der Bundesrepublik Deutschland 1975-1990 in literatursoziologischer, diskursanalytischer und hermeneutischer Sicht* (München: Fink, 1995). Aufsätze zum Feminismus, zur Medienanalyse, Gegenwartsliteratur, Literaturtheorie, zu Kafka und zur Romantik.

Ruth Nestvold, geb. 1958, studierte Anglistik, Germanistik und Komparatistik an der University of Oregon (USA) und der Universität Stuttgart; lehrte von 1984 bis 1991 am Institut für Anglistik und Amerikanistik an der Universität Stuttgart und von 1997-1998 am Englischen Seminar der Universität Freiburg. Veröffentlichungen: *Grenzüberschreitungen. Die fiktionale weibliche Perspektive in der Literatur* (Erlangen: Verlag Palm und Enke, 1990); *Cutting Edges; Or, a Web of Women* (Hyperfiction. San Simeon, California: Serendipity Systems, 1995). Autorin der Internet-Seite, "The Aphra Behn Page" (ausgezeichnet mit dem "Literary Research Award", März 1996). Aufsätze zu Computer-Medien und Literatur, Science Fiction, feministische Theorie sowie Literatur des 17. und 18. Jahrhunderts.

Ansgar Nünning, geb. 1959, studierte Anglistik, Geschichte, Pädagogik und Anglo-Amerikanische Geschichte in Köln; lehrte von 1985 bis 1996 am Englischen Seminar der Universität zu Köln; seit 1997 Professor für Englische und Amerikanische Literatur- und Kulturwissenschaft an der Justus-Liebig-Universität Gießen. Buchveröffentlichungen: *Grundzüge eines kommunikationstheoretischen Modells der erzählerischen Vermittlung: Die Funktionen der Erzählinstanz in den Romanen George Eliots* (Trier: WVT, 1989); *Virginia Woolf zur Einführung* (Hamburg: Junius, 1991, mit Vera Nünning); *Der Deutsche an sich. Einem Phantom auf der Spur* (Hg. mit Vera Nünning, München: dtv, 1994); *Literaturwissenschaftliche Theorien, Modelle und Methoden: Eine Einführung* (Hg., Trier: WVT, 1995, 2. Aufl. 1995); *Von historischer Fiktion zu historiographischer Metafiktion: Bd. 1.: Theorie, Typologie und Poetik des historischen Romans; Bd. 2.: Erscheinungsformen und Entwicklungstendenzen des historischen Romans in England seit 1950* (Trier: WVT, 1995); *Uni-Training Englische Literaturwissenschaft. Einführung in Grundstrukturen des Fachs und Methoden der Textanalyse* (Stuttgart: Klett 1996); *Eine andere Geschichte der englischen Literatur: Epo-*

chen, Gattungen und Teilgebiete im Überblick (Hg., Trier: WVT, 1996); *Intercultural Studies: Fictions of Empire* (Hg. mit Vera Nünning, Heidelberg: Winter, 1996, *Anglistik und Englischunterricht* 58); *Der englische Roman des 20. Jahrhunderts* (Stuttgart: Klett 1998); *Lexikon Literatur- und Kulturtheorie: Ansätze, Personen, Grundbegriffe* (Hg., Stuttgart: J.B. Metzler Verlag 1998). Aufsätze zum Zeitalter der englischen Revolution und Restauration, zum englischen Roman des 18. und 20. Jahrhunderts, zur spätviktorianischen Lyrik und Literaturkritik, zu literatur- und kulturtheoretischen Ansätzen (u.a. Narratologie, *New Historicism*, Mentalitätsgeschichte, Gattungstheorie, komparatistische Imagologie, radikaler Konstruktivismus), zum englischen Deutschlandbild, zu Werken einzelner Autorinnen und Autoren (u.a. Peter Ackroyd, Julian Barnes, Aphra Behn, Ambrose Bierce, Anita Brookner, Peter Carey, Susan Daitch, J.G. Farrell, John Fowles, Wilhelm von Humboldt, Ian McEwan, Peter Shaffer, Stevie Smith, Graham Swift, Virginia Woolf, W.B. Yeats) sowie zu literaturdidaktischen, kulturwissenschaftlichen und interdisziplinären Fragestellungen.

Erich Pelzer, geb. 1950, studierte Geschichte, Romanistik, Politische Wissenschaften an den Universitäten Paris I (Sorbonne-Panthéon) und Freiburg i. Brsg.; seit 1997 Lehrstuhlvertreter an der Universität Freiburg. Veröffentlichungen: *Der elsässische Adel im Spätfeudalismus. Tradition und Wandel einer regionalen Elite zwischen dem Westfälischen Frieden und der Französischen Revolution, 1648-1790* (München: R. Oldenbourg, 1990); *Les Cahiers des Plaintes et Doléances de la Haute-Alsace - 1789* (Strasbourg: Publications de la Société Savante d'Alsace et des Régions de l'Est, 1993); *Universalgeschichte und Nationalgeschichten* (Freiburg: Rombach, 1994); *French Revolutionary Pamphlets. Usteri Collection, Zentralbibliothek Zürich, on microfiche* (Leiden: IDC, 1996); *Die Wiederkehr des girondistischen Helden. Deutsche Intellektuelle als kulturelle Mittler zwischen Frankreich und Deutschland während der Französischen Revolution* (Bonn: Bouvier, 1998). Aufsätze zur elsässischen Geschichte, zur Französischen Revolution, insbesondere deren Rezeption in Deutschland und der Schweiz sowie zur Historiographiegeschichte des 17. bis 20. Jahrhunderts.

Bernhard Rang, geb. 1935, studierte nach seiner Ausbildung zum Elektroingenieur und mehrjähriger beruflicher Tätigkeit bei der 'Allgemeinen Elektrizitätsgesellschaft' (AEG) Philosophie, ev. Theologie und Neuere deutsche Literaturwissenschaft an den Universitäten Frankfurt (Main), Freiburg und Tübingen. Seit 1993 Professor für Philosophie an der Universität Freiburg und Direktor des dortigen Husserl-Archivs. Veröffentlichungen: *Kausalität und Motivation,* (Den Haag: Nijhoff, 1974); *Husserls Phänomenologie der materiellen Natur* (Frankfurt/Main: Klostermann, 1990); Herausgeber von: Husserl, *Aufsätze und Rezensionen 1890–1900,* Husserliana Bd. XXII (Den Haag: Nijhoff, 1979); Mitherausgeber von: *Der Idealismus und seine Gegenwart. Festschrift für Werner Marx zum 60. Geburtstag* (Hamburg: Meiner, 1976); Aufsätze zur Phänomenologie, Wissenschaftstheorie und Naturphilosophie in der Philosophie der Neuzeit, insbesondere im Deutschen Idealismus.

Günter Saße, geb. 1945, studierte Germanistik, Geographie und Philosophie an den Universitäten Kiel und Freiburg i.Br.; seit 1975 Wissenschaftlicher Assistent am Deutschen Seminar der Universität Göttingen, 1985 dort Professor auf Zeit, seit 1986 ordl. Professor für neuere deutsche Literaturgeschichte an der Universität Freiburg. Veröffentlichungen: *Sprache und Kritik. Untersuchung zur Sprachkritik der Moderne* (Göttingen: Vandenhoeck & Ruprecht, 1977); *Die aufgeklärte Familie. Untersuchungen zur Genese, Funktion und Realitätsbezogenheit des familialen Wertesystems im Drama der Aufklärung* (Tübingen: Niemeyer, 1988); *Liebe und Ehe. Oder: Wie sich die Spontaneität des Herzens zu den Normen der Gesellschaft verhält: Lessings "Minna von Barnhelm"* (Tübingen: Niemeyer, 1993); *Die Ordnung der*

Gefühle. Das Drama der Liebesheirat im 18. Jahrhundert (Darmstadt: Wissenschaftliche Buchgesellschaft, 1996). MHrsg.: *Handeln, Sprechen und Erkennen. Zur Theorie und Praxis der Pragmatik* (Göttingen: Vandenhoeck & Ruprecht, 1978); MHrsg.: *Streitkultur. Strategien des Überzeugens im Werk Lessings* (Tübingen: Niemeyer, 1993). Aufsätze zur Sprachphilosophie, Pragmatik, Wirkungsästhetik, Literaturtheorie, Gattungstypologie und über einzelne Autoren und Werke.

Helga Schwalm, geb. 1960, studierte Anglistik, Germanistik und Erziehungswissenschaften an der Universität Hamburg; seit 1992 wissenschaftliche Assistentin an der Universität Hamburg. Veröffentlichungen: *Dekonstruktion im Roman: erzähltechnische Verfahren und Selbstreflexion in den Romanen von Vladimir Nabokov und Samuel Beckett.* Aufsätze zum postmodernen Roman im Kontext literaturtheoretischer Fragestellungen, zu Lewis Carroll, Samuel Beckett, Salman Rushdie und zu Dramentheorien. Arbeitet derzeit an einem Habilitationsprojekt über Selbstthematisierung und Lebensgeschichte, Identitätsentürfe in der englischen Autobiographie, Biographie und im Roman des 18. Jahrhunderts.

Gerd Stratmann, geb. 1939, studierte Anglistik, Germanistik und Philosophie an den Universitäten Köln, Göttingen und Erlangen; seit 1972 Professor für Englische Philologie (British Studies) an der Ruhr-Universität Bochum. Veröffentlichungen: *Englische Aristokratie und klassizistische Dichtung* (Nürnberg: Carl, 1965); *Augustan Poetry* (hg., Tübingen: Niemeyer, 1970); *Einführung in die zeitgenössische irische Literatur* (hg. mit J. Kornelius und E. Otto, Heidelberg: Winter, 1980); *Function of Literature* (hg. mit U. Broich und Th. Stemmler, Tübingen: Niemeyer, 1984); *Neue Lesarten, neue Wirklichkeiten. Zur Wiederentdeckung des 18. Jahrhunderts durch die Anglistik* (hg. mit M. Buschmeier, Trier: WVT, 1992); *Word and Action in Drama* (mit G. Ahrends und J. Kornelius, Trier: WVT, 1994); *Englisxh an der Uni. The Key to English and American Studies* (mit J. Kornelius, Trier: WVT, 1994); *Be Prepared: Spezialgebiete und Vorbereitungsstrategien für die Prüfungen der Anglistik/Amerikanistik* (hg., Trier: WVT, 1996). Mitherausgeber von *anglistik und englischunterricht* (seit 1977) und des *Journal for the Study of British Cultures* (seit 1994). Aufsätze zur Literatur und Kultur des 18. Jahrhunderts, zur Geschichtsschreibung des frühen 19. Jahrhunderts, zum modernen britischen Drama und Theater, zu den British "Cultural" Studies.

Hans-Peter Wagner, geb. 1949, studierte Anglistik, Philosophie, Pädagogik und Sport an den Universitäten Saarbrücken, Sorbonne (Paris III) und The College of William & Mary in Virginia; seit 1993 Professor für Engl. u. Amerik. Literaturwissenschaft an der Universität Koblenz-Landau (Abt. Landau). Veröffentlichungen: *Eros Revived: Erotica of the Enlightenment in England and America* (London: Secker & Warburg, 1988); *Reading Iconotexts: From Swift to the French Revolution* (London: Reaktion Books, 1995); Hrsg: *Erotica and the Enlightenment* (Frankfurt: Lang, 1991); *Icons-Texts-Iconotexts. Essays on Ekphrasis and Intermediality* (Berlin u. New York: de Gruyter, 1996). Ferner Editionen von engl. Romanen des 18. Jahrhunderts (Penguin Classics), Monographien und Aufsätze über die koloniale Literatur Nordamerikas und postmoderne amerikanische Autoren (John Hawkes, Jerzy Kosinski, John Updike) und poststrukturalistische Analysen von Texten (Swift, Sterne, Wilde) und Kunstwerken (Hogarth; David; Präraphaeliten) des 18. und 19. Jahrhunderts und der Relation zwischen Text und Bild (Ikonotexte).